NEUMARK

Durch die alte Kulturlandschaft östlich von Oder und Neiße

Wolfgang Kling und Jörg Lüderitz

TRESCHER VERLAG

1. Auflage 2015

Trescher Verlag
Reinhardtstr. 9
10117 Berlin
www.trescher-verlag.de

ISBN 978-3-89794-304-9

Herausgegeben von Bernd Schwenkros und Detlev von Oppeln

Reihenentwurf und Gesamtgestaltung:
Bernd Chill
Gestaltung, Satz und Bildbearbeitung:
Annette Zidek, Ulla Nickl
Lektorat: Hinnerk Dreppenstedt
Stadtpläne und Karten: Johann Maria Just, Martin Kapp

Druck: Druckhaus Köthen

Das Werk einschließlich seiner Teile ist urheberrechtlich geschützt. Jede Verwertung ist ohne Zustimmung des Verlages unzulässig. Dies gilt insbesondere für den Aushang, Vervielfältigungen, Übersetzungen, Nachahmungen, Mikroverfilmung und die Einspeicherung und Verarbeitung in elektronischen Systemen.

Gedruckt auf chlorfrei gebleichtem Papier

Printed in Germany

Alle Angaben in diesem Reiseführer wurden sorgfältig recherchiert und überprüft. Dennoch können Entwicklungen vor Ort dazu führen, dass einzelne Informationen nicht mehr aktuell sind. Gerne nehmen wir dazu Ihre Hinweise und Anregungen entgegen. Bitte schreiben Sie an **post@trescher-verlag.de**.

LAND UND LEUTE

REISEZIELE NÖRDLICH DER WARTHE

REISEZIELE SÜDLICH DER WARTHE

SPRACHFÜHRER

ANHANG

Inhalt

Vorwort	11
Hinweise zur Benutzung	12
Unterwegs mit Kindern	13
Das Wichtigste in Kürze	14
Herausragende Sehenswürdigkeiten	16

LAND UND LEUTE 19

Landschaft und Natur 21

Geschichte 23
Geschichte der Region nördlich der Warthe 23
Geschichte der Region südlich der Warthe 29
Nach 1945 30

Bau- und Kunstdenkmäler 32
Spätmittelalter 32
Neuzeit 34

Wirtschaft und Gesellschaft 36
Feste und Festivals 36
Sportmöglichkeiten 37
Essen und Trinken 38

REISEZIELE NÖRDLICH DER WARTHE 41

Kostrzyn (Küstrin) 42
Geschichte 43
Sehenswürdigkeiten 44
Die Umgebung 46

Dębno (Neudamm) 50
Geschichte 50
Sehenswürdigkeiten 52
Die Umgebung 53

Mieszkowice (Bärwalde) 55
Geschichte 57
Sehenswürdigkeiten 57
Die Umgebung 58

Moryń (Mohrin) 61
Geschichte 61

Inhalt

Sehenswürdigkeiten	62
Die Umgebung	64

Cedynia (Zehden) 66
Geschichte 66
Sehenswürdigkeiten 67
Die Umgebung 68
Der Zehdener Landschaftsschutzpark
 (Cedyński Park Krajobrazowy) 69

Chojna (Königsberg/Neumark) 71
Geschichte 71
Sehenswürdigkeiten 73
Die Umgebung 76

Trzcińsko Zdrój (Bad Schönfließ) 78
Geschichte 78
Sehenswürdigkeiten 79
Die Umgebung 80

Myślibórz (Soldin) 82
Geschichte 82
Sehenswürdigkeiten 82
Die Umgebung 87
Mit dem Fahrrad rund um den See
 von Myślibórz (Soldiner See) 88

Lipiany (Lippehne) 90
Geschichte 90
Sehenswürdigkeiten 91
Die Umgebung 94
Der botanische Garten in
 Przelewice (Prillwitz) 94

Barlinek (Berlinchen) 96
Geschichte 96
Sehenswürdigkeiten 97
Die Umgebung 99

Choszczno (Arnswalde) 102
Geschichte 102
Sehenswürdigkeiten 104
Die Umgebung 105

Drawno (Neuwedell) 107
Geschichte 109

Sehenswürdigkeiten	109
Die Umgebung	110

Dobiegniew (Woldenberg) 111
Geschichte 112
Sehenswürdigkeiten 112
Die Umgebung 114

Drezdenko (Driesen) 115
Geschichte 115
Sehenswürdigkeiten 116
Die Umgebung 117

Strzelce Krajeńskie (Friedeberg) 119
Geschichte 119
Sehenswürdigkeiten 120
Die Umgebung 121

Santok (Zantoch) 123
Geschichte 123
Sehenswürdigkeiten 124
Die Umgebung 125

Gorzów Wlkp. (Landsberg/Warthe) 127
Geschichte 127
Sehenswürdigkeiten 129
Die Umgebung 132

Witnica (Vietz) 135
Geschichte 135
Sehenswürdigkeiten 136
Die Umgebung 137

Aktivitäten
Bootsfahrten auf der Drawa (Drage), Warta (Warthe) und auf anderen Gewässern 140
Vorschläge für Radtouren 143

REISEZIELE SÜDLICH DER WARTHE 145

Słubice (Frankfurt-Dammvorstadt) 146
Geschichte 147

Inhalt

Vom Bahnhof Frankfurt (Oder) zur Grenze	148
Entlang der Oder	149
Im Zentrum	150
Die Umgebung	151

Słońsk (Sonnenburg) 154
Geschichte 155
Sehenswürdigkeiten 155
Die Umgebung 157

Ośno Lubuskie (Drossen) 159
Geschichte 159
Sehenswürdigkeiten 160
Die Umgebung 162

Rzepin (Reppen) 164
Geschichte 164
Sehenswürdigkeiten 166
Die Umgebung 167

Sulęcin (Zielenzig) 169
Geschichte 169
Sehenswürdigkeiten 170
Die Umgebung 172

Lubniewice (Königswalde) 174
Geschichte 174
Sehenswürdigkeiten 175
Die Umgebung 177

Torzym (Sternberg) 180
Geschichte 180
Sehenswürdigkeiten 181
Die Umgebung 182

Łagów (Lagow) 184
Geschichte 184
Sehenswürdigkeiten 185
Die Umgebung 188

Skwierzyna (Schwerin/Warthe) 191
Geschichte 191
Sehenswürdigkeiten 192
Die Umgebung 193

Inhalt

Międzyrzecz (Meseritz)	196
Geschichte	196
Sehenswürdigkeiten	197
Die Umgebung	199
Pszczew (Betsche)	203
Geschichte	203
Sehenswürdigkeiten	203
Die Umgebung	205
Trzciel (Tirschtiegel)	208
Geschichte	208
Sehenswürdigkeiten	209
Die Umgebung	210
Świebodzin (Schwiebus)	212
Geschichte	212
Sehenswürdigkeiten	213
Die Umgebung	215
Lubrza (Liebenau)	218
Geschichte	218
Ein Rundgang	218
Die Umgebung	219
Sulechów (Züllichau)	223
Geschichte	223
Sehenswürdigkeiten	225
Die Umgebung	226
Krosno Odrzańskie (Crossen)	230
Geschichte	230
Sehenswürdigkeiten	232
Die Umgebung	235
Żary (Sorau)	238
Geschichte	238
Sehenswürdigkeiten	239
Die Umgebung	242
Lubsko (Sommerfeld)	245
Geschichte	245
Sehenswürdigkeiten	246
Die Umgebung	249

Inhalt

Gubin (Guben)	251
Geschichte	251
Vom Bahnhof Guben zur Grenze	253
Frühere Altstadt	253
Die Umgebung	255
Aktivitäten	259
Vorschläge für Bootsfahrten	259
Vorschläge für Radtouren	263
Reisetipps von A bis Z	265
Literaturhinweise	270
Die Neumark im Internet	271
Die Autoren	272
Editorische Notiz von Jörg Lüderitz	272
Sprachführer	273
Register	278
Deutsch-polnisches Ortsnamenverzeichnis	285
Bildnachweis	290
Kartenregister	291
Kartenlegende/Zeichenlegende	294

EXTRA

Von Frankfurt bis Schwedt	20
Christliche Orden in der Neumark	27
Rezepte aus der Region	39
Kindheitserde	56
Das Tal der Liebe	72
Die Marienkirche in Chojna	74
Die Sage vom Klickstein	86
Das Trinkrecht der Stadt Lippehne	93
Das Schachgenie Emanuel Lasker	100
Der Nationalpark an der Drawa	108
Schloss Glisno – ein neumärkisches Sanssouci	179
Das Johanniterschloss in Łagów	187
Die Festung Oder–Warthe–Bogen	201
Die Christus-Statue von Świebodzin	216
Das Kloster Paradies	222
Schloss und Park Brody (Pförten)	248

Die Marienkirche in Chojna

Vorwort

Nur etwa 80 Kilometer östlich vom Berliner Stadtzentrum, hinter der deutsch-polnischen Grenze an Oder und Neiße, beginnt eine Landschaft, die trotz mancher Ähnlichkeiten mit dem heutigen Land Brandenburg doch urwüchsiger, durch Industrie und Verkehr weniger belastet sowie dünner besiedelt ist. Diese westpolnische Region ist durch sanfte Hügel und weite Wälder, naturbelassene Fließgewässer und zahlreiche klare Seen geprägt; es ist ein ›Klein-Masuren‹. In dieser reizvollen Landschaft finden sich zahlreiche verträumte Dörfer und malerische Kleinstädte, deren Geschichte oft bis ins Mittelalter zurückreicht. Daher war die Gegend rund um Gorzów (Landsberg/Warthe), zwischen Kostrzyn (Küstrin) und Drezdenke (Driesen), Chojna (Königsberg/Mark) und Zielóna Gora (Grünberg), schon zu Beginn des 20. Jahrhunderts vor allem für Gäste aus dem nahegelegenen Berlin eine beliebte Sommerfrische.

Nach dem historischen Einschnitt von 1945, als die deutsche Bevölkerung vertrieben und die polnische neu angesiedelt wurde, war diese Landschaft den deutschen Touristen jahrzehntelang nur schwer zugänglich und geriet etwas in Vergessenheit. Erst durch die gesellschaftlichen Veränderungen ab 1989 stand sie Gästen aus dem vereinigten Deutschland wieder offen, und seit dem EU-Beitritt Polens 2004 ist das Land sehr einfach zu bereisen.

Nach wie ist die frühere Neumark mitsamt den angrenzenden Regionen – heute verwaltungstechnisch weite Teile der Woiwodschaft Lubuskie (Lebus) und der südwestliche Teil der Woiwodschaft Zachodniopomorskie (Westpommern) – eine Reise wert. In der ursprünglichen Landschaft kann man herrlich wandern und Boot fahren, durch ausgedehnte Wälder streifen oder mit dem Rad auf idyllischen Straßen von Dorf zu Dorf fahren. Aber auch die Liebhaber von Baudenkmälern wie Kirchen, Herrenhäusern, Schlösschen und historischen Ortskernen finden viel Besuchenswertes. Zudem ist die touristische Infrastruktur jüngst spürbar ausgebaut und modernisiert worden. Zu recht ist die alte Natur- und Kulturlandschaft daher in den vergangenen Jahren wieder verstärkt in das Bewusstsein von Reisenden und Ausflüglern gerückt. Die Angebote für einen erholsamen Tages-, Wochenend- oder auch längeren Urlaubsaufenthalt sind sehr verlockend, nicht zuletzt weil die Preise recht niedrig liegen.

Dieser Reiseführer stellt alle früheren brandenburgischen Gebiete östlich von Oder und Neiße ausführlich vor und berücksichtigt die neuesten Entwicklungen. Er möchte all denen ein hilfreicher Begleiter sein, die eine landschaftlich hübsche Region entdecken möchten, die Region, die so naheliegt, aber noch immer ein touristischer Geheimtipp ist.

Bei Ihren Reisen durch die Neumark und bei Ihren dortigen Aufenthalten wünschen wir Ihnen interessante Erlebnisse und eine angenehme Erholung.

Wolfgang Kling und Jörg Lüderitz

Hinweise zur Benutzung

In diesem Reiseführer werden die bis 1945 zur Provinz Brandenburg gehörenden Gebiete behandelt, die sich östlich von Oder und Neiße befinden, also auf polnischem Gebiet. Welche Randregionen davon nicht der ursprünglichen Neumark angehören, wird im Kapitel zur Geschichte erläutert. Die Warthe bildete historisch gesehen eine Grenze – dazu ausführlicher hier im Abschnitt ›Geschichte‹ –, und den dadurch erfolgten teils unterschiedlichen Ent-wicklungen tragen wir Rechnung: Das Gebiet des historischen Ostens der Mark Brandenburg wird im ersten Teil dieses Reiseführers – ›Reiseziele nördlich der Warthe‹ – von der Grenzstadt Kostrzyn (Küstrin) aus und im zweiten Teil – ›Reiseziele südlich der Warthe‹ – von Słubice (Frankfurt-Dammvorstadt) aus etwa im Uhrzeigersinn dargestellt. Jeder größere Ort, oft zugleich touristisches Zentrum, erhielt dabei ein eigenes Kapitel. Bei den größeren Orten wird dem Text zur Geschichte, dem Stadtrundgang sowie der Vorstellung der Umgebung noch ein Stadtplan zugeordnet. Diese abgedruckten Kartenausschnitte sowie die Übersichtskarten in den Klappen können jedoch nur einer ersten Orientierung dienen. Auf in Deutschland oder in Polen erhältliche touristische Karten gehen die Literaturhinweise ein, in vielen Orten bekommt man in den touristischen Anlaufpunkten kostenlose oder preisgünstige Stadtpläne. Da die Ausführungen zu den einzelnen Orten hier nur kurz gehalten werden können, wird im Anhang eine Übersicht über die weiterführende Literatur gegeben. Hinweise zu Informationsstellen für Gäste einschließlich der Kommunen, zu Unterkunfts-, Einkehr- und Einkaufsmöglichkeiten sowie den Freizeitangeboten finden Sie in den gesonderten Kästen am Ende der einzelnen Kapitel, ebenso die Entfernungen von den Grenzübergängen, Hinweise zu Fahrverbindungen, die Telefonvorwahl sowie die Postleitzahl.

Antworten auf die am häufigsten gestellten Fragen und eine Übersicht über einige der herausragenden Sehenswürdigkeiten bieten die folgenden Seiten, ausführliche Hinweise zum Reisen in Polen die ›Reisetipps von A bis Z‹ im Anhang (→ S. 265). Der Sprachführer im Anhang (→ S. 273) ermöglicht vor Ort und in den gängigen Speisekarten eine erste Orientierung, kann naturgemäß ein Wörterbuch jedoch nicht ersetzen.

Polnische Begriffe

Häufig auf Karten und auch in diesem Reieführer verwendete polnische Begriffe:

ulica (ul.)	Straße	św.	Sankt (heilig, in Straßen- und Kirchennamen)
plac (pl.)	Platz		
aleja (al.)	Allee	zamek	Burg
brama	Tor	klasztor	Kloster
kościoł	Kirche	rynek	Markt
ratusz	Rathaus	jezioro	See
		las	Wald

Unterwegs mit Kindern

Die frühere Neumark ist eine Region mit reicher Kultur und interessanter Geschichte. Sie ist auch reich an landschaftlichen Reizen mit ihren Naturschutzgebieten, Reservaten, Seen, Flüssen und Wäldern – ein wahres Paradies für Aktivurlaub und daher ideal geeignet auch für Familien mit Kindern. In den letzten Jahren ist hier schon ein recht breit gefächertes Freizeit- und Erlebnisangebot entstanden. In allen Teilen der Region gibt es schöne, saubere Badeseen, meist sind sie von dichten Wäldern umgeben. Familienfreundlich sind viele der im Buch empfohlenen **Paddeltouren** auf den Flüssen (→ S. 140 und 259) und der empfohlenen **Radtouren** (→ S. 143 und 263). **Ausflugsdampfer** starten etwa in Barlinek (Berlinchen, → S. 96) und in Myślibórz (Soldin, → S. 83) zu Rundfahrten auf den sie umgebenen Seen. ›Wasserparadies‹ nennt sich das **Erlebnisbad** in Choszczno (Arnswalde) mit seiner 52 Meter langen Wasserrutsche (→ S. 106).

Der **Seilpark Tarzan Park** in Barlinek bietet zwei Parcours, geeignet für Kinder schon ab einer Körpergröße von einem Meter (→ S. 96). Reizvoll ist ein Besuch im herrlichen **Dendrologischen Garten** in Przelewice (→ S. 94) mit exotischen Baumarten aus aller Welt. Dort gibt es auch organisierte ›Umwelterziehungsprogramme‹ mit über 20 verschiedenen Themen. Interessant ist der neuere **Geopark** in Moryń (→ S. 61). Der Ausstellungspark im ehemaligen Mohrin verläuft entlang des Seeufers und zeigt lebensgroße Tierfiguren wie etwa Mammuts. Außerdem gibt es da einen Lehrpfad, einen Steingarten und ein Amphitheater. Der **dickste Baum Polens** steht in dem netten Städtchen Chojna (→ S. 71). Die Platane ›Olbrzyn‹ (›Riese‹) ist vielleicht sogar die dickste Platane der Welt. Der **Park der Dinosaurier** in Nowiny Wielkie (→ S. 139) ist ein ideales Ziel für einen Familienausflug. Auf dem Waldlehrpfad sind unter anderen 14 lebensgroße Dino-Modelle zu bewundern. Der 1996 gegründete und sehr beliebte Safarizoo in Świerkocin bei Witnica besitzt mittlerweile um die 600 Tiere. Durch das Safarigelände kann man mit dem Auto fahren und die Wildtiere dabei hautnah erleben. Es gibt außerdem einen Fußgängerzoo und einen Vergnügungspark. Für ältere Kinder (und Jugendliche) sind sicherlich auch die unterirdischen **Tunnelanlagen** der Festungsfront Oder-Warthe-Bogen bei Pniewo (→ S. 201) einen Besuch wert. Hier gibt es außerdem zwei Museen: das Festungsmuseum und das Fledermausmuseum.

Im Geopark in Moryń

Das Wichtigste in Kürze

Allgemeine Informationen

In den meisten größeren Orten gibt es touristische Zentren, in manchen kleineren Orten geben entsprechende Abteilungen der Stadtverwaltungen Orientierungshilfen.

Informationen vor Reiseantritt bieten:
Polnisches Fremdenverkehrsamt, Kurfürstendamm 71, 10709 Berlin, Tel 030/210920, www.polen.travel.de.

Haus Brandenburg der Stiftung Brandenburg, Parkallee 14, 15517 Fürstenwalde, Tel. 03361/310952, www.hausbrandenburg-fuerstenwalde.de. Umfangreiche Bibliothek und großes Archiv, Foto- und Diasammlung zum Thema Neumark. Gleichzeitig Sitz der Landsmannschaft Berlin-Mark Brandenburg e.V.

Einreise

Seit dem Beitritt Polens zum Schengener Abkommen stehen die Grenzen zwischen Deutschland und Polen offen. Grenzübergänge: Schwedt/Oder–Krajnik Dolny; Hohenwutzen–Osinów Dolny; Küstrin-Kietz–Kostrzyn; Frankfurt (Oder)–Slubice; Frankfurt (Oder)–Świecko, Guben-Gubin, Forst-Zasieki, Bademeusel-Olszyna und Coschen-Zytowan. Eine Autofähre ist zwischen Güstebieser Loose und Gozdowice in Betrieb.

Geldwechsel und Zahlungsmittel

Zum Bartausch steht in den größeren Orten der ehemaligen Neumark eine Wechselstube (Kantor) zur Verfügung. Dies ist in der Regel die günstigste Art des Geldwechselns. Man sollte aber unbedingt die Kurse in den Wechselstuben vergleichen. Einen guten Tageskurs bekommt man auch an den Geldautomaten mit deutsch- oder englischsprachigem Dialog. Auf Wunsch wird hier auch eine Quittung ausgedruckt. Allerdings muss man pro Transaktion mit Gebühren von 5 bis 8 Euro rechnen. Mehrere Automaten bieten den Nutzern einen sogenannten ›sicheren Kurs‹, der aber oft rund 10 Prozent unter dem tagesaktuellen Kurs liegt. Also dankend ablehnen! Für 1 Euro erhält man derzeit (Mai 2015) rund 4 Złoty (Abkürzung zł). Der Kurs schwankt immer etwas. In den grenznahen Orten wird an Tankstellen, in vielen Lokalen und in manchen Geschäften auch der Euro akzeptiert, fast immer zu einem fairen Wechselkurs. In den allermeisten Hotels und in vielen Restaurants, großen Geschäften, Tankstellen und Flugvertretungen werden Kreditkarten akzeptiert. Die gängigsten sind Euro Card, VISA, American Express, Diners Club, Master sowie JCB. Bei Verlust oder Diebstahl Ihrer Kreditkarte: Der **zentrale Sperr-Notruf** ist 0049/116116 (24-Stunden-Service).

Die Kirche in Długoszyn

Typisches Bild in der Neumark

Gesundheit
Die deutschen Krankenkassen übernehmen die Kosten für notwendige medizinische und zahnmedizinische Versorgungen in Polen. Dafür muss der Behandlung die Europäische Versicherungskarte vorgelegt werden. Man bekommt sie bei der eigenen Kasse. Die polnischen Apotheken (Apteka) haben in der Regel werktags von 8 bis 19 Uhr, samstags bis 14 Uhr geöffnet. Bereitschaftsdienste gibt es in den größeren Ortschaften.

Klima und Reisezeit
Die frühere Neumark liegt am Übergang vom maritimen zum kontinentalen Klima, weist also, wie weite Teile Deutschlands, ein gemäßigtes Übergangsklima auf. Die Region gehört zu den regenärmsten in Polen, im Durchschnitt fallen zwischen 550 und 650 Millimeter pro Jahr. Da sie keine Berge aufweist, dafür aber zahlreiche Fließgewässer und eine schier unüberschaubare Anzahl an Seen, ist sie als Sommerreiseziel besonders attraktiv. Das Frühjahr und der Herbst bieten sich besonders für Radwanderungen an.

Sicherheit
Die Neumark ist ein sicheres Reiseziel, Autodiebstahl kommt nicht häufiger vor als in anderen Ländern Mitteleuropas.

Unterkünfte und Preisniveau
Es gibt zahlreiche Unterkünfte, auch in den kleinen Orten. Dort ist der Standard jedoch meist schlicht. Vielerorts werden Privatquartiere und Urlaub auf dem Bauernhof angeboten, Campingplätze und Campingmöglichkeiten gibt es deutlich mehr als in Deutschland. Die Preise sind durchweg günstig, in Gorzów deutlich höher als in den anderen Orten. In diesem Reiseführer werden die Preise für ein Doppelzimmer mit Frühstück zur Hauptsaison in drei Kategorien eingeteilt. €=bis 50 Euro, €€=bis 70 Euro, €€€=über 70 Euro.

Verständigung
Viele Polen sprechen etwas Deutsch, die jüngeren auch Englisch. Hilfestellung, z.B. zur Übersetzung von Straßenschildern und Speisekarten, bietet der Sprachführer im Anhang dieses Reiseführers (→ S. 273).

Individuell oder organisiert?
Die Reiseveranstalter haben die Neumark bislang kaum für sich entdeckt. Es bereitet aber überhaupt keine Probleme, die Region auf eigene Faust zu entdecken, da die touristische Infrastruktur durchweg ausreichend ausgebaut ist. Ausführliche Informationen bieten die Reisetipps von A bis Z (→ S. 265).

Herausragende Sehenswürdigkeiten

Die Altstadt von Küstrin ▲ wurde 1945 nahezu vollständig vernichtet. In den letzten Jahren hat man im ›preußischen Pompeji‹ die Gebäudereste und die Fundamente sowie die gepflasterten Straßen und Gassen freigelegt. Jüngst wurden Bastionen rekonstruiert und ein Museum eingerichtet. Ein scharfer Kontrast: Jährlich im Sommer zieht's mehr als eine halbe Million Rockfans zum Open-Air-Giganten ›Haltestelle Woodstock‹ an die Oder (→ S. 45).

Chojna ▼ Das ehemalige Königsberg/Neumark ist eine bemerkenswerte Stadt mit bedeutenden gotischen Bauwerken wie dem prächtigen Rathaus, einem alten Kloster und originellen Stadttoren. Der Höhepunkt des Ortes, nicht nur wegen

der enormen Turmhöhe, ist die ebenfalls gotische Marienkirche, die nach Kriegszerstörung durch eine deutsch-polnische Gemeinschaftsaktion wiederaufgebaut werden konnte (→ S. 71).

Gorzów ▲ Das Kultur-, Wirtschafts- und Verwaltungszentrum der Wojewodschaft Lebus ist mit ihren über 125 000 Einwohnern die weitaus größte Stadt der weiteren Umgebung. Das ehemalige Landsberg schmiegt sich an beide Ufer der Warthe und besitzt zahlreiche Sehenswürdigkeiten von hohem Rang, darunter die gotische Marienkirche von 1290, heute Kathedrale und Bischofssitz (→ S. 127).

Nationalpark Warthemündung ▶ Der 2001 gegründete Nationalpark liegt an der Mündung der Warthe in die Oder. Der über 8000 Hektar große Park besteht aus weiten, flachen Wiesen- und Weideflächen, durchschnitten von Flussläufen und von Kanälen. Ein Teil des Parks ist Überschwemmungsgebiet, hier sind zahlreiche seltene Wasser- und Watvögel heimisch – ein Paradies für Radtouren (→ S. 137).

Herausragende Sehenswürdigkeiten

Christus-Statue in Świebodzin ◄ Sehenswert ist die nette Kulturstadt, die früher Schwiebus hieß. Gigantisch ist die König-Christus-Statue, die seit 2010 schon von weitem sichtbar am Stadtrand steht. Mit ausgebreiteten Armen dominiert der 440 Tonnen schwere Christus mit Krone das Schwiebusser Umland. Die 36 Meter hohe Figur hat sich schnell zu einem beliebten Pilgerziel und Touristenmagneten entwickelt, schließlich ist sie noch sechs Meter höher als die weltberühmte über Rio de Janeiro (→ S. 216).

Łagów Die einst kleinste Stadt Preußens galt als die ›Perle der Sternberger Schweiz‹. Sicherlich zählt der kleine Ort an zwei von dichten Wäldern umgebenen Seen auch heute zu den schönsten und reizvollsten im hügeligen Lebuser Land. Im Zentrum des Luftkurortes thront die mächtige, mittelalterliche Johanniterburg, von deren 35 Meter hohen Bergfried man einen fantastischen Weitblick genießt (→ S. 184).

Żary ▲ Das einstige Sorau gehört zu den beeindruckendsten und freundlichsten Städten der polnischen Lausitz. Besonders interessant ist das alte Viertel um den Marktplatz herum mit der Einkaufs- und Flaniermeile. Einige prachtvolle Renaissancegebäude zeugen noch vom einstigen Wohlstand der Stadt. Leider nur noch ruinös erhalten sind der stattliche, barocke Promnitzpalast und gleich daneben das Biberensteinschloss im Renaissancestil (→ S. 238).

Wer aber hinauszog in das neumärkische Land, wer Felder und Wälder durchstreifte, wer die tiefen Geheimnisse der märkischen Waldseen erlauschte und die Schönheit, die wertvolle Eigenart dieses Landes erspähte, dem wird es zur Pflicht, von diesem herrlichen Lande zu künden und möglichst jedem, der Sinn und Liebe für Wanderungen besitzt, Anregungen zu geben, um das neumärkische Land in seiner Schönheit so kennen zu lernen, wie es fast unentdeckt noch vor uns liegt.

Neumärkisches Wanderbuch (1929)

Das Rathaus in Lipiany

LAND UND LEUTE

Von Frankfurt bis Schwedt

Saßen all auf dem Verdecke,
Glocken klangen, alte Zeit,
Und der Himmel wurde blauer,
Und die Seele wurde weit.

Zwischen Frankfurt und Stettin ist während der Sommermonate ein ziemlich reger Dampfschiffverkehr. Schleppschiffe und Passagierboote gehen auf und ab, und die Rauchsäulen der Schlote ziehen ihren Schattenstrich über die Segel der Oderkähne hin, die oft in ganzen Geschwadern diese Fahrt machen ... Die Passagierboote gehen von Frankfurt aus zweimal wöchentlich, Mittwoch und Sonnabend, und machen die Fahrt nach Küstrin in zwei, nach Schwedt in acht, nach Stettin in zehn Stunden.

Was wir zunächst erblicken, ist Küstrin, turmlos, grau, in dünne Nebel gehüllt, die alte neumärkische Hauptstadt ... Rechts hin, fast am Ufer des Flusses entlang, dehnt sich die Drewitzer Heide – ein grüner Schirm. Weiter flussabwärts die Fähre von Güstebiese. Ein wenig poetischer Name ...

Das Oderbruch dehnt sich auf Meilen hin zu unserer Linken aus. Der Reichtum dieser Gegenden offenbart sich uns nicht in seinen goldenen Feldern, aber wir erkennen ihn doch an seinen ersten und natürlichsten Folgen ... an den Dörfern, die er geschaffen.

An diesem Reichtum nehmen die Dörfer des andern Oderufers teil, und ansteigend an der Hügelkette gelegen, die sich eine Meile unterhalb Küstrin am rechten Oderufer hinzuziehen beginnt, gesellen sich Schönheit und malerische Lage, viel mehr, als man in diesen Gegenden erwartet, zu dem Eindruck des Reichtums und beinahe holländischer Sauberkeit.

Der Fluß wird schmäler, aber tiefer, und das Landschaftsbild verändert sich. Der Barnim liegt hinter uns, und wir fahren in die Uckermark hinein ...

Andere Namen, in nichts mehr an die triviale Komik von Güstebiese oder Lietzegöricke erinnernd, tauchen auf – Namen voll poetischem Klang und Schimmer: Hohensaaten, Raduhn und Hohen-Kränig.

Aus: Theodor Fontane, ›Wanderungen durch die Mark Brandenburg. Zweiter Teil: Das Oderland‹, 1862 (gekürzt). Fontane hatte vom 23. bis zum 29. Juni 1862 das Gebiet beiderseits der Oder bereist und an einem dieser Tage die Schiffsfahrt unternommen.

Theodor Fontane in späteren Jahren

Landschaft und Natur

Das in diesem Buch vorgestellte Reisegebiet wird im Westen, an der Grenze zu Deutschand, von Oder und Neiße und im Osten streckenweise von den Flüssen Drawa (Drage), Obra (Obra) und Bóbr (Bober) begrenzt. Im Norden schließen sich pommersche, im Süden schlesische Gebiete an. Ihre heutige Form erhielt diese Landschaft, als vor mehr als 10 000 Jahren die letzten Gletscher der Eiszeit schmolzen und deren Wassermassen abflossen.

Das Bruch der Warta (Warthe) ist ein Abschnitt des Thorn-Eberswalder Urstromtals. Nördlich bestehen teilweise steile Abhänge und kleinere Nebentäler. Hier wurde der aus Steinen, Lehm und Kalk bestehende Geschiebemergel abgelagert. Es folgt eine 10 bis 40 Kilometer breite Zone mit vorwiegend Sandboden, die zumeist mit Kiefernwald bedeckt ist. Man findet jedoch viele Unterbrechungen durch Seen, Sümpfe und Fließe. Nach Norden bildet eine Endmoräne den Rand. Deren gesamte Länge zieht sich von Holstein bis nach Estland. Sie ist also ein Teil der sogenannten Baltischen Endmoräne, der auch als Baltischer Landrücken bezeichnet wird.

Stellenweise wie bei Cedynia (Zehden), nahe der Grenze, oder bei Barlinek (Berlinchen) bestehen recht steile Abhänge. Zumeist ist aber das Gelände wellenförmig, und die Hügel gehen auf sanfte Weise in das Flachland mit fruchtbaren Böden über. Eine Besonderheit sind die vielen großen und kleinen Findlinge, die aus dem Erdboden herausragen. Am Rande der Endmoränen hinterließen die Schmelzgewässer zudem zahlreiche Rinnen und Kessel. In ihnen sammelte sich das Wasser, und so entstanden Seen.

Der vorwiegend land- und forstwirtschaftlich genutzte Landstrich ist also abwechslungsreich gegliedert. Der Wechsel vom Urstromtal über Abhänge zur Hochfläche, zu Nebentälern, zu Seen, Mooren und Felshängen und dann wieder in die Niederungen hinunter vollzieht sich oft ohne längere Übergänge.

Die Landschaft südlich der Warta (Warthe) ist ähnlich gegliedert wie die nördlich des Flusses, aber hier befindet sich mit der Pojezierze Lubuskie (Lebuser Seenplatte) um die Orte Łagów (Lagow), Lubniewice (Königswalde) und Lubrza (Liebenau) herum – im Wechsel von klaren Seen, vielen Bergen und weiten Wäldern – eine traumhafte Urlaubslandschaft. Ihr schließt sich mit der Puszcza Rzepińska ein riesiges Waldgebiet an. Es endet am Urstromtal der Oder, die hier von Osten nach Westen fließt. An ihren nördlichen Hochufern hat sich in jüngster Zeit nach längerer Unterbrechung der

Kieferngesäumte Seen sind typisch für die Neumark

Im Nationalpark Warthemündung

Weinanbau angesiedelt. Danach folgt im Süden der nur 25 bis 30 Kilometer breite Streifen zwischen Neiße und Bober mit den Anhöhen um Gubin (Guben) und Żary (Sorau). Zwischen weiten Kiefernwäldern trifft man auf große Dörfer mit Ackerbau und Viehzucht.

Tier- und Pflanzenwelt

Die Natur der Region ist recht vielgestaltig. Fast die Hälfte der Fläche ist mit Wäldern bedeckt. Es herrscht zwar die Kiefer vor, es gibt aber ebenso zahlreiche Mischwälder. An Gewässern und auf Hängen gedeihen Buchen- und Eichenwälder, auch Birken sind stark vertreten. Viele Nebenstraßen sind von Bäumen eingefasst und bilden hübsche Alleen. In den Wäldern leben nicht nur zahlreiche Wild- und Vogelarten, sie sind auch zum großen Teil pilzreich. Stellenweise gedeihen Heidelbeeren, Walderdbeeren und andere Wildfrüchte.

Die Landwirte bestellen alle einheimischen Getreidearten, Kartoffeln, Rüben und Futterpflanzen. Wunderschön ist die Farbenpracht im Frühsommer, wenn die Rapsfelder, die Kornblumen und der Klatschmohn blühen.

Vor allem in der Nähe von Flüssen bieten die Wiesenflächen und Talhänge nicht nur üppiges Viehfutter, sondern auch den Lebensraum für bunt blühende Kräuter, für Schmetterlinge und für Vögel. Viele seltene Arten blieben durch die bisher meist traditionellen Formen des Ackerbaus und der Viehzucht erhalten. In den Seen und Flüssen leben zahlreiche Fischarten, und die meisten weisen eine stabile Population auf, so dass Angeln vielerorts möglich ist. Beliebt bei den Anglern sind Aale, Forellen, Lachse, Maränen und Zander.

Schutzgebiete

Zum Schutz für besondere Landschaftsformen und seltene Arten wurden Landschaftsschutzparks und Naturschutzgebiete eingerichtet sowie Naturdenkmäler als solche gekennzeichnet. Das Tal der Drawa (Drage) verfügt sogar über den Status eines Nationalparks und kann als urwüchsigste Region der vorgestellten

Landschaft gelten. Man kann den Eindruck gewinnen, als schlösse sich ein Nationalpark an den anderen an. Am Rande des Gebietes schließt sich im Südwesten, unweit der Grenze hinter Kostrzyn (Küstrin), der Nationalpark Ujście Warty (Warthe-Mündung) als eines der größten europäischen Vogelreservate an. Landschaftschutzsparks befinden sich im Waldgebiet zwischen Gorzów (Landsberg) und Barlinek (Berlinchen) einschließlich des Tales der Płonia (Plöne) nördlich von Barlinek und im Gebiet um Cedynia (Zehden). Bedeutsame Naturschutzgebiete sind das Steppenreservat bei Bielinik (Bellinchen) und das Reiherreservat bei Cedynia (Zehden). Außerdem werden oft uralte Baumgruppen und Sumpfformationen geschützt.

Landschaftsparks mit Naturschutzgebieten und Naturdenkmalen bestehen auch um Łagów (Lagow), Pszczew (Betsche), Krzesin (Kräsen), Gryżyna (Griesel) und Trzebiel (Triebel). Letzterer schließt auch den Bad Muskauer Park mit ein. Der aber liegt bereits auf schlesischem Boden.

Geschichte

In mancherlei Hinsicht verlief die Entwicklung südlich und nördlich der Warthe ähnlich, in manchen Bereichen aber auch unterschiedlich, nicht zuletzt wegen der Zugehörigkeit zu unterschiedlichen Ländern. Daher werden die beiden Gebiete hier gesondert betrachtet.

Geschichte der Region nördlich der Warthe

Früheste Bewohner der Region waren in der mittleren Steinzeit – zwischen 8000 und 4000 vor Christus – Jäger und Fischer. Während der Jungsteinzeit – 4000 bis 2000 v. Chr. – entwickelten sich Ackerbau und Viehzucht. In den beiden letzten Jahrtausenden vorchristlicher Zeit lebten dort Menschen verschiedener Kulturen, die nach der Herstellungsform ihrer Gefäße benannt werden. Von 600 bis 100 breitete sich die frühgermanische Jastorf-Gruppe aus.

Ersten schriftlichen Überlieferungen römischer Autoren zufolge lebte in dieser Landschaft seit etwa 50 v. Chr. der germanische Stamm der Burgunden. Im 4. nachchristlichen Jahrhundert wanderte er nach Südwesten ab. Etwa 200 Jahre lang war das Gebiet fast menschenleer, bis slawische Stämme einwanderten, die durch das Vordringen der Hunnen und Awaren dazu genötigt wurden.

Östlich der mittleren Oder wurden unter anderem die Stämme der Pyritzer und der Lebuser ansässig. Später bestand hier das Grenzgebiet zwischen den Polanen (den Landbewohnern) und den Pomeranen (den Meerbewohnern). Mitte des 10. Jahrhunderts kam die Region zum polnischen Staat, der damals von Herzog Mieszko I. aus dem Geschlecht der Piasten durch den Zusammenschluss mehrerer Stämme, zeitweilig auch der Pomeranen, gegründet wurde.

Der Herzog unterwarf sich 963 der Oberhoheit des ›Heiligen Römischen Reiches deutscher Nation‹ in Gestalt Kaisers Otto I. und nahm 966 das Christentum an. Ein Zins für das ›Land bis an den Fluß Warthe‹ war von ihm zu entrichten. Der historisch nicht verbürgte, misslungene Angriff durch Hodo,

Die Neumark 1818

den Markgrafen der Ostmark, gegen Mieszko und dessen Bruder Czcibor bei Zehden (Cedynia) im Jahr 972 soll eine deutsche Ausbreitung auf dieses Territorium verhindert haben.

Auseinandersetzungen um das Gebiet gab es in der Folgezeit zwischen Polen und Pommern, das es die längste Zeit in Besitz hatte. Schließlich drangen um 1236 sogar die Liegnitzer Schlesier unter dem Piasten Heinrich dem Bärtigen soweit nach Norden vor. Außerdem gab es Streit zwischen den Bistümern Lebus und Kammin (Cammin) über die kirchliche Zugehörigkeit. Das führte, auch wegen der dünnen Besiedlung, zu unübersichtlichen Besitzverhältnissen und nach damaligem Brauch zu Schenkungen von einzelnen Landesteilen an die Kirche, in diesem Falle vor allem an den Templer- und den Zisterzienserorden. So erhielten die Templer Ländereien um Küstrin (Kostrzyn), Soldin (Myślibórz) und Königsberg/Neumark (Chojna) sowie an der Drage (Drawa).

In diesem Zusammenhang konnte um 1250 die Markgrafschaft Brandenburg unter der Doppelherrschaft der Askanier Johann I. und Otto III. einen großen Teil des Gebietes der späteren Neumark von den Schlesiern vertraglich übernehmen. Durch den geistlichen Besitz lebten zu dieser Zeit bereits viele deutsche Bauern und Adlige im Lande. Nun wurden brandenburgische Städte gegründet und mit Befestigungsanlagen ausgestattet, kirchliches Eigentum konnte gegen Entschädigung zum Teil von den Askaniern übernommen werden. In den darauffolgenden Jahrzehnten wurde der neue Landesteil Brandenburgs durch Hinzukauf, Gebietstausch und nach Streitigkeiten mit den pommerschen Herzögen erweitert und außerdem durch eine Mitgift, als sich der Markgrafensohn Konrad I. mit der polnischen Prinzessin Constantia verheiratete. Nachdem deren Bruder

Kurfürst Johann Georg (1525–1598)

an die Macht gelangt war, führte er erfolglose Kriegszüge gegen Brandenburg, um die Hochzeitsgabe zurückzubekommen.

Das im Jahr 1337 angelegte Dorfregister ›Terra transoderana‹ gibt Aufschluss über die damalige Bevölkerungsstruktur und Besitzverhältnisse. 1397 tauchte erstmalig die Bezeichnung ›Neue Mark über Oder‹ auf, Soldin (Myślibórz) wurde ihr Hauptort. Von 1402 bis 1455 befand sich die Neumark durch Kauf unter der Regentschaft des Deutschen Ordens, wurde dann aber wieder zurückgekauft. Um 1433 verwüsteten die Hussiten zahlreiche Orte. Von 1535 bis 1571 war die Neumark unter Einbeziehung weiterer Gebiete unter dem Markgrafen Johann ein selbständiges Fürstentum. Der Herrscher ließ Küstrin (Kostrzyn) zu seiner Residenz sowie zu einer starken Festung ausbauen. 1538 wurde die

Friedrich II. (1712–1786) ließ das Warthebruch trockenlegen

Reformation eingeführt und bald danach Klosterbesitz für den Staat eingezogen. Als Hans von Küstrin ohne männlichen Erben starb, wurde unter Johann Georg die Neumark wieder mit der Kurmark zu einem Kurfürstentum vereinigt. Sie behielt aber eine gesonderte Verwaltung mit Kanzlei in Küstrin, an deren Spitze ab 1655 ein Landesdirektor stand. Im Dreißigjährigen Krieg (1618–1648) gab es starke Zerstörungen und Drangsalierungen der Bevölkerung, ebenso während des Siebenjährigen Krieges (1756–1763). Um 1775 war die Trockenlegung des Warthe- und des Netze-Bruches abgeschlossen. Dort entstanden etwa 100 Kolonistendörfer. Im Jahr 1815 wurde der Regierungsbezirk Frankfurt (Oder) innerhalb der Provinz Brandenburg gebildet. Zu ihm gehörten auch die neumärkischen Kreise Arnswalde (Choszczno), Friedeberg (Strzelce Krajeńskie), Königsberg (Chojna), Landsberg (Gorzów) und Soldin (Myślibórz). 1892 wurde Landsberg kreisfreie Stadt.

Durch die Anlage von Straßen, Bahnstrecken und die Verbesserung der Wasserwege gab es im 19. Jahrhundert einen deutlichen wirtschaftlichen Aufschwung. Es entstanden aber keine größeren Industrien, so dass durch Abwanderung in andere Regionen, darunter nach Berlin, die Bevölkerungszahl trotz der Fortschritte bald zurückging. Im Zuge einer Verwaltungsreform wurden die Kreise Arnswalde und Friedeberg 1938 an Pommern angeschlossen. 1939 leben in der Region etwa 330 000 Menschen. Während des Zweiten Weltkrieges (1939–1945) erhöhte sich diese Zahl, vor allem weil wegen der Bombenangriffe viele städtische Bewohner hier Zuflucht suchten.

Ende Januar 1945 eroberte die sowjetische Armee das Gebiet, aus dem zuvor nur ein geringer Teil der Bewohner hatte flüchten können. Offiziell war unter anderem im Kreis Soldin die Flucht der Zivilbevölkerung vor der Front verboten worden. Noch am 27. Januar sollen Zettel verteilt worden sein, die bei Zuwiderhandlung hohe Strafen androhten. Arnswalde (Choszczno) und Küstrin (Kostrzyn) wurden wochenlang verteidigt und fast ganz zerstört, andere Städte wie Landsberg (Gorzów), Friedeberg (Strzelce Krajeńskie), Berlinchen (Barlinek) und Königsberg (Chojna) erlitten nach der Einnahme durch Brandschatzungen schwere Schäden. Viele Einwohner nahmen sich aus Angst vor den sowjetischen Soldaten das Leben, und zahlreiche wurden von diesen erschossen oder erschlagen. Unzählige Frauen wurden vergewaltigt, tausende Menschen nach Sibirien verschleppt.

Ein etwa 20 Kilometer breiter Streifen entlang der Oder wurde als Kampfzone bis etwa Mitte April geräumt, die Bewohner in Richtung Osten getrieben. Wenige Wochen nach ihrer Rückkehr, im Juni und Juli 1945, kam es zur Vertreibung des größten Teiles der deutschen Bevölkerung. Nur ein geringer Teil blieb aus Krankheitsgründen oder wegen Arbeitsverpflichtungen zurück und wurde in den folgenden Jahren ausgesiedelt. Nur vereinzelt kam es zu Eheschließungen zwischen Polen und Deutschen, die dazu führen, dass diese Deutschen in der Region bleiben können. Zahlen des Statistischen Bundesamtes sagen aus, dass es, umgerechnet auf das gesamte brandenburgische Gebiet, östlich von Oder und Neiße rund 35 Prozent ›vertreibungsbedingte Bevölkerungsverluste‹ und damit die höchste Zahl an Toten unter der Zivilbevölkerung aller früheren deutschen Ostprovinzen gab.

Christliche Orden in der Neumark

Die Zisterzienser, ein im Jahr 1089 in Citeaux in Frankreich gegründeter Ableger des Benediktinerordens, wurden von den askanischen Markgrafen in die Neumark geholt. Durch markgräfliche Stiftungen entstanden im 13. und 14. Jahrhundert deren Klöster Zehden (Cedynia), Bernstein (Pełczyce), Marienwalde (Bierzwnik) und Himmelstädt (Mironice).

Die Templer waren ein geistlicher Ritterorden, der 1118 nach dem ersten Kreuzzug in Jerusalem gegründet wurde. Der Orden gelangte zu großer Macht und viel Reichtum, wurde aber 1312 wegen angeblicher Abkehr von christlichen Werten verboten und aufgelöst.

In den Jahren von 1232 bis 1234 erhielten die Templer vom damaligen großpolnischen Herzog Odonicz sowie vom Pommernherzog Barnim I. größere Ländereien in der Neumark. Nach dem Verbot des Templerordens gelangte der größte Teil dieses Besitzes an den Johanniterorden. Dieser war ebenfalls in Jerusalem gegründet und im Jahr 1113 vom Papst anerkannt worden. Seine Aufgabe war vor allem die medizinische Betreuung der Kreuzfahrer. Ihren Sitz für Brandenburg richteten die Johanniter ab 1427 in Sonnenburg (Słońsk) nahe Küstrin (Kostrzyn) ein. Sie engagierten sich in der Alten- und Krankenpflege sowie in der Kultivierung der Landschaft. Ab 1530 befand sich der Hauptsitz des Ordens auf der Insel Malta, daher auch der Name Malteserorden. Der Johanniterorden der so genannten Ballei Brandenburg schloss sich der Reformation an, behielt aber dennoch seine 1382 beim ›Heimbacher Vergleich‹ festgelegte privilegierte Stellung innerhalb des Gesamtordens bei.

Weitere Orden waren nur schwach vertreten. Allerdings haben die Augustiner in Königsberg (Chojna) und die Dominikaner in Soldin (Myślibórz) Klöster eingerichtet, von denen noch heute Gebäude vorhanden sind.

Das bedeutendste Zisterzienser-Kloster ist das zwischen Międzyrzecz (Meseritz) und Świebodzin (Schwiebus) gelegene Paradyż (Paradies). Es gelangte 1230 als Schenkung eines Grundbesitzers an den Orden. Es war das erste Tochterkloster von Lehnin (bei Berlin). Heute ist dort ein Priesterseminar untergebracht; Besichtigungen sind möglich und lohnenswert. Dagegen wurden die Zisterzienser-Anlagen in Bledzew (Blesen) um 1840 abgerissen. Hier erinnern noch Reste des Klosterschatzes in der Kirche an das einstige Wirken der Mönche.

Der Templerorden gelangte 1244 durch Erbschaft eines schlesischen Grafen in den Besitz der Stadt Zielenzig (Sulęcin) einschließlich umliegender Dörfer. Nach dem Verbot des Ordens wurden um 1350 die Johanniter neue Eigentümer. Daran erinnert noch das Johanniterhaus, das sich nun als deutsch-polnisches Kulturzentrum präsentiert.

Die Johanniter hatten um 1350 Łagów (Lagow) und Umgebung erworben, wo sie die dortige Adelsburg zu einem Schloss umbauten und erweiterten. Dieser Besitz wurde 1810 eingezogen. Heute kann man hier übernachten und speisen, regelmäßig finden Konzerte statt. Einen herrlichen Panoramablick über die seenreiche Landschaft hat man vom Burgturm aus. Wichtigster Ort der Johanniter wurde jedoch Słońsk (Sonnenburg), nachdem der Orden nach dem Ankauf von Schloss und Stadt dort den Hauptort der Ballei Brandenburg mit Ordensmeistersitz einge-

Christliche Orden in der Neumark

Die Ordenskirche im heutigen Słońsk stammt von den Johannitern

richtet hatte. Bis heute treffen sich hier die Johanniter und sorgen für Restaurierungen in der Ordenskirche. Leider ist das Schloss ausgebrannt und nur noch Ruine.

In Gubin (Guben) wurde im Jahr 1157 am Westufer der Neiße ein Kloster der Benediktinerinnen gegründet. Im Jahr 1274 entstand das Franziskanerkloster in Żary (Sorau). Die im Laufe der Jahrhunderte mehrmals umgebaute Klosterkirche heißt heute Garnisonskirche der Erhebung des Heiligen Kreuzes.

Geschichte der Region südlich der Warthe

Die Geschichte im Süden der beschriebenen Landschaft entwickelte sich zunächst vergleichbar mit der im Norden dieser Region, nur dass sich dann hier in der Frühbronzezeit, etwa um 2000 v. Chr., die ›Aunjetitzer Kultur‹ aus der Prager Region bis hierher ausbreitete und danach auch die ›Lausitzer Kultur‹. Zu diesen Kulturen fanden sich zahlreiche Exponate bei Ausgrabungen, etwa bei Urad (Aurith) und Gorzyca (Göritz), beide unweit von Frankfurt, sowie in Białowice (Billendorf) bei Żary (Sorau).

Um die Zeitenwende lebten hier die germanischen Stämme der Burgunden, Vandalen und Rugier. Die nach der Völkerwanderung eingewanderten Slawen gehörten zu den Stämmen der Lebuser und der Lusizi. Ab dem 8./9. Jahrhundert legten sie Burgwälle vom sogenannten Tornower Typ an. Mit dem Zentrum Lebus an der Oder und der dortigen größten Burganlage entstand der Kleine Wendengau. Nach der Gründung des polnischen Staates im 10. Jahrhundert verlief hier seine Westgrenze an der Oder und am Bóbr (Bober). Der zweite Herzog, Boleslaw I., dehnte in langwierigen Kriegen den polnischen Staat nach Westen aus, darunter auch um die Niederlausitz, die allerdings nach dem Gegenfeldzug des deutschen Königs den Status eines deutschen Lehens behielt. Im Zusammenhang mit der feudalen Zersplitterung Polens in den nachfolgenden Jahrhunderten gelangte der nördliche Teil etwa bis zur Oder an Großpolen und der südliche an Schlesien, während die Niederlausitz von Polen abgetrennt wurde. Um 1235 kam auch die nördliche Region in schlesischen Besitz. In dieser Zeit wurden deutsche Siedler ins Land geholt, deutsche Ritter legten Burgen an und erwarben Herrschaftsrechte. Außerdem gingen umfangreiche Ländereien als Schenkungen an den Templerorden und an die Zisterzienser.

Im Jahr 1241 kam es bei Liegnitz mit deutscher Militärhilfe zur Schlacht gegen die Mongolen. Daraufhin übertrug der niederschlesische Herzog Boleslaw II. Rogatka am 20. April 1249 in einem Vertrag mit Erzbischof Wilbrand und dem Einverständnis Großpolens dem Erzbistum Magdeburg die ›Herrschaft über Burg, Stadt und Land Lebus‹. Nach dem Frieden von 1252 wurde das Gebiet endgültig von Niederschlesien getrennt und gelangte für etwa 30 Jahre in den gemeinsamen Besitz des Erzbistums von Magdeburg und der Markgrafschaft von Brandenburg. Zwei Jahre später wurde durch die Verlobung des Markgrafensohnes Konrad mit der polnischen Prinzessin Konstanze ein Freundschaftsvertrag besiegelt. 1283 wurde ein Bruder des Markgrafen zum Erzbischof ernannt. Wahrscheinlich gelangte deshalb das gesamte Gebiet unter brandenburgische Herrschaft.

Nun wurden zahlreiche Städte nach deutschem Recht gegründet. Während das südlich der Warthe gelegene Land Sternberg über die Jahrhunderte bis 1945 ständig zu Brandenburg gehörte, kamen die anderen Regionen erst später hinzu. So musste der Herzog von Schlesien-Sagan im Jahr 1482 als Ergebnis des Glogauer Erbstreites die Territorien um Crossen, Bobersberg und Züllichau an den brandenburgischen Kurfürsten Albrecht abtreten. Sie gehörten ab 1535 zur eigenständigen Markgrafschaft Neumark und dann nach dem Tode des Markgrafen Johann zum Kurfürstentum Brandenburg.

Die Burganlage Meseritz im 10. Jahrhundert

Einige weitere Gebiete in unmittelbarer Nachbarschaft kann man nicht als historisch neumärkisch bezeichnen. Wir haben sie dennoch wegen der Komplettierung mit in den Reiseführer aufgenommen. So wurde Schwiebus mit seiner Umgebung nach dem Sieg über Österreich im Ersten Schlesischen Krieg von 1740 bis 1742 zwar preußisch, aber erst 1815 Brandenburg zugeordnet. Dies geschah im Zusammenhang mit dem Zugewinn der Niederlausitz einschließlich einiger Gebiete östlich der Neiße, da Sachsen diese Provinz gemäß des Wiener Kongresses an Preußen abgeben muss.

Schließlich gab es 1938 mit der Auflösung der Provinz Grenzmark Posen-Westpreußen eine Ergänzung durch die Kreise Meseritz und Schwerin (Warthe). Sie hatten wie Reste des Kreises Bomst bis zu den Teilungen des Landes zu Polen gehört. Danach waren sie preußisch und nach dem Ersten Weltkrieg aufgrund der mehrheitlich deutschen Bevölkerung bei Deutschland verblieben.

Kurz vor dem Ende des Zweiten Weltkriegs wurden vor allem Guben (Gubin) und Crossen (Krosno) stark zerstört, und auch aus den Gebieten südlich der Warthe wurde die deutsche Bevölkerung in der unmittelbaren Nachkriegszeit vertrieben, sofern sie nicht schon 1945 geflüchtet war. Ihr folgten polnische Neusiedler. Damit vollzog sich auch in dieser Region innerhalb weniger Jahre ein fast vollständiger Bevölkerungsaustausch.

Nach 1945

Infolge des Potsdamer Abkommens vom August 1945 wurde Ostbrandenburg ›unter polnische Verwaltung‹ gestellt. Erst ein Friedensvertrag soll die Grenze endgültig festlegen. Dennoch wurden schon vorher Tatsachen geschaffen. Die Regierung der DDR erkannte bereits 1950 die Oder-Neiße-Linie als Staatsgrenze zu Polen an, die Bundesrepublik mit dem ›Warschauer Vertrag‹, den sie mit der Volksrepublik Polen 1970 schloss. Völkerrechtliche Anerkennung fand diese Bestimmung erst mit dem deutsch-polnischen Grenzvertrag von 1990.

Die alten Kreiseinteilungen wurden nach 1945 im wesentlichen beibehalten, die neuen Wojewodschaftsgrenzen teilten jedoch die ehemalige Neumark. Zunächst gehörte ein Teil zur Wojewodschaft Großpolen mit der Hauptstadt Poznań (Posen). Deshalb findet man noch bis heute bei Gorzów den Zusatz Wlkp., also Wielkopolskie (Großpolen). Seit einer Verwaltungsreform von 1975 gehörte der nordwestliche Teil zur Wojewodschaft Szczecin (Stettin) und der südöstliche zur Wojewodschaft Gorzów (Landsberg). Damals wurden auch die Kreise aufgelöst; dafür entstanden sogenannte Gminy. Das sind Großgemeinden, denen zahlreiche Dörfer unterstehen. Seit dem 1. Januar 1999 bestehen die neuen Wojewodschaften Lubuskie (Lebuser Land), zu denen die Kreise Gorzów und Strzelce-Drezdenko gehören, sowie Zachodniopomorski (Westpommern) mit den weiteren neumärkischen Gebieten, wobei es gegenüber den ursprünglichen Kreisen Grenzveränderungen gab. Seit dieser Verwaltungsreform gehört das gesamte Gebiet südlich der Warthe zur Wojewodschaft Lubuskie (Lebuser Land).

Nach den gesellschaftlichen Veränderungen um 1990 erfolgte eine verbesserte deutsch-polnische Zusammenarbeit bei der Erforschung der Geschichte und bei der Erhaltung von kulturellen Werten. Die Infrastruktur und die Tourismusförderung stellen sich seither immer stärker auf die deutschen Nachbarn ein.

Brandenburg vor 1945

Bau- und Kunstdenkmäler

Bei Reisen durch die Neumark stößt man in den Städten und Dörfern auf Bauwerke der unterschiedlichsten Stilarten, aus allen Epochen seit dem Spätmittelalter. Während über die germanische und slawische Besiedlung nur Bodenfunde Zeugnis ablegen, begann kurz vor und nach der Inbesitznahme des Gebietes durch die Markgrafschaft Brandenburg im 13. Jahrhundert mit der Anlage eines flächendeckenden Netzes von kleineren und größeren Orten auch die Errichtung von steinernen Gebäuden.

Spätmittelalter

Von den steinernen Gebäuden des Spätmittelalters sind vor allem Kirchen aus Feldsteinen, die oft zu Quadern verarbeitet wurden, bis in unsere Zeit erhalten geblieben. Sie sind vom gotischen Stil geprägt, weisen aber vereinzelt noch Merkmale der Romanik auf. Unter den **Stadtkirchen** hat die dreischiffige Kirche von Moryń (Mohrin) noch am besten ihre mittelalterliche Gestalt bewahren können. Dagegen sind andere Gotteshäuser aus dieser Epoche – etwa in Myślibórz (Soldin), Cedynia (Zehden), Trzcińsko Zdrój (Bad Schönfließ), Mieszkowice (Bärwalde) oder Gorzów (Landsberg) – im Laufe der späteren Jahrhunderte baulich mehr oder weniger stark verändert worden. Auch südlich der Warthe sind viele der mittelalterlichen Stadtkirchen später nach Bränden oder kriegerischen Beschädigungen verändert worden. Es gibt aber auch stilgerechte Restaurierungen. Bemerkenswert in Größe und Ausstattung sind die Jakobikirche in Ośno (Drossen), die Marienkirche in Lubsko (Sommerfeld), die Parrkirche in Żary (Sorau)

Kirchen aus Feldsteinen finden sich einige in der Neumark

oder die sich im Wiederaufbau befindliche Stadtkirche von Gubin (Guben), die Michaelskirche in Świebodzin (Schwiebus), die Johanneskirche in Międzyrzecz (Meseritz) und die Nikolaikirche in Sulęcin (Zielenzig).

Dörfliche Kirchen aus Feldsteinen finden sich in zahlreichen Ortschaften. Sehenswerte Beispiele werden in Dolsko (Dölzig) bei Moryń (Mohrin) und in Rościn (Rostin) bei Myślibórz (Soldin) geboten. Viele andere von ihnen sind in späteren Zeiten verputzt oder auf andere Weise umgestaltet worden. Bemerkenswert ist außerdem die oftmals noch erhaltene Umfriedung des Kirchhofes mit Mauern aus Feldsteinen. Die Rostiner Kirche wird seit 2014 mit Mitteln des Warschauer Kulturministeriums restauriert und soll bald als Ausstellungsraum dienen.

Mehrere christliche Orden haben eine Reihe von mittelalterlichen Bauwerken hinterlassen. Zu nennen sind vor allem die kleinen **Kirchen** der Templer in Rurka (Rörchen) und in Mętno Małe (Klein Mantel), die Überreste der **Klöster** der Augustiner in Chojna (Königsberg) und der Dominikaner in Myślibórz (Soldin), der Zisterzienser in Bierzwnik (Marienwalde) bei Dobiegniew (Woldenberg) und in Cedynia (Zehden) sowie der Kirche der Johanniter in Chwarszczany (Quartschen). Der letztgenannte Bau ist als die älteste Backsteinkirche der Neumark mit ihrer allerdings nicht mehr vollständig erhaltenen Wandmalerei aus der Mitte des 14. Jahrhunderts besonders sehenswert.

Vorwiegend im 14. Jahrhundert umgaben sich die Städte zum Schutz mit **Mauern**. Sie waren mit Türmen und Toren sowie mit integrierten Weichhäusern ergänzt, auch Wiekhäuser genannt. Freunde solcher Bauwerke kommen in der Neumark voll auf ihre Kosten. Mauern in unterschiedlichem Umfang und mit jeweils zwei Stadttoren finden sie in Chojna (Königsberg), Trzcińsko Zdrój (Bad Schönfließ), Myślibórz (Soldin) und in Lipiany (Lippehne) vor. Über einigen Tordurchfahrten werden die Räume sogar als Unterkünfte oder für kulturelle Zwecke genutzt. In Strzelce Krajeńskie (Friedeberg) kann der gesamte Mauerring umwandert werden, und hier befindet sich mit dem einstigen Driesener das wohl am schönsten gestaltete Tor. Auf Polnisch wird es heute als Osttor oder als Mühlentor bezeichnet. Auch in Moryń (Mohrin) ist wie in Mieszkowice (Bärwalde) die Stadtmauer größtenteils erhalten. Die umfangreichsten Stadtbefestigungen sind in Ośno (Drossen) vorhanden, während man die schönsten Stadttore in Łagów (Lagow) vorfindet.

Außerhalb der Befestigungen wurden die als **Kapellen** bezeichneten kleinen Gotteshäuser vor allem für die an Seuchen Erkrankten errichtet. Am besten erhalten ist die heute als Künstleratelier dienende in Myślibórz (Soldin), wo sich am entgegengesetzten Stadtausgang die 1514 erbaute frühere Jerusalemkapelle befindet, auch Klus und von den Polen ›Gotische Kapelle‹ genannt.

Im Jahr 1389 wurde mit dem Bau der mächtigen Marienkirche in Chojna (Königsberg) begonnen, die mit ihren zahlreichen Ausschmückungen als der schönste Ziegelbau der Neumark aus jener Zeit gilt. Der gleiche Baumeister schuf auch das wunderschöne Rathaus in dieser Stadt. Beide Bauten sind nach den Zerstörungen von 1945 denkmalsgerecht rekonstruiert worden.

Die am besten erhaltene mittelalterliche **Burganlage** befindet sich in Międzyrzecz (Meseritz). Sie stammt ursprünglich aus dem 13. Jahrhundert und dient heute als Museum.

Neuzeit

Von den nach 1535 errichteten Festungsanlagen sowie dem Stadtschloss in Kostrzyn (Küstrin) blieben nach den Kriegseinwirkungen, dem folgenden Abriss und teilweisem Abtransport der Mauerreste lediglich Relikte übrig. Sie sind wegen ihrer historischen Bedeutung dennoch besuchenswert, zumal seitens der Stadtverwaltung dieses Erbe den Besuchern so gut wie möglich dargestellt wird. Zum Teil fanden bereits Rekonstruktionen statt.

Aus dem 16. Jahrhundert ist mit dem in Trzcińsko Zdrój (Bad Schönfließ) nur ein gut erhaltener und noch als solcher genutzter spätgotischer **Rathausbau** zu bewundern. Ansehnliche **Stadtzentren** einschließlich ihrer historischen Rathäuser begegnen uns vor allem in Międzyrzecz (Meseritz), Świebodzin (Schwiebus), Sulechów (Züllichau), Lubsko (Sommerfeld) und Żary (Sorau).

Um 1680 wurde das **Schloss** in Dąbroszyn (Tamsel) in der Nähe von Kostrzyn (Küstrin) errichtet. Es soll hier nur als eines der in jenen Jahrzehnten entstandenen Herrensitze genannt werden, da es nicht nur früher ein Musenhof war, sondern auch nach 1990 eine Stätte deutsch-polnischer Begegnungen und ein Ort kultureller Veranstaltungen und des Kulturaustausches war, aber gegenwärtig zum Verkauf steht. Aus dem 18. Jahrhundert stammen unter anderem ein heute als Museum genutzter Speicher in Gorzów (Landsberg) sowie die Rathäuser von Myślibórz (Soldin) und Lipiany (Lippehne) mit ihren schönen Fassaden.

Im 18 und 19. Jahrhundert entstanden zahlreiche **Herrenhäuser** mit Parks und Gutshöfen. Die wichtigsten von ihnen werden in den einzelnen Kapiteln vorgestellt. Leider sind zahlreiche dieser Anlagen in einem schlechten Zustand oder bereits verfallen. Aber gerade deshalb lohnt sich eine Spurensuche. Das Gebiet südlich der Warthe ist mit Herrenhäusern reichhaltig ausgestattet. Einige sind infolge des Zweiten Weltkriegs nicht mehr vorhanden, andere in einem schlechten Zustand. Einige Beispiele: Das um 1550 entstandene Renaissanceschloss von Wilkowo (Wilkau) ist gut erhalten. Um 1790 wurde in Glisno (Gleißen) die wohl schönste Nachgestaltung von Potsdams Sanssouci errichtet. Von 1856 bis 1859 ist das Herrenhaus in Dąbrówka Wlkp. (Groß Dammer) nach Plänen des preußischen Baumeisters Stüler erbaut worden. Das prächtigste Schloss finden wir in Trzebiechów (Trebschen) vor. Im gleichen Ort steht als Kleinod der modernen Architektur das Sanatorium des belgischen Jugendstil-Künstlers Henry van de Velde.

In mehreren Kleinstädten haben sich hübsche Fassaden von **Bürger-**

Die Kirche in Różańsko

häusern sowie **Villen** aus unterschiedlichen Epochen erhalten oder wurden neu gestaltet. Sehenswert ist der Backsteinbau der einstigen Koch'schen Anstalten in Moryń (Mohrin) mit dem Denkmal für den seinerzeitigen Stifter im Eingangsbereich.

Außergewöhnliche **Dorfkirchen** sind unter anderem der achtseitige Backsteinbau in Stare Osieczno (Hochzeit) an der Drawa (Drage), der Fachwerkbau in Chłopowo (Herrendorf) und das Gotteshaus in Różańsko (Rosenthal). Besonders sehenswerte **Stadtkirchen** sind etwa die Friedrichskirche in Świebodzin (Schwiebus) und die Schinkelbauten in Torzym (Sternberg) und in Glisno (Gleißen). Wunderschön mit ihrem gesamten Umfeld präsentiert sich die Wallfahrtskirche von Rokitno (Rokitten) aus dem 18. Jahrhundert, der ein Diözesanmuseum angeschlossen ist.

Der Gutshof in Danków

Die meisten Kirchen befinden sich in Gorzów (Landsberg). Hier fallen besonders die einstige Konkordienkirche, von den Polen ›kleine weiße Kirche‹ genannt, die 1930 eingeweihte frühere Martin-Luther-Kirche und jetzige Christus-König-Pfarrkirche als Rundbau und die neue orthodoxe Kirche mit ihrem Zwiebelturm ins Auge. Ein Beispiel moderner Architektur ist die um 1975 erbaute Marienkirche in Kostrzyn (Küstrin). Ein Blick in die Kirchen kann oftmals ein Genuss sein. Neben der normalen Innenausstattung mit der Darstellung vom Kreuzgang Jesu und Nebenaltären findet man wiederholt Gemälde, Grabplatten und Gedenktafeln vor, darunter für die polnischen Opfer des Stalinismus in Sibirien. Gedenksteine mit zweisprachigem Text zur Erinnerung an die bis 1945 dort bestatteten Deutschen befinden sich auf zahlreichen Friedhöfen. Der erste von ihnen wurde 1992 in Barlinek (Berlinchen) in einem jetzt dort befindlichen Park eingeweiht.

Von den künstlerisch wertvollen Brunnen in den Stadtzentren wurden die in Barlinek (Berlinchen) und in Gorzów (Landsberg) in polnischer Zeit restauratorisch wieder in ihren alten Zustand versetzt. Einige Denkmäler entlang der Oder erinnern an die Schlacht, die 972 bei Cedynia (Zehden) stattgefunden haben soll, sowie an die Kämpfe des Zweiten Weltkriegs im Jahr 1945, an denen an der Seite der sowjetischen Armee auch polnische Streitkräfte teilgenommen haben.

Auch südlich der Warthe findet man zahlreiche Gedenktafeln oder –steine zur Erinnerung an die Deutschen, die bis 1945 hier lebten und hier bestattet wurden. Einer der am schönsten gestalteten befindet sich auf dem Friedhof von Skwierzyna (Schwerin).

Wer mit offenen Augen in der Neumark unterwegs ist, wird noch viel mehr an interessanten Bauwerken entdecken. Die folgenden Kapitel bieten dazu zahlreiche Anregungen.

Wirtschaft und Gesellschaft

In der westpolnischen Wojewodschaft Lubuskie an der Grenze zum Bundesland Brandenburg ist nur wenig Industrie ansässig. Haupterwerbsquellen sind die Papier-, Möbel- und die Textilproduktion sowie der Handel. Annähernd 40 Prozent des wald- und seenreichen Landes werden landwirtschaftlich genutzt. Die Touristenzahlen steigen zwar stetig, sie sind jedoch nur in den größeren Städten und den bekannten Ferienorten wie etwa in Łagów (Lagow) und in Lubniewice (Königswalde) von wirtschaftlicher Bedeutung.

Die Arbeitslosenquote ist nach wie vor sehr hoch, sie bewegt sich seit Jahren zwischen 15 und 20 Prozent und damit deutlich über dem Landesdurchschnitt. Bezüglich ihrer Wirtschaftskraft liegt die Wojewodschaft auf dem drittletzten Platz der 16 polnischen Verwaltungsregionen. Äußerst niedrig ist die Bevölkerungsdichte des Lebuser Landes mit nur 72 Personen pro Quadratkilometer. Die Wojewodschaft hat zwei Hauptstädte: In Gorzów Wlkp. (Landsberg/Warthe) befindet sich der Sitz des Wojewoden, zuständig für Finanzen und Polizei, in Zielona Góra (Grünberg) sind das Marschallamt der Wojewodschaft und das Parlament. Die Wojewodschaft Westpommern mit der Hauptstadt Szczecin (Stettin), zu der die nördlichen Ortschaften der ehemaligen Neumark gehören, steht wirtschaftlich etwas besser da. Allerdings liegt auch hier die Arbeitslosenquote in den letzten Jahren bei rund 15 Prozent.

Ers nach 1990 begann sich allmählich eine regionale Identität herauszubilden. Sie kann aber keine neumärkische sein, sondern begründet sich auf das ›Lebuser Land‹, auf Westpommern und ganz im Süden auf Niederschlesien. Zunächst hatte man viele Eigenheiten, auch Folklore und Kunst, aus Ostpolen und anderen Regionen mitgebracht und gepflegt.

Feste und Festivals

Seit der politischen Wende ist man sichtlich fast allerorts darum bemüht, die neumärkische Geschichte vor dem Vergessen zu bewahren und eine regionale Identität zu stärken. Es gibt eine Vielzahl an Traditionen und Bräuchen, die zu deutscher Zeit über Jahrhunderte gepflegt wurden und heute wieder reges Interesse finden. Dazu gehören neben Kulturveranstaltungen auch die bunten Jahrmärkte mit traditionellen Produkten sowie die Oster-, Ernte- und Weihnachtsmärkte.

Besonders bekannt über die Grenzen des Lebuser Landes hinaus sind der Deutsch-Polnische Hühnermarkt in Sulęcin (Zielenzig), das traditionelle Weinlese-Fest ›Winobranie‹ in Zielona Góra, die Honig- und Weinkirmes in Żary, das jedes Jahr in einem anderen Ort stattfindende Lebuser Erntefest, der Lebuser Filmsommer in Łagów und das Fest ›Nacht der Seerosen‹ in Lubrza. Dazu kommen noch zahlreiche Konzertveranstaltungen, vor allem in den beiden Hauptstädten. Das neben der ›Winobranie‹ größte Event der Region, an dem jährlich im Sommer bis zu einer halben Million Menschen teilnehmen, ist das Rockfestival ›Haltestelle Woodstock‹ (Przystanek Woodstock) in Kostrzyn nad Odrą, in Küstrin an der Oder.

Sportmöglichkeiten

Die wasserreiche Gegend im Westen Polens mit ihren rund 500 Seen besitzt eine große Vielfalt an Wassersportmöglichkeiten. Das dichte Flussnetz mit zahlreichen Nebenflüssen bietet beste Voraussetzungen für Paddeltouren. Es gibt Angebote für Segler, Windsurfer und natürlich zahlreiche Bade- und Angelmöglichkeiten in den Seen, aber auch Möglichkeiten zum Sporttauchen. Die Gewässer in den Wojewodschaften Lebus und im südlichen Teil Westpommerns zählen zu den tiefsten und attraktivsten in Polen. Die guten natürlichen Voraussetzungen für Wassersport und Aktivurlaub lockt mittlerweile Touristen aus ganz Europa an, die meisten sind weiterhin Polen und Deutsche.

In den letzten Jahren sind neue Wanderpfade und Radwege entstanden. Hier kreuzen sich mehrere Radrouten, und mitten durch die Region verläuft der internationale Radweg R1. Das Angebot an ausgeschilderten Wegen ist wie auch die gesamte touristische Infrastruktur der ehemaligen Neumark aber noch durchaus ausbaufähig. Seit Langem beliebt – in ganz Polen – ist der Reitsport-Tourismus. Es gibt auf dem Gebiet der ehemaligen Neumark Dutzende von Reitzentren. Oft werden sie im Rahmen von agrotouristischen Bauernhöfen, Hotels und Gästehäusern geführt.

Die Zahl der Radwege ist in jüngerer Zeit deutlich gestiegen

Essen und Trinken

Große regionale Unterschiede und Besonderheiten in der polnischen Kochkunst gibt es kaum noch, seit sich die Bevölkerungsgruppen aus den verschiedenen Landesteilen durch die radikalen Umsiedelungen nach dem Zweiten Weltkrieg ›vermischt‹ haben. Ein langweiliger Einheitsbrei in den polnischen Kochtöpfen der 16 Wojewodschaften, in etwa vergleichbar mit den deutschen Bundesländern, war dennoch nicht das Resultat. Neben Verschmelzungen mit der litauischen und ukrainischen Küche sind auch Einflüsse aus der alten österreichisch-ungarischen Küche wahrnehmbar. Hier und da lassen sich allerdings seit ein paar Jahren zumindest regionale Spezialisierungen feststellen, die auf den natürlichen Begebenheiten der jeweiligen Gegend – wie Wald und Wasser – basieren. Hier zeigt sich in vielen Restaurants die höchst erfreuliche Tendenz zu einer neuen, kulinarischen Esskultur außerhalb der eigenen vier Wände. Die deftige, aber durchaus abwechslungsreiche polnische Küche lässt sich nun auch in zahlreichen Gasthäusern unterwegs durch die ehemalige Neumark genießen.

Der sandige Lehmboden des Lebuser Landes ließ schon im Mittelalter die Weinreben gut gedeihen. Auch wenn die Temperaturen hier in der Umgebung zwischen Gorzów Wlkp. (Landsberg/Warthe) und Zielona Góra (Grünberg) sicherlich nicht mit den etwas angenehmeren in Italien oder Frankreich zu vergleichen sind, sorgt das stark wellige neumärkische Gelände für gut besonnte Hänge. Nach dem Zweiten Weltkrieg, während der sozialistischen Epoche, wurde der traditionelle Weinanbau aus deutscher Zeit weitgehend eingestellt. Erst nach der politischen Wende hat man die Jahrhunderte alte Kultur wiederbelebt und man begann, den Boden und die hiesige Weintradition erneut zu kultivieren. Innerhalb weniger Jahre entstand eine neue, nun polnisch geprägte regionale Identität um den Weingott Bacchus. Inzwischen schmücken um die 25 modernen Weingüter mit Gutshäusern, Hotels und Weingärten die Landschaft dieser westpolnischen Grenzregion. Zweifellos ist Zielona Góra die Hauptstadt des Lebuser Weinanbaus. Hier findet jährlich im September das beliebte und längst wieder über die Grenzen der Region berühmte Weinlese-Fest ›Winobranie‹ statt. Das erste fand im Jahr 1852 statt.

Auch die Honigherstellung geht auf eine alte Lebuser Tradition zurück. Sie erlebt heute eine neue, wahre Blütezeit. In der ganzen Region trifft man auf Imkerfeste, eins der größten und beliebtesten ist die Honig- und Weinkirmes in Żary, der ›Jarmark Miodu i Wina‹. ›Das Land, in dem Wein und Honig fließen‹ wurde denn auch folgerichtig zum touristischen Slogan der Wojewodschaft Lebus.

Am Weinberg von Zielona Góra

Rezepte aus der Region

Pierogi (Maultaschen) aus Budachów
(Für 4 Personen)

Zutaten für den Teig: Mehl, Öl, eine Prise Salz, Wasser mit einer Temperatur von rund 80 Grad Celsius.
Zutaten für die Füllung: 1 kg Schichtkäse, 5 kg Kartoffeln (am besten Satina oder Vineta), 250 g Speck, 400 g Zwiebeln, 250 g Schmalz, Salz, Schwarzer Pfeffer und Gewürzpfeffer zum Abschmecken.
Zubereitung: Teig kneten, aufrollen und Kreise austechen. Kartoffeln für die Füllung gar kochen. Nach der Abkühlung die Kartoffeln zerstampfen und den durch eine Kartoffelpresse gedrückten Schnittkäse und gewürfelte, goldgelb geröstete Zwiebeln dazugeben. Füllung abschmecken und auf die aus dem Teig ausgestochenen Kreise geben, zu einem Halbmond umklappen und die Ränder sorgfältig andrücken und in siedendem, gesalzenem Wasser kochen. Maultaschen so lange kochen, bis sie an der Oberfläche schwimmen. Schmalz: Schweinefett und Speck (gewürfelt) und Zwiebeln (gewürfelt).

Zander mit Gemüse
(Für 3 Personen)

Zutaten: 500 g Zanderfilets, 2 Zucchini, 1 Aubergine, 3 Paprika, 100 g Rucola, Dill, 2 Knoblauchzehen, Zitone, Sahne (30 Prozent Fett), Salz, Pfeffer.
Zubereitung: Filets aufteilen, mit frisch gepresstem Zitronensaft beträufeln und im Kühlschrank stehen lassen. Gemüse in lange Streifen schneiden. Zwei Pfannen vorbereiten. Auf der einen Öl erhitzen und Knoblauch und Gemüse dazugeben, mit Salz und Pfeffer würzen. Auf der anderen Pfanne Öl erhitzen und den Fisch mit der Hautseite nach unten in die Pfanne legen. Den Fisch bei niedriger Flamme braten, bis er zu zwei Dritteln fertig ist, anschließend wenden und Butter dazugeben. Den gebratenen Fisch mit dem Gemüse servieren.

Birnen in Wein

Zutaten: frische Birnen, trockener Rotwein, Rosmarin, getrocknete Pflaumen, Nelkenpfeffer, schwarzer Pfeffer, Fruchtsirup.
Zubereitung: Frische Birnen vierteln, entkernen und in Glasgefäße geben. Trockenen Rotwein mit Nelkenpfeffer, Pfefferkörnern, getrockneten Pflaumen, einem Zweig Rosmarin, Sirup aus dunklen Früchten (Sauerkirschen, schwarze Johannisbeeren, Himbeeren) zum Kochen bringen und die Birnen damit aufgießen. Die Gläser etwa 10 bis 15 Minuten pasteurisieren. Die Birnen sind nach 24 Stunden zum Verzehr geeignet. Sie haben einen halbtrockenen Geschmack und eignen sich somit hervorragend für herzhafte Vorspeisen, Fleischgerichte und Käse sowie für Desserts.

Die Landschaft der Neumark östlich der Oder und nördlich der Warthe mit ihren kleinen Städten und Dörfern bietet den Besuchern auf den ersten Blick wenig Spektakuläres. Bei Ausflügen dorthin oder einem Urlaub wird man aber schnell auf interessante Kunstdenkmäler stoßen, sich an großen Seen und weiten Wäldern erfreuen – weltabgeschieden wie in einem ›Klein-Masuren‹.

Der botanische Garten in Przelewice

REISEZIELE NÖRDLICH DER WARTHE

Kostrzyn (Küstrin)

Die 1945 vernichtete Altstadt mit ihren Festungsanlagen und dem Stadtschloss wurde in jüngster Zeit freigelegt. Oft wird Kostrzyn ›das preußische Pompeji‹ genannt. Ein besserer Vergleich wäre jedoch der mit der phönizischen Stadt Karthago, denn die wurde ebenso wie Küstrin – nicht nach einer Naturkatastrophe wie Pompeji – in einem Krieg vollständig zerstört. Ein Besuch in dem geschichtsträchtigen Ort ist unbedingt empfehlenswert. Reges, geschäftiges Leben pulsiert in der früheren Neustadt.

Sehenswürdigkeiten in der näheren Umgebung sind etwa Schloss, Kirche und Park von Dąbroszyn (Tamsel), das Schlachtfeld bei Zorndorf (Sarbinowo) von 1758, die Johanniterkirche von Chwarszczany (Quartschen) sowie das ausgedehnte Vogelschutzreservat im Warthebruch, das sich bis Słońsk (Sonnenburg) hinzieht.

Kostrzyn (Küstrin)

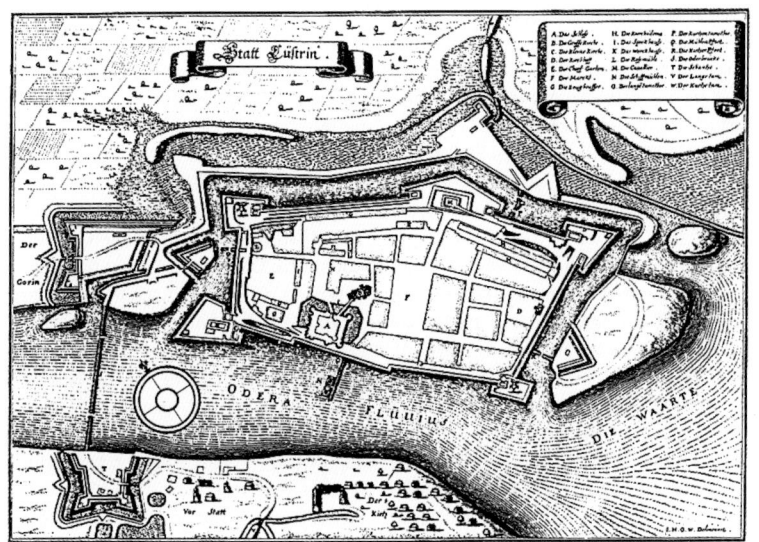

Die Festung Küstrin im Jahr 1652 auf einem Merian-Stich

Geschichte

Die Gegend an der Mündung der wasserreichen Warta (Warthe) in die Oder war schon in vorchristlicher Zeit ein beliebter Siedlungsort. Anhand von Funden wurden germanische und slawische Wohnstätten nachgewiesen. Im 10. Jahrhundert gehörte die Region zum pommerschen und vom 11. bis zum 13. Jahrhundert zum polnischen Herrschaftsgebiet. Die Polen überließen den Flussübergang mit Umgebung im Jahr 1232 dem Templerorden. Damals tauchte der Ortsname erstmalig auf, und es entstand ein Marktflecken. Im Jahr 1261 übernahmen die Brandenburger den Besitz und ließen eine Stadt anlegen. Man lebte vor allem vom Fischhandel, während die Zolleinkünfte in die Staatskasse flossen. Bereits 1436 gab es eine Brücke über die Oder.

Einen großen Aufschwung erlebte die Stadt, als von 1535 bis 1571 die Neumark unter Markgraf Johann ein eigener Staat war. Hans von Küstrin ließ die Stadt samt Festung zu seiner Residenz ausbauen, wodurch Küstrin für Jahrhunderte eine militärische Schlüsselposition erhielt. Die mächtigen Gemäuer widerstanden im Dreißigjährigen wie im Siebenjährigen Krieg und fielen 1806 nur durch Verrat an die Franzosen. Sie wurden nach dem Vertrag von Versailles teilweise geschleift und erlitten ihr endgültiges Aus erst durch den Zweiten Weltkrieg. Durch Militär und Verwaltung entfaltete sich die Stadt. Westlich der Oder entstanden die Lange Vorstadt und als Verlagerung der Kietz sowie am nördlichen Ufer der Warta (Warthe) die Kurze Vorstadt, die sich schließlich als Neustadt zum größten Ortsteil entwickelte. In Küstrin verbrachte Kurprinz Friedrich Wilhelm, der spätere ›Große Kurfürst‹, mehrere Jahre seiner Kindheit. Von 1730 bis 1732 war Kronprinz Friedrich, später ›Friedrich der Große‹ genannt, nach einem gescheiterten Fluchtversuch Festungshäftling in

Küstrin. Vom Schlossfenster aus musste er miterleben, wie sein Freund Katte hingerichtet wird. Nach Lockerung der Haft lernte er Verwaltungs- und Landwirtschaftsarbeiten kennen.
Im Jahr 1758, während des Siebenjähriges Krieges, wurde Küstrin von den Russen stark verwüstet und danach neu aufgebaut. Um 1800 hatte die Stadt etwa 5500 Einwohner. Durch Urbarmachung von Brüchen, Kanalisierung, die Anlage von Straßen und später von Eisenbahnen und Fabriken entwickelte sich Küstrin weiter, blieb aber im Schatten von Frankfurt (Oder), das 1815 Sitz des Regierungsbezirkes wurde.
Nach dem Zweiten Weltkrieg fand die polnische Verwaltung fast nur Ruinen vor. Diese wurden gesprengt und zum Teil für den Wiederaufbau von Warschau abtransportiert. Das Gelände der Altstadt überwucherte nach und nach. Erst mit Produktionsbeginn der Zellstoff-Fabrik kam 1958 wieder Belebung in die Stadt. Die Öffnung der Grenze 1992 brachte schließlich den wirtschaftlichen Durchbruch. Seither finden die Touristen in dem Ort große Basare, Supermärkte, schmucke Geschäftszeilen und die freigelegten Reste der zerstörten Altstadt vor. Gepflegt werden vor allem Kontakte zu den deutschen Festungsorten Berlin-Spandau und Peitz sowie zum benachbarten Küstrin-Kietz, zu dem mit der sogenannten Oderinsel einschließlich des früheren Bahnhofs Küstrin-Altstadt auch ein Teil des Zentrums gehört.
Derzeit besitzt Kostrzyn gut 18 000 Einwohner.

Sehenswürdigkeiten

Den Rundgang beginnt man am besten am **Hauptbahnhof**. Er ist in zwei Etagen angelegt und bietet Fahrten in Richtung Ostsee und Schlesien, Berlin sowie Gorzów (Landsberg). In der Halle kann man Geld wechseln, einkaufen und auch einkehren. Von den Bahnsteigen gibt es einen Hinterausgang zur Zellstoff-Fabrik. Neben der Pappelallee, die dorthin führt, befindet sich das Kulturhaus mit angeschlossenen Sportanlagen.
Geht man am Bahnhof geradeaus, kommt man direkt zum Hotel ›Dom Turysty‹ mit dem touristischen **Informationsbüro**. Daneben liegt ein bewachter Parkplatz. Geht man nach links, entlang schmucker Geschäfte, erblickt man hinter der Hauptstraße bald den hohen **Wasserturm**. In seiner Nähe liegt ein kleiner Basar. Die ul. Mickiewicza grenzt an einen Stadtteil, der durch Kasernen geprägt ist – Kostrzyn war schon immer eine bedeutende Garnisonsstadt.
Schließlich erblickt man den Turm einer modernen **Kirche**. Ihre Innenausstattung, auch im Nebensaal, ist sehenswert. Von hier lohnt sich auf der ul. Wodna ein Abstecher an die Warthe bis zum Café ›Kanape‹ direkt am Wasser. Vorher kommt man an vielen Ein- und Zweifamilienhäusern vorbei und findet sich plötzlich vor dem breiten Fluss wieder, der den Blick hinüber zur großen Überschwemmungsfläche freigibt, die sich bis nach Słońsk (Sonnenburg) ausbreitet.
Zurück zum Stadtzentrum kommt man am ehemaligen Moltkeplatz vorbei und entdeckt zwischen Grünanlagen den Sockel des alten **Kriegerdenkmals** mit einem ruhenden Löwen. Heute hat dieses Gelände zwischen den Straßen ul. Parkowa, ul. Wędkarska und ul. Kard. Stefana Wyszyńskiego keinen Namen. Vor uns liegen die Restgebäude der historischen Feuerwehr und links neue moderne Geschäfts- und Bürogebäude. An ihnen und an einer zu einem Kulturhaus umgestalteten Villa vorbei geht es über die Warthebrücke zur einstigen Altstadt. Von der Brücke bietet sich eine schöne Sicht auf die Tallandschaft, ebenso zu

zwei Eisenbahnbrücken und bis zu den Schornsteinen der Zellstoff-Fabrik. Seit dem Verkauf an eine schwedische Firma wurde die Umweltverschmutzung, die früher von dieser Fabrik ausging, stark gedrosselt. Links der Brücke folgt der große **Basar**, ein beliebtes Einkaufsziel für deutsche Tagestouristen, und rechts geht es zur Grenze.

Im Ortsteil Warniki (Warnick) wurde um 1920 zum Hochwasserschutz und zur Gewinnung von Energie ein **Schöpfwerk** errichtet wurde. Um diesen hübschen Bau herum kann man die Bruchlandschaft in besonders intensiver Weise genießen.

■ Die frühere Altstadt

Hinter dem Hotel ›Bastion‹ breitet sich das Gelände der früheren Altstadt aus. Im Frühjahr 1945 versank die Altstadt mit dem preußischen Schloss und vielen Bürgerhäusern in Schutt und Asche. Ab 1994 wurden die alten Straßenzüge sowie die Bastionen und Wallanlagen freigelegt. Es blieb eine Stadt in Kniehöhe, erkennbar waren nur noch die Straßenzüge mit dem alten Kopfsteinpflaster und die Grundmauern sowie Treppenstufen ins Leere, wo einst das Leben der Stadt pulsierte. Hauptstandorte auf diesem toten, seltsam anmutenden Terrain sind das Stadtschloss, die Marienkirche und das Berliner Tor. Anlässlich der Küstriner Festungstage im September 2013 wurde der neue **Denkmalsockel** für den Markgrafen Johann von Brandenburg-Küstrin (1513–1571) auf der ehemaligen Schlossfreiheit enthüllt. Der feine, neue, aber noch verwaiste Sockel sieht fast wie ein Fremdkörper inmitten dieser Trümmerlandschaft aus. Die Markgrafenstatue wurde ebenfalls im letzten Krieg zerstört.

Inzwischen lädt auch der seit 2013 neu gestaltete Kattewall oberhalb des Oderufers zu einem Spaziergang ein. Eine **Besucherinformation** befindet sich im Berliner Tor gleich hinter der Grenzbrücke, im Mai 2014 ist noch eine ständige Ausstellung im neuen **Festungsmuseum** hinzugekommen. Dafür wurden die riesigen Kelleranlagen der Bastion Philipp im Südosten der Festung instandgesetzt. Die neue Ausstellung zeigt unter anderem historische Fotos der Altstadt, Reproduktionen von alten Postkarten,

In der früheren Altstadt

Der Gedenkfriedhof bei Drzewice

Die Umgebung

Im Wald beim Stadtteil **Drzewice** (Alt Drewitz) befindet sich ein **Gedenkfriedhof** für die in einem Lager des Zweiten Weltkrieges umgekommenen Kriegsgefangenen, außerdem im Ort selbst eine reizvolle **Kirche**. Hier, nordwestlich von Kostrzyn, verläuft parallel zur Oder und zu einem Landschaftsschutzpark eine ruhige Straße über Szumilowo (Schaumburg) und Kaleńsko (Kalenzig), mit früherer Fährstelle.

Danach kommt man durch ein Waldgebiet nach **Namyślin** (Neumühl). Man kann neben der Brücke über die Myśla (Mietzel) am Wasser eine Rast einlegen und findet eine große **Kirche** sowie **Mühlengebäude** vor.

Durch wunderschönen Mischwald führt von dort nach rechts eine Straße in Richtung Dębno (Neudamm). Von ihr lohnt sich ein Abstecher nach **Reczyce** (Kutzdorfer Eisenhammer). Die historische **Erzschmelze** wurde schon längst für die Stromgewinnung umgebaut.

Bald öffnet sich der Blick in das Tal der Myśla (Mietzel), und man kommt nach **Chwarszczany** (Quartschen). In diesem unscheinbaren Dorf steht ein wahres architektonisches Kleinod – **die älteste Backsteinkirche der Neumark**. Ihre Geschichte begann bereits im Jahr 1232, als der großpolnische Herzog Władysław Odonicz dem Templerorden den Ort an der Myśla (Mietzel) schenkte. Die Templer bauten in den nächsten Jahren eine Komturei mit Kloster- und Wirtschaftsgebäuden sowie einer romanischen Kapelle aus Granitsteinen. Wohl weil die Mode in der sakralen Architektur bald vom romanischen Rundbogen zum gotischen Spitzbogen wechselte, errichteten die Ordensleute um 1280 eine neue Kirche, allerdings unter Beibehaltung romanischer Elemente in der Fassade. So ist das bis heute geblieben, der untere

ein großes Wandbild der Schlacht von Zorndorf 1758 und eine Standbüste von Friedrich II.

Eine weitere Bastion, die Bastion König an der Oderbrücke, bekommt seit 2014 eine gründliche Außenmauerbehandlung. Bereits vor dem Zweiten Weltkrieg waren dort Reparaturen mit Betonmörtel durchgeführt worden, die dem darunter liegenden Original-Gemäuer empfindlich schadeten. Nun werden auch die früheren Schießscharten wieder freigelegt. Schritt für Schritt wird das gesamte Gelände in ein Freilichtmuseum umgestaltet. Der ursprünglich geplante Wiederaufbau der Altstadt im historischen Stil ist mittlerweile endgültig vom Tisch. Der **Stadthafen** liegt gleich gegenüber der Warthe. Hier liegt im Sommerhalbjahr der Ausflugsschiff ›Zefir‹ regelmäßig zu Touren ins Warthebruch, nach Frankfurt (Oder) und Eisenhüttenstadt ab. Hingewiesen sei noch auf einen **Gedenkstein** zur Erinnerung an die hier bis 1945 bestatteten Deutschen. Er befindet sich auf dem Friedhof an der Straße nach Sarbinowo (Zorndorf).

Teil des Gebäudes mit dem Portal entspricht noch dem ursprünglichen Bau. Die Kapelle weist einen mehreckigen Grundriss auf, massive Strebepfeiler und vorne zwei runde Türme stützen das kleine Gotteshaus. Innen besitzt es ein Kreuzrippengewölbe. Besonders wertvoll und schön sind die **mittelalterlichen Fresken**, die erst kürzlich freigelegt wurden. Sie stammen aus dem 14. und 15. Jahrhundert. Zu dieser Zeit hatte Papst Clemens V. den Templerorden bereits aufgelöst, ihren Besitz übernahmen daraufhin gerne die Johanniter. Leider ist die Kirche für die Öffentlichkeit nur zu den Gottesdiensten oder mit Sondergenehmigung zugänglich.

Das Projekt Chwarszczany führt seit 2004 auf dem Gebiet der ehemaligen **Templer- und Johanniterkomturei** archäologische Untersuchungen durch. Im Innern der Kapelle hat man Reste des mittelalterlichen Fußbodens und um die Kapelle herum sogar Artefakte einer Siedlung aus dem 5. vorchristlichen Jahrhundert entdeckt. Das alte Wirtschaftsgebäude am Parkplatz beherbergt die urige ›Karczma Templum‹, in der man ausgezeichnet altpolnische Gerichte speisen kann.

Steil bergan geht es von hier nach Sarbinowo (Zorndorf). Von der Chaussee führt linker Hand eine schmale Allee zum sogenannten **Friedrichshügel**. Ein hölzerner **Turm** an der Stelle des früheren Denkmals erinnert an die Schlacht bei Zorndorf im Jahr 1758. Vor der Einfahrt ist eine Schautafel mit Schlachtplan einschließlich deutschem Text angebracht. Die Schlacht war eine der blutigsten militärischen Auseinandersetzungen im 18. Jahrhundert und eine der größten im Siebenjährigen Krieg. Mit ihrem Sieg verhinderte die preußische Armee unter König Friedrich II. das Eindringen der russischen Hauptarmee in die Mark Brandenburg. Nächste Station ist **Sarbinowo** (Zorndorf) mit langgestreckten **Dorfteichen** und ansehnlicher **Kirche**. Nicht weit entfernt, nahe der Straße von Sarbinowo (Zorndorf) nach Kostrzyn (Küstrin), befinden sich die mächtigen Gemäuer einer **Außenfestung** von Küstrin.

Noch immer wartet Schloss Tamsel auf einen Investor

Dąbroszyn

Schloss Dąbroszyn (Tamsel), nur sieben Kilometer von Kostrzyn entfernt, ist ein Baudenkmal mit großer Vergangenheit. Im leider noch immer ungepflegten Park schwebt hoch auf einem Sockel die Siegesgöttin Victoria, die der bekannte Bildhauer Daniel Rauch 1840 schuf. Sie ist allerdings von Einschüssen aus dem letzten Krieg durchlöchert. Außerdem gibt es einige Skulpturen sowie wertvolle Bäume, im hügeligen Außenpark einen Obelisken sowie den teilrestaurierten Cäcilientempel. Die Schlosskirche wurde zwischen 1825 und 1828 im Auftrag Hermann von Schwerins und nach Plänen des Bauinspektors Elcher im neugotischen Tudorstil überformt und bekam einen neuen Turm. In der Sakristei befinden sich Standbilder des Schlossbesitzers Adam von Schöning, gestorben 1696, und seiner Frau. In der Krypta wird der restaurierte Prunksarg Adams aufbewahrt.

Das Schloss selbst wurde um 1680 errichtet und später mehrfach umgebaut. Es macht einen schlimmen Eindruck. Nach nur kurzer Restaurierungsphase – es mangelte an den nötigen Geldern – wird nun ein privater Investor gesucht. Für 500 000 Euro – eine geringe Summer für ein derartiges Bauwerk – ist das einst so herrliche Gebäude abzugeben. Vorgesehen war vor einigen Jahren noch der Ausbau zu einem polnisch-deutschen Kulturzentrum, das auch den Sitz der Euroregion ›Pro Europa Viadrina‹ aufnehmen sollte.

Theodor Fontane bemerkte 1862 in seinen ›Wanderungen‹: »Das Terrain, auf dem Tamsel liegt, hat viel Ähnlichkeit mit den Oderbruch-Partien zwischen Falkenberg und Freienwalde. Im Rücken eine Bergwand, mehr oder weniger steil und gelegentlich durch eine Schlucht unterbrochen; am Fuße dieser Bergwand ein Dorf und zu Füßen des Dorfes ein Wiesengrund, oft überschwemmt und immer von Flußarmen durchzogen. So das Freienwalder Terrain und so auch die Landschaft um Tamsel her ... Dorf Tamsel zieht sich unmittelbar am Hügel hin ... Ein solches Zusammenspiel von Dorf und Schloß tut immer wohl.«

Kostrzyn und Umgebung

Postleitzahl: 66-470.
Vorwahl: 0048/(0)95.
Tourist-Information (Dom Turysty), ul. Piastowska 8, Tel. 7523673. Deutsches Festnetz Tel. 033479/547845, www.kostrzyn.travel.gov.pl, www.tourist-info-kostrzyn.pl.
Informationen gibt es auch im Berliner Tor der Festung.

Die Stadt liegt an Bahnstrecken in den Richtungen Berlin, Gorzów (Landsberg), Rzepin (Reppen) und Szczecin (Stettin). Von und nach Berlin Verbindungen ungefähr im Stundentakt, nach Szczecin im Zweistundentakt, nach Gorzów etwa sechs Verbindungen täglich.

Die Bundesstraße 1 führt von Berlin direkt zum Grenzübergang Kostrzyn (Küstrin). Von den nächstgelegenen Übergängen Frankfurt (Oder) sind es rund 30, von Hohenwutzen etwa 60 Kilometer.

Die **Bushaltestelle** für den Überlandverkehr befindet sich neben dem Bahnhof. Etwa zehn Verbindungen täglich Richtung Gorzów, sonst u.a. nach Szczecin und Słubice. Außerdem besteht ein Stadtverkehr mit vier Linien.

Taxis gibt es am Bahnhof, am Basar sowie am Krankenhaus.

Hotel und Restaurant Bastion (€€), ul. Graniczna 1, Tel. 7524895, www.hotel-bastion.pl. Mittlere Preisgruppe.
Hotel und Restaurant Dom Turysty (€–€€), ul. Piastowska 8, Tel. 7523041, www.domturysty.ta.pl. Altbau, günstig.
Pension Hanna Braun (€), ul. Kościelna 8a, Tel. 7523419, www.braun-touristik-service.de.
Gästezimmer und Café im **Bildungszentrum des Nationalparks** an der Straße Richtung Słońsk.

Aufstellen von Zelten und Wohnwagen am Café ›Canape‹ an einem Warthe-Arm möglich.

Restaurant Magic, ul. Piastowska 2a, Tel. 7523339.
Café-Restaurant Kanape, ul. Nadbrzeźna 4, Tel. 7522462.
Restaurant Odra, ul. Wojska Polskiego 4, Tel. 603615687.
Karczma Templum, neben der ehemaligen Templerkapelle in Chwarszczany 3b, Tel. 506198786, www.templum.za.pl; tgl. 12–20 Uhr. Gute polnische Küche.
Außerdem zahlreiche kleinere gastronomische Einrichtungen.

Festungsmuseum (Muzeum Twierdzy), ul. Graniczna 1, Tel. 7522360, www.muzeum.kostrzyn.pl, Führungen durch die Bastion Philipp Di–Fr 11–14, Sa/So 10–18 Uhr. Führungen auf Deutsch nur mit Anmeldung unter Tel. 7520045.
Galerie Dialog, ul. Sikorskiego 34, Tel. 7279972, www.kck.kostrzyn.pl; Di–So 18–24 Uhr.

Rockfestival Haltestelle Woodstock, seit 2003 stets im August, mit mehr als einer halben Million Teilnehmern das größte Open-air-Festival in Europa (www.woodstockfestival.eu); Festungstage im Sept.; Musikfestival ›Kostrinella‹.

Reiterhof Stadnina Koni Huzaria, 74-404 Sarbinowo (Zorndorf) 15, Tel. 3165781, www.huzaria.afr2.pl.

Angler sollten sich über ihre Möglichkeiten bei den Info-Stellen erkundigen.

Sporthalle, Sportplätze und eine Freilichtbühne sind vorhanden.

Schwimmbad an der ul. Fabryczna, eine unbewachte Badestelle an einem Nebenarm der Warta (Warthe).

Flussmarina am Cafe ›Kanape‹; Anlegestelle für Fahrgastschiffe.
Der Ausflugsdampfer ›Zefir‹ startet in den wärmeren Monaten zu ein- und zweistündigen Fahrten in den Nationalpark Warthemündung, Tel. 033479547845.

Durch die Stadt führen der internationale Radweg R 1, der ›Deutsch-polnische Freundschaftsweg‹ entlang der Oder mit der Variante ›Grüne Oder‹ und die ›Deutsch-polnische Ritterorden-Route im Lebuser Land‹.
Weiterhin bestehen markierte Trassen für Fuß- und Radwanderungen vorwiegend auf dem Damm in Richtung Frankfurt (Oder) sowie in Richtung Gorzów (Landsberg) und Barlinek (Berlinchen). Aktuelle Wanderkarten erhält man im Naturkundemuseum.

Es gibt mehrere **Tankstellen**, die auch Euro annehmen.

Dębno (Neudamm)

Für das schmucke Städtchen Dębno mit seiner wald- und wasserreichen Umgebung lohnt sich ein Tagesaufenthalt. Mittelalterliche Bausubstanz findet man zwar nicht vor, dafür aber reizvolle Parks, einen Stadtsee und eine lebendige Atmosphäre, die zum Bummeln und Einkaufen einlädt.

Die Stadt kann auf eine lange Tradition des Handwerks zurückblicken, dazu auf die Verarbeitung von Holz und landwirtschaftlichen Produkten. In der Umgebung mit mehreren markierten Wanderwegen gibt es viel Wald, zahlreiche Fischteiche und das teilweise romantische Flusstal der Myśla (Mietzel).

Geschichte

Das Dorf Damm an der Stelle der heutigen Stadt Dębno soll aus einer slawischen Siedlung hervorgegangen sein. Wahrscheinlich ist der alte Name von der Bezeichnung ›dąb‹ für Eiche übernommen worden. Der Ort wurde 1261 erstmals erwähnt, als ihn die brandenburgischen Markgrafen Johann I. und Otto III. dem Templerorden überließen. Von diesem ging der Besitz an den Johanniterorden über. Zusammen mit anderen Ländereien tauschte der Markgraf Johann von Küstrin Damm 1540 von den Johannitern gegen das Amt Schivelbein (Świdwin) ein.

Danach schenkte der Markgraf den Ort gemeinsam mit benachbarten Dörfern seiner Ehefrau, Katharina von Braunschweig. Sie ließ Glaubensflüchtlinge aus den Niederlanden ansiedeln, die das Tuchmachergewerbe mitbrachten. Schule und Kirche wurden errichtet und die Siedlung 1562 zur Stadt erhoben. Etwa seit dieser Zeit trägt der Ort den Namen Neudamm. Schon damals gab es eine Papiermühle, die ihre Erzeugnisse unter anderem nach Berlin und Frankfurt an der Oder lieferte. Seit 1568 liegen Druckwerke aus einer Neudammer Druckerei vor, darunter eine Visitationsordnung aus dem Jahr 1573.

Neudamm war eine blühende Gewerbestadt, bis sie durch Verwüstungen im Dreißigjährigen Krieg herbe Rückschläge erdulden musste. Aber im 18. und 19. Jahrhundert setzte sich die Entwicklung zum Wirtschaftsstandort fort. Die wichtigsten Gewerbe waren damals die Wollweberei und die Tuchmacherei, hinzu kamen Fabriken für die Herstellung von Filzhüten, die sogar im Ausland einen bedeutenden Absatz hatten.

Ein durch Julius Neumann 1872 gegründeter Verlag wurde über die damalige Neumark hinaus bekannt, denn die Abnehmer für Bücher und Zeitschriften der Fachgebiete Jagd, Forst, Fischerei, Landwirtschaft und Naturschutz waren über den gesamten deutschsprachigen Raum verstreut. Seit dem Zweiten Weltkrieg wirkt das Verlagshaus in Melsungen weiter. In Radebeul gab es einen zweiten Neumann-Verlag für das Gebiet der DDR. Vor allem nach der Anlage einer befestigten Straße nach Küstrin (Kostrzyn) und Soldin (Myślibórz) im Jahr 1852 und der Eröffnung der Bahnstrecke von Küstrin nach Stargard (Stargard Szcz.) 1882 gab es nochmals einen wirtschaftlichen Aufschwung, so dass um die Jahrhundertwende etwa 8300 Menschen in Neudamm lebten.

Nach 1945 wurde die Stadt vorübergehend zum Sitz einer polnischen Kreisverwaltung, weil die vorherige Kreisstadt Königsberg (Chojna) stark zerstört war. Man nannte Neudamm zunächst Nowy Dąb (Neue Eiche). Die traditionsreiche Wirtschaft war bald wiederbelebt und durch Maschinen-

Das Gefallendenkmal, im Hintergrund die Hauptkirche

Dębno

Im gepflegten Zentrum von Dębno

bauindustrie sowie Lebensmittelverarbeitung ergänzt.

Nach 1990 begann man mit der Erkundung und Erschließung von Erdöl- und Erdgasvorkommen in der Umgebung. Deshalb wird der Ort im Volksmund als ›Polnisches Kuwait‹ bezeichnet. Der Tourist stößt auf entsprechende Anlagen und Stätten des Abtransports. Nun wendet man sich auch dem Tourismus zu und will mit der günstigen Lage nahe der Grenze ein guter Gastgeber sein. Seit der Neubildung der Wojewodschaften 1999 gehört Dębno mit Umgebung zum Kreis Myślibórz (Soldin). Partnerort in Deutschland ist Strausberg bei Berlin.

Sehenswürdigkeiten

Durch die besondere historische Entwicklung blieben von den einstigen bescheidenen Stadtbefestigungen keine Reste übrig. Das markanteste Bauwerk von Dębno ist die **Hauptkirche** im Zentrum, die den Namen Peter und Paul trägt. Der imposante neoromanische Bau entstand um 1850 an der Stelle einer älteren abgerissenen Kirche. Er ist der Berliner Matthäuskirche von Friedrich August Stüler nachempfunden, die auf dem Kulturforum nahe des Potsdamer Platzes steht. Die Ähnlichkeit ist jedoch nur äußerlich. Das Gotteshaus von Dębno ist im Chorraum mit einem schönen Mosaik ausgestattet, auch Plastiken und Gemälde kann man bewundern. In der Kapelle wurde ein bis 2002 restaurierter prunkvoller Barocksarkophag aufgestellt, den man 1994 in einer Friedhofsgruft fand und der 1996 in das Denkmalsregister aufgenommen wurde. Man startet den Rundgang am besten am Gotteshaus und läuft vom langgestreckten Rynek (Markt) ein Stückchen an der Straße in Richtung Kostrzyn entlang. Hier sind ein **Gefallenendenkmal** und links eine niedliche farbenprächtige **Kapelle** zu besichtigen.

Um zurück ins Zentrum zu kommen, hält man sich rechts, durchquert den **Basar** mit seinem breiten Angebot und erreicht die Hauptgeschäftsstraße, die Aleja Mickiewicza (früher Soldiner Straße). Sie bietet nicht nur vielfältige Einkaufsmöglichkeiten, sondern auch zahlreiche schöne **Villen**, in denen zum Teil Büros untergebracht sind. Auffallend attraktiv zeigt sich ein Gebäude, das als Standesamt und Bibliothek genutzt wird. Unter seiner Kuppel ist das Motiv des Stadtwappens aus der früheren deutschen und aus der heutigen polnischen Zeit angebracht, ein auf seinen Hinterbeinen schreitender Löwe. Da das alte Rathaus im Krieg zerstört wurde, ist die Verwaltung von Stadt und Gemeinde in einem neueren Bau nahe der Hauptstraße untergebracht.

Quer durch die Stadt zieht sich der Lauf des Flüsschens **Kosa** (Mühlengraben). An seinen Ufern mit dem Park, in dem es auch Sitzplätze gibt, kann man gut eine Pause einlegen. Auch Holzplastiken in folkloristischem Stil finden sich in den **Grünanlagen**.

Wo die städtische Bebauung aufhört, geht es nach rechts zum stillgelegten Bahnhof und zur Bushaltestelle. Dort gabeln sich auch die Straßen in die Richtungen Gorzów (Landsberg) und Myślibórz (Soldin). An diesem Schnittpunkt biegt man nach links ein, und zwar in die ruhige ul. Parkowa (ehemals Seeberg-Straße). Sie führt zwischen Grundstücken und einem Park auf die **Badeanstalt** zu. An ihrem Beginn rechts liegt der **Gedenkhain** mit Granitstein zur Erinnerung an die deutschen Toten bis 1945; in früheren Zeiten befanden sich hier ein Friedhof und etwas weiter der ehemalige Gutshof.

Bald ist der **Jezioro Dębno** (Stadtsee) erreicht, in den, aus einem urwüchsigen Tal kommend, die Kosa mündet. Man geht an der gut ausgestatteten Badeanstalt entlang und nutzt anschließend den schönen Promenadenweg am gewundenen Seeufer für den Rückweg.

Unterwegs kann man auf einer Bank rasten oder ein Bad nehmen. Schließlich ist an einer engen Stelle des Sees eine hölzerne Fußgängerbrücke erreicht, die überquert wird. Rechts sieht man eine **Freilichtbühne** und etwas weiter das städtische **Kulturhaus**. Gleich darauf befindet man sich wieder vor der Stadtkirche. Damit ist der Rundgang abgeschlossen.

Beim Umwandern des Sees am gegenüberliegenden Ufer ist zu sehen, dass in Dębno gerade dort, neben der alten Besiedlung, viele neue Einfamilienhäuser entstanden sind. Überhaupt macht die Stadt nicht nur einen freundlichen, sondern auch einen recht wohlhabenden Eindruck.

Die Umgebung

Der Fluss Myśla (Mietzel) umfließt in einem weiten Bogen und vielen Krümmungen durch wundervolle Wälder die Stadt. Zahlreiche Nebengewässer ergänzen das Landschaftsgepräge, das viele Angler, Beerenpflücker und Pilzsucher anlockt.

Im Osten erstreckt sich der **Forst von Mosina** (Massiner Heide). Die Kopfsteinstraße führt zunächst nach Mostno (Kerstenbrügge). Gleich hinter dem Ort führt die Brücke über die Myśla. Zurück kommt man weiter nördlich auf Asphalt, immer nahe dem Fluss nach Węcław (Bornhofen).

Vorbei an Ziegeleigebäuden und nach Überquerung der Myśla und der Bahnstrecke wird die Chaussee nach Barnowko (Berneuchen) erreicht, das einst eine städtische Siedlung und durch seine Fischzuchtanlagen weithin bekannt war. Nördlich von Dębno, an der Straße hinter Barnowko, liegt **Ostrowiec** (Wusterwitz). Links breitet sich der 116 Hektar große **See** des Dorfes aus. Er ist Naturschutzgebiet für Fischreiher, auch Welse soll es hier geben. Mit einer Insel, mit Buchten und einem Wald- und Schilfgürtel ist der See ein landschaftliches Kleinod. Es gibt auch einen kleinen Badestrand. Am nördlichen Dorfausgang wurde 1994 ein **Gedenkstein** für die hier bis 1945 bestatteten Deutschen aufgestellt.

Die kleine Kapelle

Das Herrenhaus im Nachbardorf **Dyszno** (Ringenwalde) gibt es leider nicht mehr, es ist wie das von Ostrowiec ein Opfer des Krieges geworden. Das Anwesen gehörte einst dem berühmten deutschen Naturforscher Alexander von Humboldt (1769–1859). Geblieben sind nur ein paar Reste des Portals, einen **Gedenkstein** hat der staatliche polnische Naturbund an dieser Stelle Humboldt gestiftet, ›dem Vater des Naturschutzes‹. Noch aus Humboldts Zeiten stammen die mächtigen Linden am Wegesrand und womöglich auch der kilometerlange, harte Pflasterweg, der durch eine beeindruckende Landschaft westlich nach **Warnice** (Warnitz) führt. Dort befindet sich das große **Schloss** des einst umfangreichsten Grundbesitzes der Neumark, leider in einem erbärmlichen Zustand. Der Schlosspark wurde erneuert. In **Smolnica** (Bärfelde), wieder etwas näher an Dębno heran, fällt die mächtige alte **Kirche** aus Feldsteinen auf. Hier sind das reizvolle **Herrenhaus** und der **Park** in einem guten Zustand, was dem Umstand zu verdanken ist, dass darin eine Bildungseinrichtung untergebracht ist.

Westlich von Dębno liegt **Oborzany** (Nabern). Auch hier ist die **Dorfkirche** sehenswert. Nach Südwesten führt eine Straße fast parallel zur Myśla in Richtung Oder.

Der nächste Ort heißt **Dargomyśl** (Darrmietzel). Neben einem Mühlengebäude befindet sich ein Teich. Schließlich gehört zum Kranz der wohlhabend anmutenden Dörfer um Dębno noch die Ortschaft Cychry (Zicher) im Süden.

Naturverbundene Wanderer kommen am Flusslauf der Myśla auf ihre Kosten und stoßen an einem kleinen See südlich der Stadt auf die Überreste der einstigen land- und forstwirtschaftlichen Versuchsanstalt Neumannswalde.

Dębno und Umgebung

Postleitzahl: 74-400.
Vorwahl: 0048/(0)95.
Stadtverwaltung, ul. Piłsudskiego 5, Tel. 7603002, www.debno.pl, www.neudamm-nm.de.

Die Entfernung vom Grenzübergang Küstrin-Kietz beträgt etwa 20 Kilometer, von Hohenwutzen etwa 50 Kilometer.

Eine Bushaltestelle befindet sich am Bahnhof. Mehrere Verbindungen täglich nach Chojna Gorzów, Kostrzyn und Myślibórz. Der Bahnverkehr ist eingestellt.

Taxis am Bahnhof.

Hotel Miejski (€–€€), ul. Kościuszki 5, Tel. 8334845.

Hotel und Restaurant Uniwersytecka (€–€€), ul. Mickiewicza 36, Tel. 7604882.
Jugendherberge (Szolne Schronisko Młodzieżowe, €), ul. Piłudskiego 8, Tel. 7602136, www.zsp1debno.pl.
Pensjonat Wsamlas (€€), in Barnówko 8 km nördlich von Dębno, Barnówko 13, Tel. 662244243, www.wsamlas.pl. Neu, sehr schöne gepflegte Anlage.
Hotel im Schloss Łąkomin (€€), im Wald östlich von Dębno. Łąkomin 1, Tel. 660438265, www.lakomin.pl.

Campingmöglichkeit besteht an der **Badeanstalt** in der ul. Jagiełły, ein weiterer **Campingplatz** befindet sich in Ostrowiec (Wusterwitz) etwa zehn Kilometer von Dębno (Neudamm) entfernt.

Duet, ul. Daszyńskiego 20, Tel. 7604870.
Mimoza, ul. Słowackiego 21a, Tel. 7603448.

Uniwersytecka, ul. Mickiewicza 36, Tel. 7604881.

Erholungs- und Sportzentrum Czana, ul. Leśna 20, Tel. 7604112, mit Gästezimmern und Ställe für eigene Pferde.

Eine **Badeanstalt** befindet sich am Nordostufer des Stadtsees Jezioro Lipowo, außerdem **Badestellen** am Jezioro Duszatyń (Röthsee) südlich und am See von Ostrowiec (Wusterwitz) nördlich von Dębno.

Das Flüsschen Myśla (Mietzel) ist streckenweise mit Paddelbooten zu befahren.

Von der Stadt aus und um sie herum sind mehrere Wanderwege markiert. Durch den Ort führt auch die deutsch-polnische ›Ritterorden-Route im Lebuser Land‹.

Mieszkowice (Bärwalde)

Mieszkowice ist ein guter Ausgangspunkt für Exkursionen in das Odertal. Das wird hier von einem größtenteils bewaldeten Höhenzug begrenzt, der das Pendant zum Oderbruch auf deutscher Seite darstellt. Von der mittelalterlichen Bausubstanz des Städtchens ist noch manches erhalten. Eine besondere Ausstrahlung geht vom Marktplatz aus, auf dem sich das Standbild von Mieszko I. erhebt, dem ersten polnischen Herzog. Die Umgebung ist durch weite Ebenen mit landwirtschaftlicher Nutzung und durch Wälder geprägt.

Rathaus und Standbild von Mieszko I. am Marktplatz

Kindheitserde

Als ich ein halbes Jahr alt war, zogen meine Eltern nach Sellin in der Neumark; dort wuchs ich auf. Ein Dorf mit siebenhundert Einwohnern in der norddeutschen Tiefebene, großes Pfarrhaus, großer Garten, drei Stunden östlich der Oder. Das ist auch heute noch meine Heimat, obgleich ich niemanden dort mehr kenne, Kindheitserde, unendlich geliebtes Land... Dort wuchs ich mit den Dorfjungen auf, sprach platt, wurde mit den Arbeiterjungen zusammen eingesegnet, fuhr mit den Erntewagen in die Felder, auf die Wiesen zum Heuen, hütete die Kühe, pflückte auf den Bäumen die Kirschen und Nüsse, klopfte Flöten aus Weidenrute, nahm Nester aus.

Ein Pfarrer bekam damals von seinem Gehalt noch einen Teil in Naturalien, zu Ostern musste ihm jede Familie aus der Gemeinde zwei bis drei frische Eier abliefern, ganze Waschkörbe voll standen in unseren Stuben, im Herbst jeder Konfirmierte eine fette Gans. Eine riesige Linde stand vorm Haus, steht noch heute da, eine kleine Linde wuchs auf dem Haustor, wächst noch heute dort, ein uralter gemauerter Backofen lag abseits im Garten. Unendlich blühte der Flieder, die Akazien, der Faulbaum. Am zweiten Ostermorgen schlugen wir uns mit frischen Reisern wach. Ostaras Wecken, alter heidnischer Brauch; Pfingsten stellten wir Maien vor die Haustür und Kalmus in die Stuben.

Dort wuchs ich auf, und wenn es nicht die Arbeiterjungen waren, waren es die Söhne des ostelbischen Adels, mit denen ich umging. Diese alten preußischen Familien, nach denen in Berlin die Straßen und Alleen heißen, ganze Viertel, die berühmten friderizianischen und dann die bismarckschen Namen, hier besaßen sie ihre Güter, und mein Vater hatte einen ungewöhnlichen seelsorgerischen Einfluß gerade in ihren Kreisen. Alle diese Geschlechter der Schwedter Dragoner und der Fürstenwalder Ulanen, die Traditionshäuser der Bonner Preußen und der Heidelberger Sachsenpreußen, ihre Söhne waren der zweite Schlag, mit dem ich groß wurde, später zum Teil in gemeinsamer Erziehung, und mit dem mich noch heute eine vielfältige Freundschaft verbindet.

Aus: Gottfried Benn, Erinnerungen
Der in Mansfeld in der Prignitz geborene Gottfried Benn (1866–1956) wuchs mit sechs Geschwistern im Pfarrhaus von Sellin, heute Zielin, auf. Nach der Gymnasialzeit in Frankfurt (Oder) studierte Benn zunächst Theologie und Philosophie, ging dann aber zur Medizin über und wirkte seit 1917 als Arzt in Berlin. Während des Zweiten Weltkrieges war er Militärarzt in Landsberg, dem jetzigen Gorzów.

Gottfried Benn als Zehnjähriger

An der Stadtmauer

Geschichte

Ein Burgwall am See nahe Mieszkowice weist darauf hin, dass es hier eine slawische Besiedlung gab. Der Legende nach soll Mieszko I. an dieser Stelle einen Ort gegründet haben. Damals, im 10. Jahrhundert, hatten die Polanen ihren Machtbereich bis an die Oder ausgeweitet und zeitweilig die nördlicher siedelnden Pomeranen unterworfen.

Die deutsche Stadterrichtung des 13. Jahrhunderts erfolgte mit gitterförmigem Straßennetz und großem rechteckigen Markt. Wahrscheinlich war ein Ritter namens Behr der adlige Besiedler. 1298 trat Bärwalde erstmalig auf einer Urkunde als Stadt in Erscheinung. Um diese Zeit hielten sich die brandenburgischen Markgrafen hier oft auf. 1319 starb in Bärwalde der letzte askanische Markgraf Waldemar, auch Woldemar genannt. Die Stadt war im 14. Jahrhundert der Mittelpunkt eines Territoriums, das 29 Dörfer umfasste, und als Immediatstadt direkt dem Kaiser unterstellt. In jenen Jahren breitete sich um Bärwalde die Ketzerbewegung der Waldenser aus.

Die Verwüstungen und Leiden während des Dreißigjährigen Krieges hat der Pfarrer Elias Löckel in seiner ›Marchia Illustrata‹ geschildert. Der schwedische König Gustav Adolf schloss hier 1631 einen sogenannten Subsidienvertrag zur gegenseitigen Unterstützung mit Frankreich. Damals war die Einwohnerzahl durch Krieg und Seuchen bis auf 30 zurückgegangen. Im Jahr 1750 lebten in Bärwalde wieder etwa 1500, um das Jahr 1850 über 3500 Menschen. Ihre Haupterwerbsquellen waren Ackerbau und Viehzucht.

Im Jahr 1877 erhielt die Stadt eine Bahnverbindung nach Küstrin und Stettin, und in die gleichen Richtungen verliefen auch die wichtigen Straßen. Größere Industrien siedelten sich nicht an, so dass die Stadt mit derzeit rund 3600 Einwohnern bis heute ihren idyllischen Charakter bewahrt hat.

Sehenswürdigkeiten

Manche Touristen kommen in Mieszkowice mit dem Zug an. Der Bahnhof liegt etwas außerhalb der Stadt. Von dort führt ein Fußweg durch die Gasse Łaczna (Bahnsteig), vorbei an den alten Gebäuden von Molkerei, Dampfmühle und Ziegelei und über eine Niederung auf die **Stadtmauer** zu.

Man hält sich rechts und kommt neben der Befestigung an der Ausfallstraße Richtung Kostrzyn heraus. Rechts hinter der Brücke über das Flüsschen Kurzyca (Kuritz) liegt das Kulturhaus. Bleibt man an der Mauer, ist bald den von Schilf fast zugewachsene **Jezioro Mieszkowickie** (Großer See) zu sehen. Zwischen dem Gewässer und der Stadt ist das Gelände zunächst unbebaut. Kurz darauf erhebt sich links der mächtige **Pulverturm**. Von hier blickt man in die Stadt hinein. Außerhalb der Mauer folgt ein **Park** mit Freilichtbühne.

Man kann sich gut vorstellen, vor der original mittelalterlichen Kulisse Zeuge der Inszenierung historischer Dramen zu werden. Von hier führt der Weg in das Zentrum.

Auf dem **Marktplatz** (pl. Wolności) angekommen, kann man das auf dem Sockel des einstigen Kriegerdenkmals befindliche **Standbild von Mieszko I.** bewundern. Nach ihm ist die Stadt 1945 umbenannt worden. Die Polen verehren diese Persönlichkeit als den Schöpfer ihres Nationalstaates. Auf dem Marktplatz laden Sitzplätze zu einer Rast ein. In den Geschäften und Kiosken, die rund um den Platz liegen, kann man sich Verpflegung holen oder Souvenirs erwerben. Das **Rathaus** vom Anfang des 19. Jahrhunderts steht hinter dem Denkmal und macht einen schmucken Eindruck. In ihm ist auch die Bibliothek untergebracht.

Bedeutendstes Bauwerk der Stadt ist die mächtige **Pfarrkirche Sankt Marien**, die erstmalig im Jahr 1297 urkundlich erwähnt wird. Sie erhebt sich hinter dem Rathaus. Ursprünglich ein einschiffiger gotischer Feldsteinbau, wurde sie im 14. und 15. Jahrhundert mit Backsteinen ausgebaut und erweitert. Neben dem wunderschönen Sterngewölbe im Mittelschiff findet man in den niedrigen Seitenschiffen Kreuzgewölbe vor. Auf jeden Fall lohnt es sich, das Gotteshaus zu besichtigen.

Anschließend läuft kann man parallel zum Markt zurücklaufen, durch die ul. Zymierskiego (Breite Straße). Dabei fallen wie schon zuvor zahlreiche **Fachwerkhäuser** aus dem 18. Jahrhundert auf. Nach links führt der Weg an der Mauer aus der Stadt heraus.

Es folgt eine belebte Kreuzung mit Gaststätte, Geschäften und Bushaltestelle. Man hält sich weiterhin links und wandert auf der ul. Poniatowskiego in Richtung Eisenbahnunterführung. Links hat man zwischendurch schöne Sichten auf das Panorama der Altstadt.

Ein Teil der Stadt liegt auf der anderen Seite der Eisenbahnlinie im landschaftlich reizvollen Tal der Kurzyca (Kuritz). In der 1914 eingeweihten landwirtschaftlichen Frauenschule Luisenhof rechts von der Straße ist jetzt ein Technikum für Landwirtschaft untergebracht. Links befinden sich sumpfiges Gelände und Teiche. Dahinter führt eine Straße zu Sportplätzen sowie zum Hotel und Restaurant ›Mieszko‹. Hier kann man in einer ruhigen Atmosphäre einkehren oder übernachten. Zurück geht der Spaziergang am besten wieder durch die Bahnunterführung.

Die Umgebung

Rund um Mieszkowice finden sich einige bauliche Sehenswürdigkeiten, besonders reizvoll ist die Landschaft am Rand der Oderhänge. Östlich von Mieszkowice, etwa sechs Kilometer entfernt, liegt **Zielin** (Sellin). In diesem großen Bauerndorf ist der Dichter Gottfried Benn (1886–1956) als Pfarrerssohn aufgewachsen. Um das hübsche Herrenhaus und die alte Kirche herum sowie auf den ebenen Feldern spürt man noch die ländlich ruhige Atmosphäre, die Benn in Lyrik und Erinnerungen beschrieben hat.

Südöstlich ist auf der Straße Richtung Kostrzyn nach zehn Kilometern **Boleszkowice** (Fürstenfelde) erreicht. Das alte Ackerbürgerstädtchen macht einen dörflichen Eindruck. Imponierend ist die 1858 fertiggestellte große neogotische **Kirche**. An dieser Stelle befand sich zuvor ein mittelalterliches Gotteshaus.

In mehreren der abgelegenen Dörfer bei Mieszkowice, die von fruchtbarem Acker- und Weideland umgeben sind, findet man sehenswerte **Kirchen** vor. Hingewiesen sei auf die Gotteshäuser in Klosów (Klossow), Kurzycko (Voigts-

Der Gedenkfriedhof in Siekierki

dorf), Troszyn (Trossin) und Wierzchlas (Falkenwalde).

Südöstlich ist man nach rund zehn Kilometern in **Czelin** (Zellin) an der Oder. Die gotische **Feldsteinkirche** des Ortes wurde 1827 nach Plänen von Karl Friedrich Schinkel umgebaut, weithin sichtbar ist die Turmhaube. An der Stelle, an der hier am 27. Februar 1945 der erste polnische Grenzpfahl in die Erde gesetzt wurde, befindet sich eine **Erinnerungsstätte** mit Obelisk. Von den Oderhängen kann man weit hinüber in das Bruch auf der deutschen Seite blicken.

Flussabwärts folgen mehrere Stätten zur Erinnerung an die Kämpfe, die im Zweiten Weltkrieg hier tobten. In **Gozdowice** (Güstebiese), wo seit Juli 2007 ein Grenzübergang per Fähre besteht, gibt es ein **Denkmal** und ein **Museum** zu Ehren der Pioniersoldaten der 1. Polnischen Armee sowie eine steinerne Wand, auf der die Landkarte von Polen dargestellt ist.

An der Oder und am sogenannten **Schmökelberg** sind Aussichtsbänke aufgestellt. Hier erinnert ein Denkmalfundament auch daran, dass Friedrich der Große 1758 vor der Schlacht bei Zorndorf (heute Sarbinowo) mit seinem Heer die Oder überquerte. An dieser Stelle legte auch der Mathematiker Leonhard Euler im Juli 1753 den Durchstich für den neuen Oderkanal fest, wonach die Kolonisierung des Bruches begann.

In **Stary Łysogórki** (Altlietzegöricke) befindet sich ein **Gedenkstein** mit Anker, auch alte Fachwerkhäuser kann man bewundern. In **Siekierki** (Zäckerick) sind die polnischen gefallenen Soldaten auf einem mit 1000 symbolischen Kreuzen und Denkmal gestalteten **Friedhof** bestattet. Neben dem Panzermonument an der Straße befindet sich ein **Museum**. Von der auf einer Anhöhe gelegenen modernen Kirche des Ortes, die als sogenanntes Sanktuarium ›Muttergottes des Friedens an der Oder‹ den Kriegs-

opfern gewidmet ist, hat man einen weiten Blick über die Oder.
Zwischen diesen Orten an der Oder führt die Straße durch eine reizvolle Landschaft und von Gozdowice durch ein großes Waldgebiet zurück nach Mieszkowice. Diesen Landstrich kann man auch auf Wanderwegen durchstreifen, etwa bis zu einem Vogel-Naturschutzgebiet und weiter zum romantischen Tal des Flüsschens Słubia (Schlibbe), das aus dem See von Moryń (Mohrin) entspringt.

Mieszkowice und Umgebung

Postleitzahl: 74-505.
Vorwahl: 0048/(0)91.
Stadtverwaltung, ul. Chopina 1, Tel. 4145276, www.mieszkowice.pl (auch in deutscher Sprache).
Informationszentrum, Plac Wolności 7, Tel. 4145478.

Die Entfernung vom Grenzübergang Küstrin-Kietz beträgt etwa 30 Kilometer und von Hohenwutzen etwa 35 Kilometer. Der Übergang mit der Fähre bei Güstebieser Loose ist etwa 13 Kilometer entfernt.

Die **Bushaltestelle** ist nördlich vom Stadtzentrum. Mehrere Verbindungen täglich nach Chojna, die Hälfte davon über Cedynia.

Mieszkowice liegt an der Bahnstrecke Kostrzyn (Küstrin)–Szczecin (Stettin). Etwa sieben Verbindungen täglich.

Hotel und Restaurant Mieszko (€€), ul. Kusocińskiego 1, Tel. 4145203. Bescheidene Ausstattung.
Pension und Restaurant Arka (€–€€), ul. Willowa 11, Tel. 4145463, www.arka-pensjonat.pl. Die Pension organisiert Fahrten mit Pferdekutschen, verleiht Fahrräder und organisiert Angeltouren.

Campingplatz, ul. Kusocińskiego.

Imbissmöglichkeiten im Ort.

Museum der polnischen Pioniereinheiten (Muzeum Sapera), in Gozdowice (Güstebiese), Tel. 4145210; Di–Sa 10–16 Uhr.
Museum über die polnischen Kämpfe an der Oder (Muzeum Pamiątek Wojsk Inżynieryjnych I Armii WP w Gozdowicach), bei Siekierki (Zäckerick) mit Gedenkfriedhof, Tel. 4145264; tgl. 10–17 Uhr.
Die **Gedenkmessen** in der Kirche ›Heilige Mutter Gottes an der Oder, Königin des Friedens‹ in Siekierki werden Mi und Sa 17 und 18, So 12.30 und 18 Uhr gefeiert, im Sommer jeweils eine Stunde später.

Im Waldgebiet westlich der Stadt befindet sich ein **Landschaftsschutzpark** einschließlich Naturschutzgebiet mit entsprechender Beschilderung.

Badestelle am Jez. Siegniew westlich der Stadt.

Markierte **Wanderwege** führen nach Moryń (Mohrin) und zum Tal der Oder, der deutsch-polnische ›Freundschaftsweg‹ zu den Grenzübergängen Küstrin-Kietz und Hohenwutzen.
Außerdem: Mieszkowice–Cedynia (Zehden)–Chojna (Königsberg/Neumark). Etwa 70 Kilometer. Weiterführung nach Pommern (Pomorze).

Tankstelle an der ul. Warszawska 15.

Moryń (Mohrin)

Die Sage vom großen Krebs im Mohriner See hat die kleine Ackerbürgerstadt schon im 19. Jahrhundert über die frühere Neumark hinaus berühmt gemacht. Übernommen wurde bis in die polnische Zeit nicht nur diese Legende. Geblieben sind auch die wundervolle Erholungslandschaft und das Kolorit des alten Mohrin mit Stadtmauer, Kirche und geduckten Häuserzeilen. Hier lässt sich geruhsam ein Urlaub am See verbringen oder in der Kleinstadt bummeln.

Der Sage nach liegt der große Krebs angekettet auf dem Grunde des Mohriner Sees. Das riesige Tier, so berichtet man, rüttelt zuweilen gewaltig an seinen schmiedeeisernen Ketten und will sich befreien. Dann heult, braust und tost der See, und es entstehen Sturm und Unwetter, als wollten die Stadt und die Welt untergehen.

Sollte es dem Krebs einmal gelingen, sich zu befreien, würde es in der Welt mit allem rückwärts gehen, und alle Errungenschaften der Neuzeit, an denen ja auch schon Mohrin seinen Anteil besitzt, gingen wieder verloren. Die letzte Strophe aus August Kopischs gereimter Volkssage (1853) lautet:

»Zum Glücke kommt´s wohl nie so weit,
noch blüht die Welt in Fröhlichkeit!
Die Obrigkeit hat wacker Acht,
dass sich der Krebs nicht locker macht.
Auch für dies arme Liedchen wär das ein schlechtes Glück;
Es lief vom Mund der Leute ins Tintenfass zurück.«

Geschichte

Es wird vermutet, dass am buchtenreichen See von Moryń (Mohrin) bereits in vorgeschichtlicher Zeit gesiedelt wurde. Auf einer Halbinsel konnte eine frühdeutsche Hügelburg nachgewiesen werden. An ihrem Standort erbaute 1365 der brandenburgische Markgraf Otto die

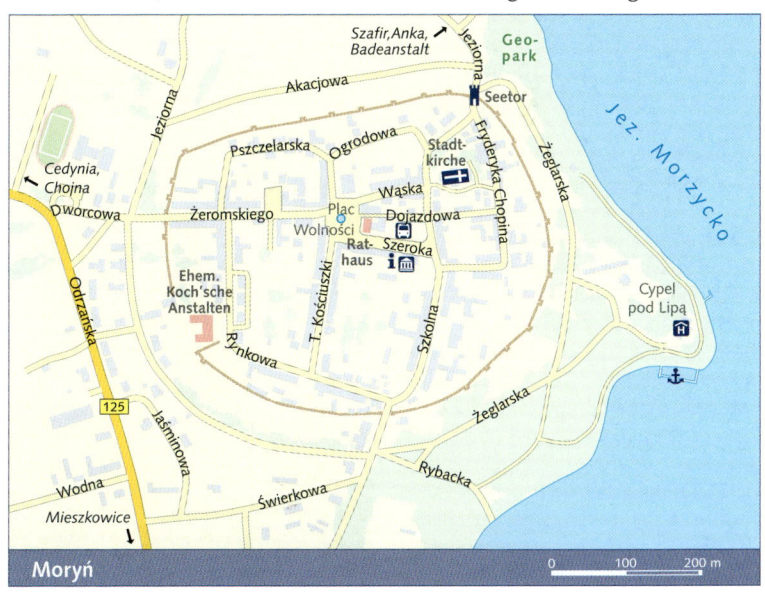

Dieser Brunnen erinnert an die Sage vom Riesenkrebs

›Stolzenburg‹, die aber schon um 1400 wieder verfallen war.

Gründer der Stadt ist vermutlich der Ritter Otto von Barmenstede. 1265 gab es die erste urkundliche Erwähnung des Ortes, als dieser Adlige das Patronat über die Kirche abtrat. 1306 wurde Mohrin als Stadt aufgeführt. Die Hussiten zerstörten sie 1433, und bis zum 18. Jahrhundert brannte sie noch mehrmals ab. Da die Lage abseits von großen Verkehrsstraßen ungünstig war, entwickelte sich Mohrin kaum weiter. Gerade das Fehlen von Industrie, Verkehr und Hektik wird heute als Vorteil empfunden, denn so hat sich hier bis in die Gegenwart eine Idylle erhalten. Haupterwerbsquellen der Einwohner waren die Landwirtschaft und der Fischfang, daneben die Leinenweberei und die Schuhmacherei. Um das Jahr 1850 hatte die Ackerbürgerstadt 1427 Einwohner, 1939 waren es nur noch 1227. Bereits zur deutschen Zeit kamen aber viele Sommergäste hinzu, damals gibt es sogar eine Bahnverbindung nach Berlin. Vor 1900 entstanden die sogenannten Koch'schen Anstalten. Der aus Mohrin stammende Jurist Dr. Christian Friedrich Koch (1798–1872) hatte testamentarisch den Bau dieser Einrichtung für Kinder aus armen Verhältnissen verfügt und dafür drei Millionen Mark hinterlassen. Heute werden in der Anlage psychisch kranke Kinder betreut.

Nach 1945 kamen einige Wohnblocks hinzu. Doch davon abgesehen hat sich wenig an der Atmosphäre der kleinen Stadt mit ihren nur rund 1600 Einwohnern und an ihrer Umgebung verändert.

Sehenswürdigkeiten

Ein guter Ausgangspunkt für einen Spaziergang durch den Ort ist der **Marktplatz** (Plac Wolności) mit dem renovierten **Rathaus** aus dem 19. Jahrhundert und einem **Brunnen** mit Krebsfigur, die an die berühmte Sage des Städtchens erinnert.

Gegenüber vom Rathaus geht man auf die ul. Żeromskiego (Mühlenstraße) bis zur ul. Rynkowa (Ringstraße). An ihr folgt rechts das Gelände der früheren Koch'schen Anstalten. Man sollte das Grundstück mit den Backsteinbauten betreten, denn gleich im Eingangsbereich erhebt sich zwischen Blumenanlagen das

Die Stadtkirche

Denkmal für Christian Friedrich Koch, das ihm aus Dankbarkeit von den Mohrinern gesetzt wurde. Beim Weiterwandern kommt man an die offene Stelle in der Stadtmauer, an der früher das Bärwalder Tor stand.

Man bleibt innerhalb der Altstadt, und immer entlang an alter, ein- bis zweistöckiger Bausubstanz geht es nun etwas bergan. Breite Toreinfahrten zeugen davon, dass hier früher die Ackerbürger mit den Pferdewagen in ihre Höfe fuhren. Rechts folgt die dreischiffige **Stadtkirche**, ein bemerkenswert großer Feldsteinbau aus dem 13. Jahrhundert und eines der wertvollsten Kulturdenkmäler der Neumark. Zwischen dem Langhaus und dem im 14. Jahrhundert angebauten Turm besteht eine Durchfahrt. Der hölzerne Aufsatz des Turmes kam 1756 hinzu. Sehenswert sind unter anderem die barocke Kanzel und Reste gotischer Wandmalerei. Hier wirkte einst der Vater des Dichters Gottfried Benn als Pastor. Ein Stückchen hinter der Kirche verlässt man die Altstadt durch das **Seetor** (Furta Jeziorna), das jedoch kein typisches Stadttor für diese Region darstellt, sondern aus einer Mauerlücke besteht, über die sich ein Torbogen spannt. Entlang der hohen und sehr gut erhaltenen **Stadtmauer** ziehen sich Gärten hin. Hier sind außerdem noch mehrere **Grabsteine** des Jüdischen Friedhofs aus dem frühen 19. Jahrhundert erhalten. Talwärts geht es zum **See** und zum schönen **Badestrand** mit Liegewiese und Badestegen. Das große Gewässer ist mit einer Tiefe von bis zu 58,8 Metern das tiefste und auch das sauberste weit und breit. Auf der neu gestalteteten Promenade spaziert man im Rahmen des Projekts **Geopark** an exotischen Tieren vorbei, die hier vor rund 15 000 Jahren gelebt haben. Die lebensgroßen Figuren wirken recht authentisch, etwa die kleine

Am Mohriner See

Mammutfamilie nahe des mittelalterlichen Stadttors an der ul. Jeziorna. Eine weitere Etappe des Spaziergangs ist der **Steingarten** mit einer Sammlung von Findlingen, die die Gletscher während der letzten Eiszeit aus Skandinavien hierher geschoben haben.

Wenn man auf der schmalen Asphaltstraße, der ul. Jeziorna, bleibt, führt der Weg zum **Erholungs- und Urlaubszentrum Szafir**. Es liegt auf einer idyllischen Halbinsel (mit Burgwall), verfügt über ein Restaurant und Quartiere unterschiedlicher Art und ist mit allem ausgestattet, was Angler und Wassersportler benötigen. Vor dem Flüsschen Słubia (Schlibbe), das hier dem See entspringt, zweigt nach links eine Straße ab. Auf ihr kann man zurückwandern. Zuerst ist man direkt am Flusstal, dann kommt man der Stadtmauer immer näher, um schließlich an der ul. Żeromskiego wieder am Ausgangspunkt anzulangen.

Stadtauswärts führt die ul. Dworzowa (Bahnhofstraße), vorbei an der einstigen Stadtmühle, in die Richtungen Cedynia (Zehden) und Chojna (Königsberg/Neumark).

Die Umgebung

Zahlreiche geschichtsträchtige Stätten in der Umgebung bieten sich für Ausflüge an. Östlich von Moryń, am jenseitigen Seeufer, liegt **Gądno** (Guhden). Hier gibt es einen schönen Sandstrand und Quartiere in Campinghäusern. Einige Kilometer weiter kommt man zum Bahnhof und dann zum großen Dorf **Witnica** (Vietnitz). Sehenswert sind dort die alte **Kirche** mit wertvoller Barockausstattung und einem Renaissancetor, der **Park** und der große **Gutshof**. Das einstige Schloss wurde allerdings dem Verfall preisgegeben, es existieren nur noch Ruinen. Etwas südlich liegt **Bielin** (Bellin) mit einem Gestüt auf dem alten **Gutshof** und dem zu einem Hotel und Restaurant umgestalteten alten Herrenhaus.

Westlich von Moryń erinnert in **Nowe Objezierze** (Groß Wubiser) die später umgestaltete **Feldsteinkirche** mit dem mittelalterlichen Portal daran, dass im 14. und 15. Jahrhundert in dieser Region die Ketzerbewegung der Luciferianer, auch Waldenser genannt, stark verbreitet war. Das war eine um 1175 von Petrus Waldus gegründete religiöse Laienbewegung. Diese Sekte strebte ein Gemeinschaftsleben nach urchristlichem Vorbild an und fand im 14. Jahrhundert Zulauf in vielen Orten des späteren Kreises Königsberg. Ihre Mitglieder wurden jedoch vor allem in der zweiten Hälfte des 15. Jahrhunderts als Ketzer verfolgt und hingerichtet. So wurde zum Beispiel der Waldenser-Priester Matthäus Hagen aus dem sogenannten ›Ketzerdorf‹ Dürrenselchow (Żelichów) im Jahr 1458 in Berlin verbrannt. Im Nachbarort **Stare Objezierze** (Klein Wubiser) ist ebenfalls eine alte **Kirche**, jedoch mit barocker Ausstattung, zu besichtigen.

Weitere bemerkenswerte **Dorfkirchen** gibt es in Żelichów (Dürrenselchow), Dolsko (Dölzig), Goszków (Gossow), Białęgi (Belgen), Narost (Nordhausen), Mirowo (Woltersdorf) und Przyjezierze (Butterfelde). Letztgenannter Ort liegt am Nordufer des Sees von Moryń. Vom früheren Herrenhaus aus hat man eine gute Sicht über das Gewässer.

Südlich von Moryń in Richtung Oder, rund um das Tal der Słubia (Schlibbe), findet man schöne Waldwege vor. Das

▲ *Auf dem Gestüt in Bielin*

Ackerland Richtung Norden und Westen ist hügelig und wird von kleinen Gewässern durchzogen. Oft bieten sich schöne Rundblicke in eine abwechslungsreiche Landschaft mit ihren reizvollen Alleen.

Beim Umwandern des Sees von Moryń führen die Wege nur selten direkt an das Ufer heran, aber man trifft immer wieder auf Naturdenkmäler wie alte Bäume oder Findlinge.

Moryń und Umgebung

Postleitzahl: 74-503.
Vorwahl: 0048/(0)91.
Stadtverwaltung, Plac Wolności 1, Tel. 4667950, www.moryn.pl (auch in deutscher Sprache).
Touristeninformation im Kulturhaus, ul. Szeroka 12, Tel. 4146123.

Die Entfernung vom Grenzübergang Hohenwutzen beträgt etwa 25, von Schwedt etwa 30 und von Küstrin-Kietz etwa 45 Kilometer.

Die **Bushaltestelle** befindet sich in der ul. Szeroka. Mehrere Verbindungen täglich nach Chojna und Dębno.

Die **Bahnstation** Witnica (Vietnitz) liegt etwa sechs Kilometer entfernt an der Strecke Kostrzyn–Szczecin.

Hotel Szafir (€€), mit Restaurant und Konferenzzentrum, ul. Jeziorna 8, Tel. 602680009, www.szafir-moryn.pl.
Hotel Cypel pod Lipą (€-€€), mit Camping und Bootshafen, ul. Żeglarska 5, Tel. 4613230.
Erholungszentrum Anka (€) mit Camping, ul. Jeziorna 1, Tel, 4146322.

Möglichkeit zum Zelten am See von Moryń bei Gądno.

Die Stadt grenzt an den **Landschaftsschutzpark von Cedynia**.

Regionalbüro des Geoparks, Plac Wolności 2, Tel. 697029064. Ständige Ausstellung zum Thema Einfluss der Eiszeit auf Natur, Geschichte und Kultur der Region.

Reiterhof Podkowa, Skotnica (Schäfereivorwerk, westlich der Stadt), Tel. 606132790, www.reiterhof-podkowa.com.pl.
Reiterhof und Gestüt mit Hotel im ehemaligen Herrenhaus, Bielin 1, Tel. mobil 060/2696366, www.bielin.pl und www.stadnina.pl.

Am See von Moryń und an Gewässern der Umgebung gibt es zahlreiche Möglichkeiten zum Angeln.

Es gibt ein neu gestaltetes **Sommerbad** und mehrere **Badestellen**.

Der See von Moryń ist für jeden Wassersport geeignet, auch zum Segeln und Tauchen. Die Erholungseinrichtungen am See verfügen über Boote oder Tretboote.

Von Moryń bestehen viele Wandermöglichkeiten, darunter zwei markierte. Eine beschauliche Tour ist die um den Stadtsee herum.

Platz für Tennis und Minigolf, ul. Parkowa 6.

Tankstelle an der ul. Odrzańska 2.

Cedynia (Zehden)

Mit Cedynia verbinden sich für Polen wichtige historische Ereignisse. Bis hierher reichte vom 10. bis zum 13. Jahrhundert der polnische Machtbereich, außerdem war die Siedlung Standort einer pommerschen Burg. Ein Monument auf einer Anhöhe bei Cedynia soll an eine Schlacht von 972 erinnern, deren Austragungsort nicht belegt ist und die auch kaum von großer Bedeutung gewesen sein kann. Anfang 1945 kämpfte in der Nähe, am Oderstrom, die 1. Polnische Armee. Kurz danach erhielt die polnische Landesgrenze in der Region um Cedynia ihre weiteste Ausdehnung nach Westen. Eine abwechslungsreiche Landschaft mit Reservaten und Naturdenkmälern sowie ein riesiger Verkaufs- und Dienstleistungsbasar am Grenzübergang westlich der Stadt ziehen vor allem Tagesbesucher an.

Geschichte

Eine vorgeschichtliche Besiedlung des Geländes ist zu vermuten, da früher die Oder direkt am Stadtrand vorbeifloss. Im 9. Jahrhundert soll hier eine slawische Stammesburg der Pomeranen bestanden haben, die zu einer Wehrburg ausgebaut wurde. Wenig später drangen die Polanen in diese Region vor. Ihr Herzogtum hatte mit dem deutschen Kaiser einen Vertrag mit der Oder als Grenze ausgehandelt. Im Jahr 972 wollten Markgraf Hodo von der Sächsischen Ostmark und Graf Siegfried von Walbeck Gebiete östlich der Oder in ihre Oberhoheit bringen, wurden aber von Mieszko I. und seinem Bruder Czibor zurückgeschlagen. Die Quellen sprechen von einem Ort namens ›Cidini‹; die Örtlichkeit des Gefechtes und seine Wichtigkeit konnten jedoch nie nachgewiesen werden. Seit etwa 1140 soll die Burg in deutschem Besitz gewesen sein. 100 Jahre später gehörte sie zu Schlesien, davor und danach zu Pommern. 1187 wird ein Kastellan erwähnt. Um 1250 kam Zehden endgültig in brandenburgischen Besitz, und zwar im Zuge der Erwerbung des Landes Lebus von einem schlesischen Herrscher. Bereits vorher hatte sich eine deutsche Siedlung am Fuße des Burgbergs entwickelt. Sie trug die lateinische Bezeichnung ›oppidum‹, was soviel wie Städtchen bedeutet. Sicherlich gehörte auch die Umgebung zum Einflussbereich des Ortes, denn es ist zusätzlich die Rede von der ›terra‹, also dem Land Zehden.

In der zweiten Hälfte des 13. Jahrhunderts legten Zisterzienserinnen in Zehden ein Kloster an. Aus den Besitzungen dieses Klosters wurde nach der 1538 in der Neumark erfolgten Reformation das Amt Zehden gebildet. Die brandenburgischen Regenten hatten Stadt und Umgebung an Adlige als Lehen vergeben, später wurde auch das Amt verpfändet. Die strategische und handelspolitische Bedeutung, die Zehden noch im frühen Mittelalter hatte, verlor sich in den folgenden Jahrhunderten mehr und mehr, so dass der Ort immer ohne Befestigungsmauern blieb. Er entwickelte sich nicht weiter und stand jahrhundertelang im Schatten von Nachbarstädten. Haupterwerbsquellen der Einwohner waren die Fischerei sowie die Land- und Forstwirtschaft. Um 1700 lebten in Zehden, noch als Auswirkung des Dreißigjährigen Krieges, nur 74 Menschen, um 1800 waren es dann immerhin 947. Einen bescheidenen Aufschwung brachte die Lage an der nach 1850 eingerichteten Straße von Bad Freienwalde nach Königsberg/Neumark (Chojna). Eine Nebenbahn aus Bad Freienwalde führte erst ab 1930 bis an Zehden heran.

In jüngerer Zeit hat sich Cedynia mit seinen nur etwa 1650 Einwohnern (2013) um ein Neubaugebiet erweitert. Es gibt auch Verbesserungen der Infrastruktur; so wurden zwei neue Hotels gebaut. Wesentliche Veränderungen blieben aber aus. Vielen Polen wurde der Ort zu einem Zentrum der ›Region des nationalen Gedenkens‹. Deutsche Gäste machen gern Stippvisiten, wenn sie im nahen Grenzmarkt einkaufen oder Fahrten weiter in das Land hinein unternehmen.

Sehenswürdigkeiten

Wenn man sich Cedynia nähert, fällt die malerische Lage des Städtchens an Berghängen auf. Der Ort gefällt vor allem durch dieses hügelige Gelände und durch den Wechsel von Geschäftigkeit und stiller Beschaulichkeit.

Am Gedenkhain

Guter Ausgangspunkt für einen Rundgang ist die Bushaltestelle an der ul. Obr. Stalingradu (Niederlübbichower Straße), auf der der Verkehr am Talrand vorbeiführt. In der Nähe befindet sich der frühere Bahnhof. Zur Stadt werden eine Promenade und der Kanal Ulgi (Höhenland-Kanal) überschritten. In der Querstraße dahinter, der ul. Swierczewskiego, gibt es Möglichkeiten zum Parken sowie einen Imbiss.

Man geht nach links zur ul. Zymierskiego, die bergan nach Chojna (Königsberg/Neumark) führt. Am Giebel des **Postgebäudes** fällt ein Mosaik mit der Darstellung der Schlacht von 972 auf. Daneben läuft man eine steile Straße zu einem **Gedenkhain** hinauf. Hier befanden sich vorgeschichtliche Siedlungen und Befestigungen. Von oben hat man einen schönen Rundblick auf die Stadt und über das Zehdener Bruch.

Nach Überquerung der Straße Richtung Chojna kommt man zum Neubaugebiet. Daneben befinden sich die **Überreste des Nonnenklosters**, aus denen in den Jahren bis 2005 ein attraktives Hotel geschaffen wurde. Neben dem früheren Klosterhof führen durch einen Talgrund Wege zum Stadtzentrum.

Am **Marktplatz** befinden sich Geschäfte, ein Hotel mit Restaurant und das **Rathaus** aus dem Jahr 1840. Gegenüber lädt das **Regionalmuseum** zu Besichtigungen ein. Vorrangig wird die slawische Zeit einschließlich der Schlacht von 972 dargestellt, aber auch die Geschichte der Stadt selbst ist ein Thema der Ausstellung.

Noch weiter bergauf kommt man zur **Kirche**. Sie entstand im 13. Jahrhundert aus Granitsteinen, und 1893 erfolgte ihr grundlegender Umbau. Aus dieser Zeit stammt auch der neugotische Turm. Um die Kirche herum gruppieren sich alte Schul- und Pfarramtsgebäude.

Der Spaziergang führt nun auf die Anhöhen und vorbei am Friedhof zum **Aussichtsturm**. Dieser wurde im 19. Jahrhundert als Kriegerdenkmal errichtet und hieß im Volksmund ›Bismarckturm‹. Heute kann er ganzjährig bestiegen werden

und bietet eine herrliche Panoramasicht auf die Landschaft.
Stadtauswärts führen Stufen zur ul. Kościuszki (Lindenstraße) hinunter. Auf ihr kommt man zu einem Sportgelände mit Schwimmbad und zum Hotel ›Relax‹. Zurück zum Stadtzentrum kann man parallel einen Weg unter schattenspendenden Alleebäumen wählen.

Die Umgebung

Die Gegend um Cedynia (Zehden) ist sehr abwechslungsreich. Im Westen erstreckt sich das **Odertal** mit einer bruchartigen Niederung. Diese grenzt im Süden bei Osinów Dolny (Niederwutzen) an die Berghänge eines Endmoränenbogens, die sogenannten Zehdener Karpaten. Seine Ausläufer ziehen sich am Flusstal entlang, und auf ihm erhebt sich zur Erinnerung an die Schlacht von 972 ein **Denkmal**, ein riesiger stilisierter Adler. Weit interessanter als das monströse Denkmal selbst ist der grandiose Ausblick von dort oben. Man schaut weit über das Tal der Oder und auf die im Osten stark hügelige Landschaft. Diese schöne Gegend ist in den **Zehdener Landschaftsschutzpark** (Cedyński Park Krajobrazowy) eingebettet. Unter Schutz stehen sowohl die bewaldeten Moränenhöhen, die von kleineren Zuflüssen durchschnitten werden, als auch die weitläufigen Oderwiesen. Der Park umfasst die Sandheide, den Cedynia-Polder und den westlichen Teil der Wälder bei Mieszkowice.
Am Talrand führt eine hübsche Straße in Richtung Mieszkowice (Bärwalde). Auf der Strecke liegen **Stary Kostrzynek** (Altcüstrinchen) mit der **Czibor-Eiche** und der wiederaufgebauten **Feldsteinkirche** nebst Gedenkkreuz und -tafel für gefallene deutsche Soldaten sowie **Stara Rudnica** (Alt Rüdnitz) mit einer schmucken **Kirche**. Der bewaldete Höhenzug vom Odertal landeinwärts ist ein vortreffliches Wandergebiet.

▲ *Blick in das Odertal bei Cedynia*

Östlich von Cedynia herrschen landwirtschaftlich genutzte Flächen auf hügeligem Terrain vor, unterbrochen von Obstalleen, kleinen Gewässern und Gehölzen. Im Norden liegt die **Puszcza Piaskowa** (Peetziger Forst) mit Anhöhen bis zu 167 Metern über dem Meeresspiegel, mit großen Laub- und Mischwäldern sowie vereinzelt uralten Eichen. Neben unbefestigten Wegen führen auch Straßen durch das große Waldgebiet und in Bielinek (Bellinchen) sowie Piasek (Peetzig) auch bis an die Oder heran. Nahe des Grenzflusses gibt es reizvolle Plätze zum Entspannen inmitten der Natur, aber auch Kiesabbau und daraus entstandene klare Seen.

In der Umgebung von Cedynia sind auch zahlreiche **Dorfkirchen** sehenswert, so zum Beispiel in Klępicz (Klemzow), in Golice (Grüneberg), in Czachów (Zachow), in Orzechów (Wrechow), in Lubiechów Gorny (Hohen Lübbichow) – dort steht auch ein interessantes Herrenhaus mit leider verwildertem Park –, sowie in Łukowice (Altenkirchen) und in Piasek (Peetzig).

Der Zehdener Landschaftsschutzpark (Cedyński Park Krajobrazowy)

Rings um Cedynia sowie in großen Waldgebieten nördlich und südlich der Stadt breitet sich auf einer Fläche von mehr als 300 Quadratkilometern der Cedyński-Landschaftsschutzpark aus. Er wurde 1993 eingerichtet, um den Reichtum an Landschaftsformen mit ihren Flusstälern, Wäldern, Seen bis zu 60 Meter Tiefe und Bergen bis 167 Meter über dem Meeresspiegel sowie an seltenen Arten der Flora und Fauna zu bewahren. Unterschiedliche klimatische Bedingungen bringen eine Flora mit 640 verschiedenen Arten hervor. Zu den geschützten Pflanzen gehören die Eibe, das

Hinweisschild im Landschaftsschutzpark

Purpur-Knabenkraut, das Geißblatt, die Küchenschelle, das Große Windröschen, die Weiße Teichrose, die Schlüsselblume und das Maiglöckchen. Die Vogelwelt ist mit 194 Arten sehr vielfältig, darunter sind See- und Fischadler, Schwarzer und Roter Milan, Schwarzstorch und Austernfischer. Unter den 18 Amphibien- und Reptilienarten seien nur die Knoblauchkröte, die Sumpfschildkröte und die Kreuzotter genannt. Zu den hier vorkommenden seltenen Säugetieren zählen der Biber, der Fischotter sowie Fledermäuse.

Innerhalb des Landschaftsschutzparks befindet sich eine größere Anzahl von Naturschutzgebieten und Naturdenkmälern: Bei Bielinek (Bellinchen) mit einem Gedenkstein für eines der ältesten brandenburgischen Reservate werden an den sogenannten Pontischen Hängen Steppenpflanzen und alte Eichen geschützt; südwestlich von Cedynia (Zehden) besteht eine Trockenrasenvegetation einschließlich Heidekraut (Erika); am Jezioro Siegniawski in Richtung Mieszkowice (Bärwalde) leben mehrere Arten Wasservögel; im Waldgebiet nördlich der Stadt sind vier Gebiete für Eichenwald, für Erlenwald, für Rotbuchen und Weißbuchen ausgewiesen; im ›Bruchwald‹ gibt es ein Schutzgebiet für den in unseren Breiten selten vorkommenden Riesenschachtelhalm.

Naturdenkmäler sind unter anderem die ›Königseiche‹ mit 6,55 Metern Umfang und ein Gingkobaum bei Lubiechów Dolny (Nieder Lübbichow) sowie eine Allee aus Pyramideneichen bei Lubiechów Gorny (Hohen Lübbichow).

Cedynia und Umgebung
Postleitzahl: 74-520.
Vorwahl: 0048/(0)91.
Touristische Information, Pl. Wolności 4, Tel. 4317831, Di–Fr 8–16, Sa 8–14 Uhr.
Stadtverwaltung, Plac Wolności 1, Tel. 4144006, www.cedynia.pl.

Entfernung vom Grenzübergang Hohenwutzen rund 8, vom Grenzübergang Schwedt etwa 30 Kilometer.

Eine **Bushaltestelle** findet man in der ul. Chrobrego. Mehrere Verbindungen täglich nach Chojna und nach Mieszkowice.

Hotel und Restaurant Klasztor Cedynia (€€–€€€), ul. M. Konopnickiej 10, Tel. 4144531, www.klosterzehden.de. Gehobener Standard.
Hotel und Restaurant Piast (€€), ul. Swierczewskiego 2, Tel. 4144894, www.piasthotel.pl und www.piast-hotel.de.
Hotel und Gaststätte Margo (€€), ul. Obr. Stalingradu 22, Tel. 608338281.

Camping ist an der Badeanstalt möglich. Bei Bielinek kann man an der Oder zelten.

Gasthaus Kristina`s, in Stary Kostrzynek 9, Tel. 0048/600580183. 2 km südlich vom Grenzbasar direkt am Oderufer, Schöne Sommerterrasse, polnische Küche, Zimmervermietung.

In Osinów Dolny gibt es Restaurants und mehrere Imbiss-Möglichkeiten am Basar.

Regionalmuseum (Muzeum Regionalne), Plac Wolności 4 (Markt), Tel. 4317831, Di–Fr 9–17, Sa (und So im Sommer) 10–14 Uhr.

Eine herausragende Sehenswürdigkeit des Städtchens sind die Gebäude und Räume des ehemaligen **Nonnenklosters Zehden**. Heute befindet sich darin ein Vier-Sterne-Hotel mit Restaurant. Während der Sommermonate finden in einem der drei Säle Konzerte statt, im ›Blauen Salon‹ gibt es eine Gemäldegalerie mit Werken alter Meister.

Direktion des Landschaftsschutzparks Cedyńskiego Parku Krajobrazowego, ul. Armii Krajowej 78, 74-100 Gryfino, Tel. 4045297.

Eine **Badeanstalt** befindet sich am Ortsausgang Richtung Grenze.

Wanderwege bestehen in mehreren Richtungen, darunter der markierte Radwanderweg ›Grüne Oder‹ in beiden Richtungen entlang des Flusses.

Eine **Tankstelle** ist an der ul. Chrobrego 28. In Osinów Dolny gibt es ebenfalls eine Tankstelle.

Chojna (Königsberg/Neumark)

Bei einem Besuch der historisch bemerkenswerten Stadt wird man mit bedeutenden gotischen Bauwerken konfrontiert, darunter einem prunkvollen Rathaus, originellen Stadttoren und einem alten Kloster. Der Wiederaufbau der mächtigen, ebenfalls gotischen Marienkirche, eine deutsch-polnische Gemeinschaftsaktion, ist fast abgeschlossen.
In der in einem Talkessel gelegenen kleinen Stadt gibt es einige Gaststätten und Geschäfte sowie an abgelegenen Seen und in großen Wäldern Gelegenheiten zum Entspannen oder Urlaub inmitten der Natur.

Geschichte

In der Niederung am Flüsschen Rurzyca (Rörcke) ist bereits um das Jahr 1000 unter dem polnischen Fürsten Boleslaw I. eine Burg angelegt worden, die in den Kämpfen des 11. und 12. Jahrhunderts zwischen Polen und Pommern eine wichtige Rolle spielte. Schließlich behauptete sich Pommern längere Zeit als Besitzer, während schlesische Piasten bis 1249 eine Lehnshoheit beanspruchten.
Als 1244 der Name der Stadt erstmalig in einer Urkunde auftauchte, hatten sich schon zahlreiche deutsche Siedler hier niedergelassen. Um 1250 kam Königsberg an die Brandenburger, und zwar im Zusammenhang mit der Erwerbung einer größeren Region von Schlesien. Zwischen 1267 und 1270 ging die Grundherrschaft über die Stadt und zehn Dörfer an die askanischen Markgrafen über. Durch Landwirtschaft und Handel auf der damals schiffbaren Rörcke nahm die Stadt einen raschen Aufschwung.
Augustinermönche siedelten sich vor 1290 an und gründeten ein Kloster. Bereits 1310 wird eine Neustadt erwähnt, 1312 eine Nikolaikirche. In der Stadt residierte außerdem einer der beiden Vögte der Neumark. Im Jahr 1351 erhielt Königsberg Zollfreiheit ›in der ganzen Mark zu Wasser und zu Lande‹. Die Fürsten des Hauses Wittelsbach betrieben eine Werkstatt zur Herstellung von Münzen. Im 14. und 15. Jahrhundert gab es in dieser Gegend Ketzerbewegungen, die die Inquisition bekämpfte. Im Dreißigjährigen Krieg erlitt Königsberg schwere Rückschläge, die Stadt verelendete durch lange Einquartierungen. Ab 1711 gab es eine ständige Garnison, und von 1809 bis 1815 fungierte Königsberg sogar als Sitz einer neumärkischen Regierung, und 1815 wurde Königsberg Kreisstadt für rund 100 Dörfer und 8 Städte. Im Jahr 1939 hatte die Stadt knapp 6800 Einwohner.
Wegen der starken Zerstörungen ging die polnische Kreisverwaltung nach 1945 an Dębno (Neudamm). Der neue Name Königsbergs sollte zunächst eine Übersetzung des alten sein. Aber das galt als zu monarchistisch. So kam es zur Bezeichnung Chojna, wahrscheinlich abgeleitet von Choinka, was Weihnachts- oder Tannenbaum bedeutet. Die abseitige Lage und der sowjetische Militärflugplatz trugen dazu bei, dass nach 1945 lange Zeit wenig neu gebaut wurde. Heute gibt es viele Aktivitäten, um die Wirtschaft und den Tourismus wiederzubeleben.
Seit dem Ende der 1980er Jahre arbeiten Deutschland und Polen beim Wiederaufbau der Marienkirche zusammen. Ehemalige deutsche Bewohner setzen hier gemeinsam mit ihren polnischen Freunden ein beispielhaftes Zeichen für die Aussöhnung und Verständigung.
Bei der Neubildung von Kreisen im Jahr 1999 kam Chojna zum Kreis Gryfino (Greifenhagen). Heute hat die Stadt etwa 7300 Einwohner.

Das Tal der Liebe

Am Höhenrand entlang der Oder zwischen Krajnik Dolny (Nieder Kränig) und Zatoń Dolna (Nieder Saathen) befindet sich eine kulturhistorisch und landschaftlich bemerkenswerte Parkanlage. Sie liegt auf der Hügelkette der Nieder Saathener Höhen, die zur Oder hin steil abfallen und von tiefen Schluchten sowie sanften Tälern durchschnitten sind. Die Anlage ist am günstigsten zu Fuß oder per Rad von Krajnik Dolny direkt ab Grenzübergang auf einem hübschen Promenadenweg am Fluss entlang zu erreichen. Automobilisten fahren bis nach Zatoń Dolna, danach geht es zu Fuß weiter.

Der Park wurde von der damaligen Gutsbesitzerin Anna von Humbert (1798–1860) ab 1823 zunächst mit Bäumen, Büschen, Blumen und Spazierwegen angelegt. Die gute Frau nutzte eine längere Dienstreise ihres Gatten Carl-Philipp, um ihren kleinen Park noch mit Buchen und Statuen in ein romantisches Tal zu verwandeln. Im Jahr 1850 erfolgte die Eröffnung. Anna spannte zwischen zwei Buchen ein großes Transparent, um ihren heimkehrenden Ehemann zu überraschen. ›Willlkommen im Tale, das die Liebe schuf‹ stand da geschrieben. In späteren Zeiten hat man den Landschaftsgarten noch erweitert. Um 1900 konnte die Anlage, die bald unter der Bezeichnung ›Tal der Liebe‹ in der Umgebung bekannt wurde, von Touristen besucht werden, allerdings nur mit ausdrücklicher Erlaubnis des Gutsherrn. Ab 1945 verwilderte das Gelände und die Gebäude verfielen.

Im Jahr 2004 stießen Mitarbeiter der Federacja Zielonych GAJA in Szczecin (Stettin) auf dieses Kleinod und wollten es unbedingt wieder zu einer Ausflugs- und Erholungsstätte machen. Um die Pläne finanzieren und sachgerecht realisieren zu können, gewannen sie Vertreter der Europäischen Union, des Landschaftsschutzparks, des Naturschutzes, des Denkmalschutzes, des Forstwesens und der zuständigen Kommune. Auf diese Weise konnte ab 2005 das Projekt ›Revitalisierung des naturalistischen Parkes der Liebe – Schaffung und Werbung für einen internationalen Erholungsort‹ in die Tat umgesetzt werden.

Mit tatkräftiger Unterstützung der Einwohner von Zatoń Dolna wurden Wege, Plätze und Aussichtspunkte aus dem Dickicht heraus freigelegt. Zumindest ein Teil der vorwiegend mit Buchen bewachsenen Berghänge mit Trockenrasen und Teichen, Obstbäumen und zahlreichen Gedenksteinen mit den Namen von Persönlichkeiten aus Kultur, Wissenschaft und Politik gelangten nun wieder zum Vorschein. Gewidmet sind sie deutschen Geistesgrößen wie etwa Robert Koch, Justus von Liebig, Friedrich von Bodelschwingh, man trifft aber auch auf Gedenksteine für Bismarck oder Graf Yorck. Auch ein Stein für Hitler fand sich. Nun gibt es wieder Hinweisschilder im nun polnischen ›Dolina Miłości‹ und markierte Wanderwege – zur Bastei, zur Klothildenquelle, zum Lusthausberg, zu den Skulpturen Adam und Eva.

Mittlerweile gibt es sogar Pläne, das 1852 erbaute Schweizerhaus mit dem legendären Ausflugslokal ›Waldkater‹ wieder aufzubauen. Auf jeden Fall ist nach der Freilegung der Parkanlage nun bei einer Fahrt in die Neumark wieder ein Besuch im ›Tal der Liebe‹ angesagt. Ein nettes, kleines Café-Lokal zur Einkehr gibt es auch, es befindet sich in Zatoń Dolna und heißt ›Dorfkater‹ (Wiejski Kocur, www.wiejskikocur.pl).

Sehenswürdigkeiten

Der Bahnhof von Chojna, an dem sich auch die zentrale Bushaltestelle befindet, liegt außerhalb des Zentrums. Hält man sich Bahnhofsausgang rechts, kommt man zur ul. Dworcowa (Schulstraße). Sie führt ins Stadtzentrum. Die ersten Sehenswürdigkeiten hinter der in weiten Teilen erhaltenen **Stadtmauer** sind die Gebäude des **Augustinerklosters**, vor allem die Kirche aus dem 14. Jahrhundert und zwei Kreuzgänge mit ihren Gewölben. Die Kirche dient heute als Pfarrkirche.

Hält man sich entlang der Stadtbefestigungen rechts, kommt man auf Parkwegen zum Flüsschen Rurzyca (Röricke). Unter Bäumen am Ufer fällt eine mächtige **Platane** mit einem Stammesumfang von 10,5 Metern auf. Die 35 Meter hohe Riesin (›Olbrzyn‹) gilt als die größte Platane in ganz Polen.

Entlang der ul. Bałtycka (Vierradenstraße) und der Basztowa (Schwedter Straße) läuft man nun wieder durch die Altstadt direkt auf das **Schwedter Tor** (Brama Świecka) zu. Seine Besonderheit besteht darin, dass an jeder Ecke des Turmes noch jeweils ein kleinerer Rundturm hervorragt.

Dahinter, an der Straßengabelung nach Cedynia (Zehden) und Schwedt, steht auf dem alten Friedhof die **Ruine der St.-Gertrud-Kapelle** aus dem 15. Jahrhundert und daneben ein **Gefallenendenkmal** für sowjetische Soldaten von 1945. Außerhalb der Stadtmauer ziehen sich Spazierwege entlang.

Zurück im Zentrum, stößt man direkt auf das reich verzierte **Rathaus** von Heinrich Brunsberg aus dem 15. Jahrhundert. Es wurde nach der Kriegszerstörung bis 1986 wieder originalgetreu aufgebaut und dient jetzt als Kulturzentrum. Besichtigenswert sind die Bibliotheksräume und der Ratskeller mit seinen Gewölben. Er ist mittlerweile wieder mit neuem Betreiber geöffnet. Gegenüber ragt der mächtige Hallenbau der **Marienkirche** empor. Sie entstand um 1400 und wurde nach der Kriegszerstörung seit 1991 neu aufgebaut. Bereits an dem um 1860 erneuerten, über 102 Meter hohen Turm fällt die schöne Ornamentik und figürliche Gestaltung auf. Nach dem Wiederaufbau steht die Kirche, ein Symbol deutsch-polnischer Zusammenarbeit, Veranstaltern beiderseits der Oder offen.

Das **Bernickower Tor** (Brama Barnkowska) begrenzt die Altstadt. Der Bau dient als Jugendheim. Man kann bis zum oberen Zinnenkranz emporsteigen und von dort Altes und Neues überblicken. An der ul. Jagiellońska (Bahnhofstraße) ist noch viel alte deutsche Bausubstanz erhalten. Vorbei am **Basar**, an einem **Park**, an einem schmucken Restaurant mit Hotel (Piastowska) und einigen Geschäften lässt es sich angenehm zum Bahnhof spazieren. Hinter dem Gleisübergang folgt der Stadtteil **Barnkowo** (Bernickow) mit einer im 19. Jahrhundert umgestalteten **Feldsteinkirche** aus dem 14. Jahrhundert. Ihre Mauern sind mehr als einen Meter dick. Der früher eigenständige Ort wurde 1270 erstmalig urkundlich erwähnt.

Schönste Backsteingotik: das Rathaus

Die Marienkirche in Chojna

Die Pfarrkirche St. Marien ist der Nachfolgebau einer Feldsteinkirche aus dem 13. Jahrhundert. Der Stettiner Baumeister Heinrich Brunsberg begann mit ihrem Bau der 1389 und entwickelte dabei eine unverwechselbare Sonderform der norddeutschen Backsteingotik.

Das Kirchenschiff entstand in der Form einer dreischiffigen Hallenkirche, mit einer Firsthöhe von 43 Metern, einer Länge von 56 Metern und einer Breite von 29 Metern, zusammen mit den südlichen Kapellen sind es 34 Meter. Die Sterngewölbe des Mittelschiffes und die Kreuzrippengewölbe der Seitenschiffe umspannen eine Raumhöhe von 17,5 Metern. Erst zwischen 1859 und 1861 erhielt die Kirche den heutigen 102 Meter hohen Ziegelturm nach dem Entwurf des Schinkel-Schülers Friedrich August Stüler. Der alte gotische Turm war nämlich 1843 eingestürzt.

Das Innere schmückten zahleiche Kulturschätze: die dreimanualige Barockorgel des Berliner Orgelbauers Joachim Wagner (1738), die Barockkanzel von Georg Mattanovi (1701–1714) und der Altar des Italieners Caprani (1690–1692), der 1861 durch einen neogotischen Altar ersetzt wurde. Der ursprüngliche Taufstein ist heute noch erhalten. Künstlerisch besonders wertvoll waren die vom Anfang des 15. Jahrhunderts stammenden Glasgemälde, von denen leider nur noch Farbwiedergaben als Dias bestehen. Sie wurden vor Kriegsende sichergestellt, über den Verbleib ist nichts bekannt. Es sind auch noch zwei Fresken aus dem 15. Jahrhundert zu sehen.

Am 2. Februar 1945 besetzte die Rote Armee die fast unbeschädigte Stadt. Die Altstadt und die Marienkirche gingen kurze Zeit später in Flammen auf und wurden fast völlig zerstört. Was dem Feuer widerstanden hatte, verfiel in den nächsten Jahrzehnten. Erst 1986 begann man über den Wiederaufbau der Marienkirche zu sprechen. Künftig soll sie eine internationale Begegnungsstätte für Polen und Deutschen sein, der Pflege des europäischen Kulturgutes dienen und im Sinne der Ökumene allen christlichen Kirchen und der jüdischen Glaubensgemeinschaft offenstehen. Der deutsche ›Förderverein für den Wiederaufbau der Marienkirche in Königsberg/Neumark‹ und die deutsch-polnische ›Stiftung Marienkirche‹ haben inzwischen Beachtliches geleistet. So konnte das Kirchenschiff einschließlich Dach wiederaufgebaut werden, der Turm erhielt einen Kupferhelm und wurde mit Treppen, Zwischengeschossen und einer Aussichtsterrasse ausgebaut. Im Innern befindet sich eine Dauerausstellung über den Wiederaufbau der Kirche, die durch weitere Ausstellungen ergänzt werden soll. Und seit Ende 2013 ist auf der Westseite des Stülerturms die neue Rosette eingebaut. Ein bronzenes Denkmal für Papst Johannes Paul II. steht seit desssen Tod neben dem Gotteshaus.

Informationen und Spenden: Förderverein für den Wiederaufbau der Marienkirche in Königsberg/Neumark-Chojna/Polen e.V.; Vorsitzender Peter Helbich, Senator-Bauer-Straße 16, 30625 Hannover, Tel./Fax 0511/562804, www.marienkirche-chojna.pl; Rosemarie Kumkar, Im Hasenwinkel 1, 30457 Hannover, Tel. 0511/461363, Fax 435347, rkumkar@t-online.de.

Spendenkonto: Nummer 813768400, Hannoversche Volksbank, BLZ 26191001.

Sehenswürdigkeiten

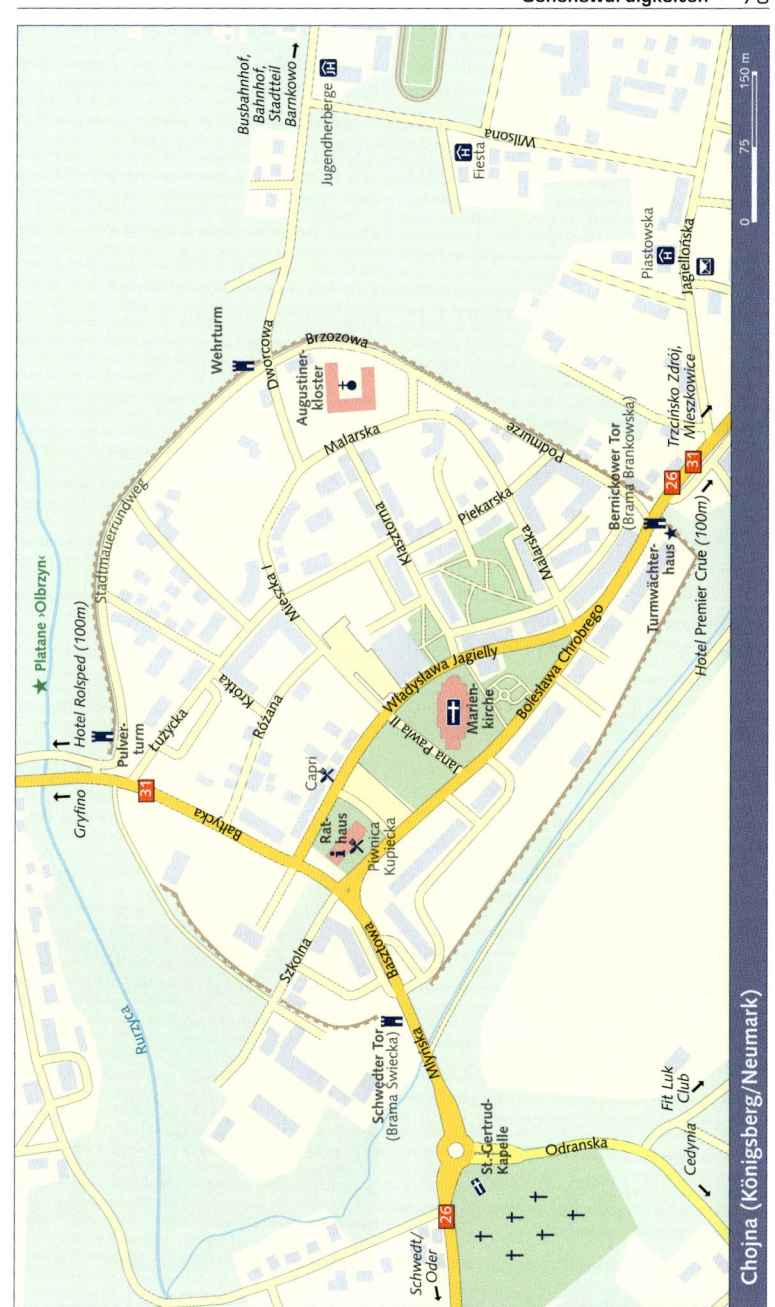

Chojna (Königsberg/Neumark)

Die Umgebung

Bei jedem Ausflug von Chojna aus müssen zunächst Hügel bewältigt werden, dafür erreicht man aber vielerorts herrliche Landschaften und stille Dörfer. Manche Strecken sollte man am besten mit dem Rad in Angriff nehmen, um sie richtig auskosten zu können.

Südlich von Chojna liegt das Dorf **Godków** (Jädickendorf) mit interessanter **Feldsteinkirche**. Das ebenfalls nahe **Jelenin** (Gellen) – auch mit alter Kirche – besitzt einen schönen **See** mit Badestellen und Campingplatz. Östlich vom See befindet sich **Brwice** (Blankenfelde) mit **Granitsteinkirche** und dem früheren **Gutspark**, in dem unter anderem Eiben und Zypressen stehen.

Südwestlich der Stad, hinter Mętno (Mantel), bietet sich von der Anhöhe ein herrlich weites Panorama über die Landschaft. So breitet sich der **Manteler See** aus, ebenso die beiden Ortsteile Wielki (Groß) mit großer **Kirche** und Małe (Klein) mit kleiner **Kirche**, die wertvolle Wandmalereien aus dem 15. Jahrhundert aufzuweisen hat.

Westlich von Chojna erstreckt sich die **Puszcza Piaskowa** (Peetziger Forst). Ein günstiger Zugang erfolgt über Stoki (Rehdorf). Dahinter folgen breite unbefestigte Waldwege, und man stößt auf den **Jezioro Ostrów** (Wustrowsee) mit ruhigen Badestellen. Von Stoki (Rehdorf) kommt man auch nach **Krzymów** (Hanseberg) mit klassizistischem **Gutshaus**, schön gestaltetem **Park** und einer alten **Kirche**. Eine schattenspendende Allee führt zum von 1820 bis 1830 von den Hanseberger Besitzern errichteten **Jagdschloss Kuropatniki**. Am reizvollen Bau ist man schon mitten im Wald. Die Anhöhen mit dem wechselvollen Baumbestand breiten sich bis an die Oder aus. Lohnenswert sind Exkursionen in Richtung Norden entlang des Grenzstromes: von **Raduń** (Raduhn) mit einem früher prachtvollen Schloss über **Zatoń Dolna** (Nieder Saathen) mit Barockkirche, **Krajnik Górny** (Hohenkränig) mit dem wunderbaren Park ›Tal der Liebe‹, vorbei am Grenzübergang von Krajnik Dolny (Niederkränig) und über **Ognica** (Nipperwiese) mit Bademöglichkeit in der Oder bis **Widuchowa** (Fiddichow) mit schöner Kirche und alten Tabakscheunen. Hier befindet man sich am Rande des Nationalparks Unteres Odertal. Von den Höhen des Ostufers aus blickt man hinüber auf die deutsche Seite der geschützten Landschaft.

Etwas mehr als 20 Kilometer sind es auf guter Straße von Widuchowa zurück, zuerst durch urwüchsigen Wald, dann durch **Lisie Pole** (Uchtdorf) und per Abstecher durch **Nawodna** (Nahausen). In beiden Dörfern befinden sich sehenswerte Gotteshäuser.

Nordöstlich von Chojna liegt **Rurka** (Rörchen). In einem Vorwerk westlich des Ortes steht eine vor 1248 errichtete romanische **Burgkapelle** des Templer-

In Zaton Dolna

ordens, die später als Brennerei genutzt und in jüngerer Zeit restauriert wurde. Östlich von Rurka und Strzelczyn (Jädersdorf) durchziehen kleinere Gewässer das hügelige Waldgebiet.
Schließlich darf der Hinweis auf das **Gustav-Adolf-Denkmal** an der Straße in Richtung Schwedt nicht fehlen. Die Anhäufung der Granitsteine in Form einer Pyramide soll daran erinnern, dass sich der schwedische König 1632 in der Neumark aufhielt.

Chojna und Umgebung

Postleitzahl: 74-500.
Vorwahl: 0048/(0)91.
Touristisches Informationszentrum, Pl. Konstytucji 3 (Nordseite des Rathauses), Tel. 661416595, Mo–Fr 8-15.30, Sa/So 11-15 Uhr.
Stadtverwaltung, ul. Jagiellońska 2-4, Tel. 4141135, www.chojna.pl.

Die Entfernung vom Grenzübergang Schwedt beträgt etwa 12 Kilometer, von Hohenwutzen etwa 30 Kilometer und von Küstrin-Kietz etwa 50 Kilometer.

Chojna liegt an der Bahnstrecke Kostrzyn–Szczecin. Etwa sieben Verbindungen täglich in beide Richtungen.

Die **Bushaltestelle** befindet sich am Bahnhof. Chojna ist ein Knotenpunkt der staatlichen Buslinie PKS. Von hier Verbindungen zu zahlreichen Orten, aber leider nicht über die Grenze nach Schwedt.
Von Schwedt Stadtbuslinie 492 bis zur Grenze ggü. Krajnik Dolny (etwa zweistündlich).

Ein **Taxistand** befindet sich am Bahnhof.

Hotel und Restaurant Piastowska (€€), ul. Jagiellońska 13, Tel. 4022484, www.piastowska.pl. Restaurant mit guter polnischer Küche, Sommerterrasse.
Hotel und Restaurant Premier Crue (€€), ul. Kościuszki 9, Tel. 4022424.

Pension Fiesta (€), ul. Wilsona 13, Tel. 4141431.
Hotel Rolsped (€–€€), ul. Kopernika 11, Tel. 4141189. Sehr einfach.
Jugendherberge (€), ul. Dworcowa 3a, Tel 4142260, www.zsp2chojna.pl.
Fremdenzimmer im Klostergebäude.

Möglichkeiten zum Zelten bestehen an zahlreichen Seen der Umgebung, darunter bei Jelenin, bei Stoki am Jez. Ostrów und bei Narost.

Restaurant Piwnica Kupiecka, Tel. 531121220, tgl. 11–22 Uhr. Im wunderschönen gotischen Gewölbe des Rathauskellers. Sehr gute polnische Küche, z.B. leckerer Entenbraten. Sommerterrasse.
Café-Restaurant Capri, ul. Jagiełły 18 (nahe Rathaus), Tel. 4140808.
Außerdem zahlreiche Möglichkeiten zum Imbiss.
In Krajnik Dolny (Nieder Kränig) gibt es einen Grenzbasar, ein Restaurant und Imbissstände, an der Straße zwischen Chojna und dem Grenzübergang Schwedt mehrere gastronomische Einrichtungen.

Regelmäßige Ausstellungen im **Kulturzentrum Altes Rathaus**.
Aussichtsplattform Marienkirche, in den Sommermonaten Mo–Fr 10-15.30 Uhr, ansonsten mit Anmeldung in der Touristeninformation, Tel. 661416595.

Jährlich Ende August finden die **Tage der europäischen Integration, Freundschaft, Toleranz und der Ökumene** statt.

Chojna

Angelmöglichkeiten bestehen an zahlreichen Seen der Umgebung.

Fitness einschließlich Gästezimmer und Vollpension im **Fit Luk Club**, ul. Owocowa 52, Tel. 606818284, www.lukchojna.pl.

Das Flüsschen Rurka (Röricke) kann streckenweise mit Sportbooten befahren werden.

Die Umgebung von Chojna ist für Wanderungen gut geeignet. 2006 hat die Stadtverwaltung einen Wanderführer für eine Rundstrecke von 113 Kilometern herausgegeben.

Das **Tal der Liebe** am Ufer der Oder bietet sich für einen Ausflug an. Kontakt: Federacja Zielonych GAJA, ul. 5-go Lipca 45, 70-374 Szczecin, Tel. 4894233, www.gajanet.pl und www.dolinamilosci.pl. Ganz in der Nähe kann man auch einkehren (→ S. 72).

Mehrere **Tankstellen** vorhanden.

Trzcińsko Zdrój (Bad Schönfließ)

Ein Moorbad vermutet man in dieser Region überhaupt nicht. Allerdings ruht der Badebetrieb seit 1945. Pläne zur Wiederaufnahme gab es, wurden inzwischen aber wieder aufgegeben. Die Kleinstadt verfügt dennoch über zahlreiche Sehenswürdigkeiten wie vor allem die fast vollständig erhaltene Stadtmauer, außerdem zwei Stadttore, die Kirche aus dem 13. und das Rathaus aus dem 16. Jahrhundert sowie das Badehaus, das heute als Alters- und Pflegeheim genutzt wird. Auch lockt die Umgebung zu Ausflügen.

Geschichte

Die Lage an Seen, Sümpfen und Fließen brachte es mit sich, dass die Gegend um Trzcińsko Zdrój bereits in vorgeschichtlichen Zeiten besiedelt war. Der heute eingeebnete Burgwall am Stadtsee ist wahrscheinlich slawischen Ursprungs gewesen.

Eine deutsche Dorfsiedlung, Sconenvlete, wird in der damals zu Pommern gehörenden Region 1248 urkundlich erwähnt. Bald darauf gründete man eine Stadt, für das Jahr 1281 ist sie erstmals bezeugt. Etwa um 1260 wurde sie brandenburgisch. Ihre planmäßige bauliche Anlage innerhalb des von Mauern umgebenen Halbkreises ist noch heute gut zu erkennen. Obwohl es um den Landstrich oft kriegerische Auseinandersetzungen gab, war Schönfließ davon kaum betroffen. Wahrscheinlich war der Ort strategisch zu unbedeutend. Die Stadt war im Mittelalter dem Landesherrn direkt unterstellt.

Wichtigster Erwerbszweig war von jeher die Landwirtschaft. Auch vom Getreidehandel und Fischfang lebte man. Tradition besitzt das Brauereiwesen, und im 19. Jahrhundert war der Tabakanbau ertragreich. Seit 1899 bestand eine – inzwischen wieder eingestellte – Nebenbahn-Verbindung. Industrie siedelte sich nicht an, so dass die Bevölkerungszahl nie über 3000 stieg. Das änderte sich auch nach 1945 kaum. Auf diese Weise ist der Charakter einer alten Kleinstadt mit idyllischem Umfeld erhalten geblieben.

Seit 1898 ist Schönfließ Moorbad. Drei Jahre vorher wurde die heilende Moorerde entdeckt, später macht man Mineralbrunnen und Heilquellen ausfindig. Bald avancierte Bad Schönfließ, durch die Bahnanbindung nach Berlin begünstigt, zu einem beliebten Kurort, in dem unter anderem Rheuma, Neurosen und Frauenkrankheiten behandelt wurden. Das Kurhaus blieb bis heute erhalten, wird aber seit dem Zweiten Weltkrieg nicht mehr als solches genutzt. Der Badebetrieb sollte im Nachbarort Stołeczna (Stolzenfelde) wiederaufgenommen werden, wo sich das große Herrenhaus für die Bewirtschaftung anbot.

Sehenswürdigkeiten

Seitlich vom prächtigen **Rathaus** aus dem 16. Jahrhundert mit hübschen spätgotischen Giebelverzierungen und Türmchen sind ausreichend Parkplätze vorhanden. So bietet es sich an, hier zu einem Stadtrundgang zu starten. Dann beginnt man am besten mit einem Blick in den historischen Bau, wo die Gewölbe im Flur sowie das schmucke Bürgermeisterzimmer Aufmerksamkeit verdienen.

Der Rundgang führt zur ul. Sojuszników (Wilhelmstraße), die auf das **Soldiner Tor** (auch Steintor, Brama Myśliborska) zuführt. Es ist gut erhalten und verfügt sogar noch über einen jahrhundertealten

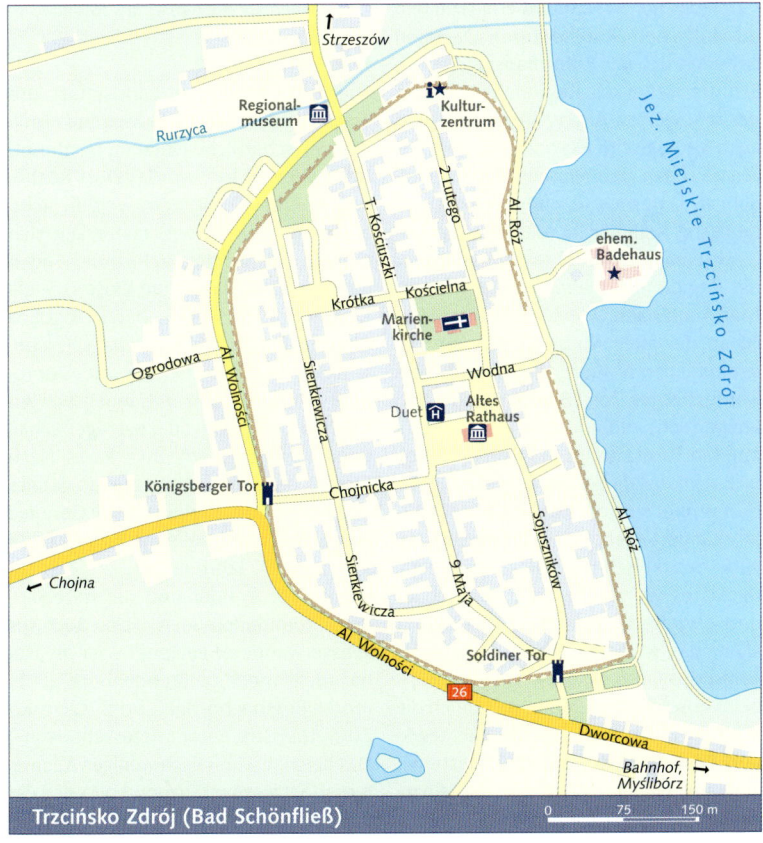

Trzcińsko Zdrój (Bad Schönfließ)

Torflügel. Daneben gibt es eine zweite Durchfahrt sowie eine Fußgängergasse durch die Befestigungsmauer.

Anschließend wandert man nach links immer am hohen Gemäuer entlang, vorbei am Seeufer und besichtigenswerten Badehäusern auf einer Halbinsel, bis sich das Gelände zu einem **Park** weitet. Die Polen gaben dieser schönen Promenade die Bezeichnung Aleja Róż, Rosenallee. Unterwegs begegnet man zahlreichen aufgestellten Findlingen mit Beschriftungen zu den Herkunftsregionen.

Den Park durchfließt die Rurzyca (Röhrike). Wieder näher an der Stadtmauer stoßen wir auf die **Freilichtbühne** mit ihrem historischen Flair und erblicken den romantischen **Storchenturm**. Daneben befinden sich das **Kulturhaus** und einige Schritte weiter das **Regionalmuseum** in der renovierten Alten Mühle. Hier sind auch geologische Exponate aus der Eiszeit zu sehen. Das Museum dient außerdem als Unterrichtsort für polnische und deutsche Jugendliche, die sich über die wechselvolle Geschichte und die Kultur der Region informieren möchten.

Man kann nach Überschreiten der Straße an der alten Mühlenstelle den mittelalterlichen Mauerring weiter bis zum **Königsberger Tor (**Brama Chojenska) umwandern. Neben dem von Efeu umrankten Turm kommt man auf der Chojnicka wieder direkt auf den Markt zu. Hier erhebt sich die **Kirche** aus dem 13. Jahrhundert. Neben dem massigen Turm wirkt das dreischiffige Gebäude wie geduckt; es wurde mehrmals umgebaut und erweitert. Beeindruckend ist vor allem das schöne Sterngewölbe im Inneren des Gotteshauses.

Beim abschließenden Bummel durch die Straßen fallen manche alte Fachwerk- und Backsteinhäuser auf. Es bestehen aber nur wenige Möglichkeiten, einzukehren oder einzukaufen.

Ungewöhnliche Spätgotik: das Rathaus

Die Umgebung

Die zumeist ebene Landschaft um Trzcińsko Zdrój wird vorwiegend durch landwirtschaftliche Nutzung bestimmt. Nach Westen hin, wo das Dorf **Rosnowo** (Rohrbeck) mit dem weithin sichtbaren Kirchturm liegt, erstrecken sich größere Obstplantagen. Richtung Süden lohnen sich Ausflüge zum Klostersee bei **Klasztorna** (Steineck), nach Gogolice (Schmarfendorf), Stołeczna (Stolzenfelde), Piaseczno (Pätzig) und Dobropole (Dobberpfuhl) mit sehenswerten **Kirchen** und mehr oder weniger erhaltenen Herrenhäusern sowie Parks. Nach Osten, nahe der etwas tristen Straße nach Myślibórz (Soldin), liegt **Goralice** (Görlsdorf), ebenfalls mit einer **Kirche** aus dem 13. Jahrhundert.

Dank ihrer Wälder und der miteinander verbundenen Seen – also auch für Wasserwanderer geeignet – ist die früher nicht mehr zu Brandenburg gehörende Region nördlich von Trzcińsko Zdrój touristisch am interessantesten. Das beginnt schon nach wenigen Kilometern in **Strzeszów** (Stresow), wo sich ein See und eine Feldsteinkirche befinden.

Die Straße führt weiter über **Grzybno** (Thänsdorf), ebenfalls mit Kirche aus dem 13. Jahrhundert, nach **Swobnica** (Wildenbruch). Am Ortseingang von Swobnica geht es rechts zu den alten **Gutsgebäuden**. Im frühen 14. Jahrhundert wurde hier durch den Johanniterorden eine gotische Burg errichtet. Zuvor hatte das Gebiet um Wildenbruch dem Templerorden gehört. Später baute man die Burganlage im barocken Stil um. Ein mächtiger Rundturm aus der ersten Bauphase blieb gut erhalten, aber die Schlossräume sind stark verfallen. Seit 2011 gehört das Schloss wieder der Gemeinde, und seitdem bemüht sie sich mit finanzieller Unterstützung des polnischen Kulturministeriums und in Zusammenarbeit mit der Gesellschaft Schloss Wildenbruch um die schrittweise Sicherung und Renovierung der Anlage. Erste Arbeiten konnten schon abgeschlossen werden, es bleibt aber noch einiges zu tun. Im Ort selbst fällt die schmucke **Kirche** auf. Weiter nordöstlich führt der Weg zum großen, sauberen **Jezioro Długie** (Langer See). An seinem Ufer bestehen Bade- und Campingmöglichkeiten. Man kann sich hier auch in einem Sommerhäuschen einmieten.

Zurück nach Trzcińsko Zdrój geht es auf Wanderwegen östlich einer Talrinne und durch romantische Wälder. Unterwegs entdeckt man mehrere kleinere Seen.

Trzcińsko Zdrój und Umgebung

Postleitzahl: 74-510.
Vorwahl: 0048/(0)91.
Stadtverwaltung, ul. Rynek 15 (Altes Rathaus), Tel. 4148188, www.trzcinsko-zdroj.pl.
Touristeninformationen im Kulturhaus (Bibliothek), ul. Młyńska 4, Tel. 4148143.

Die Entfernung vom Grenzübergang Schwedt beträgt 25, von Hohenwutzen 40 und von Küstrin-Kietz 50 Kilometer.

Die **Bushaltestelle** befindet sich neben dem Rathaus. Etwa zwölf Verbindungen täglich nach Chojna, etwas weniger nach Dębno und Myślibórz.

Die nächste Bahnstation ist in Chojna (Königsberg), etwa zehn Kilometer entfernt.

Hotel-Restaurant Duet (€–€€), ul. Kościuczki 2, Tel. 602314586, www.duet-pub.pl. Am Rathausplatz, mit Terrasse, einfache Zimmer.

In Swobnica besteht ein **Campingplatz** am Jez. Długie. Auch bei Strzeszów kann gezeltet werden.
Campinghäuser im Erholungszentrum Strzeszów, Tel. 4148107 und 606216840.

Regionalmuseum (Izba Pamięci w Trzcińska-Zdroju), ul. Kościuszki, Tel. 505576725. Ein Schwerpunkt ist die Geologie.

Im See am Stadtrand sowie in den Gewässern der Umgebung bestehen viele Möglichkeiten zum Angeln.

Strände gibt es in Strzesów und bei Swobnica, kleine **Badestellen** am Stadtsee und an weiteren Gewässern.

Ein **Wanderweg** nach Swobnica (Wildenbruch) über Strzeszów (Stresow) ist ausgeschildert (ca. 22 km)

Tankstelle in der ul. Dworcowa.

Myślibórz (Soldin)

Myślibórz ist der Mittelpunkt einer vor allem landwirtschaftlich bedeutsamen Region, nur ein wenig Industrie hat sich angesiedelt. Eine mannigfaltige Landschaft mit dem großen See am Stadtrand und den vielen kleineren Gewässern in der Umgebung lockt vor allem Wassersportler und Angler an, Segeln verfügt hier über eine lange Tradition. Historisches Flair besitzen in der einstigen neumärkischen Hauptstadt Bauwerke wie die früher als Dom bezeichnete Hauptkirche, das Rathaus, das Dominikanerkloster und die Stadttore.

Geschichte

Am Rande einer Endmoräne gab es bereits in der Stein-, Bronze- und Eisenzeit Besiedlungen. Danach lebten hier mehrere hundert Jahre lang die Burgunden. Nach ihrem Wegzug kamen Slawen in das Gebiet. Sie sollen am See eine hölzerne Burg errichtet haben, die aber bereits im 13. Jahrhundert verfiel.

Im Jahr 1234 erwarb der Templerorden den See mit Umland und gründete einen Wirtschaftshof, 1261 wurde dieser Besitz an die brandenburgischen Markgrafen abgetreten. Diese hoben um 1270 die Stadt aus der Taufe. Soldin wurde mehrmals von den Polen verwüstet. Mit der Ansiedlung eines Dominikanerklosters im Jahr 1275 und eines Prämonstratenser- Kollegiatstiftes im Jahr 1298 sowie der Verlegung des Propsteisitzes von Zantoch (heute Santok) nach Soldin wurde der Ort kirchliches Zentrum. Als Tagungsort der Landstände und Sitz des Landreiters war er verwaltungsmäßiger Hauptort der mittelalterlichen Neumark.

Im Jahr 1352 wurde die Hauptstraße von Landsberg (Gorzów) nach Pyritz (Pyrzyce) durch Soldin verlegt. Das bedeutete einen wirtschaftlichen Aufschwung: Man hielt Jahrmärkte ab, ein Speicher wurde errichtet. Erst als 1535 Markgraf Johann Küstrin zu seiner Hauptstadt machte, ging die Bedeutung von Soldin zurück. Aber noch 1540 waren Soldiner Maß und Gewicht für die gesamte Neumark verbindlich. Nach den Zerstörungen des Dreißigjährigen Krieges musste die Stadt wieder aufgebaut werden, der Siebenjährige Krieg richtete erneut große Schäden an.

Ab 1816 war Soldin brandenburgische Kreisstadt. Die wichtigsten Erwerbsquellen der Einwohner waren damals Ackerbau, Viehzucht, Brauerei und Tuchweberei, es gab Vieh- und Wollmärkte. 1881 war die Eisenbahnverbindung nach Küstrin (Kostrzyn) und Stargard (Stargard Szcz.) fertiggestellt, später kamen die Strecken nach Landsberg (Gorzów) und Arnswalde (Choszczno) hinzu.

Nach 1945 entwickelten sich vorrangig die Nahrungsmittelverarbeitung und die Konfektionsindustrie. Bei der Verwaltungsreform von 1975 kam Myślibórz von der Wojewodschaft Szczecin nach Gorzów, seit 1999 gehört es wieder zur Wojewodschaft Zachodniopomorski (Westpommern) und ist Kreisstadt. Bis zum Ende der deutschen Zeit hatte die Stadt über 6000 Einwohner, jetzt sind es mit den umliegenden Gemeinden knapp 21000. In jüngster Zeit gibt es viele Bemühungen, die Stadt und ihre Umgebung für Gäste attraktiver zu gestalten. Es gibt neben gut ausgestatteten Hotels auch einfache Unterkünfte.

Sehenswürdigkeiten

Der zentrale Haltepunkt für den Busverkehr befindet sich im südlichen Stadtteil nahe des einstigen Bahnübergangs. Daneben liegen die Gebäude der traditionsreichen Molkerei.

Sehenswürdigkeiten 83

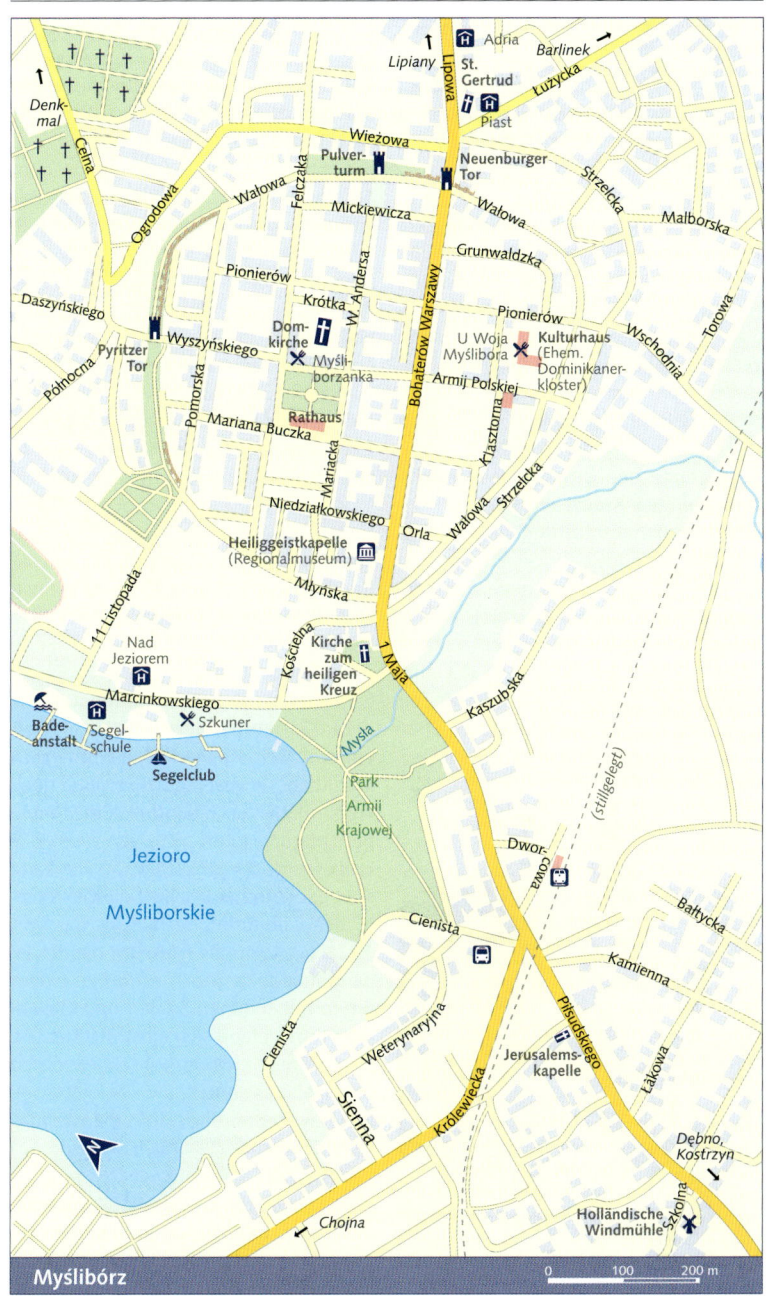

Myślibórz

Ganz in der Nähe lohnt die **Jerusalemskapelle** einen Blick. Das kleine Gebäude wurde 1514 geweiht und zur deutschen Zeit im Volksmund als ›Klus‹, also eine Klause, bezeichnet. Jetzt dient es der Bevölkerung wieder zur Verehrung von Jesus und Maria.

Wendet man sich von hier Richtung Zentrum, erblickt man rechts das alte Bahnhofsgebäude und ein Stückchen weiter ein attraktives Bauwerk mit schönen farbigen Glasfenstern und überquert dann die Brücke über die Myśla (Mietzel). Von hier bis zu ihrem Ausfluss aus dem See breitet sich ein **Park** mit vielen Bänken aus. Das Flussbett ist eingefasst.

Geradeaus erhebt sich die kleine **Kirche Zum heiligen Kreuz**, ein Blick auf die schöne Innenausstattung dieser Wallfahrtskirche lohnt sich. Gleich daneben wurden im Fachwerkstil neue Gebäude für ein Nonnenkloster errichtet.

Als nächste Sehenswürdigkeit schließt sich das **Regionalmuseum** in der ehemaligen Heiliggeist-Kapelle aus der Zeit um 1400 an. Sie diente lange als Speicher. Schwerpunkte der Ausstellung bilden das Siedlungswesen in slawischer Vorzeit und die Stadtgeschichte, daneben gibt es wechselnde Ausstellungen.

Das **Rathaus**, ein langgestreckter Bau mit reizvoller Fassade, stammt aus dem 18. Jahrhundert. Der **Platz** davor mit Springbrunnen, Gedenksteinen für die Inbesitznahme der Stadt durch die polnische Armee und für Papst Johannes Paul II., mit Blumenrabatten und Sitzplätzen lädt zu einer Rast ein.

Gegenüber dem Rathaus führt eine Gasse zum **Dom**. Er wurde als solcher bezeichnet, obwohl hier kein Bischof residierte. Es wirkten hier nur Domherren. Sein Ursprung war ein Granitquaderbau, der schon um 1300 zu einer dreischiffigen Hallenkirche mit mächtigem Turm verändert wurde. Als Dom trug der Bau die Bezeichnung St. Peter und Paul. Künstlerisch wertvoller Mittelpunkt des Gotteshauses ist der Barockaltar vom Ende des 17. Jahrhunderts.

Das einstige **Dominikanerkloster** aus dem 13. Jahrhundert liegt nicht weit entfernt. Sein Kirchenflügel wurde zum Kulturhaus umgestaltet, ein zweiter noch vorhandener zur Bibliothek. Eine Innenbesichtigung lohnt sich, vor allem das Erdgeschoss der Bibliothek. Im Flur kann man in deutscher Inschrift die Geschichte des Gebäudes nachlesen, das von 1928 bis 1945 als Museum diente. Eine schmiedeeiserne Tür führt zu einem Raum mit schönen Säulen und Gewölben; dort befand sich einst die Klausur. Dem früheren Klosterhof schließen sich Schulgebäude an.

Etwas weiter nördlich stößt man auf das **Neuenburger Tor** (Brama Nowogrodzka) und noch einige Schritte weiter, stadtauswärts, die **Gertrudenkapelle** (Kaplica św. Gertrudy). Der Ziegelbau aus dem 15. Jahrhundert beherbergt heute ein Künsleratelier. Wenn geöffnet ist, kann man

▲ *Weithin sichtbar: der Dom*

die Plastiken und Bilder betrachten und den Meistern bei ihrer Arbeit zuschauen. Direkt daneben befindet sich das Hotel ›Piast‹, es schließen sich Neubau- und Gewerbegebiete an.

Vom Neuenburger Tor nach Westen geht man weiter an der **Stadtmauer** entlang. Obwohl nur noch Fragmente der einst 49 Türme und Weichhäuser vorhanden sind, kann man sich vorbei am Pulverturm (Turm Prochowa) und bis zum Pyrzitzer Tor (Brama Pyrzycka) einen guten Eindruck von den Befestigungen verschaffen.

Abschließend kann man noch einmal einen Abstecher außerhalb des Zentrums unternehmen. Auf der ul. Celna (Zollener Straße) kommt man im Bogen nach rechts zum **Friedhof**. Hinter der Trauerhalle erhebt sich ein großes Granitkreuz mit der Aufschrift ›Ich bin ein Mensch‹, daneben befindet sich seit 1993 ein Gedenkstein für die hier bis 1945 bestatteten Deutschen.

Ein Stück jenseits des Ortsausganges steht rechts der Straße ein würdiges **Denkmal** zur Erinnerung an 120 deutsche Zivilisten, die hier im Februar 1945 von Soldaten der Roten Armee als Geiseln für einen erschossenen Offizier hingerichtet wurden.

Vom Pyrzitzer Tor, an dem sich der **Basar** befindet, verläuft der Weg neben der Stadtmauer weiter. Wo sie unterbrochen ist, führt die Straße nach rechts hinter dem Sportplatz zum **See**. Empfehlenswert ist ein Promenadenbummel neben der Badeanstalt und dem Zeltplatz. Unterwegs fällt ein originelles Haus in Pilzform auf.

Wendet man sich in die andere Richtung, kommt man, vorbei am Segelsportzentrum mit seinen vielen bunten Booten, zum **Park** an der Myśla (Mietzel). An Brücke, Fluss und Seeufer lassen sich beschauliche Plätze für eine Rast finden.

Weit zieht sich der Stadtstrand

Von hier ist es nicht mehr weit bis zum Busbahnhof.

Wandert man von hier auf der Straße in Richtung Chojna, beginnt bald eine schattige Allee, von der es nach rechts neben Schrebergärten zu einer Badewiese geht.

■ **Jezioro Myśliborskie**

Der Jezioro Myśliborskie (Soldiner See) erstreckt sich vom Stadtrand fast sieben Kilometer in nördlicher Richtung, er ist bis zu 1600 Meter breit und über 22 Meter tief. Seine buchtenreichen Ufer weisen die unterschiedlichsten Formen auf. Einen Spaziergang kann man von der Badeanstalt am Promenadenweg beginnen. Vom Wasser wendet man sich dem **Ehrenfriedhof** für die 1945 gefallenen polnischen und russischen Soldaten zu. Die Anhöhe mit dem Denkmal wird überquert. Auf der anderen Seite führt eine befestigte Straße in die Stadt zurück. Links von ihr sehen wir eine Bucht des Sees und rechts ein kleineres Gewässer mit dem deutschen Namen Springsee.

Die Sage vom Klickstein

Einmal brüstete sich der Teufel gegen den lieben Gott, er könne in einer Stunde, in der Nacht von zwölf bis eins, einen Turm bauen, dessen Spitze höher wäre als alle Kirchtürme weit und breit. Der liebe Gott lachte über des Teufels Hochmut, aber der Teufel ließ sich nicht irre machen. Er ging noch an demselben Tage an die Arbeit. Von weit her, aus Schweden und Norwegen, musste er die Steine herbeischaffen und übereinander wälzen.

Aber es ging dem Teufel auch hier wie bei allen seinen Kirchenbauten: er hat es nämlich nie fertig gebracht, einen Bau zu vollenden. Aus Wut darüber hat er dann stets den Bau wieder zertrümmert und die Steine weit umher geworfen.

Der Teufel hatte in Rostin den Fehler gemacht, dass er bei seinem Bau einige größere Steine, die er erst hätte später verwenden sollen, schon unten benutzt hatte, und so musste er nun auch, da Mangel eintrat, die kleineren Steine aus der Ferne herbeischleppen. Darüber versäumte er viele kostbare Minuten.

Als er daher mit den letzten Steinen über Soldin schwebte, schlug es auf dem Turm der Domkirche ein Uhr. Voller Wut ließ er die Steine herabfallen, flog auf die Spitze seines Turmes, riss wieder einen Stein nach dem andern ab und schleuderte sie alle weit in der Gegend umher. Von Rostin über Staffelde, Schöneberg, Brügge und Neuenburg bis hin nach Karzig liegen nun die Trümmer des Turmes zerstreut. Als er die beiden letzten Steine fassen wollte, da waren seine Kräfte so erschöpft, dass er sie nicht mehr von der Stelle bewegen konnte. Auch als er mit seinem Pferdefuß dagegen stieß, so dass ein tiefer Eindruck hinterblieb, den man noch jetzt sehen kann, bewegten sich die beiden letzten Steine nicht von der Stelle, und so liegen sie noch da bis auf den heutigen Tag.

Aus: Paul Biens, Heimatklänge. Sagen und Bilder aus der Geschichte der Neumark, 1909 (gekürzt).

Der berühmte Klickstein

Die Umgebung

Neben dem See gibt es viele andere Ausflugsziele in der näheren Umgebung, darunter im Nordosten **Renice** (Rehnitz) mit Schloss, Park, Kirche und See oder im hügeligen Osten die Orte **Ławy** (Brügge), **Nowogródek Pomorski** (Neuenburg) und **Trzcinna** (Schöneberg), allesamt mit Kirche. Die hügelige Moränenlandschaft, in der diese Orte liegen, bietet immer wieder hübsche Weitsichten über die Felder. Im Südosten erreicht man eine wald- und wasserreiche Region, die von dem Jezioro Białe (Weißer See) bei Staw (Staffelde) bis zum Jezioro Marwickie (Stegsee) bei Sciechów (Fahlenwerder) reicht. Unweit von Sciechów befindet sich ein **Sumpf-Naturschutzgebiet**.

Im Südwesten liegen die Dörfer **Różańsko** (Rosenthal) mit seiner großen Feldsteinkirche, **Chłopowo** (Herrendorf)

Die Fachwerkkirche in Chłopowo

mit einem alten Brennereigebäude und einer Fachwerkkirche und **Czarników** (Zernickow) mit dem am See gelegenen Herrenhaus einschließlich Gutshof und alter Kirche sowie einem Reservat zum Schutz alter Baumbestände. Bei den zwei anschließend beschriebenen Rundfahrten mit dem Fahrrad lernt man die schönsten Orte der Umgebung kennen.

Mit dem Fahrrad rund um den See von Myślibórz

Die Strecke, die man bei einer Umrundung des Sees von Myślibórz (Soldiner See) zurücklegt, ist rund 30 Kilometer lang und führt an vielen Naturschönheiten vorbei. Man verlässt Myślibórz am Friedhof und fährt über Dąbrowa (Eichwerder) und Czółnów (Zollen). Dahinter ist links der See zu sehen und auf Feldwegen zu erreichen. An der Allee folgt das **Von-Saldern-Denkmal**, das den gleichnamigen Landrat (1886–1968) für seine Verdienste beim Anlegen von Straßen ehrt.

An der nächsten Straßengabelung biegt man links ab. Durch urwüchsiges Waldgebiet wird Kierzków (Kerkow) und später **Rów** (Rufen) erreicht, ein Dorf mit einer hübschen Kirche. Dahinter geht es links ab und dann schnurgerade auf **Golenice** (Schildberg) zu. Der große **Gutshof** mit dem gut erhaltenen Schloss, der leider verwilderte Park und die uralte **Kirche** mit dem auffallenden Turm sind durchaus Besichtigungen wert. Während man den Ort in Richtung Myślibórz verlässt, sieht man rechts am See einen kleinen Wald. Dieser bedeckt das Gelände eines slawischen Burgwalles.

Man erreicht nun eine weite, fruchtbare Ebene. Links kann man einen Abstecher nach Kruszwin (Simonsdorf) oder an weitere Uferstellen des umrundeten Sees unternehmen, muss aber immer wieder auf die Straße zurück. Hinter der Siedlung am Stadteingang von Myślibórz befindet sich eine **Badestelle**. Hier kann man sich zum Abschluss der Rundfahrt erfrischen.

Mit dem Fahrrad zum Klickstein und nach Pszczelnik (Kuhdamm)

Myślibórz wird auf einer schattigen Allee in Richtung Kostrzyn (Küstrin) verlassen. Hinter Wierzbnica (Werblitz) biegt man nach rechts ab. Am Ortseingang von **Nawrocko** (Liebenfelde), wo der **Gutspark** einen genaueren Blick wert ist, geht es links nach **Rościn** (Rostin). Neben der Straße liegt kurz vor dem Dorf ein Badesee. Beim Durchfahren des Dorfes fällt eine **Feldsteinkirche** auf, die zu den ältesten der Region gehört und deren Erhalt gesichert wird. Das große **Herrenhaus** dahinter befindet sich leider in einem schlechten Zustand, hat jetzt aber einen privaten Besitzer.

An der Gabelung des Ortsausganges biegt man schließlich links ein, um gleich danach auf Feldwegen nach rechts über hügeliges Terrain einen kleinen Wald zu erreichen. In ihm befinden sich in der Form eines mächtigen Granitblockes das sagenumwobene **Naturdenkmal Klickstein** und zahlreiche kleinere Findlinge. Einige davon bedecken Hünengräber. Die große Wiese hinter dem Klickstein-Wald ist ein Treffpunkt der Störche, an manchen Tagen kann man bis zu 30 Exemplare dieser großen Vögel beobachten.

Beim Rückweg wird in Rościn (Rostin) an der Kreuzung nach rechts abgebogen und am Bahnhof der Schienenweg überquert. Vorbei an den Einzelgehöften von Pszczelnik (Kuhdamm) ist die Chaussee erreicht. Auf ihr geht es nur eine kurze Strecke nach links. Dann weisen rechts Schilder den Waldweg zum Denkmal an der Flugzeugabsturzstelle von 1933, wo zwei litauische Atlantiküberquerer ihr Leben ließen. Ihnen zu Ehren gibt es die Erinnerungsstätte und ein Museum. Man kann weiter durch den Wald über Dalsze (Woltersdorf) oder zurück vorbei an Gryżyno (Griesenfelde) wieder den Ausgangspunkt Myślibórz erreichen.

Myślibórz

 Myślibórz und Umgebung

Postleitzahl: 74-300.
Vorwahl: 0048/(0)95.
Stadtverwaltung, Rynek im. Jana Pawła II 1, Tel. 7472161, www.mysliborz.pl. Der Info-Punkt am Markt wurde geschlossen, eine Wiedereröffnung ist ungewiss.
Verein Z Biegiem Myśli (Am Lauf der Mietzel), Tel. 7472448, www.zbiegiemmysli.pl.

Die Entfernung von den Grenzübergängen Küstrin-Kietz und Schwedt beträgt jeweils etwa 45 Kilometer.

Eine **Bushaltestelle** befindet sich an der Stadtausfahrt nach Kostrzyn. Myślibórz liegt an der Strecke Szczecin–Gorzów, Verbindungen täglich in beide Richtungen und nach Chojna (Königsberg), auch nach Słubice und Kostrzyn. Dort Bahnanschluss nach Berlin.

Taxis stehen am Bahnhof und am Marktplatz, Tel. 7472600 (Bahnhofstaxis).

Hotel und Restaurant Adria (€€), ul. Lipowa 8, Tel. 74720271, www.adria-hotel.pl. Alte Villa, nette Zimmer.
Restauracja-Pensjonat Nad Jeziorem (€€), ul. Marcinkowskiego 12, Tel. 7472511, www.pensjonatmysliborz.pl. Neubau, Qualität.
Hotel und Restaurant Piast (€€), ul. Łużycka 1, Tel. 7472104, www.hotelpiast.renado.pl.
Seglerheim Szkuner (€–€€), ul. Marcinkowskiego 5, Tel./Fax 7472612, www.szkuner.prv.pl. Café und Seeterrasse, Bistro Tawerna.
Weitere einfache Unterkünfte in Herbergen und Internaten sowie in der Umgebung:

Campingplatz an der Seepromenade.
Campingplatz am Jez. Marwickie bei Siechów.
Zeltplatz in Pszczelnik.
Weitere Möglichkeiten zum Zelten an Gewässern in der Umgebung der Stadt.

Restaurant Myśliborzanka, ul. Rynek 12 (Markt), Tel. 7472191. Besonders für Gruppen geeignet.
Weinstube U Woja Myślibora, ul. Klasztorna 3, im Kulturhaus (Klostergebäude).
Weitere Restaurants in den Hotels sowie zahlreiche Imbissmöglichkeiten in der Stadt.

Regionalmuseum, ul. Bohaterów Warszawy 74, Tel. 7472448. Ständige und Sonderausstellungen.
Kulturhaus, ul. Klasztorna 3, Tel. 7472364.
Atelier in der Kapelle St. Gertrud.
Denkmal und **Museum** zur Erinnerung an den Absturz litauischer Atlantiküberflieger im Juli 1933 bei Pszczelnik.

Tanz- und Konzert-Festivals, Schachwettbewerb, Segelregatten, Internationale Ausstellung der Freilichtmalerei, internationaler Taucherwettbewerb, Festival der Seelieder, Treffen von jungen Autoren und Komponisten. Die Termine variieren von Jahr zu Jahr.

Möglichkeiten für Angler bestehen an zahlreichen Gewässern.

Badeanstalt an der Seepromenade mit breitem Sandstrand und Stegen. Mehrere Badestellen an den Seen der Umgebung; das Flüsschen Myśla kann mit Sportbooten befahren werden.

Bootsverleih, auch zum Segeln, bei **Szkuner**, Tel. 7472612.
Wasserski-Möglichkeit an der Badeanstalt.

Seit kurzem besteht eine deutsch-polnische Beschilderung. Dazu gibt es die Broschüre ›Stadtbesichtigungstour‹ in deutscher Sprache.
Die Umgebung eignet sich gut für Fuß- und Radwanderungen, darunter eine Tour entlang der Myśla. Außerdem sind mehrere Routenverläufe für Radler ausgeschildert, und zwar die Gelbe Route nach Norden und Süden, die Grüne Route zur Absturzstelle der litauischen Atlantik-Überflieger sowie die Blaue Route ›Soldiner Seenplatte‹ zu den Gewässern in Richtung Lipiany.

Tankstellen befinden sich am Bahnübergang Richtung Kostrzyn und an der Straße in Richtung Czółnów.

Lipiany (Lippehne)

Das Zentrum der alten Lindenstadt liegt idyllisch zwischen zwei Seen. Das gastronomische Angebot zeigt sich eher bescheiden, dafür kann man hier romantische mittelalterliche Atmosphäre und eine von Gewässern, Wäldern, Feldern, Ebenen und Anhöhen geprägte ruhige Landschaft genießen. Besonders Wassersportler, Angler und Wanderer finden beste Möglichkeiten vor.

Geschichte

Besiedlungen im Raum von Lipiany sind bereits aus der Steinzeit, der Bronzezeit und der frühen Eisenzeit durch Funde nachgewiesen. Von etwa 400 bis 600 lebten hier die germanischen Burgunden, denen im Zuge der Völkerwanderung Slawen folgten. 1124 taufte Bischof Otto von Bamberg während einer Missionsreise Einwohner dieser Region.
Das ›Land Lipana‹ befand sich vom 12. bis zum 13. Jahrhundert als befestigter pommerscher Ort im Besitz des Bistums Kammin, kurze Zeit gehörte es auch zum Kloster Chorin. Der brandenburgische Markgraf erwarb es 1276 für 3000 Mark Silber. Nach dem Tod des letzten askanischen Markgrafen im Jahr 1319 erhob der Bischof wieder Anspruch auf Lippehne, aber per Gerichtsurteil blieb das Gebiet bei Brandenburg. Obwohl zwischendurch nur einige Jahrzehnte die Kreuzritter herrschten, gab es jahrhundertelang Grenzstreitigkeiten. Noch im Jahr 1467 verwüsteten die Pommern den Ort, nachdem ihn um 1430 schon die Hussiten zerstört hatten. Wahrscheinlich wurde deshalb die für 1290 bezeugte Niederlassung der Augustiner-Eremiten wieder aufgehoben. Im 17. Jahrhundert brannte die Stadt dreimal völlig ab. Hinzu kamen Besetzungen im Dreißigjährigen Krieg und die Pest, so dass Lippehne um 1650 nur noch etwa 100 Einwohner zählte.
Ab dem 15. Jahrhundert war das sogenannte ›Lippehner Trinkrecht‹ berühmt. Zeitweise gab es bis zu 87 Braustellen in und um Lippehne, von der damals traditionellen Erprobung des Bieres durch die Ratsherren erzählt die Wadepuhl-Legende.
Weithin bekannt wurde auch, dass der spätere Reichskanzler Bismarck 1842 als junger Leutnant hier seinen Burschen vor dem Ertrinken rettete. Dafür erhielt er eine Medaille. Von 1883 bis 1945 stand an dieser Stelle ein Denkmal zur Erinnerung an dieses Ereignis.

In der zweiten Hälfte des 19. Jahrhunderts siedelten sich in dem Ackerbürgerstädtchen kleine Betriebe an, und 1881 war der Eisenbahnanschluss an die Strecke Küstrin–Stargard hergestellt. Auf mehr als rund 4500 Einwohner stieg die Bevölkerung jedoch nicht an. Auch seit 1945 gab es kaum eine Weiterentwicklung, zusammen mit den umliegenden Dörfern leben jetzt hier etwa 6600 Menschen. Kurz nach dem Krieg war Lipiany zunächst Kreisstadt, da das stark zerstörte Pyrzyce (Pyritz) diese Funktion nicht ausüben konnte. In den 1970er Jahren entstand eine Umgehungsstraße, die seither den starken Durchgangsverkehr von der Altstadt fernhält.

Ein Ausdruck der guten deutsch-polnischen Zusammenarbeit ist unter anderem die Konferenz ›Lippehne wie Lipiany‹ der Akademia Baltica im Jahr 2003 sowie die Auszeichnung früherer deutscher Bewohner als Ehrenbürger der Stadt.

Sehenswürdigkeiten

Ein Spaziergang durch Lipiany macht mit manchen romantischen Ecken bekannt. Mittelpunkt des Ortes ist der Marktplatz, der **Plac Wolności**. Hier befinden sich Parkmöglichkeiten wie auch die zentrale Bushaltestelle. Um die mit Bänken und Grünanlagen gestaltete Fläche und das reizvolle klassizistische **Rathaus** aus dem 18. Jahrhundert herum befinden sich Häuserzeilen mit Geschäften, einem Café und einer Pizzeria.

Auffallend ist ein mächtiger **Baum**. Er wurde im Januar 1816 als Friedenseiche gepflanzt, nachdem Napoleon endgültig besiegt worden war. Nach 1945 hieß er nach der Tradition des einheimischen Brauereiwesens ›Piworowa‹ (piwo = Bier). An die Legende von der Bierverkostung im 15. Jahrhundert erinnert auch ein runder **Brunnen** ein paar Schritte vom Marktplatz entfernt. Er zeigt über dem Stadtwappen – ein halber brandenbur-

Lipiany (Lippehne)

Die Stadtmauer mit dem Pyritzer Tor

gischer Adler mit drei Sternen – Reliefs trinkender Patrizier aus dem 15. Jahrhundert. Früher stand darauf noch eine männliche Figur.

Durch eine Gasse führt der Weg zur **Kirche**. Nur die untersten Steine des Gotteshauses stammen aus dem 13. Jahrhundert. Es wurde im 19. Jahrhundert vollständig neogotisch umgebaut und nach einem Brand im Jahr 1911 sehr schlicht wiederhergestellt, aber mit schönem Gestühl und zahlreichen Chören. Reizvoll ist auch die bunte Glasmalerei. Vor dem Haupteingang der Kirche führen Stufen abwärts. Nach rechts kommt man zum **Basar** und läuft auf der belebten Straße in Richtung **Pyritzer Tor** (Brama Pyrzycka). Es ist das schönste mittelalterliche Bauwerk der Stadt. Der obere Teil des Torturmes wird auf zwei Ebenen durch Zinnen verziert, darüber ragt eine achteckige, massiv geformte Spitze empor. Leider ist der Turm gegenwärtig nicht zugänglich.

Geht man von hier stadtauswärts, kommt man am Postamt vorbei, an einer Parkanlage und an der Tankstelle und erreicht den stillgelegten Bahnhof, in dem sich jetzt ein Restaurant befindet. Gegenüber der Station steht ein altes Industriegebäude. Hält man sich nun Richtung See, sind bald der Sportplatz und die **Badeanstalt** in Sicht. Daran grenzt ein kleiner **Campingplatz** mit Urlaubsbungalows an. Hinter der Wasserfläche erheben sich die Hügel der Halbinsel Burgwerder, auf der es wahrscheinlich vorgeschichtliche Besiedlungen gab.

Geht man vom Pyritzer Tor in die andere Richtung, ist entlang der hohen **Stadtmauer** aus Feldsteinen und Ziegeln bald das 2007 restaurierte **Kulturhaus** erreicht. In diesem Gebäude ist auch die Radiostation ›Lipiany‹ untergebracht. Dahinter führt ein Spazierweg auf die schon erwähnte Halbinsel Burgwerder. Immer zwischen Stadtmauer und Wassergrundstücken geht es weiter zum **Soldiner Tor (**Brama Myślibórska), das mit seinem Satteldach und zwei Giebeln recht schlicht wirkt.

Von den alten **Bauern- und Bürgerhäusern** im Fachwerkstil wurde eines in der ul. Szkolna (Luisenstraße) sehr schön restauriert. Es beherbergt im Innenhof die öffentliche Bibliothek mit einer Ausstellung historischer Fotos. Die Straße endet an den Schulgebäuden und geht in die ul. Kosziuszko über.

Stadtauswärts hinter dem Soldiner Tor überquert man die Brücke und den Damm zwischen dem Jezioro Wadół und dem Jezioro Kościelne. Früher waren sie unter der Bezeichnung Wendelsee ein zusammenhängendes Gewässer. Links hinter dem Fließ kann man an das Ufer hinuntergehen. Dann gabelt sich die Straße, links führt sie zu einem neueren Wohngebiet, geradeaus Richtung Barlinek (Berlinchen).

Wenn man rechts weitergeht, kommt man bald zum **Friedhof**. Diese Stätte mit ihren alten Bäumen und am See gelegen ist ein Besuch wert. Vor der Trauerhalle wurde 1995 ein **Gedenkstein** für die bis 1945 hier beigesetzten deutschen Bewohner mit der Aufschrift ›Zum Gedenken an unsere lieben Toten‹ eingeweiht.

Das Trinkrecht der Stadt Lippehne

Das Lippehner Trinkrecht hat mehrere Autoren zu Dichtungen angeregt. Die älteste ist anonym und wurde sogar vertont. In ihr heißt es unter anderem:

Zur Zeit des Fürsten Woldemar   *Und jeder trank, und jeder sang*
Tat in der Stadt Lippehne –   *In heitrer Tafelrunde;*
Es sind fast ein viertelhalbhundert Jahr   *Man pries des Bechers hellen Klang,*
Der Magistrat sich bene.   *Er ging von Mund zu Munde.*

[...]

Seit jener Zeit gilt überall Der Trinkspruch von Lippehne: ›Wer ausgetrunken den Pokal, Tut sich vom Frieden Bene!‹

Die Brauhäuser der Neumark hatten von altersher die Pflicht, dem Rate der Stadt von jedem Gebräu eine Kanne zur Probe zu überreichen. Beim Probetrinken in der Ratsversammlung ging es in der Weise zu, dass der Herr Bürgermeister den Humpen zuerst erfasste und einen kräftigen Schluck tat; sodann reichte er ihn dem ältesten Ratsmitgliede, von dem er dann weiter wanderte bis zum jüngsten. Einst geschah es, dass der jüngste Ratsherr, Peter Wadepuhl geheißen, mit seinem Nachbarn in Streit geriet. Als darauf beim Probetrinken der Krug am Ratstische kreiste, tat der beleidigte Nachbar einen so kräftigen Schluck, dass für Peter Wadepuhl fast nichts mehr übrig blieb. Der Fall, das sahen auch die Ratsherren ein, war schwierig. Es könnte ja einmal der Bürgermeister oder einer der älteren Ratsherrn den gleichen Durst entwickeln, und dann bliebe ihnen allen nichts übrig. Aus diesem Grunde wurde der Landesherr befragt. Dieser übergab ein Schriftstück mit dem rätselhaften Text: ›Qui bibit ex negas, ex frischibus incipit ille‹. Nachdem ein des Lateinischen kundiger Gelehrter diesen Richterspruch mit ›Wer austrinkt die Neig', fängt an vom Frischen zu trinken‹ übersetzt hatte, lobte man das Urteil und beschloß, es sofort zu erproben. Als nun der Jüngste den Krug erhielt, war wiederum nur ein schäbiger Rest darin. Diesmal trank er ohne zu murren bis zur Neige, wusste er doch, dass ihm die Kanne wieder neu gefüllt werden sollte. Von der Zeit an herrschte Frieden zwischen den beiden jüngsten Ratsherren.

Aus: Paul Biens, ›Chronik der Stadt Lippehneund der umliegenden Dörfer‹, 1908.

Das Relief auf dem Brunnen am Markt verweist auf das Trinkrecht der Stadt Lippehne

Die Umgebung

Von Lipiany lassen sich einige lohnenswerte Exkursionen unternehmen. So kann man entlang des Jezioro Wadół (Wendelsee) zur **Halbinsel Lindwerder** wandern und an einer Seeenge den mächtigen Riesenstein bewundern. Oder man fährt nach Westen zum **Jezioro Chłop** (Kloppsee), der mit schönen Badestellen und der uralten Nikolai-Eiche lockt, von den deutschen Bewohnern früher Siebenbrüdereiche genannt. Auch in Richtung Norden finden sich bei **Dębięc** (Eichhorst) sowie bei **Skrzynka** (Grüneberg) kleinere Gewässer und Aussichtspunkte. Auf der Napoleonhöhe in Dębięc steht eine Lindengruppe, die den französischen Feldherrn im Gefolge von Generälen darstellen soll.

Sehenswerte **Herrenhäuser** oder noch übrig gebliebene Gebäude von Gutshöfen befinden sich in Skrzynka (Grüneberg), Batowo (Batow), Krasne (Kraazen), Mostkowo (Chursdorf), Sulimierz (Adamsdorf), Sitno (Hohenziethen) und Derczewo (Dertzow).

Die wertvoll ausgestattete **Dorfkirche** von **Brzesko** (Brietzig) im Norden ist eine Wallfahrtsstätte, vor allem zur Erinnerung an die Missionsreise Bischofs Otto von Bamberg im Jahr 1124. Interessante **Kirchen** findet man auch in Jesionowo (Schönow), Dziedzice (Deetz), Sulimierz (Adamsdorf), Głasów (Glasow), Otanów (Wuthenow), Sitno (Hohenziethen), Derczewo (Dertzow) und Mielęcin (Mellentin).

Nach **Przelewice** (Prillwitz) lohnt sich ein gesonderter Tagesausflug. Das große Dorf beherbergt nicht nur eine interessante Granitquaderkirche aus dem 13. Jahrhundert, einen Gutshof mit klassizistischem Herrenhaus, sondern vor allem einen höchst bedeutenden dendrologischen Garten.

Zum Einkaufsbummel bietet sich das rund 20 Kilometer nördlich gelegene **Pyrzyce** (Pyritz) mit seinen über 13 000 Einwohnern an. In dieser Kleinstadt sind zahlreiche historische Bauten sehenswert, darunter Stadtmauer, Mauritiuskirche, Augustiner-Klosterkirche und Heiligengeistkapelle, in der heute die öffentliche Bibliothek untergebracht ist.

Der botanische Garten in Przelewice (Prillwitz)

Rund 15 Kilometer nordöstlich von Lipiany befindet sich eine ungewöhnlich schöne Parkanlage, die ständig erweitert wird. Gemeinsam mit dem bis 2006 wiedererrichteten **Herrenhaus** und einer Baumschule nutzt man sie auch als Unterrichts- und Bildungsstätte.

Auf einer Fläche von 30 Hektar gedeihen hier etwa 1200 einheimische und exotische Baum- und Straucharten, außerdem viele bodenbedeckende Pflanzen wie Blumen und Gräser. Bestaunenswert sind in Kalifornien beheimatete Mammutbäume, Taschentücherbäume, Stechpalmen, der Bambus, Zedern aus Nordafrika oder der

Am Kloppsee

Ginkgo mit den ungewöhnlichen fächerartigen Blättern.

Als Zierde und Stolz des Gartens gelten die besonders während der Blütezeit attraktiven Zierapfelbäume, japanische Kirschbäume, der Rhododendron sowie Rosenrabatten.

Die gesamte Anlage kann während eines Rundganges in Augenschein genommen werden. Dabei lernt man unter anderem den Japanischen Garten, das Quellenbruch, die Allee am Teich, die Rosen-, Fichten-, Flieder- und die Ahornallee kennen. In das langgestreckte Gelände mit den unterschiedlichsten Landschaftsformen sind im Laufe der Zeit mehrere Gebäude wie ein **Teehaus** oder das **Mausoleum** der Familie von Prillwitz integriert worden.

Das Terrain wurde Anfang des 19. Jahrhunderts vom damaligen adligen Besitzer August Heinrich von Borgstede zunächst als englischer Park angelegt. Im Jahr 1923 erwarb der Großindustrielle Conrad von Borsig von der Familie von Prillwitz das Anwesen und ließ den Park von der Baumschule Späth aus Berlin so umgestalten, wie wir ihn im Wesentlichen noch heute vorfinden.

Als das Gebiet 1945 in polnischen Besitz überging, wurden die Intentionen aus der deutschen Zeit übernommen, der Komplex zur Bildungsstätte ausgebaut, denkmalgeschützt und der Öffentlichkeit

Der wunderbare botanische Garten in Przelewice

zugänglich gemacht. Seit 2007 ist die Orangerie mit Pflanzen aus dem Mittelmeergebiet zugänglich.

Ein pädagogischer Dienst bietet Seminare und Unterricht auch in deutscher Sprache an. Außerdem kann man den Lesesaal nutzen, Konzerte besuchen oder ein Lagerfeuer am Grill genießen. Weiterhin gibt es einen **Streichelzoo** und Pläne für ein Museum der Landwirtschaft.

Lipiany und Umgebung

Postleitzahl: 74-240.
Vorwahl: 0048/(0)91.
Stadtverwaltung, Plac Wolności 1, Tel./Fax 5641149, www.lipiany.pl.

Die Entfernung von den Grenzübergängen Küstrin-Kietz und Schwedt beträgt jeweils etwa 60 und von Hohenwutzen etwa 80 Kilometer.

Bushaltestelle am Plac Wolności (Marktplatz). Verbindungen nach Gorzów, Szczecin und Kostrzyn, auch Słubice.
Keine Bahnverbindung von Kostrzyn mehr.

Zimmervermittlung im Kulturhaus, ul. Okrzei 5, Tel. 5641091.
Agroturystyka Rosa (€–€€), ul. Osetna 20, Tel. 0508/096780. Neubau, mit Pferdehof, in Seenähe.

Lipiany

Pension Zacisze (€), ul. Makuszyńskiego 7, Tel. 5641186, www.zacisze-lipiany.pl. Direkt an der Seepromenade.
Gästezimmer und Café im **Schloss Przelewice** (€–€€), 74-210 Przelewice Nr. 17, Tel. 091/5643180, www.ogrodprzelewice.pl.

Zelten ist am Jez. Lipiańskie und am Jez. Chłop westlich der Stadt möglich.

Foto-Ausstellung Lippehne vor 1945 in der Bibliothek, ul. Szkolna.

In Przelewice im Mai: **Taschentuchbaum-Fest**; im September: **Fahrrad-Sternfahrt**.

Seglerschule Lipiański Klub Sportów Wodnych, ul. Lipowa, www.lksw.tnb.pl.
Bei den an den Seen gelegenen Unterkünften sind Boote vorhanden.

An den Seen am Stadtrand und in der Umgebung viele Angelmöglichkeiten.

Badeanstalt in der ul. Lipowa und zahlreiche **Badestellen** an den umliegenden Gewässern.

Viele Varianten für Fuß- und Radwanderungen sowie für Bootsfahrten.

Ogród Dendrologiczny, 74-210 Przelewice Nr. 17, Tel. 5643180, www.ogrodprzelewice.pl, 15. Apr.–31. Aug. tgl. 9–19 Uhr, 1. Sept.–31. Okt. tgl. 9–17.30 Uhr, 1. Nov.–14. Apr. werktags 9–15.30 Uhr. Hunde müssen draußen bleiben. Pflanzenverkauf am Eingang des Parks. Führungen sind anzumelden und dauern maximal zwei Stunden.

Barlinek (Berlinchen)

Nicht umsonst durfte sich das Städtchen Barlinek früher mit dem Beinamen ›Perle der Neumark‹ schmücken. Noch immer übt es auf jeden Besucher eine große Anziehungskraft aus, was vor allem dem großen buchtenreichen und mit Inseln ausgestatteten Stadtsee mit seinem sauberen Wasser, dem Tal der Płonia (Plöne) und dem hügeligen Waldgebiet in der Umgebung zu verdanken ist.

Geschichte

Barlinek ist eine der wenigen Städte im ehemaligen östlichen Brandenburg, für deren Gründungstag ein urkundliches Zeugnis vorliegt. Ritter Heinrich Toyte wird in dem Dokument vom 25. Januar 1278 von den Markgrafen Otto und Albrecht bevollmächtigt, die Stadt Neu-Berlin anzulegen. Damit sollte die nordöstliche Grenze der Neumark besser gegen die Pommern gesichert werden. Wahrscheinlich gehörten zu den ersten Siedlern Fischer oder Bauern aus Berlin. Der Ort wurde durch hohe Mauern und Türme stark befestigt, im Mittelalter unterstand er direkt dem Landesherrn. Obwohl sich die Landesgrenze bald ostwärts verschob, hatte die Stadt durch Kriege, Brandschatzungen, Hungersnöte und Seuchen viel zu leiden. Sie wurde während des Dreißigjährigen Krieges in Schutt und Asche gelegt und verelendete nach dem Einfall des russischen Truppen im Siebenjährigen Krieg 1758 vollends.

Dank der Lage an Handelsstraßen und fischreichen Seen und des zum Teil fruchtbaren Lands erholte sich der jetzt Berlinchen genannte Ort jedoch immer wieder. Neben Ackerbau und Viehzucht gab es Holzverarbeitung und bis etwa 1850 eine bedeutende Tuchmacherei. Es etablierten sich Wassermühlen, Ziegeleien, eine Pflugfabrik, Kalksandstein- und Stuhlfabriken. Um 1850 wurde die Chaussee nach Landsberg (Gorzów) ausgebaut, und 1883 erhielt Berlinchen Bahnanschluss über Soldin (Myślibórz) nach Küstrin (Kostrzyn), der 1898 bis Arnswalde (Choszczno) verlängert wurde. Im Jahr 1800 lebten bereits 5736 Menschen in der Stadt, und bald kamen viele Touristen in die Stadt. Als 1928 das 650-jährige Stadtjubiläum begangen wurde, reisten mit einem Sonderzug mehr als 600 Berliner an. Die Stadt genoss damals bereits den Ruf als ›Perle der Neumark‹.

Bei der Übernahme von Berlinchen durch die polnische Verwaltung im Jahr 1945 lautete der neue Name zunächst Berlinek. Obwohl etwa die Hälfte des Zentrums im Krieg zerstört wurde, entfaltete sich der Ort bald wieder. Dafür sorgten vor allem der Rohstoff Holz und die Urlauberzentren am See. Heute wird den Touristen neben der wundervollen Landschaft ein schmuckes Stadtbild mit Gastronomie, Kultur, Freizeitvergnügen und Einkaufsmöglichkeiten geboten.

Sehenswürdigkeiten

Auf dem großen, langgestreckten **Marktplatz** (Rynek) steht mit dem **Gänseliesel-Brunnen** das Wahrzeichen des früheren Berlinchen und des heutigen Barlinek. Die reizvolle Figurengruppe wurde 1912

Barlinek (Berlinchen)

Das Strandbad in Barlinek

vom Münchner Bildhauer Knut von Ackerberg geschaffen und nach 1990 mit deutscher Unterstützung restauriert. Der Brunnen ist ein günstiger Ausgangspunkt für den Spaziergang durch die Stadt.

An der Seite mit den Grünanlagen, in denen sich der **Gedenkstein** für den polnischen Staatsmann Jozef Piłsudski (1867–1935) befindet, geht man über die verkehrsreiche ul. Niepodległosci (Richtstraße) und dann links neben dem neuen Kino in die ul. Kozia (Ziegenhagenstraße). An deren Ende führen linker Hand Stufen und Wege auf den Hügel zur **Stadtmauer** hinauf. Von der Höhe des Berges Golgota bietet sich ein schöner Blick über die Dächer von Barlinek. Hier steht auch im Parkgelände das staatliche **Kulturhaus**.

Geht man von hier über die ul. Chmielna (ehemals Hopfensackstraße) zurück ins Zentrum, so stößt man auf eine **Gedenktafel** für den 1868 in Berlinchen geborenen langjährigen Schachweltmeister Emanuel Lasker. Die Straße in Richtung Gorzów (Landsberg) öffnet sich bald an der Gegenseite zu einem Platz mit einem schlichten **Denkmal** für die Opfer des Krieges und den Neubeginn ab 1945. Weiter stadtauswärts gelangt man zu einem **Park**. An dieser Stelle befand sich der deutsche Friedhof, und hier steht seit 1992 ein **Gedenkstein** für die Toten, der auch an die deutsch-polnische Versöhnung gemahnt. Die ul. Jeziorna (Seestraße) führt – natürlich – zum Jezioro Barlineckie. Am Ufer dieses Gewässers, wo sich einst die Stadtschwemme erstreckte, gibt es schön gestaltete Anlagen einschließlich Steg zum Ausruhen und zum Betrachten der Landschaft vor allem über den See hinweg. Hier steht auch mit dem sogenannten **Chinesischen Haus** eines der ältesten Gebäude der Stadt. Es ist reizvoll in die mittelalterlichen Befestigungen integriert worden. Zwischen der Stadtmauer und alten Häusern geht es weiter zu einem **Park**. Er wird von zwei Armen eines Flüsschens durchflossen, das hier dem See entspringt.

Wandert man am Seeufer entlang bis zum Gelände des Seglervereins sowie zur rekonstruierten Badeanstalt aus deutscher Zeit und von dort in die Stadt zurück, passiert man zunächst alte **Villen** – eine davon mit originellem Zwiebelturm –, und dann moderne Geschäfts-, Bank- und Restaurantgebäude. An der Hauptkreuzung, dem früheren Mühlenplatz, geht es nach rechts auf der ul. 1. Maja in Richtung Bahnhof. Der Zugverkehr wurde eingestellt, jetzt befindet sich hier die zentrale Bushaltestelle. In der Ferne sieht man die 1923 errichtete **Kirche St. Bonifacego**. Läuft man an ihr vorbei, ist bald der **Jezioro Chmielowe** (Hopfensee) erreicht. Am anderen Ufer des sagenumwobenen Gewässers steht eine Linde, an der die 53. geographische Breitengrad gekennzeichnet ist. Hier beginnt ein hügeliges Waldgebiet.

Im Zentrum sind noch die **Kirche** und das in der Nähe befindliche Museum besuchenswert. Abgesehen von Feldsteinen im Unterbau und dem gotischen Portal aus dem 15. Jahrhundert erhielt das Gotteshaus seine jetzige Gestalt nach einem Brand im Jahr 1852. Das **Museum** im sogenannten Gutenberghaus zeigt neben der Stadtgeschichte und alter Lebensweise auch bildende Kunst. Als deutsch-polnisches Projekt entstand ein Zimmer für Emanuel Lasker.

Wer noch länger im Stadtzentrum bleiben möchte, kann sich dem Vorschlag der Kommune anschließen und ›Auf den Spuren des Schachweltmeisters Emanuel Lasker« spazieren.

Die Umgebung

Barlinek liegt zusammen mit dem 272 Hektar großen **Stadtsee**, früher auch ›der Nipperwitz‹ genannt, in einem großen Talkessel. Direkt am Stadtrand beginnt ein **Promenadenweg**, der an mehreren Badestellen vorbeiführt. Es gibt zahlreiche Aussichtspunkte am See mit seinen vier Inseln. Unterwegs geht es teilweise durch bergiges Gelände und durch wundervolle Buchenwälder sowie zu klaren Quellen. Herrliche Sichten über den See bieten sich bei Moczkowo (Tobelhof). Südlich schließt sich als riesiges Waldgebiet mit romantischen Seen der **Landschaftsschutzpark Puszcza Gorzowska** (Landsberger Urwald) an. Beliebtes Ausflugsziel in dieser Richtung ist dort vor allem der Jezioro Okunie (Wuckensee). Östlich von Barlinek verläuft das urwüchsige **Tal der Płonia** (Plöne). Es gehört ebenfalls zum Landschaftsschutzpark und bietet eindrucksvolle Naturdenkmäler wie die steinerne ›Teufelskanzel‹ bei Równo (Ruwen). Das Flüsschen kann sogar mit Sportbooten befahren werden.

Landschaft und Vegetation um Barlinek herum sind sehr vielfältig. Erst 1995 wurde der Standort **Libberts felsiger Hohlweg** mit 133 Arten von Heilpflanzen unter Naturschutz gestellt. Man erreicht dieses Gebiet über Równo (Ruwen). Viele der Wanderwege wurden schon zur deutschen Zeit angelegt und sind größtenteils markiert.

Nach **Pełczyce** (Bernstein) sind es nur etwa sieben Kilometer in nordöstlicher Richtung. Um diese kleine Stadt herum erstrecken sich sieben **Seen**. Hier gab es bereits im Jahr 1290 ein Zisterzienser-Nonnenkloster. Auch wurde damals die **Kirche** erwähnt, die man jetzt in der im 18. Jahrhundert erneuerten Form vorfindet. Der Bau wirkt durch seine drei reich verzierten Giebel recht originell.

Von den alten **Herrensitzen** in der Umgebung seien nur die von Dzikowo (Dieckow), Moczkowo (Tobelhof) und Karsko (Karzig) genannt. In letztgenanntem Ort eignete sich Kronprinz Friedrich, später Friedrich ›der Große‹, Kenntnisse in der Landwirtschaft an.

Bei Równo

Das Schachgenie Emanuel Lasker

Der berühmteste Sohn Berlinchens ist der 1868 geborene Emanuel Lasker, der von 1894 bis 1921 Schachweltmeister war. Sein Vater war Tischler und Rabbiner der jüdischen Gemeinde. Obwohl Emanuel Lasker nur bis zum Abschluss der Volksschule in der Stadt lebte, dann in Landsberg (Gorzów) sein Abitur machte und später von Berlin aus in der ganzen Welt herumkam, erinnerte er sich immer gern an seine Heimatstadt. »Die schönsten Gegenden habe ich kennen gelernt, aber dieses Berlinchen mit seinen Seen und Feldern, seinen Hügeln und Wäldern ist für mich das allerschönste Fleckchen auf Erden,« sagte er in einem Interview. Am 11. Januar 1941 starb Lasker in New York, weit weg von seiner Heimat ist er auf dem Friedhof Beth Olom in Queens begraben.

Noch heute wird an diesen Spross der Stadt auf vielfältige Weise erinnert. An seinem Geburtshaus in der ul. Chmielnej 7 (Hopfensackstraße) wurde im Jahr 2001 eine Gedenktafel in polnischer Sprache angebracht, die ihn auch als bedeutenden Philosophen und Mathematiker ehrt. Diese Stätte ist eine der Stationen des in deutscher Sprache vorgestellten Stadtrundgangs ›Auf den Spuren von Emanuel Lasker‹.Diese Route führt außerdem zum Marktplatz, entlang der Stadtmauerreste, zur Marienkirche, zum sogenannten Zwiebelpalast, zur Badeanstalt, zum ehemaligen Mühlentor sowie zum Gutenberghaus, in dem das Regionalmuseum untergebracht ist.

Im Museum selbst steht ein Raum ganz im Zeichen des Schachgenies. Bei der Einrichtung haben ehemalige deutsche Bewohner aus dem früheren Kreis Soldin (Myślibórz) tatkräftig mitgewirkt.

Jedes Jahr im Juli wird zu Ehren von Emanuel Lasker in der Stadt ein Schachwettbewerb durchgeführt, zu dem viele Freunde des Spiels aus ganz Polen und aus dem Ausland anreisen.

Schließlich erschien 1995 eine 200-seitige Publikation unter dem Titel ›Król z Barlinka‹, auf Deutsch ›König von Berlinchen‹. Sie enthält auch Bilder, Dokumente und ausgewählte Schachpartien. Abgedruckt ist ebenso auf Polnisch das Gedicht ›Berlinchnerin aus Liebe‹, das der Schwägerin und berühmten Lyrikerin Else Lasker-Schüler zugeschrieben wird, wahrscheinlich aber von Laskers Frau Martha stammt. Darin heißt es: ›Ich hatte früher das Gefühl, der schwärmt ein bisschen gar zu viel von dem Berlinchner Wald und See‹; etwas weiter aber: ›Du hattest recht, Berlinchner Sohn!‹

Weltmeister Emanuel Lasker

Barlinek und Umgebung

 Barlinek und Umgebung
Postleitzahl: 74-320.
Vorwahl: 0048/(0)95.
Touristeninformation, ul. Paderewskiego 7, Tel. 7462874, www.it.barlinek.pl.

Die Entfernung von den Grenzübergängen Küstrin-Kietz und Schwedt beträgt jeweils etwa 80 Kilometer.

Die **Bushaltestelle** befindet sich am Bahnhof. Tgl. mehrere Verbindungen nach Choszczno und Gorzów, einmal tgl. nach Chojna und Szczecin. Der Bahnbetrieb ist eingestellt.

Taxis findet man am Marktplatz.

Zahlreiche Gästezimmer, etwa 20 private Vermieter.
Hotel und Restaurant Barlinek (€€), ul. Jeziorna 14, Tel. 665144700, www.hotelbarlinek.pl. Im Stil eines Landhauses, beste Lage am See.
Hotel und Restaurant Alma (€€), ul. Strzelecka 6 a, Tel. 7463553, www.hotelalma.pl. Gutes Haus, zentrale Lage, mit Spa-Bereich.
City Park Barlinek Hotel (€€), ul. Rynek, Tel. 7468450. Teuerstes Haus am Ort.
Hotel und Restaurant Limba (€€), ul. Gorzowska 63, Tel. 7464498, www.limba-barlinek.pl.
Pensjonat Pod Łabędziem (€–€€), ul. Jeziorna 13, Tel. 607210465, www.pensjonat-barlinek.pl.
Pension Pod Sosnami (Unter den Kiefern, €), an der Badeanstalt, ul. Sportowa 2, Tel. 508857768.
Erholungsheim Janowo (€), ul. Polana Lecha 1, Tel. 7462413 und 0606067676, www.janowo.com.pl.
Jugendherberge (€), ul. Szosowa 2, Tel. 7461064.

Außer in den Hotels Einkehrmöglichkeiten in folgenden Restaurants:
Stara Galeria, ul. Niepodległości 14, Tel. 7463949. Gute polnische Küche, Nostalgie-Einrichtung im Gastraum. Zentrale Lage.
Wielkopolanaka, ul. Rynek, Tel. 7466160. Zudem mehrere kleinere Gaststätten und Cafés, auch direkt am Se.

Möglichkeiten zum Zelten bestehen am Stadtsee, bei Kinice, bei Danków, bei Pełczyce, bei Krzynki sowie am Jez. Okunie.

Regionalmuseum, ul. Niepodległości 17, Tel. 7461889.
Kulturhaus Panorama, ul. Podwale 9, Tel. 7462135.

Waldlehrstation des Landschaftsschutzparkes in Lubociesz/Lipy, 66-415 Kłodawa, Tel. 7279730.

1. Mai: **Keramischer Jahrmarkt**.
Juni: **Gesamtpolnische Segelregatta** sowie **Krönung der Urwaldkönigin**.
Juli: **Emanuel-Lasker-Schachmemorial**.
September: Gesamtpolnisches Kunst-Plein-Air.

In Krzynk: Haus 4 a, **Pferdehof** mit Jockey-Klub ›Grünes Hufeisen‹, Tel. 7463345.

Viele Möglichkeiten zum Angeln am Stadtsee und in der Umgebung; Angelwettbewerbe.

Tarzan Park, Tel. 662372778, www.tarzanpark.pl. Kletterpark auf dem Gelände der Pension ›Pod Sosnami‹, Mai–Sept.

Tennis-Klub, ul. Sportowa 2, Tel. 693550823.
Kegelbahn, ul. Gorzowska 63 im Hotel Limba.

Segelklub Sztorm (Sturm), ul. Sportowa; Boote bei mehreren Vermietern.
Tauchmöglichkeit im **Urlauberzentrum Janowo**. Wegen seines klaren Wassers ist vor allem der Stadtsee für Tauchsportler geeignet.

Rundgänge ›Auf den Spuren von Emanuel Lasker‹ und ›Der blaue Sagenweg‹, markierte Wanderrouten rund um den Stadtsee sowie nach Norden zum Naturschutzgebiet ›Libberts Felsenschlucht‹ und nach Süden in ein großes Waldgebiet. Für Radwanderer ist zusätzlich ›Der westliche Weg‹ zu abwechslungsreichen dörflichen Landschaften ausgeschildert.
Barlinek hat sich mittlerweile zur ›Europäischen Hauptstadt des Nordic Walking‹ gemausert (Karten und Routen bei der Touristeninformation).

Badeanstalt, ul. Sportowa, zahlreiche **Badestellen** am Stadtsee, am Jez. Chmielowe sowie an den Seen der Umgebung.

Tankstellen an der ul. Gorzowska 9 und 33 sowie der ul. Fabryczna.

Choszczno (Arnswalde)

Die Stadt Choszczno (Arnswalde) wurde zwar im Zweiten Weltkrieg stark zerstört, verfügt aber trotzdem noch über alte Baudenkmäler und über ein attraktives Zentrum mit Geschäften und Freizeitmöglichkeiten. Um einen am Rand der Stadt gelegenen großen See herum gruppieren sich mehrere Erholungseinrichtungen und ein Golfplatz. Die Stadt ist ein günstiger Ausgangspunkt für Erkundungen in der Region.

Geschichte

Der Ort liegt auf einer Ebene an einem großen See, an dem alte Handelswege vorbeiführten. Zahlreiche Funde, unter anderem Reste eines Burgwalles sowie eines Ringwalles, weisen darauf hin, dass es prähistorische, germanische und slawische Siedlungen im Stadtgebiet gab.
Im 13. Jahrhundert ging die Herrschaft von polnischer in brandenburgische Hand über. Ab 1233 verfügte der Zisterzienserorden hier über Besitzungen, wahrscheinlich als Geschenk des Landesherrn. Mit Pommern, das damals auch Ansprüche auf das Gebiet stellte, wurde 1284 Frieden geschlossen. Um diese Zeit wird die Gründung der Stadt angesetzt, urkundlich erwähnt wird sie erstmals im Jahr 1289. 1313 taucht in Urkunden ein Franziskanerkloster auf. Der Grundbesitz gehörte bis Ende des 14. Jahrhunderts der Familie von Heinsberg. Um 1500 wurden anstelle der hölzernen Befestigungen steinerne Mauern errichtet, und ab dem Jahr 1576 entwickelte sich eine Vorstadt.
In den folgenden Jahrhunderten verlief die Entwicklung der Stadt unruhig: Man stritt sich mit der Familie von Wedel und dem Deutschen Orden, es herrschten Pestepidemien, und durch die Beschneidung von städtischen Privilegien sank der Wohlstand. Außerdem zog man in einem ›Zollkrieg‹ mit den Pommern den Kürzeren.
Erst um 1800 stabilisierte sich das städtische Leben wieder. Um 1850 entstan-

den Straßenverbindungen zu anderen Städten sowie die Eisenbahnstrecke Richtung Stargard (Stargard Szcz.) und Kreuz (Krzyz). Nun siedelten sich Maschinen-, Bürsten-, Dachpappen-, Kunststein- und Tuchfabriken sowie eine Zuckerfabrik und eine Eisengießerei an. Die Bürger lebten außerdem vom Handel und von der Verarbeitung landwirtschaftlicher Erzeugnisse. Im Jahr 1850 hatte die Stadt rund 5300 Einwohner, 1940 waren es etwa 13 000. Im Jahr 1938 gelangte der Ort zusammen mit dem gesamten Kreisgebiet im Zuge einer Verwaltungsreform von Brandenburg an Pommern.

Im Februar 1945 wurde fast drei Wochen lang um Arnswalde gekämpft, die schweren Zerstörungen merkt man der Stadt vor allem im Zentrum noch immer an. Nach den Jahrzehnten unter polnischer Regierung hat sie aber ihre Wirtschaftskraft zurückerhalten und wird auch für Gäste immer attraktiver. Im Jahr 1993 wurde eine zweisprachige Gedenktafel für Carl Sonnenburg eingeweiht, den 1933 von den Faschisten ermordeten Gründer des örtlichen Konsum-Vereins und Mitarbeiters der Stadtverwaltung. Seit 1995 gibt es einen Gedenkstein für die hier verstorbenen Polen und Deutschen. Im Jahr 1999 wechselte die Stadt mit dem neu gebildeten Kreis Choszczno von der Wojewodschaft Gorzow Wlkp. (Landsberg) zur Wojewodschaft Zachodniopomorskie (Westpommern).

In Choszczno hat eine ›Sozio-kulturelle Gesellschaft der deutschen Minderheit‹ ihren Sitz. Mit der deutschen Partnerstadt Fürstenwalde (Spree) besteht eine vielfältige Zusammenarbeit.

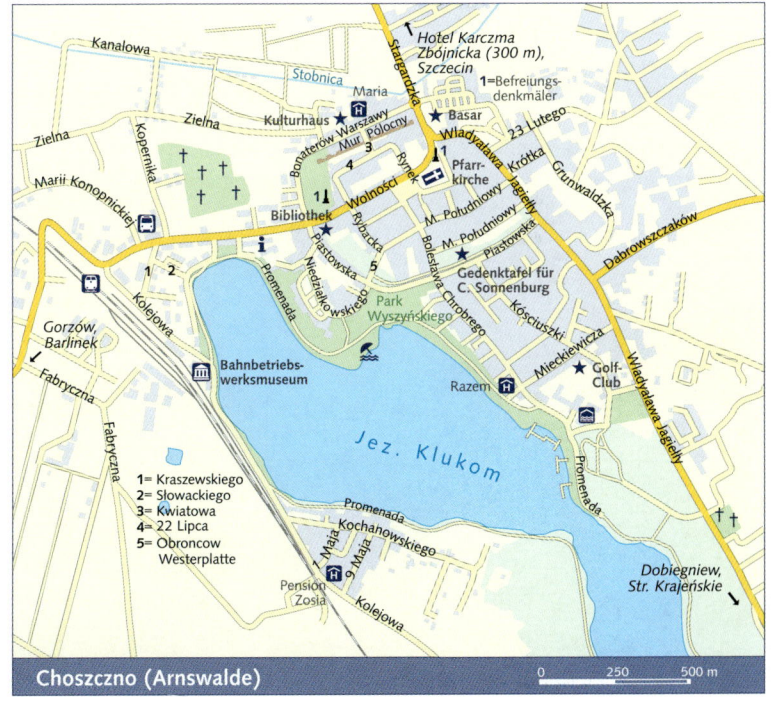

Sehenswürdigkeiten

Choszczno liegt an dem 85 Hektar großen Jezioro Klukom (Klückensee) und dem Flüsschen Stobnica (Stübenitz). Die Besichtigung beginnt am besten vor dem Bahnhof, von dem aus die belebte ul. Wolności (Bahnhofstraße) geradeaus in das Zentrum führt. Gleich linker Hand befindet sich die zentrale Bushaltestelle. Ein Stückchen weiter führen Stufen zum **Friedhof** hoch. Rechts sieht man die Trauerhalle. In ihrer Nähe wurde der deutsch-polnische **Gedenkstein** zur Erinnerung an die hier bestatteten Menschen errichtet. Entweder läuft man nun auf dem Hauptweg des Friedhofs weiter oder parallel dazu auf der Straße, vorbei am Büro des PTTK und einem **Mahnmal** zur Ehrung für die polnischen Kriegsgefangenen, die in einem Lager inhaftiert waren.

Auf beiden Wegen gelangt man schließlich an die frühere Altstadtgrenze mit Resten von Mauern und Wällen. Links erstreckt sich eine Parkanlage mit dem 1970 aufgestellten **Befreiungsdenkmal**, das an das Jahr 1945 erinnert. Rechts fällt ein trutziger mittelalterlicher Rundbau auf, der neben dem ehemaligen Steintor zu den Befestigungsanlagen gehörte. Im neuen Anbau ist die öffentliche Bibliothek untergebracht. Besucher werden gern in den historischen **Turm** geführt, wo Bilder vom alten Arnswalde und vom früheren Kreisgebiet zu sehen sind. Ganz in der Nähe wurde eine reizvolle **Brunnenanlage** gestaltet.

Man kann nun neben der ul. Boh. Warszawy durch den Park und entlang dem Wall laufen, vorbei am Kulturhaus, am Kino und am Hotel bis zur Ausfallstraße in Richtung Szczecin. Links folgt bald die Flussniederung; hält man sich aber rechts, kann man einen Bummel über den **Basar** unternehmen.

Von hier ist es nicht weit bis zum weitläufigen **Marktplatz**, den das säulenartige Siegesdenkmal, die Marienkirche und ein Brunnen beherrschen. An dieser Stätte wird dem Betrachter bewusst, dass die Stadt im Zweiten Weltkrieg etwa 85 Prozent ihrer Bausubstanz eingebüßt hat. Die **Pfarrkirche Zur Geburt Mariens** und das ›Sanktuarium zur immerwährenden Hilfe Mariens‹ wurden nach

▲ *Idyllisch gelegen: die Badeanstalt*

Gotische Baukunst in Recz

Die Umgebung

Die Landschaft um Choszczno ist durch zumeist hügeliges Gelände, Seen, Fließe, weite Felder und kleinere Wälder geprägt. Darin liegen Orte wie Raduń (Radun), Korytowo (Kürtow) und Granowo (Granow), uralte Siedlungsgebiete mit Hügelgräbern und Burgwällen. In vielen Dörfern findet man reizvolle **Kirchen** vor, etwa in Płotno (Blankensee), Wardyń (Wardin), Sławęcin (Schlagenthin) und Korytowo (Kürtow). Mehr oder weniger gut erhaltene **Herrenhäuser** und **Parkanlagen** zieren zahlreiche Ortszentren

■ Recz (Reetz)

Rund 15 Kilometer nordöstlich von Choszczno liegt die alte Stadt Recz (Reetz). Hier bestand im 13. Jahrhundert eine Grenzburg der Brandenburger gegen die Pommern, später umgeben von einer städtischen Anlage mit seinem Kietz. Auch ein Kloster gab es. Sehenswert sind noch heute die Reste der **Befestigungsanlagen** mit dem früheren Dramburger Tor, die **Kirche** sowie daneben die Bibliothek in einem restaurierten Fachwerkbau. Man kann in Restaurants einkehren und die Stadt mit ihrer näheren, reizvollen Umgebung am Tal des Flusses Ina (Ihna) genießen.

den Zerstörungen wieder neu errichtet. Die wunderschöne Innenarchitektur ergänzen zwei Grabplatten, deren älteste auf das Jahr 1575 datiert ist, eine Terrakottaarbeit, Taufbecken, Gemälde und beachtenswerte Altäre. Nur der Turm hat seine frühere Höhe verloren.

Die ul. Chrobrego führt vom Marktplatz in Richtung **See**. Dabei kommt man an der Gedenktafel für Carl Sonnenburg vorbei. Die nächsten Straßen rechts führen zur Seepromenade. Dort fällt eine Plastik mit Urtieren auf, die sich aus dem See winden. Etwas weiter folgen die Badeanstalt, wo man einen Imbiss zu sich nehmen kann, sowie die attraktive Schwimmhalle. Hinter einem Bootsklub führt der Weg wieder am Wasser entlang. Später folgen noch oberhalb des Sees das Yacht-Hotel sowie Sportanlagen.

Zurück zum Bahnhof kann man mit beschaulichen Ruheplätzen und schönen Sichten immer am See entlang wandern und stößt auf die ul. Kolejowa, die direkt zum Ausgangspunkt zurückführt. An ihr liegen das Restaurant ›Krokus‹ und das frühere Bahnbetriebswerksmuseum.

> **Choszczno und Umgebung**
> **Postleitzahl:** 73-200.
> **Vorwahl:** 0048/(0)95.
> **Stadtverwaltung**, ul. Wolności 24, Tel. 7669300, www.choszczno.pl.
> **Touristenbüro PTTK**, ul. Wolności 19, Tel. 7653114.

Die Entfernung vom Grenzübergang Schwedt beträgt 110, von Hohenwutzen 130, von Küstrin-Kietz 105 und von Pomellen 80 Kilometer.

Die **Bushaltestelle** ist nahe des Bahnhofs in der ul. Wolności. Mehrere Verbindungen täglich nach Gorzów, auch nach Recz und Drawno.

Choszczno liegt an der Bahnstrecke Szczecin–Poznań. Etwa stündliche Verbindungen.

Ein **Taxistand** befindet sich neben dem Bahnhof in der ul. Kolejowa.

Hotel und Restaurant Karczma Zbójnicka (€€), ul. Wojska Polskiego 11, Tel. 7652236. Rund 1 km vom Zentrum entfernt, Parkplatz.
Hotel Maria (€), ul. Boh. Warszawy 17, Tel. 7667293.
Hotel Razem (€–€€), ul. Mickiewicza 1, Tel./Fax 7667873. In Seenähe.
Pension Zosia (€), ul. Kolejowa 44, 73-210 Recz, Tel. 7654589, www.noclegirecz.pl. In der Nähe auch Appartements und FeWos.
Einige weitere Restaurants, Cafés und Kneipen im Zentrum; ebenso in Recz.

Ausstellungsraum in der Bibliothek im mittelalterlichen Turm an der ul. Wolności 13, Tel. 7652239.

Juni: **Gesamtpolnisches Radkriterium**.
Juli: **Schwimm-Marathon**.
In Recz: Mittelalterliches Fest **Der alte Weg der Kaufleute**.

Reiterhof Rancho Karino in Stary Klukom Nr. 10, Tel. 601624036.
Möglichkeiten zum Jagen beim ›Jacht-Hotel‹ sowie bei den Häusern der Jäger in Korytowo und in Sławęcin.

Verschiedene Möglichkeiten zum Zelten am Stadtsee und an den Gewässern der Umgebung.

Zahlreiche Möglichkeiten zum Angeln am Stadtsee und in der Umgebung.

Schwimmhalle Badeparadies mit Hydromassagen und Rutschbahn, ul. B. Chrobrego 33, Tel. 7658598, www.crs.choszczno.pl, tgl. 7–22 Uhr.
Strandbad am Klückensee, **Badestellen** an den Seen der Umgebung.

Boote und Wassertreter sowie Verein der Taucher ›Rafa‹ im Klub neben der Badeanstalt. Der See ist mit zwei weiteren Gewässern verbunden.

Markierte Wanderroute ab Bahnhof durch die Stadt und dann bis Recz; Forellenzuchtanlage bei Wardyń mit Badestelle in der Nähe.

Modry Las Golf Club, ul. Mickiewicza 20, Raduń, Tel. 667710410, www.modrylas.com. Moderne Anlage inmitten wunderschöner Landschaft. Hier kann man auch in komfortablen Cottages übernachten.

Neben baden, schwimmen, segeln und Bootfahren kann man im Stadtsee auch tauchen oder sich den Wasserballern anschließen.

Tankstellen an der ul. Boh. Warszawy 19 und ul. Wojska Polskiego 9.

Drawno (Neuwedell)

Vor allem Wasserwanderern in ganz Polen ist die Landschaft um Drawno bekannt, denn der Fluss Drawa (Drage) mit seinem wildromantischen Lauf kann von hier in beide Richtungen befahren werden. Wegen der Paddeltouren von Karol Wojtyła, des späteren polnischen Papstes Johannes Paul II., wird diese Strecke auch ›Papstroute‹ genannt.

Die Schönheit von Fluss und Ort hat sich inzwischen auch bei deutschen Paddlern herumgesprochen. Das zwischen zwei Seen herrlich gelegene Drawno ist zwar klein, verfügt jedoch über mehrere touristische Einrichtungen. Am Stadtrand beginnt der Drawa-Nationalpark mit urwüchsiger Landschaft an der Drawa und an zahlreichen Seen.

An der Drawa

Der Nationalpark an der Drawa (Drage)

Der rund 80 Quadratkilometer große Drawa-Nationalpark, abgekürzt DPN, wurde im Jahr 1990 gegründet. Er zieht sich zwischen Drawno (Neuwedell) und Str. Osieczno (Hochzeit) innerhalb eines großen Waldkomplexes an den Flüssen Drawa (Drage) und Płociczna (Plötzenfließ) entlang. Etwa 15 Prozent dieses geschützten Gebietes nehmen die 13 Seen, die Flüsse sowie Moore ein. Es ist eine typische sandreiche Flächenlandschaft, die von einem nacheiszeitlichen Netz von Rinnen durchzogen ist. Außerdem gibt es kesselartige Vertiefungen und Randhöhen mit Findlingen und Felsen. Die abwechslungsreiche Beschaffenheit mit wertvollen und seltenen Arten in der Tier- und Pflanzenwelt machen den Nationalpark zu einem der wertvollsten Objekte seiner Art in ganz Europa.

Drawa und Płociczna winden sich mäanderartig durch das Gelände und werden in stellenweise engen und bis zu 30 Meter tiefen Tälern zu reißenden Gewässern. Das sehr saubere Wasser trägt dazu bei, dass hier die Meerforelle, die Äsche und der Lachs ihren Lebensraum haben. Die Seen sind bedeutende Brutstätten vieler Vogelarten. Dort leben auch seltene Arten wie der Seeadler, der Schreiadler, der Fischadler, der Eisvogel, der Uhu und der Schwarzstorch. Ebenso fühlen sich hier Biber und Fischotter wohl. In den Wäldern kommen nicht nur Wildschweine, Hirsche, Rehe und Füchse vor, sondern auch Dachse, Marder, die Haselmaus und der Siebenschläfer.

Als Tourist kann man das Leben in den Gewässern, den Hochmooren und den Niedermooren nur vom Rande her erleben. Zu den Besonderheiten des Waldes zählen Bestände von 450 Jahre alten Eichen und 330 Jahre alten Buchen.

In Drawno beginnt ein markierter Wanderweg, der sich später noch verzweigt. Er führt an kleinen Naturschutzgebieten und anderen markanten Punkten wie den Raststätten am Ufer der Drawa vorbei.

Romantisch schlängelt sich die Drawa durch die Landschaft

Geschichte

An der Stelle, wo die Drawa zwei Seen durchfließt, bestand seit alters her ein strategisch wichtiger Passweg. Funde aus frühgermanischer und slawischer Zeit bezeugen frühe Siedlungen an den Gewässern bei Drawno. In der zweiten Hälfte des 13. Jahrhunderts übernahmen die Brandenburger die Herrschaft über dieses Gebiet. Die Herren derer von Wedell – die Familie Wedell hatte damals einen riesigen Grundbesitz – ließen 1313 eine Burg anlegen. Im Schutze dieser Burg entwickelte sich eine Stadt, die ebenfalls der adligen Familie unterstand. Die Verleihung der Stadtrechte erfolgte vor 1350, ein Stadtrat wurde 1381 erwähnt. Damals führte die Heer- und Handelsstraße von Küstrin (Kostrzyn) Richtung Nordosten durch den Ort. Zur Verteidigung waren eine Mauer aus Feldsteinen, Türme und zur Seeseite Wälle angelegt worden.

Die Burg und die Stadt waren durch ihre Grenzlage häufig umkämpft. Im 15. Jahrhundert wollte man die Herrschaft des Deutschen Ordens nicht anerkennen. Von 1433 bis 1436 stand das damalige Neuwedell unter polnischer Herrschaft, und 1469 eroberten es die Pommern. 1675 gab es schwere Verwüstungen durch die Schweden, 1758 durch die Russen, denen unter anderem das Schloss zum Opfer fiel. Im 16. und 17. Jahrhundert suchten außerdem mehrere Feuersbrünste die Stadt heim.

Die Landwirtschaft, die Brauerei, der Fischfang sowie die Holzverarbeitung waren wichtige Erwerbszweige der Bevölkerung, außerdem die Tuchmacherei und die Schuhmacherei, im 19. Jahrhundert entstanden zudem keramische Fabriken. Ab 1848 wurden feste Straßen bis Neuwedell angelegt, und ab 1895 gab es einen Eisenbahnanschluss nach Arnswalde (Choszczno) und Kallies (Kalisz Pomorski). Der Ort behielt jedoch seinen ländlichen Charakter und hatte zu deutscher Zeit nie mehr als 2750 Einwohner.

Heute ist Drawno wichtiger Ausgangspunkt für Exkursionen in den 1990 gegründeten Drawa-Nationalpark. In der Stadt befindet sich auch die Verwaltung dieses einzigartigen Reservates.

Sehenswürdigkeiten

Drawno besitzt noch immer den Charakter einer ländlichen Kleinstadt, der nur wenig durch die Wassersportler und die Touristen beeinflusst wird.

Erster Anlaufpunkt vieler Besucher ist der **Marktplatz**, denn hier halten auch die Autobusse. Sie sind die wichtigste Verbindung zu den benachbarten Dörfern und Städten, seitdem der Bahnverkehr stillgelegt wurde. Am Platz finden sich grazile Brunnenfiguren, um ihn herum gruppieren sich die Kirche, ein Restaurant, ein Kaufhaus und der Basar. Die sehenswerte **Kirche** besteht aus einem Fachwerkturm und dem verputzten Hallenbau. Dahinter befindet sich das repräsentative Pfarrhaus. Wenn man um das Gotteshaus herumgeht, sind auf der gegenüberliegenden Seite des Jezioro Grażyna (Blänke) die mehr als 100 Meter hohen Kalkberge zu sehen.

Bleibt man rechts oberhalb vom See auf der ul. Kościelna, kommt man an der Stadtverwaltung und an der Post vorbei zum **Burgberg**. Hier befindet sich auf einer Halbinsel der mittelalterliche Ortskern. Etwas weiter führt eine Brücke über den Durchfluss der Drawa zum Jezioro Dubie, auch Jezioro Adamowo genannt (Großer oder Düp-See). Dahinter erstreckt sich rechts ein großer **Campingplatz** mit Badestelle. An dessen Rezeption kann man sich in deutscher Sprache verständigen.

In dieser Richtung kommt man, vorbei an Neubauten, noch zur Bahnstrecke mit dem alten Bahnhof. Rechts hinter dem Campingplatz beginnt der markierte **Wanderweg**. Er führt über die Drawabrücke weiter parallel zum Fluss in den Nationalpark hinein oder manchmal an seinem Rande entlang.

Unser Ortsrundgang führt aber zurück über die Brücke und dahinter gleich links auf einer Seepromenade weiter. Auf dieser Promenade namens Olchowa (Erlen) kommt man bis zum **Friedhof**. Stadtauswärts in Richtung Choszczno (Arnswalde) befindet sich die Verwaltung des Drawa-Nationalparks. Der Rundgang führt ins Zentrum zurück. Unterwegs liegt das **Kulturhaus** mit Bibliothek. In dessen Nähe, in der ul. Kwiatowa 9, gibt es auch eine Unterkunftsmöglichkeit bei Deutsch sprechenden Gastgebern, die ihren Gästen auch Paddelboote zur Verfügung stellen.

Schloss Niemieńsko

Die Umgebung

Die Landschaft um Drawno herum wird in Richtung Süden durch das streckenweise wildromantische Tal der Drawa (Drage) und insgesamt durch abwechslungsreiche Wälder und klare Seen, aber auch durch hügeliges Ackerland, Wiesenniederungen und verträumte Dörfer wie Zatom (Zatten) und Moczele (Marzelle) geprägt. In vielen Dörfern sind die **Kirchen** sehenswert. Von den noch erhaltenen Herrenhäusern und Parkanlagen sollte man vor allem das frühere **Jagdschloss Niemieńsko** (Nemischhof) aus den 1920er Jahren in Augenschein nehmen. Das Gebäude im Neorenaissancestil mit Satteldach, Gauben und achteckigem Turm ist jedoch leider nicht zugänglich. Nördlich von Drawno, bei **Zólwino** (Hassendorf), befindet sich die Stätte eines alten Burgwalles, ein Zeugnis der einstigen Grenzlage.

Wanderungen zu Fuß und per Rad am Flusslauf der Drawa sind besondere Naturerlebnisse. Die gesamte Route, an der sich viele Naturdenkmäler, Reservate und Campingmöglichkeiten befinden, wird in diesem Buch gesondert als Bootsfahrt (→ S. 140) beschrieben. Wer mit dem Auto diese Landschaft bereist, muss in Kauf nehmen, dass es auf Nebenstrecken noch manch hartes Kopfsteinpflaster gibt.

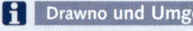 Drawno und Umgebung

Postleitzahl: 73-220.
Vorwahl: 0048/(0)95.
Stadtverwaltung, ul. Kościelna 3, Tel. 7682031, www.drawno.pl.
Touristen-Information Spichlerz, ul. Jeziorna 2, Tel. 7682199.

Info-Punkt zum Drawa-Nationalpark in Głusko (Steinbusch), Tel. 7613820.

Die Entfernung von den Grenzübergängen Küstrin-Kietz und Schwedt beträgt je etwa 120 Kilometer.

Die **Bushaltestelle** ist am Plac Wolności. Tgl. mehrere Verbindungen nach Choszczno. Der Bahnverkehr wurde eingestellt.

Privatunterkünfte im Ort; Ferienwohnungen in Zatom.
Camping PTTK Drawno, ul. Kolejowa 9, Tel. 7682155. Wasserstation an der Drawa, auch Ferienhäuser, kleiner Badestrand, Bar, Laden.
Mehrere **Zeltmöglichkeiten** in der ul. Leśników 2a und in der ul. Kaliska 5, am Flusslauf der Drawa und an den Seen der Umgebung.
Zeltplatz in Dominikowo, 6 Kilometer östlich von Drawno. Einfache Anlage direkt am See, Badestrand, wunderschönes Dorf!
Natur Sport Magdalena Tymecka (€), ul. Młyńska 9, Czkopa, Tel. 668085039 (Paddeltouren), Tel. 698225168 (Übernachtung), www.natursport.pl.

Möglichkeiten zur Verpflegung an der Wasserstation; kleine, einfache Restaurants in der Stadt.

Ausstellung über den Drawa-Nationalpark in Głusko.

Drawa-Nationalpark, Informationen: Drawieński Park Narodowej, ul. Leśników 2, 73-220 Drawno, Tel. 7682051, Fax 7682610, www.dpn.pl.

Möglichkeiten zum Angeln an zahlreichen Gewässern.

Badeanstalt am Jez. Adamowo; **Badestellen** an Gewässern der Umgebung.

Einstiegstelle des Nationalparks für Bootsfahrten auf der Drawa, ul. Kolejowa 18, Tel. 7682395.
Bootsausleihen in der Station des PTTK, ul. Kolejowa 9, Tel.7682155, an der Badeanstalt sowie beim Quartier Lucjan Nowak.

Agrotouristischer Reiterhof Rancho Rodeo, in Zatom 26, etwa 10 Kilometer südlich von Drawno, www.ranchorodeo.pl.

Markierte **Wanderwege** entlang des Flusses Drawa und in Richtung Recz; weitere Wandermöglichkeiten in die Umgebung.
Drawno–Nowe Korytnica (ca. 20 km); Drawno–Netkowo–Recz (ca. 18 km).

Tankstelle an der ul. Kolejowa.

Dobiegniew (Woldenberg)

Für Natur- und Wassersportfreunde ist die stille Landschaft um Dobiegniew (Woldenberg) ein wahres Paradies: große Seen, kleine Flüsse, entlegene Dörfer und schöne Wälder bestimmen die Umgebung. Der Stadt selbst merkt man noch immer die starken Zerstörungen aus dem Zweiten Weltkrieg an, an ein schlimmes Kapitel der Vergangenheit erinnert die Gedenkstätte für polnische Offiziere im ehemaligen Gefangenenlager am Rand der Stadt.
Es gibt in der Stadt selbst nur einige einfache Unterkünfte.

Geschichte

Funde belegen eine vorgeschichtliche Besiedlung von der jüngeren Steinzeit an. Außerdem wurden in der Umgebung Reste von Pfahlbauten geborgen. Die Lage zwischen Seen und sumpfigen Niederungen sowie an zwei Handelsstraßen war über Jahrhunderte sowohl strategisch als auch wirtschaftlich günstig. Um das Jahr 1250 wird der Ort unter der Bezeichnung Dubegneve zum erstenmal erwähnt. In diesem Jahr schenkte der polnische Herrscher die Siedlung samt Umgebung dem Zisterzienserorden. Man vermutet, dass damals auch eine Burganlage existierte. Bald danach kam das Gebiet in brandenburgischen Besitz. Der askanische Markgraf übergab den Zisterziensern 1286 weitere Ländereien, was zur Gründung des Klosters Marienwalde (Bierzwnik) in der Nähe des Ortes führte. In der Folgezeit waren die Markgrafen mehrmals in der Stadt zu Gast und schlossen hier Verträge ab, unter anderem 1305 mit dem Bischof von Cammin (Kamień Pomorski). Ab 1333 trug der Ort den Namen Waldinborg. Im Jahr 1433, während der Herrschaftszeit des Deutschen Ordens, zerstörten die Hussiten die Stadt. Ab 1455 unterstand Woldenberg direkt dem Landesherrn. Mehrere Brände zogen den Ort bis 1710 immer wieder schwer in Mitleidenschaft. Im 18. Jahrhundert kam es zur Erweiterung des Marktplatzes und zur Begradigung der Straßen, von der mittelalterlichen Stadtmauer mit ihren 37 Weichhäusern blieb dabei kaum etwas übrig. Die Lage an der Kreuzung von Handelsstraßen war ein wichtiger wirtschaftlicher Faktor. Daneben lebten die Menschen vom Ackerbau, von der Viehzucht sowie vom Tuchmacherhandwerk. Außerdem gab es Mühlen, eine Ziegelei, ein Sägewerk, eine Fassfabrik, auch der Fischfang war von Bedeutung. 1829 wurde die Chaussee von Berlin nach Ostpreußen, die spätere Reichsstraße 1, bis Woldenberg ausgebaut. 1847 erfolgte der Anschluss an die Eisenbahnstrecke nach Stargard (Stargard Szcz.), die zwei Jahre später in die andere Richtung bis nach Kreuz (Krzyz) verlängert wird. Woldenberg zählte 1939 über 5300 Einwohner. Nach dem deutschen Überfall auf Polen im gleichen Jahr wurde am Stadtrand ein Gefangenenlager für polnische Offiziere eingerichtet. Die Stadt erlitt 1945 starke Zerstörungen und erholte sich nur langsam davon. So blieben bis heute manche Lücken im Zentrum sowie der eher ländliche Charakter erhalten, der naturverbundenen Touristen entgegenkommt.

Die Kirche dominiert das Zentrum

Sehenswürdigkeiten

Sehenswürdigkeiten aus der älteren Geschichte sind in Dobiegniew leider kaum noch vorzufinden, weshalb man mit einer Besichtigung am besten außerhalb beginnt.

Das Drawa-Wasserkraftwerk bei Głusko

Wenn man auf der Straße von Gorzów (Landsberg/Warthe) kommt, weist ein Schild zum **Museum** im ehemaligen Kriegsgefangenenlager für polnische Offiziere ›OFLAG II C Woldenberg‹. Hier waren bereits im Ersten Weltkrieg Gefangene untergebracht, dann im Zweiten Weltkrieg rund 7000 polnische Offiziere und ab 1945 noch deutsche Gefangene. Im Museum wird umfassend über das Lagerleben berichtet, mit Originaldokumenten und teilweise auch mit Originalgegenständen. Außerdem erhält der Besucher Einblicke in die Geschichte von Woldenberg und Dobiegniew.

Von hier bis zum Ortszentrum beträgt die Entfernung etwa einen Kilometer. Vor dem Bahnübergang rechts, in der ul. Marchlewskiego, befindet sich das **Kulturhaus** mit einer öffentlichen Bibliothek. Geradeaus weiter und links zu den Haltestellen von Bahn und Bus ist noch vieles von der alten Bausubstanz erhalten. An der Hauptkreuzung biegt man rechts ab. Eine geschmackvoll eingefasste Schautafel weist auf den nahen Drawa-Nationalpark hin.

Nun gelangt man in den ehemaligen Ortskern. Um eine größere freie Fläche herum gruppieren sich weniger schöne Neubauten. Nur ein Mauerrest und die mächtige **Backsteinkirche** aus dem 14./15. Jahrhundert mit herrlichen farbigen Glasfenstern, einem schönen Portal und einem Turm aus der Schinkel-Ära erinnern an alte Zeiten. Nicht weit von der Kirche ragt als **Siegesdenkmal** zur Erinnerung an 1000 Jahre Polen ein riesiges Schwert empor.

Südlich des Gotteshauses kommt man zu einem klassizistischen **Speichergebäude**; hier bestand früher ein Rittergut. Nördlich der Kirche liegt der **Jezioro Wielgie** (Großer See).

Auf Promenaden führt der Weg von hier zurück zur Hauptkreuzung mit Parkanlagen und zum Bahnhof. Wenn man sich noch erfrischen möchte, ist ein Abstecher entlang der Straße in Richtung Szłopa (Schloppe) lohnenswert: am Stadtausgang befindet sich links am See eine **Badeanstalt**. Oder man wandert in der entgegengesetzten Richtung etwa zwei Kilometer stadtauswärts zum Strand am Ostufer des **Jezioro Osiek** (Hermsdorfer See).

Die Umgebung

Die Gegend um Dobiegniew ist sehr pilz- und beerenreich, die Seen und Wälder ziehen vor allem naturverbundene Touristen wie Wassersportler und Angler an. Neben den größeren Campingplätzen ist das Zelten auch an einigen Gewässern möglich. Wanderwege führen unter anderem nach Drezdenko (Driesen) und Strzelce Krajeńskie (Friedeberg). Mehrere Naturschutzgebiete und Naturdenkmäler wurden für den Erhalt seltener Tier- und Pflanzenarten eingerichtet.

Kulturhistorisch interessant ist das etwas über zehn Kilometer nördlich entfernte **Bierzwnik** (Marienwalde). Von dem seit Ende des 13. Jahrhunderts errichteten **Zisterzienserkloster** sind noch Gebäude vorhanden. Im **Park** findet man exotische Gewächse vor. Seit dem 16. Jahrhundert bestand in dem großen Dorf eine Glashütte, die bis 1825 Glasartikel für gewerbliche Zwecke herstellte.

Rund 15 Kilometer östlich von Dobiegniew, an einer Brücke über der Drawa, liegt das Dorf **Str. Osieczno** (Hochzeit). Die früher oft umstrittene Grenzstadt an einer alten Handels- und Heerstraße wurde zerstört, jetzt findet man ein kleines, idyllisch gelegenes Dorf vor. Ungewöhnlich in dieser Region ist die **Kirche** auf einer Anhöhe, ein achtseitiger Backsteinbau mit ausgebautem Chorraum. Über den Kirchenfenstern zieht sich ein Kranz kleiner Fenster um den Zentralbau. Darüber erhebt sich ein offener spitzer Turm. Andere **Dorfkirchen** in der Umgebung sind ebenfalls sehenswert, unter anderem in Ługi (Lauchstädt), Słonow (Schlanow), Mierzęcin (Mehrenthin), Głusko (Steinbusch), Radęcin (Regenthin), Słowin (Lämmersdorf), Łasko (Althütte), Breń (Bernsee), Klasztorne (Klosterfelde), Chłopowo (Schwachenwalde), Górzno (Göhren), Kolsk (Kölzig), Ogardy (Wugarten), Wołogoszcz (Wolgast), Pielice (Pehlitz) und Chomętowo (Hermsdorf). In einigen von diesen Orten gibt es **Herrenhäuser** mit zumeist verwilderten Parks. Eines dieser Objekte – in Mierzęcin (Mehrenthin) gelegen – ist zu einem attraktiven Hotel ausgebaut worden. Das mehrfach prämierte Haus liegt traumhaft inmitten von Weinbergen und einem englischen Landschaftsgarten. Wenige Kilometer nördlich von Str. Osieczno (Hochzeit), bei Głusko (Steinbusch), kann man das **Drawa-Wasserkraftwerk** besichtigen. Noch heute sind die über 100 Jahre alten Maschinen in Betrieb.

Dobiegniew und Umgebung
Postleitzahl: 66-520.
Vorwahl: 0048/(0)95.
Stadtverwaltung, ul. Dembowskiego 2, Tel. 7611001, www.dobiegniew.pl.

Die Entfernung vom Grenzübergang Küstrin-Kietz beträgt etwa 95, von Frankfurt (Oder) etwa 125 und von Schwedt auch etwa 125 Kilometer.

Die **Bushaltestelle** ist am Bahnhof. Mehrere Verbindungen täglich u.a. nach Gorzów.

Dobiegniew liegt an der Bahnstrecke Szczecin–Poznań, zahlreiche Verbindungen pro Tag. Keine Direktverbindung nach Gorzów, mit Umsteigen etwa 90 Minuten Fahrtzeit dorthin.

Hotel und Restaurant Pałac Mierzęcin (€€€, Schloss Mehrenthin), Tel. 7612211, www.palacmierzecin.pl. Restaurant, Wellness & Wine Resort, eigener Weinberg. Reiten und Kutschfahrten. Englischer Park.
Pension La Mirage (€–€€), ul. Krótka 1, Tel. 7611512. Mit Restaurant; Internetzugang, eigener Parkplatz.

Jugendherberge (Saison, €), ul. Poznańska 5, Tel. 7611124.
In der Stadt gibt es nur kleinere gastronomische Einrichtungen.

Möglichkeiten zum Zelten an den Seen bei Chomętowo, Radęcin und Bierzwnik sowie an der Drawa.
Campingplatz am Jez. Osiek, Tel. 7611541.

Museum im ehemaligen Gefangenenlager für polnische Offiziere ›OFLAG II C Woldenberg‹, ul. Gorzowska 11, Tel. 7611095, www.muzeum.dobiegniew.pl. In Bierzwnik sind die Reste des ehemaligen **Zisterzienserklosters** zu besichtigen.

Gestüt im Hotel ›Palac Mierzęcin‹.

Von Dobiegniew aus sind es nur etwa 15 Kilometer bis zum Drawa-Nationalpark.

Möglichkeiten zum Angeln an zahlreichen Seen der Umgebung.

Badestellen am Stadtsee und an Gewässern in der Umgebung.

Pfadfinder-Seglerbund Panta Rhei am Jez. Osiek; Wasserwandern bei Damian Gniotowski, ul. Wygon 54/4, 73-240 Bierzwnik, Tel. 7206113.

Mehrere markierte **Wanderwege** bieten Touren um die Stadt herum an.

Drezdenko (Driesen)

Umfangreiche Wälder fassen das Urstromtal der Noteć (Netze) bei Drezdenko im Norden und Süden ein, die Stadt mit hübschem Zentrum liegt dazwischen. Einst war der Ort Streitobjekt zwischen Polen und Pommern, dann zwischen Polen und Brandenburg. Heute wird Drezdenko wegen des guten Bahnanschlusses und der Unterkunftsmöglichkeiten gern als Ausgangspunkt für Wasser-, Fuß- und Radwanderungen gewählt.

Geschichte

Ursprünglich existierte an der Stelle der heutigen Stadt ein Übergang über den Fluss. Auf einer Insellage, auf der es wahrscheinlich vorgeschichtliche Besiedlung gab, legten die Polen eine Befestigung an, im Zusammenhang mit Kämpfen zwischen Polen und Pommern wird sie im Jahr 1092 als ›castrum Drzen‹ erwähnt. Sie blieb lange Zeit Streitobjekt. Mitte des 13. Jahrhunderts beherrschte sie der Pommernherzog Barnim. 1260 ging Drzen als Mitgift der polnischen Prinzessin Konstanza bei ihrer Vermählung mit dem Markgrafensohn Konrad in brandenburgischen Besitz über. Danach wurde die Stadt einschließlich Umgebung noch mehrmals von Polen erobert.
Als Markgraf Waldemar 1317 den Ort an den Ritter von Osten zu Lehen gab, wurde Driesen als Stadt urkundlich erwähnt. Die Familie unterstellte sich vorübergehend wieder dem polnischen Staat, 1402 aber ging Driesen wie die gesamte Neumark bis 1455 an den Deutschen Orden. Seit dem 16. Jahrhundert war die Stadt Sitz eines kurfürstlichen Amtes und dem Landesherrn direkt unterstellt. Zum Besitz gehörten neun umliegende Dörfer.

116 Drezdenko

Hübscher Bau, hübsche Umgebung: das Museum

Im Jahr 1602 ließ Kurfürst Joachim Friedrich an der Stelle der alten Burg eine Festung mit fünf Bastionen anlegen. Einige Jahre später entstanden eine Glashütte und eine Salzsiederei, und viele Kolonisten siedelten sich in der Niederung der Netze an. Im Dreißigjährigen Krieg suchten sowohl die Kaiserlichen als auch die Schweden die Stadt heim, die Russen im Siebenjährigen Krieg. 1763 entstand eine ›Neustadt‹, zwei Jahre später ließ Friedrich der Große die Festungsanlagen abtragen. Es gibt damals drei Stadttore, aber wegen der Insellage keine Stadtmauern.
Im alten Driesen florierte der Holzhandel und bis zum 19. Jahrhundert auch das Tuchmachergewerbe. 1837 erfolgte der Anschluss an die Bahnstrecke Berlin–Landsberg (Gorzów)–Kreuz (Krzyż), aber erst 1936 wurde die Grenzlandbahn nach Schwerin (Skwierzyna) eingeweiht. Nach dem Ersten Weltkrieg, als der polnische Staat neu entstand, verloren die örtlichen Fabriken ihre traditionellen Absatzgebiete. Um 1900 lebten in Driesen rund 6300 Menschen, 1939 waren es etwas weniger. Im Zweiten Weltkrieg wurde die Stadt kaum in Mitleidenschaft gezogen.

Im Jahr 1976 wurde Drezdenko als ›Meister der Wirtschaftlichkeit‹ ausgezeichnet, Obst- und Gemüseverarbeitung sowie die Gießerei und die Papierfabrik hatten und haben einen guten Ruf. Die Stadt ist außerdem durch schöne Altbauten und eine liebenswürdige Atmosphäre für Touristen recht attraktiv. Derzeit leben hier knapp 18 000 Menschen.

Sehenswürdigkeiten

Das Stadtzentrum von Drezdenko liegt mehr als zwei Kilometer südlich vom Bahnhof. Um die Station herum hat sich ein eigener Stadtteil (früher Vordamm) mit Geschäften und einer neobarocken Kirche gebildet.
Nach dem Überqueren der Noteć (Netze) und der sogenannten Faulen Netze ist die Innenstadt erreicht. Hier herrscht geschäftiges Treiben. Vom **Stary Rynek**, dem alten Marktplatz, erreicht man nach links, durch die ul. Warszawska, den **Plac Wileński**. Vor dessen weiträumiger Fläche, auf dem auch die Busse halten, fällt links ein Bau mit schmucker Fassade auf: das **Rathaus**. Ein Schild weist auf die Partnerstadt Wörth am Rhein hin.
Hält man sich weiter geradeaus, nun auf der ul. Chrobrego, ist bald das Gelände erreicht, auf dem einst die Burg und die Festung standen. Unterwegs fällt auf, dass viel alte Bausubstanz erhalten ist und gepflegt wird. Das ehemalige Festungsareal wird durch Schulgebäude beherrscht, darunter im Vordergrund das ehemalige **Treppmacher-Palais** (Schloss), an dessen Fassade seit 2006 eine Gedenktafel für den 1634 in Driesen geborenen Komponisten Adam Krieger angebracht ist. Hinter dem Komplex lässt sich noch am ehesten der frühere Festungsgarten ausmachen. Links hinter Grünanlagen befindet sich in dem ehemaligen Arsenal und späteren Speichergebäude das **Museum**. Auf vier Etagen bietet es ausführlich Ein-

blick in die Geschichte, Landschaft und Natur von Stadt und Umgebung. Besonders hervorgehoben werden die Pflanzen- und Tierwelt der umliegenden Wälder sowie die Imkerei.

Von hier führen die ul. Zamkowa und die ul. Marszałkowska erst nach Süden und dann parallel an der Stara Noteć (Alte Netze) entlang. Vorbei an historischen, oft im Fachwerkstil errichteten Häusern und am **Basar** kommt man zur **Hauptkirche**. Das Innere ist mit hübscher Glasmalerei, schönen Gewölben und einem wundervollen Altar ein Erlebnis.

In der angrenzenden ul. Ogrodowa befindet sich ein Hotel, entgegengesetzt ein repräsentatives Schulgebäude. Die Porträtplastik vor der Schule stellt Janusz Korczak dar, einen bekannten Arzt und Pädagogen, dessen Namen die Schule seit 1979 trägt.

Über die ul. Szkolna kommt man wieder zum alten Marktplatz zurück. Hier kann man auf Bänken unter schattenspendenden Bäumen die angenehme Atmosphäre der Stadt mit ihren reizvollen Straßenzügen nachklingen lassen.

Die Umgebung

Die fruchtbare Niederung an der Noteć (Netze) mit ihren vielen Nebenfließen ist typisch für die nähere Umgebung von Drezdenko. Nur wenige Kilometer weiter schließen sich nördlich und südlich riesige **Waldgebiete** an. Ihr vorwiegend sandiger Boden wird durch Seen, Seenketten, Moore und kleine Flüsse unterbrochen. Auch hügelige Abschnitte mit Erhebungen, die fast 130 Meter über dem Meeresspiegel erreichen, gibt es. Neben Kiefernforsten bestimmen Misch- und Buchenwälder das Bild. Innerhalb zweier Landschaftsschutzgebiete sind zahlreiche Naturschutzgebiete und Naturdenkmäler ausgewiesen. Wanderer, Radtouristen, Wassersportler, Angler sowie Pilz- und Beerensammler kommen in dieser Landschaft voll auf ihre Kosten.

Nördlich von Drezdenko kann man in **Lubiewo** (Brand) oder in **Zagórze Lubiewskie** (Langs Theerofen) an dem kilometerlangen klaren Jezioro Lubiowa (Großer Lubowsee) Quartier beziehen. Südlich gibt es am **Jezioro Lubowo** (Libau-See)

Gościm liegt malerisch

einen Campingplatz. Sehr komfortabel ist man bei **Gościm** (Gottschimm) etwa 15 Kilometer südwestlich von Drezdenko in der ›Fischereiwirtschaft‹ untergebracht. Angler können gleich vor dem Haus ihrem Hobby nachgehen, und zum Badesee sind es nur wenige Minuten Fußweg. Die Dörfer der Umgebung unterscheiden sich sehr, lohnen aber durchweg einen Besuch. Sie sind entweder – wie Karwin (Hammer), Lubiatów (Lubiath) und Grotów (Modderwiese) im Süden und Lubiewo (Brand) im Norden – verträumt von Wald umgeben, oder sie liegen am Rande der Noteć- (Netze-) Niederung und werden oft durch einst reiche Gehöfte geprägt. Außerdem finden sich im Bruch auch viele Einzelhöfe und kleine Siedlungen. Manche von ihnen, wie Błotnica (Brenkenhofswalde), Błotus (Brenkenhofsbruch) und Pełcza (Friedrichshorst), erinnern mit ihren alten deutschen Namen an die Zeit der großflächigen Urbarmachung und Kolonisierung des Sumpfgebietes. Die fand vor allem in den Jahren nach 1765 statt, als Friedrich II. (›Der Große‹) König von Preußen war.

Drezdenko und Umgebung

Postleitzahl: 66-530.
Vorwahl: 0048/(0)95.
Informationsbüro, Pl. Wolności, Tel. 7620948, Mo–Fr 8-18, Sa 10-16 Uhr.
Stadtverwaltung, ul. Warszawska 1, Tel. 7622963, www.drezdenko.pl (auch in deutscher Sprache).

Die Entfernung vom Grenzübergang Küstrin-Kietz beträgt etwa 110 und von Frankfurt (Oder) etwa 120 Kilometer.

Die **Bushaltestelle** befindet sich am Plac Wileński (Neuer Markt). Mehrere Verbindungen täglich nach Gorzów.

Die **Bahnstation**, zwei Kilometer außerhalb des Zentrums, liegt an der Strecke Kostrzyn–Gorzów–Krzyż. Mehrere Verbindungen in beide Richtungen täglich.

Taxis befinden sich am Plac Wileński.

Hotel und Restaurant Eljan (€€), ul. Ogrodowa 4, Tel. 7620497, www.hoteleljan.com.pl.

Pension Koloseum (€–€€), ul. Rzemieślnicza 5, Tel. 696631009, www.koloseum.drezdenko.w.interia.pl.
Jugendherberge (€), Lubiatów Nr. 20, Tel. 602312087.
Jugendherberge, Goszczanowo Nr. 14a, Tel. 7624211.

Möglichkeiten zum Zelten bestehen an den Seen, wo sich die Erholungszentren befinden.

Restaurant Warszawianka, ul. Lwowska 6, Tel. 7621640.
Restaurant Basen, ul. Mickiewicza 4, Tel 7621909.
Weitere Einkehrmöglichkeiten (Imbisse).

Museum über den Drawa- und Noteć-Urwald, Plac Wolności 11, Tel. 7620948, museumpuszczy@op.pl.

Möglichkeiten zum Angeln bestehen an den meisten Gewässern der Umgebung.

Schwimmhalle, ul. Mickiewicza 4.
Baden kann man in den Seen um Drezdenko und bei den Erholungszentren.

Treffen der Freilichtmaler.
In Stare Kurowo (Altkarbe): Internationaler Tag des Damhirsches.
Die Termine wechseln von Jahr zu Jahr.

In Kosin (Neu-Dessau) und in Drawiny (Dragebruch) Möglichkeiten zum Reiturlaub; s. a. Abschnitt ›Reiten‹ in den ›Reisetipps von A bis Z‹ (→ S. 268).

⊙
Die Umgebung ist gut für Fuß- und Radwanderungen geeignet.

Folgende Routen sind als Fußtrassen ausgewiesen: am Flusslauf der Drawa (Drage) in Richtung Norden, in Richtung Strzelce Krajeńskie nach Westen sowie in Richtung Międzychod nach Süden.

Segelklub Kliwer in Lubiewo, Tel. 501589512.; einige Erholungszentren stellen Boote zur Verfügung.

Tankstelle an der ul. Niepodległości.

Strzelce Krajeńskie (Friedeberg)

Das Städtchen Strzelce Krajeńskie ist ein günstiger Ausgangspunkt, um die zahlreichen Naturschönheiten der Umgebung zu besuchen. Aber auch der Ort selbst ist mit seiner mittelalterlich geprägten Architektur ein lohnendes Ziel.

Geschichte

Der Name der Stadt wurde 1945 von der slawischen Siedlung Strzelecz (Schütze) übernommen. Diese bestand bis zum 13. Jahrhundert an einer alten Handelsstraße zwischen zwei Seen, an denen wegen der günstigen Lage schon lange Zeit Menschen gesiedelt hatten. Dieses Gebiet ging 1260 als Mitgift der polnischen Prinzessin Konstanze anlässlich ihrer Vermählung mit dem askanischen Markgrafensohn Konrad in brandenburgischen Besitz über. Im Jahr 1286 taucht der Name der Stadt Friedeberg erstmals in einer Urkunde auf. Ab dieser Zeit hielten sich hier oft die Markgrafen auf. Die Bezeichnung des Ortes hatte eine Familie von Friedeberg aus dem Saalekreis mitgebracht.

Die Stadt wurde Sitz eines Hof- und Mannsgerichtes für die Neumark sowie Mittelpunkt einer Region, die 1337 etwa 40 Dörfer umfasste. Später erhielt sie den Status einer Kreisstadt. 1433 zerstören Hussiten die Stadt. Im Dreißigjährigen Krieg gab es starke Verwüstungen, denen auch das 1290 angelegte Augustiner-Eremitenkloster zum Opfer fiel. Die Russen plünderten 1758 während des Siebenjährigen Krieges die Stadt und hielten sie bis 1762 besetzt.

Durch die Urbarmachung des Netzebruches im 18. Jahrhundert vergrößerte sich die Feldmark der Stadt. Wichtige Gewerbe waren damals die Tuchmacherei, die Schuhmacherei und die Brauerei. Um 1825 kam der Anschluss an die Staatsstraße von Berlin nach Ostpreußen, die später als Reichsstraße 1 bezeichnet wurde. Die 1857 in Betrieb genommene Ostbahn führt in sieben Kilometer Entfernung vorbei, erst 40 Jahre später erhielt Friedeberg direkten Anschluss durch eine Nebenbahn.

Der seit 1816 brandenburgische Kreis Friedeberg kam 1938 zu Pommern. Das

Strzelce Krajeńskie

Zentrum erlitt 1945 durch Kriegseinwirkungen erhebliche Zerstörungen. Als 1973 die mächtige Marienkirche wieder eingeweiht wurde, hielt auch der ehemalige evangelische Superintendent des deutschen Kirchenkreises eine Ansprache. Neben dem Gotteshaus wurden auch die alten Befestigungsanlagen restauriert. Sonst bestimmen Neubauten das Stadtbild.

Im Jahr 1800 zählte der Ort etwa 3000 Einwohner, zwischen 1900 und 1945 waren es um 6000. Heute leben hier rund 10000 Menschen.

Sehenswürdigkeiten

Die zentrale Bushaltestelle liegt westlich vom Zentrum, hier befindet sich auch der ehemalige Bahnhof der inzwischen stillgelegten Nebenstrecke. In Richtung Innenstadt befindet sich gleich links hinter dem Ring der Stadtmauer ein Hotel. Das erste Ziel der meisten Besucher ist die **Marienkirche**. Sie brannte im Jahr 1945 aus und wurde nach 1960 wieder aufgebaut. Der Turm bekam aber nicht wieder seine alte Form, sondern ein niedrigeres Dach. Im Innern beeindrucken das schöne Sterngewölbe und die ummauerten Pfeiler. Die Grünanlage neben der Kirche ziert ein Brunnen mit einer aus Metall gestalteten grazilen Figur eines Greifvogels.

Von der Kirche führt die ul. Sienkiewicza (Turmstraße) zur **Bastei Wiezienna** (Neues Tor). Hier sind noch alte Häuser erhalten, und der Wehrturm ragt neben einer Straßendurchfahrt in die Höhe. Wenn man sich hier rechts hält, kann man innerhalb des **Mauerringes** fast den gesamten mittelalterlichen Stadtkern umwandern. Dabei stellt man fest, dass die Stadt einst kreisförmig mit schachbrettartiger Aufteilung der Straßenzüge angelegt wurde. Die Mauern sind bis zu drei Meter dick und stellenweise sogar noch in der Originalhöhe von bis zu sieben Metern erhalten. Ab und zu gibt es Türdurchgänge zu den dahinterliegenden Gärten.

An der nächsten Straßendurchfahrt kann man zu den von Grünanlagen umgebenen **Jezioro Gornę** und **Jezioro Dolne** (Ober- und Untersee) wandern. Links der Straße liegt eine **Badeanstalt**, rechts sind **Speichergebäude** aus dem 18. Jahrhundert zu sehen.

Das mächtige **Driesener Tor** (Brama Młynski) mit seinem gotischen, reich verzierten Turm und Wehrgang blieb gut erhalten. Daneben befindet sich noch ein **Wiekhaus**. Früher führte durch die spitzbogige Durchfahrt die Straße nach Drezdenko (Driesen). Weiter an der Stadtmauer entlang fallen ein Mühlstein und ein eingemauertes Kreuz auf. Früher gab es 38 stattliche Türme und zahlreiche Wiekhäuser. An der Straßenausfahrt in Richtung Süden sind zwei Türmchen sowie das Wappen der Stadt, es zeigt – natürlich – wehrhafte Türme. Nach einem Rundgang bleibt vielleicht noch Zeit für einen Bummel über den Marktplatz im Zentrum. Hier befindet sich die Touristen-Information.

Die Umgebung

Das Wort Krajeńskie im Stadtnamen deutet an, dass hier eine Landschaft in eine andere übergeht. Und tatsächlich befindet man sich am Rand von Tal und Bruch der Noteć (Netze). Die Niederung im Süden verfügt auch über ihre Reize, aber touristisch interessanter sind die großen Seen und Wälder im hügeligen Gelände westlich und nordöstlich der Stadt. In Richtung Dobiegniew (Woldenberg) kommt man über Licheń (Lichtenow) nach Długie (Dolgen). Dort gibt es am **Jezioro Lipie** (Liebsee) herrliche Sandstrände und vielfältige touristische Einrichtungen. In der **Kirche** von **Licheń** wurde 1780 Franz Balthasar Schönberg von Brenckenhoff bestattet, der im Auftrag von König Friedrich II. das Warthe- und Netzebruch urbar gemacht hat.

Die Straße nach Barlinek (Berlinchen) führt über Buszów (Büssow) nach **Danków** (Tankow) mit alter **Kirche** und Park. Hier kann man in einem romantisch gelegenen See baden und ein gutes Restaurant aufsuchen. Über Wielisławice (Wildenow) führt der Weg nach Wilanów (Wildenower Försterei) in einen urwüchsigen Landschaftspark. An der

Die Reste der alten Stadtmauer

Einsamkeit in der Nähe des Netzebruchs

Straße weiter nach Santoczno (Zanzhausen) werden alte Bestände von Buchen und Eichen geschützt. Hier steht die riesige **Eiche Sobieski**, die 400 Jahre alt sein soll und einen Stammesumfang von mehr als sechs Metern aufweist.

Vielleicht unternimmt man auch eine Rundfahrt in das landwirtschaftlich geprägte Hügelland im Norden mit den **Kirchdörfern** Lipie Góry (Mansfelde), Lubicz (Blumenfelde), Bobrówko (Breitenstein), Sokólsko (Falkenstein) und Bronowice (Braunsfelde) sowie im Osten nach Gardzko (Hohenkarzig). Die Ortschaft **Tuczno** (Schönrade) liegt wenige Kilometer nördlich von Strzelce Krajeńskie. Hier ist das mittlerweile denkmalgerecht restaurierte **Schloss** von 1897 sehenswert. Es entstand nach Plänen des Berliner Architekten Alfred Messel, der unter anderem das berühmte Kaufhaus Wertheim am Leipziger Platz in Berlin entwarf.

| Strzelce Krajeńskie und Umgebung |

Postleitzahl: 66-500.
Vorwahl: 0048/(0)95.
Touristenbüro, Rynek (Marktplatz), Tel. 7632100, Mo–Fr 8–16 Uhr, www.strzelce.pl (auch englisch).

Die Entfernung vom Grenzübergang Küstrin-Kietz beträgt etwa 75, von Frankfurt (Oder) etwa 105 Kilometer.

Die **Bushaltestelle** befindet sich westlich vom Zentrum an der Straße nach Gorzów (Landsberg). Mehrere Verbindungen tgl. nach Gorzów.

Die **Bahnstation** liegt etwa sechs Kilometer entfernt an der Strecke Berlin–Gorzów (Landsberg)–Krzyż (Kreuz). Mehrere Verbindungen tgl.

Taxis stehen gewöhnlich an der ul. Forteczna Zachodnia neben dem Hotel.

Hotel und Restaurant Staropolski (€€), ul. B. Chrobrego 19, Tel. 7631110, www.staropolski.pl. Fahrradverleih, Souvenirladen.
Hotel Łucznik (€–€€), ul. Sportowa 1, Tel. 7632995. Mit Restaurant.
Hotel und Restaurant Wodnik (€€) in 66-500 Długie 14, Tel. 7612288, www.hotelwodnik.de. Direkt am Jez. Lipie.

Campingplatz, auch für Wohnwagen, in Długie, Tel. 7613933. Zeltmöglichkeiten auch an anderen Gewässern der Umgebung.

Restaurant Zacisze, ul. Słowackiego 15a, Tel. 7632165, www.zacisze.strelce.com. Weitere Einkehrmöglichkeiten, auch in Długie.

Deutsch-polnisches Festival der Seemannslieder in Długie im August.

Angelmöglichkeiten an zahlreichen Seen der Umgebung.

Badeanstalt am Jez. Gorne; **Strand** in Długie; **Badestellen** an weiteren Gewässern in der Umgebung.

Tauchzentrum Marlin plus in Długie, Tel. 7207655, Fax 7229729, www.marlinprofit.pl.

Fuß- und Radwanderrouten mit Beschilderung von der Stadt aus als Rundwege oder in verschiedene Richtungen, darunter nach Gorzów, nach Drezdenko sowie Richtung Nordosten zum Bahnhof von Rebusz.

Segelclub für Jugendliche, al. Wolności 8b/7, am Jez. Lipie, Tel. 603376586.

Eine **Tankstelle** befindet sich an der ul. Wojska Polskiego.

Santok (Zantoch)

Wenn von einem ›polnischen Troja‹ die Rede ist, dann spricht man über Santok. In einer wunderschönen Landschaft am Zusammenfluss von Noteć (Netze) und Warta (Warthe) wurden hier nacheinander zwölf Burgen errichtet und immer wieder zerstört. Daran erinnern ein Museum und Freilichtanlagen. Von den Abhängen überblickt man das einzigartige Bruchgelände, das ein bevorzugtes Revier für Störche ist. Im Sommer kann man zudem regelrechte ›Froschkonzerte‹ erleben.

Geschichte

An der Stelle eines Flussübergangs bei der Mündung der Noteć (Netze) in die Warta (Warthe) liegt uraltes Siedlungsgebiet. Das belegen Funde aus der Zeit der Wikinger. Im 9. Jahrhundert reichte der Siedlungsraum der Pommern bis hierher. Man vermutet, dass sie die ersten Befestigungen anlegten. Die Polen eroberten um 990 den Kreuzungspunkt und errichteten einen Ringwall. Die Pommern versuchten, sich am nördlichen Flussufer, auf dem sogenannten Schlossberg, zu behaupten, mussten die Region um 1100 aber aufgeben. Santok wurde Sitz einer polnischen Kastellanei und Propstei, vorübergehend war der Ort in schlesischem Besitz. Wohl schon im 11. Jahrhundert entstand die Andreaskirche. Durch die Vermählung des Markgrafen Konrad mit der polnischen Prinzessin Konstanze ging der Besitz einschließlich größerer Ländereien 1260 in brandenburgische Hand über, auch die Burg kam 1296 in den askanischen Machtbereich. Bis zum 14. Jahrhundert gab es aber fortwährend kriegerische Auseinandersetzungen um Santok.

An der Warthe bei Santok

Das Warthebruch bei Santok

Auf dem Gelände der sogenannten Schanze wurden bei Ausgrabungen um 1930 insgesamt zwölf Burganlagen nachgewiesen. Davon werden fünf als slawisch, vier als frühdeutsch und drei als spätmittelalterlich aus der Zeit der Johanniter eingestuft. Die Befestigungen waren immer wieder zerstört und danach jeweils an gleicher Stelle neu errichtet worden.

Im Jahr 1296 wurde der Sitz einer hier bestehenden Propstei nach Soldin (Myślibórz) verlegt, 1437 erbaute der Deutsche Orden an der Stelle der früheren Pommernburg einen Turm. Im 15. Jahrhundert kam der Ort vorübergehend nochmals in den Besitz Polens und wurde auch von den Hussiten erobert. Danach war er ständig brandenburgisch, verlor aber seine Bedeutung als Grenzfestung. Neben der Burg entwickelte sich ab dem 14. Jahrhundert ein Marktflecken sowie ein Kietz. Mit Kietz wird der Teil der Siedlung außerhalb der Stadtmauern bezeichnet, in dem vorwiegend die slawische Restbevölkerung lebte, die in der Regel auch das Personal der jeweiligen Herrscher stellte. Nach mehreren Zerstörungen im Dreißigjährigen und im Siebenjährigen Krieg blieb Zantoch weiterhin eine ländliche Siedlung, und der Marktflecken entwickelte sich nicht zu einer Stadt weiter. Die Einwohnerzahl stieg kaum über 1500.

Heute ist Santok ein beschauliches Dorf und der Amtssitz für mehr als zehn Gemeinden, das wegen seiner bedeutenden - mal deutschen, mal polnischen – Vergangenheit viele Touristen anzieht.

Sehenswürdigkeiten

Santok ist ein langgestrecktes Straßendorf. Es zieht sich zwischen der Warta (Warthe), der Noteć (Netze) und dem Kanal Polka (Pulskanal) auf der südlichen und Berghängen auf der nördlichen Seite hin. Der schmale Streifen dazwischen reicht gerade für die Häuserzeilen, die Straße und die Bahnstrecke aus. Der Bahnhof befindet sich ganz im Osten des Dorfes.

Wer mit dem Auto ankommt, beginnt seinen Rundgang am besten in der Mitte des Ortes, am **Glockenturm** im Fachwerkstil aus dem 18. Jahrhundert. Daneben führt ein Fußweg zu einer **Aussichtshöhe** hinauf. Wo früher eine Burg stand, erhebt sich als Nachfolgebau dieses ›Bergfriedchens‹, das der Deutsche Orden errichtet hatte, heute ein **Aus-**

sichtsturm. Auch von den Bergen neben dem Aussichtsturm hat man einen wundervollen Blick auf Santok, die Niederungen an der Warta und Noteć sowie bis zu den Wäldern in der Ferne.

Etwas weiter flussabwärts kommt man durch eine Bahnunterführung zur **Kirche** aus dem Jahr 1857. Hier bietet ein Seitental auch Platz für mehrere Gehöfte. Die ul. Wodna führt am **Museum** vorbei zur Fähre. Die Ausstellungen im Museum sollte man sich unbedingt ansehen: In anschaulichen Großbildern sowie anhand von Dokumenten und Funden wird die Geschichte der zahlreichen Burganlagen dargestellt, außerdem die Natur und Landschaft der Region. Daneben gibt es Sonderausstellungen.

Anschließend kann man sich mit der **Fähre** zum anderen Ufer der Warta übersetzen lassen und sich den Platz, auf dem sich die Burganlagen befanden, ansehen. Hier, auf der ehemaligen Schanze, deuten mehrere hölzerne Figuren und **nachgestaltete Festungsfragmente** den einstigen Umfang der historischen Bauten an. An der Straßenkreuzung nahe der Brücke befinden sich Geschäfte, ein Restaurant und das Kulturhaus, in dem man auch touristische Informationen bekommt. Von der Brücke bietet sich eine schöne Sicht auf beide Flüsse. Von 1872 bis 1874 wurde die Mündung der Noteć in die Warta um etwa einen Kilometer stromaufwärts verlegt. An der Brücke kann man auch zur Noteć heruntergehen und auf einem schönen, neu angelegten **Promenadenweg** flussabwärts spazieren.

Die Umgebung

Um Santok herum findet man mehrere Landschaftsformen vor: zum einen das sich hier gabelnde Urstromtal der Warta und der Noteć, dann im Norden ein von zahlreichen Fließen durchzogenes Höhengebiet sowie ein riesiges, meist sandiges, aber pilzreiches Waldgelände, die Puszcza Notecka. Durch die natürliche Überflutung des Tales in jedem Frühjahr bietet sich der grandiose Anblick einer riesigen Wasserfläche. Wenn das Wasser wieder abgeflossen und der normale Wasserstand erreicht ist, gedeihen dort zahlreiche seltene und schön blühende Pflanzen. Viele Störche finden hier reichlich Nahrung.

Die nächsten Dörfer nach Süden und Osten hinter **Stare Polichno** (Pollychen) mit seiner eindrucksvollen **Kirche** liegen weit entfernt. In Murzynowo (Morrn) bestehen Ziegeleien und ein attraktives Sportzentrum einschließlich Touristenunterkünften. Hinter Lipki Wlkp. (Lipke) kommt man über Jastrzebnik (Christophswalde) nach Goszczanowo (Guscht). Hier befindet sich ein See mit schönen Badestellen. Auf Wiesen und Äckern stehen viele Bauerngehöfte verstreut.

Im Norden bietet sich ein anderes Bild. Außer Górki Noteckie (Gurkow) liegen

Idylle bei Goszczanowo

Gralewo (Gralow), Janczewo (Jahnsfelde) und Różanki (Stolzenberg) auf der Hochebene. Kirchen sind zumeist die einzigen Sehenswürdigkeiten.

Durch Santok führt ein markierter **Wanderweg**. Er kommt im Süden aus Lubniewice (Königswalde) und Skwierzyna (Schwerin) und verläuft nördlich durch ein großes Wald- und Seengebiet nach Barlinek (Berlinchen) weiter. Die vielfältige Natur und Landschaft um Santok herum lässt sich am besten erschließen, wenn man mit dem Fahrrad oder mit einem Sportboot unterwegs ist.

Santok und Umgebung

Postleitzahl: 66-431.
Vorwahl: 0048/(0)95.
Gemeindeverwaltung, ul. Gorzowska 59, Tel. 7287610, www.santok.pl.
Touristische Informationen im **Kulturhaus**, ul. Gorzówska 37, Tel. 7287637.

Die Entfernung vom Grenzübergang Küstrin-Kietz beträgt etwa 70 und von Frankfurt (Oder) etwa 95 Kilometer.

Die **Bushaltestelle** befindet sich an der Kreuzung im Zentrum. Mehrere Verbindungen tgl. nach Gorzów, vier nach Skwierzyna.

Der Ort liegt an der Bahnstrecke Kostrzyn–Gorzów–Krzyż. Mehrere Verbindungen tgl.

Zahlreiche Hotels im nur etwa 15 Kilometer entfernten Gorzów (→ S. 133).

Restaurant/Imbiss an der Promenade (Przy Promenadzie).

Museum mit Darstellungen zur Geschichte und Landschaft, ul. Wodna 4 (nahe Fähre), Tel. 7316591.
Burgmuseum, Freilichtausstellung auf dem Gelände der einstigen Burgen (nur mit der Fähre zu erreichen), www.muzeumlubuskie.pl.

Juni: **Internationales Treffen der Wassersportler**.
Juli: **Gesamtpolnische Fahrt der Wasserwanderer** und **gesamtpolnische Sternfahrt der Radfahrer** mit Ziel Santok; in Janczewo (Jahnsfelde): **Wettbewerb im Fahren mit Pferdekutschen**.

Möglichkeiten zum Zelten an der Warta. Infos über das **Försterhaus** in Karwin, Tel. 7625703, und das **Försterhaus** in Kłodawa, Tel. 7311176.

Reitzentrum A. Helman, in Nowe Polichno (Polychen), Tel. 7317901.

Möglichkeiten zum Angeln gibt es an den Ufern der Flüsse.

Zentrum für Kanu und für aktive Erholung Kajak-Fan, Tel. 663441798, www.kajak-fan.pl.
Von Gorzów besteht ein Ausflugsverkehr mit Passagierschiffen. Für Wasserwanderer ist hier eine Raststelle sowie ein guter Ein- oder Ausstiegspunkt bei Fahrten auf der Drawa, der Noteć, der Obra und der Warta.

Der Ort liegt an der Kreuzung zahlreicher markierter Fuß- und Radwanderwege.

Tankstelle in Lipki Wielki (Lipke).

Gorzów Wlkp. (Landsberg/Warthe)

Bereits im 14. Jahrhundert war die schön gelegene Stadt der Mittelpunkt einer größeren Region. Heute ist Gorzów Wielkopolski, mit rund 125 000 Einwohnern die mit Abstand größte Stadt der Region, Verwaltungs-, Wirtschafts- und Kulturzentrum einer Wojewodschaft, deren Sitz sie sich mit Zielona Góra (Grünberg) teilt. Den Touristen werden eine großstädtische Atmosphäre und zahlreiche Sehenswürdigkeiten geboten. Gorzów ist auch Verkehrsknotenpunkt für Straßen- und Schienenwege, außerdem dient die Warta (Warthe) dem Fracht-, Passagier- und Sportbootverkehr. In der näheren Umgebung gibt es viele Ausflugsziele und Erholungszentren.

Geschichte

Burgwälle und Funde weisen darauf hin, dass im Stadtgebiet des heutigen Gorzów vorgeschichtliche Siedlungen bestanden. Handelswege kreuzten sich hier an einem Übergang über die Warta. Als Nachweis für die Gründung der deutschen Stadt Neu-Landsberg im Jahr 1257 – sicherlich ist der Name von Landsberg, dem späteren Altlandsberg, bei Berlin entlehnt – liegt eine Urkunde vor. In ihr wird Albert von Luge vom Markgrafen Johann I. beauftragt, an der Mündung der Kladow (Kłodawka) eine befestigte Stadt einzurichten. Sie sollte zu einem Bollwerk gegen die nur wenige Kilometer entfernte polnische Grenzfestung Santok (Zantoch) gemacht werden.

Landsberg entwickelte sich dank der günstigen Lage bald zu einer größeren Stadt, schon im 14. Jahrhundert unterstanden ihr rund 40 der umliegenden Dörfer. Im Dreißigjährigen Krieg erlitt der Ort schwere Zerstörungen, viele Bürger fliehen nach Polen. Die Rolandfigur als Wahrzeichen der städtischen Marktfreiheit verschwand.

Das 18. Jahrhundert brachte wieder Wohlstand, vor allem durch die Tuchmacherei und den Wollhandel. Ein Jahrhundert später war Landsberg die größte neumärkische Industriestadt. Von dem damals bedeutenden Handel zeugt noch das Speichergebäude an der Warta aus der Zeit um 1720. Der Eisenbahnanschluss nach Berlin ab 1857, dem Bahnverbindungen nach Meseritz (Międzyrzecz) im Jahr 1896 und nach Soldin (Myślibórz) sowie nach Zielenzig (Sulęcin) im Jahr 1912 folgten, förderte diesen Aufschwung zusätzlich. Dieser Entwicklungsprozess lässt sich auch an der Einwohnerzahl ablesen: sie stieg von rund 21 000 im Jahr 1875 auf etwa 37 000 im Jahr 1905 an und lag kurz vor dem Zweiten Weltkrieg bei knapp 50 000 Einwohnern.

Ab 1816 war Landsberg Sitz einer Kreisbehörde, 1892 wurde ein selbständiger Stadtkreis gebildet. Auch in den Bereichen Kultur und Wissenschaft war die Stadt damals bedeutsam, so bestand bereits ab 1816 ein festes Schauspielhaus. Die höhere Lehranstalt für praktische Landwirte hatte einen guten Ruf, ebenso die ›Preußischen Landwirtschaftlichen Versuchs- und Forschungsanstalten‹. In Landsberg wurden die Schriftsteller Victor Klemperer (1881–1960) und Christa Wolf (1929–2011) geboren. Christa Wolf schrieb auch über Landsberg, das ihr bis 1945 Heimat war. Hier wirkten ferner der Philosoph und Theologe Friedrich Daniel Schleiermacher, der Dichter Gottfried Benn sowie der Musiker und Komponist Carl Teike. Der ›Verein für die Geschichte der Neumark‹ konstituierte sich Ende des 19. Jahrhunderts in Landsberg und erwarb sich Verdienste bei der Erforschung und Verbreitung der Regionalgeschichte. Das traditionsreiche

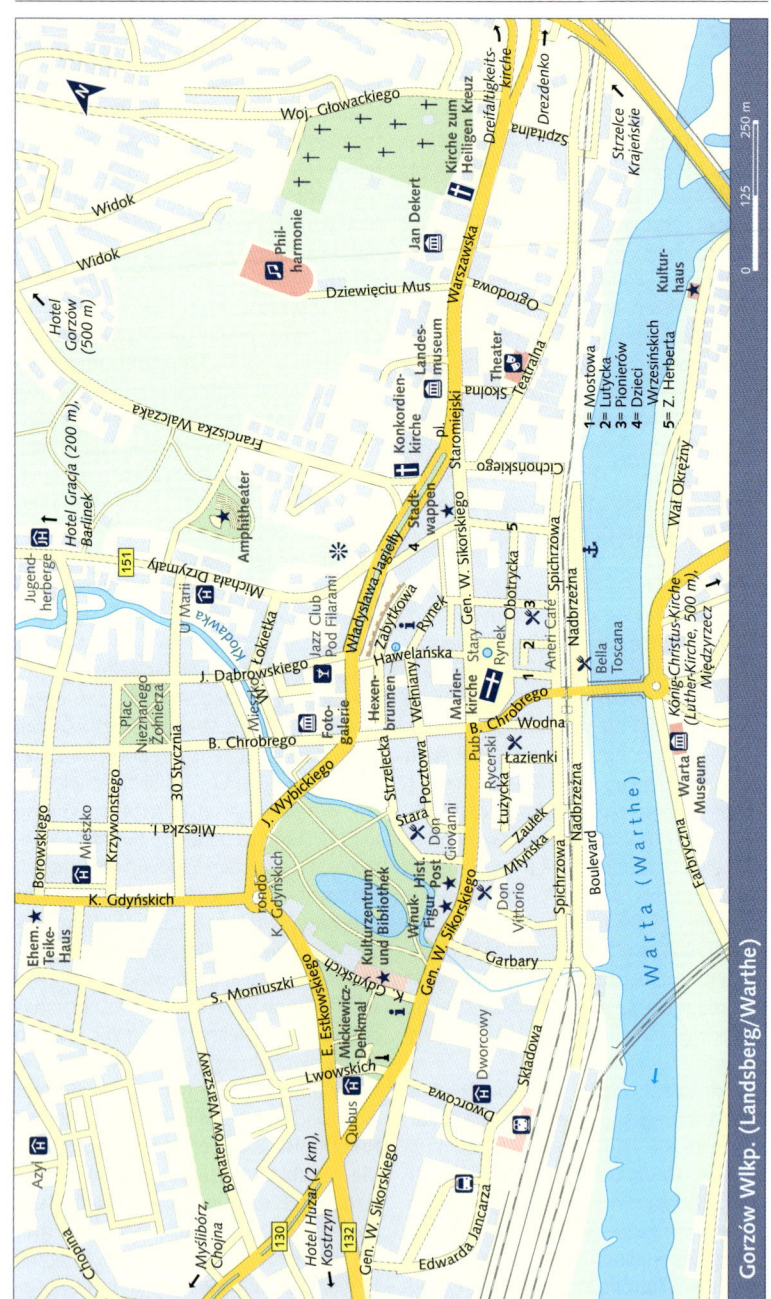

Museum wurde 1945 zerstört, überhaupt hat die Stadt am Ende des Zweiten Weltkriegs schwer gelitten.

In den heutigen Museen, durch den ›Verein der Freunde des Archivs und der Vergangenheitsbewahrung‹, durch die Zeitschrift ›Trakt‹, die publizierte deutsch-polnische Vortragsreihe ›Die Neumark – eine vergessene Provinz – die gemeinsamen Wurzeln‹ sowie durch Kontakte zu deutschen Partnern wird die Vergangenheit der Stadt für die Gegenwart bewahrt. Das spüren auch die Touristen, wenn sie die Stadt besichtigen.

Sehenswürdigkeiten

Trotz der starken Kriegszerstörungen im Zentrum präsentieren sich viele historische Gebäude und manche der Anlagen der einstigen ›Parkstadt des Ostens‹ wieder im alten Glanz.

■ Marktplatz

Im 1945 stark zerstörten Zentrum sind nur wenige alte Bürgerhäuser erhalten geblieben. Aber am Stary Rynek (Marktplatz) ist der **Pauckch-Brunnen** als Wahrzeichen der Stadt mit deutscher Unterstützung rekonstruiert worden, und eine ganze Häuserzeile daneben erhielt wieder ansehnliche Fassaden. Der schöne Stadtbrunnen konnte 1997, genau 100 Jahre nach seiner Einweihung, an seinem angestammten Platz wieder aufgestellt werden. Er war damals eine Stiftung des Landsberger Unternehmers Hermann Pauckch. Im Mittelpunkt des Brunnens steht eine Frauenfigur mit zwei Eimern in ihren Händen. Sie symbolisiert sowohl die Lebensader der Stadt, die Warthe, als auch den Fleiß der Landsberger. Die drei Kinderfiguren darunter versinnbildlichen die großen drei Wirtschaftsbereiche der Stadt: Der Junge mit Hammer steht für die Industrie, das Mädchen mit Fischernetz und Schiff steht für die Flussschifffahrt und die Werft, das Mädchen mit der Angel schließlich für den Fischfang. Dem Pauckch-Brunnen gegenüber steht, ja thront das architektonische Wahrzeichen der Stadt: Die mächtige **Marienkirche** aus der zweiten Hälfte des 13. Jahrhunderts. Sie ist Kathedrale und Bischofssitz. Das gotische Gotteshaus beherrscht das Panorama von Gorzów, es beeindruckt aber auch durch seine reiche Innenausstattung. Dazu gehören etwa der Renaissance-Altar aus dem 17. Jahrhundert im nach Osten ausgerichteten Chor mit schönem Sterngewölbe und die spätgotische Kreuzigungsgruppe mit der Muttergottes und dem hl. Johannes am Chorbogen. Die Orgel aus dem Jahr 1926 ist eine Arbeit der Firma Sauer aus Frankfurt. Seit 2007 ist eine Turmbesteigung über die 171 Treppenstufen möglich.

Die belebte **ul. Sikorskiego** (Richtstraße) begrenzt den Markt nach Norden hin. Hier bestehen zahlreiche Möglichkeiten zum Einkaufen und zur Einkehr, unter anderem in einem modernen Geschäftshaus, in dem von einem schmucken Restaurant in der oberen Etage aus der Blick über den Park schweift. Neben dem Warenhaus fällt eine 2004 errichtete **Standfigur** auf. Sie stellt den 1998 gestorbenen, stadtbekannten Clochard Szymon Gięty alias Kasimierz Wnuk dar und wurde aus Spendenmitteln finanziert. Dieser wortgewandte Mann war eine außergewöhnliche Persönlichkeit, viele Anekdoten Szymons sind in Gorzów zur Legende geworden.

Überhaupt fallen im gesamten Stadtgebiet zahlreiche Bronze-Skulpturen auf. Viele Kontroversen in der Stadt löste in den 1990er Jahren ein athletisch gebauter nackter Jüngling aus Eisen aus, nach einem Stadtrat Sfinster getauft. Er wurde von einer Stelle zur nächsten verschoben. Nun steht er im Grünen, an der Stelle der früheren Stadtgräben. Nur einen Steinwurf entfernt, auf dem **Wełniany Rynek** (Wollstraße), ist der **Hexenbrunnen** unübersehbar – mit seinem hohen, kegelförmigen Dach und der nackten Hexe darauf, die, wie es sich gehört, auf ihrem Besen reitet. Angeblich soll an dieser Stelle die letzte Hexenverbrennung in Landsberg stattgefunden haben, im Jahr 1686. Ein paar Schritte weiter an der ehemaligen Wollstraße – schließlich war Landsberg früher die Hauptstadt des Wollhandels in Preußen – steht in der Fußgängerzone eine interessante Replik der alten Landsberger Straßenbahn von 1899, eine **historische Bimmelbahn** mit touristischem Info-Punkt, in der man auch Andenken, Bücher und Broschüren bekommen kann.

An der neu angelegten Warthepromenade

■ **Rund um den Markt**
Auf der ul. Wybickiego gelangt man an eine verkehrsreiche Kreuzung und entlang des **Blumenmarktes** an die Fragmente der **Stadtmauer** aus dem 15. Jahrhundert. Nach links kommt man, vorbei am Stadtbad, auf hügeliges Gelände zu. Eine breite Treppe führt zu **Aussichtspunkten** hinauf. Von dort oben hat man einen hübschen Blick auf die Stadt und die Flussniederung. Schöne Wege führen um die **Freilichtbühne** herum und an der anderen Seite der Anhöhen zur ul. Fr. Walczaka hinunter. Stadtauswärts führt diese Straße zum früheren deutschen **Friedhof** mit einem Gedenkstein für die Toten der Jahre bis 1945. Unweit davon, an der ul. Pomorska, steht eine Kapelle. Sie ist seit 1963 die **Dreifaltigkeitskirche** der kleinen evangelischen Gemeinde und wird vom einzigen protestantischen Pfarrer in der Region der ehemaligen Neumark betreut.
Zum Zentrum hin steht an der nächsten Kreuzung die frühere **Konkordienkirche**, jetzt wegen der Farbgebung ›Weiße Kirche‹ genannt. Sie wurde zwischen 1696 und 1704 für die lutherischen und kalvinistischen Gläubigen erbaut. In den Jahren von 1794 und 1796 war hier der berühmte Philosoph und Theologe Friedrich Daniel Schleiermacher als Hilfprediger tätig. Die Kirche hat man in den 1860er Jahren um den neuromanischen Turm ergänzt. Sie besitzt nur eine schlichte, moderne Innenausstattung. Daneben wurden Klostergebäude errichtet. An der anderen Straßenseite befindet sich die grazile **Skulptur** eines zum Flug ansetzenden Großvogels. Und gleich um die Ecke, in der kleinen Grünanlage gegenüber der Stadtverwaltung, ist vor einigen Jahren das originale, steinerne und sieben Tonnen schwere **Stadtwappen** mit dem brandenburgischen Adler, auch heute wieder Wappen von Gorzów, aufgestellt worden. Es war 1997 aus der Warthe geborgen worden. Am 30. Januar 1945 hatte die Wehrmacht die Warthebrücke, an der das Wappen angebracht war, gesprengt. Das **Landesmuseum** befindet sich in der

ehemaligen Schröderschen Villa aus der Zeit um 1900. Nicht nur die Ausstellungen mit Zeugnissen seit Beginn der deutschen Geschichte sind sehenswert, sondern auch der Park mit seltenen Bäumen und Plastiken sowie dem Aussichtspunkt von einem hoch gelegenen Wall. Ganz in der Nähe erhebt sich die **Kirche zum Heiligen Kreuz**, und auch das traditionsreiche **Juliusz-Osterwa-Theater** mit seinen dorischen Säulen ist schnell erreicht; es steht an der ul. Teatralna.

Entlang des Flusses erstreckt sich die 2006 angelegte **Promenade**, die von den Einwohnern ›Boulevard‹ genannt wird. Über den gesamten, sehr hübschen Boulevard führt die längste Rampenbrücke Polens. Hier gibt es zahlreiche Cafés, Pubs und Restaurants mit Sommerterrassen zur Warta hin. Der früher dort befindliche **Basar** wurde etwas weiter flussaufwärts verlegt.

Wer vom Markt den Weg in Richtung Bahnhof wählt, stößt alsbald auf den reizvollen **Park** mit dem Flüsschen Kłodawka (Kladow). Wer die Anlage durchquert, kommt am historischen **Postgebäude** vorbei. Noch etwas weiter in Richtung Bahnhof, an der Ecke zur ul. Dworcowa, steht das **Denkmal** für den polnischen Dichter Adam Mickiewicz (1798–1855).

■ Südlich der Warta

Überschreitet man die Warta-Brücke, steht man vor dem **Warta-Museum**, das in einem historischen Speichergebäude untergebracht ist. Das beeindruckende, fünfgeschossige Haus mit hohem Satteldach, allgemein als ›Weißer Speicher‹ bekannt, wurde etwa 1720 errichtet und bietet umfangreiche Sammlungen von der Vorgeschichte bis zur modernen Kunst sowie Sonderausstellungen. Dieses alte, sehr schöne Gebäude kontrastiert fast auf kuriose Weise mit der daneben gebauten modernistischen, gelbblauen Dominanten, die von den Einwohnern als ›Spinne‹ bezeichnet wird und als das vielleicht hässlichste Bauwerk Polens verspottet wird. Hier in der sogenannten Brückenvorstadt sind außerdem noch das **Kulturhaus** (Paucksch-Villa) am Ufer der Warta und die **König-Christus-Kirche** (Lutherkirche) sehenswert. Sie entstand 1930 als Rundbau und verfügt über eine herrliche Akustik.

Das Warta-Museum

Die Friedensglocke

■ Das nördliche Zentrum

Wenn man Zeit dazu hat, lohnt sich ein Abstecher in nördlicher Richtung. Man folgt der Straßenbahnstrecke zunächst auf der ul. B. Chrobrego (Hindenburgstraße) und kommt zum Plac Nieznanego Żołnierza (Moltkeplatz). Hier sind noch viele alte Häuserzeilen erhalten geblieben. Etwas weiter folgt der Plac Grunwaldzki (Musterplatz). Auf ihm steht ein **Denkmal** für die polnischen Kriegsopfer, dem im Jahr 2006 eine Friedensglocke hinzugefügt wurde. Mit ihrer gemeinsamen deutsch-polnischen Einweihung gab es den Auftakt zu vielen Feierlichkeiten im Jahr 2007 – anlässlich der Ersterwähnung als Neu-Landsberg von 1257. Zurück zum Zentrum geht es nach links zur Parallelstraße, wo sich das Hochhaus der **Wojewodschaftsverwaltung** erhebt. In der ul. Kosynierów Gdyńskich Nr. 26 wohnte der deutsche Komponist Carl Teike (1864–1922) von 1909 bis zu seinem Tode. Eine **Gedenktafel** für den Komponisten des populären Marsches ›Alte Kameraden‹ hat man 2007 angebracht. Der Marsch ist stets musikalischer Bestandteil des jährlich im Mai stattfindenden Blasmusikfestes. Dem Haus gegenüber führen Straßen zur früheren Oberstadt hinauf. Auf den Höhen mit Vorstadtcharakter befinden sich viele alte **Villen** und ein Kasernenkomplex.

Die Umgebung

Das Tal der Warta (Warthe) mit seiner fruchtbaren Bruchlandschaft im Süden und einer zum großen Teil bewaldeten sowie mit zahlreichen Seen und Fließen durchsetzten Hochebene im Norden bestimmt den landschaftlichen Charakter rings um Gorzów. Im Sommer kann man eine Schiffsfahrt nach Santok (Zantoch) unternehmen und dabei diese beiden Flurformen erleben.

Südlich der Stadt verlässt man erst nach etwa 15 Kilometern die Niederung. Ein interessantes Ziel ist hier der von urwüchsigem Wald umgebene langgestreckte **Jez. Glinik** (Bestiensee) bei Glinik (Altensorge). Richtung Osten führt die Talstraße über Czechów (Zechow) mit einer bemerkenswerten Kirche oder die Höhenstraße über Wawrów (Lorenzdorf) nach Santok (Zantoch).

Die Straße in Richtung Kostrzyn (Küstrin) verläuft, vorbei an einer neuen orthodoxen Kirche mit typischem Zwiebelturm, unterhalb der Hochebene über Wieprzyce (Wepritz), Łupowo (Loppow) und Jenin (Gennin). Wanderwege führen parallel auf der bewaldeten Höhe entlang.

Nach Nordosten kommt man über Różanki (Stolzenberg) bei Zdroisko (Zanzthal) in ein als **Landschaftsschutzpark** ausgewiesenes Seengebiet, das von hier nach Norden inmitten schöner Wälder zahlreiche Campingplätze sowie Gelegenheiten für Wassersport und zum Angeln bietet. Über Moczydło

(Mückeburg), Łubianka (Breitebruch) und Kłodawa (Kladow) kann man nach Gorzów (Landsberg) zurückfahren.
In **Mironice** (Himmelstädt) bei Kłodawa bestand seit dem 14. Jahrhundert ein Kloster, dessen Gebäude 1872 durch einen Brand vernichtet wurden. Die Mönche und später das landesherrliche Amt besaßen unter anderem große Waldungen mit idyllisch gelegenen Seen. In der Nähe liegen die Bauerndörfer Santocko (Zanzin), Marwice (Marwitz), Baczyna (Beyersdorf), Racław (Ratzdorf), Chróscik (Neuendorf) und Małyszyn (Merzdorf). Mehrere dieser Orte besitzen sehenswerte **Kirchen**.

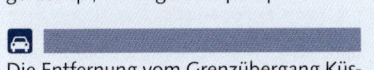 Gorzów und Umgebung

Postleitzahl: 66-400 (Zentrum) bis 66-414.
Vorwahl: 0048/(0)95.
Tourismus-Information, ul. Sikorskiego 107, Tel. 7278040, www.wypoczynek.gorzow.pl, www.gorzow.pttk.pl.

Die Entfernung vom Grenzübergang Küstrin-Kietz beträgt etwa 50 Kilometer und von Frankfurt (Oder) sowie Schwedt jeweils etwa 80 Kilometer.

Die zentrale **Bushaltestelle** befindet sich am Bahnhof. Gorzów ist der wichtigste Knotenpunkt der PKS, Verbindungen in mehrere Dutzend Orte der Umgebung. Ein Fahrplan findet sich unter www.pksgorzow.pl (unter ›odjazdy‹). In der Stadt verkehren Bus- und Straßenbahnlinien.

Die Stadt liegt an der Bahnstrecke Kostrzyn–Krzyż–Poznań und ist Ausgangspunkt der Strecke nach Zbąszynek. Fahrtzeit nach Kostrzyn rund 45 Minuten, nach Berlin-Lichtenberg rund 2.45 Stunden mit Umsteigen in Kostrzyn (Küstrin).

Taxistände befinden sich unter anderem am Bahnhof, am Hotel Mieszko und an der Marienkirche.

Hotel Qubus (€€–€€€), ul.Orląt Lwowskich 3, Tel. 7360735, www.qubus-hotel.com. Vier Sterne, Restaurant mit polnischer und europäischer Küche.
Hotel U Marii (€€), ul. Walczaka 8, Tel. 7366656, www.umarii.pl. Mit Drei-Sterne-Restaurant.
Hotel Mieszko (€€), ul. Kosynierów Gdyńskich 82, Tel. 7339999, www.hotel-mieszko.pl. Drei Sterne, Restaurant.
Hotel Gracja (€€), ul. Dąbrowskiego 20b, Tel./Fax 7202815. Mit Schwimmhalle.
Hotel Gorzów (€€), ul. Walczaka 20, Tel. 7221133, www.hotelgorzow.republika.pl. Mit Restaurant und Disco.
Hotelik Dworcowy (€–€€), ul. Dworcowa 1, Tel. 7228691, www.hotelikdworcowy.pl. Bahnhofshotel.
Hotel Huzar (€€), ul. Husarska 2, Tel 7224407, www.hotel-huzar.pl. Restaurant.
Hotel Azyl (€–€€), ul. chopina 45, Tel. 7227276, www.hotel-azyl.pl. In einem früheren deutschen Offizierskasino, günstig.
Jugendherberge (€), ul. Wyszyńskiego 8, Tel. 7227470.
Neben den Hotel-Restaurants:
Bella Toscana, Bulwar nad Wartą (am Boulevard), Tel. 7850820, www.bellatoscana.pl.
Restaurant am Marktplatz neben dem Pauckesch-Brunnen. Sehr zentral, Plätze im Freien.
Don Giovanni, ul. Pocztowa 13, Tel. 7205824, www.dgri.pl. Italienisches Restaurant.
Aneri Café, ul. Spichrzowa 4, nahe Warta, www.anericafe.pl.
Restaurant Don Vittorio, ul. Sikorskiego 21.
Karczma Słupska, ul. Mieszka 61.
Pub Rycerski, ul. Wodna 9, polnische Küche, preiswert, kuriose Innenausstattung, nahe Warta.
Zahlreiche weitere einfache Lokale.

Jazz Club Pod Filarami, ul. Jagiełło 7, Tel. 7228780, www.jazzfilary.pl. Hier spielten schon Jazzberühmtheiten wie Nigel Kennedy, Ravi Coltrane, Leni Stern oder Freddy Cole.
Nachtbars gibt es in den meisten Hotels.

Möglichkeiten zum Zelten an den Seen in der Umgebung.

Bezirksmuseum Jan Dekert, ul. Warszawska 35, Tel.7323814, www.muzeumlubuskie.pl.
Museum Spichlerz (Speicher), ul. Fabryczna 1, Tel.7225468, Di–Do 9–16, Fr 11–19, Sa/So 10–17 Uhr.
Philharmonie (Filharmonia Gorzowska), ul. Dziewięciu Muz 10, Tel. (Kasse) 7392712, www.filharmoniagorzowska.pl. Neuerer, attraktiver Bau mit höchsten akustischen Standards und einem breiten Spektrum an Konzerten. Platz für 600 Zuschauer.
Juliusz-Osterwa-Theater, ul. Teatralna 9, Tel. 7289930.
Staatsarchiv, ul. Mościckiego 7, Tel. 7835321.
Wojewodschaftsbibliothek, ul. Sikorskiego 107, Tel. 7278040..
Fotogalerie, ul. Chrobrego 4.
Mehrere Kulturhäuser; zwei Kinos, mehrere Kunstgalerien. Informationen über aktuelle Ausstellungen u.ä. im Informationsbüro.

März: **Internationaler Klavierwettbewerb Johann Sebastian Bach**.
April/Mai: **Biennale der Sakralkunst**.
Mai: **Blasmusikfest**.
Mai: **Foto-Konfrontationen**. Ausstellung von künstlerischen Fotografien.
Juli: **Romane Dyvesa** (Internationales Treffen der Roma-Musik).
August: Internationales Festival **Serenade an der Warthe**.

Oktober: **Nationale Festspiele altertümlicher Musik**.

Pferdehof Ornowia in 66-446 Glinik 58, Tel. 7513310.
Pferdehof Robir, in Chwalęcice, ul. Rzeczna 8, 66-415 Kłodowa, Tel. 880621244.

Anglerzentrum Azyl in Mironice, Tel. 601777624.
Möglichkeiten zum Angeln bestehen an der Warta und an Seen in der Umgebung.

Sport-und Erholungszentrum Słowianka, Słowiańska 14, Tel. 7338500, www.slowianka.pl.

Zawarcie Pole Golfowe, ul. Sląska 52, Tel. 603630710, www.golfzawarcie.pl.

Schwimmhalle im Hotel Gracja.
Badeanstalt am Jez. Nierzym.
Badestellen an weiteren Seen in der Umgebung.

Fahrgast-Schiffsverkehr auf der Warta; es bestehen Vereine der Ruderer und der Kanuten.

Tauchschule Marlin Plus, ul. 9 Maja 6C, Tel. 7207555, www.marlinplus.pl.

Von Gorzów führen markierte **Fuß- und Radwanderwege** in die Umgebung.

Die Stadt verfügt über zahlreiche Tankstellen.

Witnica (Vietz)

Witnica ist von großen Waldungen mit schönen Seen im Norden sowie der breiten Bruchlandschaft an der Warta (Warthe) im Süden umrahmt und bietet daher gute Voraussetzungen als Unterkunftsort und Ausgangspunkt für Wanderungen oder für einen naturnahen Urlaub. Die Kleinstadt mit traditionsreichen Betrieben und einem neuen Gewerbegebiet konnte viel von ihrer Vorkriegssubstanz erhalten. Touristen sind in Witnica immer gern gesehen und fühlen sich in der beschaulichen Atmosphäre und landschaftlich schönen Umgebung wohl.

Geschichte

Die Region um Witnica war bereits in der Steinzeit besiedelt. Um die Zeitenwende verlief in dieser Gegend die Grenze zwischen den Burgunden und den Wandalen, weite Gebiete des Bruchs und der Sandflächen waren wohl menschenleer. Nach den germanischen Stämmen kamen Slawen, meist Fischer, in diese Landschaft. Als im 13. Jahrhundert der Templerorden das Land als Besitz erhielt, gründeten deutsche Bauern das Dorf. Es wurde 1261 einschließlich der weiteren Umgebung an den brandenburgischen Staat abgetreten. Um 1300 war Vietz wieder kirchlicher Besitz, und zwar als Geschenk des Markgrafen an das Zisterzienserkloster Himmelstädt (Mironice). Im Jahr 1337 wird ein Gotteshaus erwähnt. Nach der Reformation gehörte Vietz zu einem herrschaftlichen Amt.

Bereits im Mittelalter wurden an einem Fließ (der Witna) Mühlen angelegt. Die wirtschaftliche Entwicklung verlief durch die Lage an der Handelsstraße von Küstrin nach Landsberg und später durch den Bahnanschluss sehr günstig. 1747 entstand eine Strumpf- und Leinenfabrik, wenige Jahre später folgte ein königliches Eisenhüttenwerk. Die zwei Hochöfen wurden zwar 1842 stillgelegt, das Werk aber privat als Eisengießerei und Maschinenfabrik weiterbetrieben. Daneben entstanden Sägewerke, Ziegeleien, eine Brauerei und Möbelfabriken. Auch die Landwirtschaft und Viehmärkte waren damals von Bedeutung. Um 1850

Ein Frachtschiff auf der Warthe

An der Warthe

hatte Vietz etwa 2500 Einwohner, 1939 waren es gut 5600 und 2013 zusammen mit den umliegenden Dörfern des Amtes um die 13 000. Nach der Eingemeindung mehrerer Nachbarorte im Jahr 1929 erhielt Vietz 1935 das Stadtrecht. Bis heute hat Witnica viel von seiner alten Struktur behalten. Besonders der pensionierte Lehrer Zbigniew Czarnuch engagiert sich sehr dafür, die Geschichte und die Traditionen des Ortes wachzuhalten. Er konnte schon zahlreiche Freundschaften zwischen Deutschen und Polen vermitteln.

Witnica ist ein schönes Beispiel dafür, wie die deutsche Vergangenheit in die polnische Gegenwart integriert werden kann.

Sehenswürdigkeiten

Als Ausgangspunkt für einen Stadtbummel bietet sich der Platz vor der Backsteinkirche an. Die **Kirche**, deren Orgel 2002 restauriert wurde, entstand in der jetzigen Form bis 1878. Die Innenausstattung mit der Holztäfelung ist eine Augenweide.

Noch älter sind ihr gegenüber die Gebäude der **Brauerei** und **Malzfabrik**. Hier wird nach alten Rezepten das WIT-Bier hergestellt, es gab früher die Marke ›Landsberger‹. Man kann die Brauerei besichtigen und anschließend an einer Bierprobe teilnehmen. Die Jahreszahl 1841 auf den Etiketten weist auf die lange Tradition der Fabrik hin.

Im kleinen Park an der Hauptkreuzung erhebt sich das **Denkmal des Polnischen Soldaten**. Dahinter kommt man auf der ul. Krasickiego (Bahnhofstraße) zum Bahnhof, der Komplex ist bauhistorisch interessant. Gleich hinter den Gleisen beginnt die Wiesenlandschaft des Bruchs. Wir gehen zurück in Richtung Zentrum und biegen nach links ab. Ein Gedenkstein erinnert an die ehemalige Synagoge. In der ul. Sikorskiego (Hermann-Strunk-Straße) mit ihren schmucken Villen befindet sich im Haus Nummer 35 die größte zugängliche Privatsammlung polnischer Armeewaffen der Jahre 1939 bis 1945.

Davor liegt rechts die sogenannte **Gelbe Villa**. Hier entstand ein Kulturzentrum, in dem neben der Bibliothek, der Kunstgalerie, Veranstaltungsräumen, dem ›Zentrum für euroregionale Forschungen‹ und dem ›Zentrum für Deutsch-Polnische Zusammenarbeit: Heimat‹ auch das **Regionalmuseum** eingerichtet ist.

Man kann noch bis zur Stelle der alten Eisengießerei an der Fließbrücke weiterwandern oder nur bis zur früheren katholischen Kirche, die man rechts zwischen Wohnsiedlungen erblickt.

Der Weg zum Zentrum zurück führt zu einem langgestreckten Teich mit Badestellen. In der Nähe wurde der **Park der Wegweiser** angelegt, in dem mit historischen Objekten die Entwicklung der Stadt einschließlich ihrer Umgebung und des Straßenverkehrswesens dargestellt wird. Einer der Höhepunkte dieses beeindruckenden Freilichtmuseums ist der Abschnitt ›Exodus‹ mit einem nachgestalteten Wegweiserbaum nach einem Vorbild von 1945, der die Vertreibung der deutschen und die Neuansiedlung der polnischen Bevölkerung nach Kriegsende darstellt. Vom Park ist man bald wieder an der Bushaltestelle und am Ausgangspunkt angelangt.

Auf der Straße Richtung Sosny (Charlottenhof) sollte man aber noch einen Abstecher bis zum **Friedhof** unternehmen. Hier wurden an gesonderter Stelle deutsche Grabsteine und Gedenktafeln zusammengetragen, auch aus der Umgebung.

In der Innenstadt fällt noch das **Rathaus** im ehemaligen Amtsgericht mitsamt Gefängnis auf. Daneben befindet sich der Sockel einer **Meilensäule** von der ›Königsstraße‹.

Die Umgebung

Südlich von Witnica erstreckt sich die herrliche Bruchlandschaft der Warthemündung in die Oder mit dem gleichnamigen, 2001 gegründeten Nationalpark. Das **Warthebruch** war eine Sumpf- und Moorlandschaft in der Neumark, die – ähnlich wie im Oderbruch – zwischen 1763 und 1767 trockengelegt wurde. Der preußische Staat erlangte dadurch um die 24000 Hektar urbanes Land, das anschließend von Kolonisten besiedelt wurde. Die wunderbare, flache Flussauenlandschaft mit einer Größe von 8047 Hektar besitzt eine mosaikartige Struktur aus feuchten und zeitweise überschwemmten Wiesen, Weidengebüsch und Schilf, Kanälen mit knorrigen Weiden und Feldern. Im Volksmund wird dieses Schutzgebiet auch ›Vogelrepublik‹ genannt, schließlich trifft man hier auf eine große Anzahl von Singschwänen, Kranichen, Reihern, Wildgänsen und -enten und mit etwas Glück auch auf Seggenrohrsänger, den Wachtelkönig oder die Uferschnepfe – eine einzigartige Idylle für Naturfreunde und Radler. Bis zum Flussufer der Warthe sind es von Witnica vier Kilometer. Dort pendelt eine kleine Fähre über den Fluss. Sie kann auch bis zu maximal zwei Autos transportieren.

Nach knapp zehn Kilometern flussaufwärts kommt man über Pyrzany (Pyrehne) – hier haben die polnischen Übersiedler an einer Hauswand die Landschaft ihrer früheren Heimat in Ostpolen abgebildet – nach Świerkocin (Fichtwerder). Eine Brücke führt über die Warta. Der Übergang einschließlich des Teiles über die Niederung war einst die längste Straßenbrücke in der norddeutschen Tiefebene. Am anderen Ufer bietet die Straße auf dem Damm schöne Eindrücke von der Landschaft und den Siedlungen. Nördlich des Dorfes ist ein **Safari-Park** mit exotischen Tieren eine besondere Attraktion.

An der Straße nach Gorzów Wlkp. (Landsberg) folgen **Nowiny Wlk.** (Döllensradung) mit einem **Dinosaurier-Park** sowie **Bogdaniec** (Dühringshof) mit dem

Im ›Park der Wegweiser‹

wunderschön im Tal gelegenen **Museum für ländliche Baukunst und Technik**. Hier kann man sich informieren, wie früher gelebt, gearbeitet und die Mühle betrieben wurde. Der Ort wurde 1786 von 32 deutschen und polnischen Siedlerfamilien gegründet, die der preußische König Friedrich II. für acht Jahre von der Steuer befreite. Zuvor musste hier das Warthemoor trockengelegt werden. Die 1826 errichtete Mühle ist heute Sitz des Museums.

Im Norden von Witnica erstrecken sich auf der Hochebene Kiefern-, Buchen- und Eichenwälder. Entlang des Flüsschens Witna kommt man zu einem Urlauberkomplex und weiter zum Jezioro Wielkie (Großer See) mit Campingplatz. Sieben Quellen liefern sein klares Wasser.

Die Straße am Friedhof führt nach Sosny (Charlottenhof). Davor liegt der Jezioro Długie (Dolgensee) mit großer Badestelle und Promenadenwegen. Etwas weiter im Forst befindet sich der Jezioro Rak (Raaksee).

Mehrere markierte Wegstrecken dienen Wanderern zur Orientierung. Besonders schön sind die Schluchtstraßen und -wege zwischen Witnica und Bogdaniec (Dühringshof) zur Hochfläche hinauf, außerdem westlich von Witnica der Höhenwanderweg mit weiten Sichten in das Urstromtal. In **Sosny** (Charlottenhof) findet man zwei **Schlösser** vor, eins davon ist eine mächtige Ruine. Sehenswerte **Dorfkirchen** gibt es in Kamień Wielkie (Groß Cammin), Mościce (Blumberg), Mosina (Massin) mit Gedenkstein, Dzieduszyce (Alt Diedersdorf), Tarnów (Tornow), Lubiszyn (Ludwigsruh), Brzezno (Nesselgrund), Wysoka (Hohenwalde) und Lubno (Liebenow). In Kamień Wielkie (Groß Cammin) steht auch ein altes Herrenhaus.

Witnica und Umgebung

Postleitzahl: 66-460.
Vorwahl: 0048/(0)95.
Stadtverwaltung, ul. KRN 6, Tel. 7216440, www.witnica.pl.

Die Entfernung vom Grenzübergang Küstrin-Kietz beträgt 22 Kilometer.

Bushaltestelle in der ul. Moniuszki. Etwa sechs Verbindungen tgl. nach Gorzów und Kostrzyn.

Der Ort liegt an der Bahnstrecke Berlin–Küstrin–Gorzow Wlkp. Mehrere Verbindungen tgl.

Hotel Leśne Ustronie (€–€€), ul. Myśliwska 12, Tel 7516616, www.lesneustronie.pl. Übernachtungskomplex mit Hotel, Campinghäusern und Zeltplatz inmitten einer Wald- und Seenlandschaft. Restaurant mit polnischer Küche.

Hotel und Restaurant Witnica, ul. KRN 5, Tel. 7284531, www.hotelwitnica.com. Jüngst eröffnet, gute Küche.

Restaurant Karczma Piwosz (An der Brauerei), ul. Konopnickiej 1.

Im Ort weitere kleine Einkehrmöglichkeiten.

Zelten ist möglich an den Seen nordöstlich und nordwestlich der Stadt.

Heimatstube Żółty Pałacyk (Gelbes Schlösschen), ul. Sikorskiego 6.
Waffenmuseum, ul. Sikorskiego 35, Tel. 7515314.
Brauerei-Besichtigung, ul. Konopnickiej 1, Tel. 7515114, Fax 7515532.
Freilichtmuseum ›Park der Wegweiser und der Meilensteine der Zivilisation‹ zur Regionalgeschichte einschließlich Kultur, Technik und Wirtschaft.

Die Umgebung

In Bogdaniec: **Museum für ländliche Baukunst und Technik**, im alten Mühlengehöft, ul. Leśna 22, Tel. 7510007, Di–Do 9–16, Fr 11–16, Sa/So 10–16 Uhr.
Bei Świerkocin: **Safari-Park** einschließlich Streichelzoo und Vergnügungspark, Tel. 7551929, Fax 7511677, www.zoo-safari.com.pl.
Bei Nowiny Wielkie: **Park der Dinosaurier**, ul. Kolejowa 1b, Tel. 7814108, www.park-dinozaurow.pl.

Mai: **Treffen der Hochzeitskapellen**.
Juni: Treffen am Alten Weg von Witnica, **Volksfest** im und am ›Park der Wegweiser‹.
August: **Brotfest** in Bogdaniec; deutsch-polnische Veranstaltungen in der ›Gelben Villa‹.

Sitz des **Nationalparks Warthemündung** (Park Narodowy Ujście Warty), 69-113 Górzyca, Chyrzyno 1, Tel (95) 7524027, www.pnujsciewarty.gov.pl.

Möglichkeiten zum Angeln in der Warta und in den Seen der Umgebung.

Bademöglichkeiten im See am Freilichtmuseum und in der Umgebung.

Der Ort ist guter Ausgangspunkt für Fuß- und Radwanderwege in verschiedene Richtungen.

Das Museum für ländliche Baukunst und Technik in Bogdaniec

Aktivitäten

Große Teile der Neumark sind von sanften Hügeln, ausgedehnten Wäldern und zahlreichen Gewässern geprägt. Da die Region zudem dünn besiedelt ist und Industrieanlagen rar sind, bieten sich für Aktivurlauber viele Möglichkeiten. Angebote für Angler und Reiter sind in den Informationen zu den einzelnen Orten nachgewiesen.

Bootsfahrten auf der Drawa (Drage), Warta (Warthe) und auf anderen Gewässern

Mehr als zwei Prozent der Fläche der ehemaligen Neumark nehmen Gewässer ein. Darunter befinden sich zahlreiche große Seen, manchmal als Seenketten miteinander verbunden, und auch Flussläufe. Sie sind in einigen Fällen mehr für routinierte Wasserwanderer, in anderen für beschauliche Bootsfahrten geeignet. Das Angebot für Wasserwanderer ist recht gut, vielerorts kann man Boote ausleihen. Einen besonderen Reiz stellt eine Bootsfahrt auf der Drawa da: Sie fließt durch einen Nationalpark, ist weitgehend naturbelassen und streckenweise wildromantisch.

■ Eine Wildwasserfahrt auf der Drawa ab Drawno

Die 186 Kilometer lange Drawa (Drage) ist bereits weiter flussaufwärts für Sportboote befahrbar und fließt im ersten Abschnitt in weiten Windungen durch viele Seen. Der letzte ist der Jezioro Dubie oder Adamowo (Großer oder Düp-See) am Stadtrand von **Drawno** (Neuwedell, → S. 107).

Hier am Campingplatz kann man die Fahrt gut beginnen. Man sollte aber daran denken, dass es entlang der Route keine Möglichkeit zum Einkehren gibt, und sich selbst mit Proviant versorgen. Die Zeltplätze, die in der Beschreibung erwähnt werden, sind lediglich Rastplätze mit Zelterlaubnis und ohne besondere sanitäre Einrichtungen. Da das Flusstal von jetzt ab etwa 30 Kilometer lang als Nationalpark mit zahlreichen Naturschutzgebieten ausgewiesen ist, muss man sich in Drawno, ul. Leśników 2, bei der Verwaltung des Schutzgebietes eine Genehmigung für die Durchfahrt einholen. Im Reservat leben unter anderem Biber und Fischotter, Lachsforellen, Seeadler und Reiher. Außerdem bestehen großflächige Wälder mit 450-jährigen Eichen und 300-jährigen Buchen.

Ungewöhnlich für das sonstige Landschaftsbild ist das nun beginnende enge Flusstal mit seinen vielen Windungen und teilweise steilen Uferrändern. Zuerst liegen linker Hand noch Felder und Wiesen, später sind wir ringsum von Wald umgeben. Die Strömung ist stark, man muss ständig auf Hindernisse achten.

Nach etwa sechs Kilometern kommen wir am Dorf **Barnimie** (Fürstenau) vorbei. Hier ist die Sägewerksruine beachtenswert. Hinter dem Dorf folgen **Naturschutzgebiete** mit alten Eichen und einer Weißbuchenschlucht sowie ein Campingplatz, der über eine Treppe zu erreichen ist. Der Fluss verändert dann die Richtung und führt in großem Bogen um das Dorf **Zatom** (Zatten) herum. Von der Straßenbrücke ist es nach links nicht weit zu dem gut erhaltenen, großen Schloss bei Niemieńsko (Nemischhof).

Unterwegs auf der Drawa

An der Einmündung der Korytnica (Körtnitz) befindet sich wieder eine Möglichkeit zum Zelten. Nun ist der Fluss streckenweise breiter und seichter sowie von Wiesen umrahmt. Etwa sechs Kilometer weiter führt rechts eine Treppe an das Hochufer hinauf. Ein mit roten Zeichen markierter Weg weist von hier zu einem einzigartigen hochwüchsigen Buchen- und Eichenbestand **Święta Hala** (Heilige Hallen). Ein 15-minütiger Spaziergang lohnt sich auf jeden Fall. Nur etwa 100 Meter flussabwärts von der Treppe liegt am rechten Ufer der riesige **Otter-Stein**, ein Findling von 14 Metern Umfang und 3 Metern Höhe, der zur deutschen Zeit ›Nickelstein‹ genannt wurde.

Einen Kilometer danach besteht wieder eine Zeltmöglichkeit. Von hier führt ein Weg am linken Ufer bergan zur kleinen Siedlung **Sitnica** (Mariental). Im Umfeld des etwas weiter auf dem rechten hohen Ufer gelegenen Dorfes Moszele (Marzelle) wird der Wald durch landwirtschaftlich genutztes Gelände unterbrochen.

Rund drei Kilometer flussabwärts finden wir den nächsten Zeltplatz vor. Bald wird der Flusslauf breiter, und es päsentiert sich als imposantes technisches Denkmal dann das **Wasserkraftwerk** bei **Głusko** (Steinbusch) aus dem 19. Jahrhundert. Hier muss man das Boot auf dem rechten Ufer etwa 100 Meter tragen. Etwas weiter kann man das Zelt aufschlagen. Hinter dem Kraftwerk beginnt der schiffbare Teil der Drawa, und ihr Tal wird breiter. Bald sieht man rechts eine kleine Siedlung im Wald.

Von links mündet das Flüsschen Płociczna (Plötzenfließ) in die Drawa. Ein Teil ihres Laufes mit mehreren Seen gehört zum Nationalpark, den wir nun verlassen. Am Zusammenfluss der beiden Gewässer wurde ein Laichplatz für Äschen, Forellen, Lachse und Lachsforellen eingerichtet.

Zwei Kilometer weiter, bei **Stare Osieczno** (Hochzeit), überquert die Straße von Dobiegniew (Woldenberg) nach Człopa (Schloppe) den Fluss. In dem einst wichtigen Pass- und Grenzort lohnt der achteckige Zentralbau der Kirche einen Blick.

Die Warthebrücke bei Świerkocin

In der Nähe gibt es auch noch Bunker aus dem Zweiten Weltkrieg, Überreste der sogenannten Pommernstellung.

Der Fluss windet sich nun weiter durch urwüchsigen Wald an Forsthäusern vorbei. Vor dem Dorf Przeborowo (Friedrichsdorf) findet man in einem Kiefernwald nochmals einen Platz zum Zelten. Hinter dem Ort, wo es auch feste Unterkünfte gibt, endet der sogenannte Drawa-Urwald; der Flusslauf wird nun wesentlich ruhiger. Etwa drei Kilometer weiter liegt rechts das Dorf **Drawiny** (Dragebruch) mit einer Bahnstation (anderthalb Kilometer vom Fluss).

Dann folgt noch eine gefährliche Stromschnelle mit Strudel unter der Eisenbahnbrücke bei **Łokacz** (Lukatz). An der Straßenbrücke im Ort kann man die Wasserfahrt beenden. Von hier ist man nach links in knapp drei Kilometern am Bahnhof Krzyż (Kreuz). Etwa vier Kilometer hinter der Brücke mündet die Drawa dann in die Noteć (Netze).

Die Noteć ist ingesamt 389 Kilometer lang und hat in diesem Abschnitt eine Breite von bis zu 40 Metern. Bis zur Mündung der Noteć in die Warta (Warthe) sind es nun noch 50 Kilometer, die bei normalem Paddeln und Windstille in neun Stunden zurückgelegt werden können. Von der hier zum großen Teil eingedeichten und im Frühjahr überschwemmten Landschaft ist wegen der Dämme wenig zu sehen. Es bestehen aber mehrere Möglichkeiten, am Ufer ein Zelt aufzuschlagen.

Hinter der Stadt **Drezdenko** (Driesen, → S. 115) tritt auch an der rechten Seite das Höhenufer immer weiter zurück, und dann kommt man außer Trzebicz (Trebitsch) an keinem Dorf mehr vorbei. Dafür gibt es eine vielfältige Pflanzen- und Tierwelt. Unter der Straßenbrücke in **Santok** (Zantoch, → S. 123) kurz vor dem Zusammenfluss der Noteć (Netze) und der Warta (Warthe) ist eine weitere günstige Stelle zum Beenden der Bootsfahrt. Hier kommt man mit jedem Fahrzeug direkt an den Fluss heran. Der Bahnhof ist nur etwa einen Kilometer entfernt.

■ **Bootsfahrt auf der Warta (Warthe)**
Die 808 Kilometer lange Warta ist eine der wasserreichsten Zuflüsse der Oder. Die hier beschriebene Tour beginnt in **Santok** (Zantoch, → S. 123) und führt entlang der letzten 70 Kilometer des Flusses vor seiner Einmündung in die Oder. Hier bieten sich unter der Straßenbrücke oder neben der Fähre gute Zugänge zum Wasser. In diesem Abschnitt ist die Warta nach der Einmündung der Noteć (Netze) 80 bis 100 Meter breit und durchfließt eine wundervolle Landschaft mit weiten Niederungen an der linken und Berghängen an der rechten Seite. Viele Störche und andere Wasservögel sowie eine mannigfaltige Vegetation verleihen der Gegend zusätzliche Reize.

Im ersten Dorf nach Santok, **Czechów** (Zechow), bestehen zwischen den Buhnen Sandstrände und Plätze zum Zelten. Einige Kilometer weiter erlebt man das Panorama der Großstadt Gorzów Wlkp. (Landsberg) mit dem schlossartigen Kulturhaus und dem imposanten Speichermuseum, historischen Institutsgebäuden, der Kathedrale (Marienkirche) und dem langgestreckten Eisenbahnviadukt einschließlich der 2006 gestalteten Fußgängerpromenade. Zum Anlegen gibt es mehrere Möglichkeiten; wenn man sich hinter dem Bahnhof und dem Zentrum rechts hält, erreicht man einen natürlichen Strand. Danach beginnt zu beiden Seiten die typische **Bruchlandschaft** mit weiten Ebenen. Im 18. Jahrhundert erhielt diese Region mit Kanälen und Gräben, kleinen Siedlungen und Einzelgehöften, Baumgruppen und schmalen Straßen, fruchtbaren Feldern und Weideland durch Kultivierung und Kolonisierung ihre heutige Gestalt. Dämme schützen vor Überflutungen bei Hochwasser.

Streckenweise ist jetzt die Fahrt eintönig, da es wenig Abwechslung und nur eine träge Strömung gibt. Anhöhen sieht man nur in weiter Ferne. Bei **Świerkocin** (Fichtwerder, → S. 137) überspannt eine lange Brücke den Fluss und das Tal bis zum Damm. Man kann bequem zum Dorf an Land gehen. Fünf Kilometer weiter ist eine Fähre zu beachten. Dahinter trifft man lange auf keine Siedlungen mehr, nur in der Ferne kann man links den Kirchturm von Słońsk (Sonnenburg) erspähen und später rechts eine schlossartig gebaute Pumpstation.

Linker Hand erstreckt sich vor Kostrzyn (Küstrin) das sumpfige und im Frühjahr überflutete Gelände eines international bedeutsamen **Vogelschutzgebietes** mit dem Status eines Nationalparks. Im Kostrzyner Stadtgebiet sucht man sich am rechten Ufer ein Platz zum Beendigen der Fahrt, am besten vor der Straßenbrücke, denn dahinter ist die Ufermauer zu hoch. Bis zum Bahnhof ist es etwa einen Kilometer. **Kostrzyn** bietet Unterkunftsmöglichkeiten und Sehenswürdigkeiten (→ S. 42).

Im Nationalpark Warthemündung

Aktivitäten 143

■ Bootsfahrten auf weiteren Gewässern

Folgende andere Fahrten bieten sich auch an:

- Von Długie über die Seen Jez. Lipie, Jez. Słowa, Jez. Osiek, Jez. Wielgie (Großer See) bei Dobiegniew auf der Mierzęcka Struga bis zur Drawa. Streckenweise ist Landtransport erforderlich.
- Nördlich von Barlinek auf der Płonia bis Dąbie bei Szczecin.
- Vom Jeziero Długie bei Swobnica auf der Tywa bis zur Oder.
- Vom Jeziero Myśkiborskie zu Nebengewässern und auf der rund 100 Kilometer langen Myśla in Richtung Oder. Im Fluss sind zahlreiche Hindernisse zu beachten. Die Beendigung der Tour ist an der Straßenbrücke in Namyślin günstig. Bootsausleihen befinden sich in folgenden Orten: Barlinek, Choszczno, Drawno, Lipiany, Moryń und Myślibórz.

Vorschläge für Radtouren

Die Landschaft zwischen Oder und Drawa (Drage) bietet für Fahrradtouristen ideale Bedingungen. Günstige Anreisemöglichkeiten mit dem Zug bestehen ab Berlin nach Küstrin-Kietz, nach Schwedt sowie nach Bad Freienwalde, von wo noch etwa zwölf Kilometer bis zum Grenzübergang Hohenwutzen zurückzulegen sind. Zum Kennenlernen der östlichsten Region mit dem Nationalpark an der Drawa (Drage) sollte man sich eine mehrtägige Fahrt vornehmen.

Der ›Deutsch-Polnische Freundschaftsweg an der Oder‹ durchzieht die Neumark von Kostrzyn über Dębno und Mieszkowice bis zum Grenzübergang Hohenwutzen (Informationen: www.dnv-tours.pl). Außerdem wurde ein Fahrradweg zwischen Kostrzyn und Barlinek angelegt.

■ Kurzfahrten von 20 bis 40 Kilometern

- Von Küstrin-Kietz über Namyślin, Sarbinowo, Dąbroszyn nach Küstrin-Kietz.
- Von Küstrin-Kietz nach Słońsk, Górzyca und zurück nach Küstrin-Kietz.
- Von Hohenwutzen nach Siekierki, Gozdowice und genauso zurück.
- Von Hohenwutzen nach Cedynia und zurück.
- Von Schwedt über Zatoń Dolny, Krajnik Gorny nach Schwedt.
- Von Schwedt nach Chojna und zurück über Krzymów.
- Von Schwedt über Ognica nach Widuchowa und die gleiche Strecke zurück nach Schwedt.

■ Tagesfahrten von 50 bis 100 Kilometern

- Von Küstrin-Kietz über Witnica nach Gorzów, Rückfahrt mit dem Zug.
- Von Küstrin-Kietz über Dębno, Mieszkowice, Moryń und Cedynia nach Hohenwutzen.
- Von Küstrin-Kietz über Myślibórz, Trzcińsko Zdrój und Chojna nach Schwedt.
- Von Hohenwutzen über Gozdowice, Mieszkowice, Moryń und Cedynia nach Hohenwutzen.
- Von Hohenwutzen über Cedynia und Bielinek nach Schwedt.
- Von Schwedt über Chojna, Rów nach Myślibórz und über Swobnica zurück nach Schwedt.
- Von Schwedt nach Widuchowa, Swobnica und Chojna nach Schwedt.

■ Wochenendfahrten von 120 bis 200 Kilometern

- Von Küstrin-Kietz über Gorzów, Strzelce Krajeńskie (Übernachtung)–Barlinek, Myślibórz, Chojna nach Schwedt.
- Bei drei Tagen: ein Ausflug nach Drezdenko und Dobiegniew.
- Von Küstrin-Kietz über Dębno, Lipiany, Barlinek (Übernachtung)–Przelewice, Swobnica, Chojna–Cedynia nach Hohenwutzen.
- Bei drei Tagen: ein Ausflug nach Choszczno und Drawno.
- Von Hohenwutzen über Moryń, Warnice, Myślibórz, Lipiany (Übernachtung)–Rów, Chojna nach Schwedt.
- Bei drei Tagen: ein Ausflug nach Barlinek und Przelewice.

»Mag man die Partien um Lagow herum mit Landschaftsausschnitten von Thüringen und dem Harz und die mit ihrer grün schillernden Wasserfläche mit Alpenseen vergleichen, immer ist es doch die echt märkische Landschaft, die sich als das gibt, was sie ist. Ernst und ruhig ist sie in ihrer Lieblichkeit.«

Aus: Paul Dahms (1888–1939),
›Lagow, die kleinste Stadt der Mark‹

REISEZIELE SÜDLICH DER WARTHE

Das Herrenhaus in Przełazy

Słubice (Frankfurt-Dammvorstadt)

Słubice ist eine typische Grenzstadt. Besucher verbringen hier keinen längeren Urlaub, sondern legen zumeist eine Zwischenstation ein, bevor sie in das Landesinnere nach Polen fahren oder umgekehrt nach Deutschland zurückreisen. Außerdem überqueren täglich tausende von Tagesgästen die Brücke von Frankfurt aus, um auf polnischer Seite einzukaufen, zu tanken, eine Gaststätte zu besuchen oder andere Dienstleistungen zu nutzen. Nach und nach haben sich auch Hotels, Restaurants, Service-, Kultur- und Sporteinrichtungen etabliert, die zu einem längeren Aufenthalt einladen.

Frankfurt/Oder (Zentrum) und Słubice (Zentrum)

Allmählich entwickeln sich Słubice und Frankfurt zu einer polnisch-deutschen Doppelstadt, ein Künstlerprojekt spricht schon augenzwinkernd von ›Słubfurt‹. Unweit vom Grenzübergang Frankfurt-Stadtbrücke führen kleinere reizvolle Wege und Nebenstraßen für Fuß- und Radwanderungen entlang der Oder und landeinwärts. Interessante Ziele in der Umgebung sind die steile Oderwand bei Lossow, das Panorama der alten Bischofsstadt Lebus, das historische Schlachtfeld bei Kunowice (Kunersdorf) und das Tal der Lisia (Hühnerfließ).

Geschichte

Bereits in vor- und frühgeschichtlicher Zeit befand sich hier eine eigenständige Siedlungsstätte. Slawen legten nach 600 einen Ort an, nachdem zuvor die germanischen Bewohner diese Gegend in der Zeit der Völkerwanderung verlassen hatten. Als Frankfurt im Jahr 1253 die Stadtrechte erhielt, fand bereits urkundlich ›eine Stelle, die zbirwitz oder sluwitz genannt wird‹, Erwähnung. Zu ihr gehörten ›60 Hufen Acker, Wiesen und Wälder‹ östlich der Oder. Dieser auch ›Zliwitz‹ genannte Ort lag vermutlich etwas landeinwärts nahe des heutigen Grenz-Basars.

Etwa um das Jahr 1300 entstand als wichtige Ost-West-Handelsverbindung die erste hölzerne Brücke über den Strom. In dieselbe Zeit wird auch die Aufschüttung des Oderdamms datiert, der die landwirtschaftlich genutzten Flächen am östlichen Ufer vor Überflutungen schützen sollte. Hier befand sich außerdem der um 1400 angelegte Friedhof der jüdischen Gemeinde. Später kamen noch das Rote Vorwerk am südlichen und das Weiße Vorwerk am nördlichen Ortsrand hinzu. Im Jahr 1626 wurde zum Schutz der Brücke eine Befestigung angelegt, aber im darauffolgenden Jahrhundert wieder entfernt.

Als Bezeichnung des Stadtteiles galt bis dahin einfach ›über der Oder‹. Nun kam der Name ›Dammvorstadt‹ auf, der bis 1945 beibehalten wurde.

Eine Seidenfabrik, ein Holzlager mit Holzmarkt, ein Pferdemarkt und die Etablierung einer Garnison trugen zur Entwicklung der Dammvorstadt bei. Viele Frankfurter legten dort ihre Schrebergärten an. Im Jahr 1893 entstand eine steinerne Brücke über die Oder, und ab 1898 fuhr die Straßenbahn bis zum Schützenhaus.

Der östliche Ortsteil der Regierungsbezirksstadt Frankfurt wurde zu einem beliebten Ziel für Wanderungen, Erholung und Sport. Dazu trugen die zahlreichen Ausflugsgaststätten sowie die Gestaltung von Wegen und Grünanlagen bei, außerdem das 1927 eingeweihte ›Ostmarkstadion‹, der Kleist-Turm zur Erinnerung an die Schlacht bei Kunersdorf im Jahr 1759 und den damals dort schwer verwundeten Dichter Ewald von Kleist sowie der Fliegerhorst.

Im Jahr 1939 leben hier etwa 17 000 Menschen, in jüngster Zeit wird diese Zahl überschritten. Der neue Name kam gemäß der polnischen Interpretation von dem Wort für Grenzpfahl – ›Słupi Graniczne‹ –, er kann aber ebenso von der einst slawischen Siedlung an dieser Stelle herrühren. Nach 1945 entstanden Werke der Bekleidungs-, Nahrungsmittel- und Möbelindustrie. Ein Aufschwung erfolgte 1972 mit der Einführung des visafreien Grenzverkehrs zur DDR. Seither blühten Handel und das Dienstleistungsgewerbe auf, ebenso der Tourismus. Grenzüberschreitende Aktivitäten wurden mit der Verleihung des Europa-Diploms 1993, der Europa-Ehrenfahne 1994 und der ›Plakette des Europarates‹ 1999 an die Stadt belohnt. Seit dieser Zeit verfügt sie über den Rang ›touristische Ortschaft‹.

Blick von Słubice auf Frankfurt mit Friedenskirche (links) und Konzerthalle

Der Stolz von Słubice ist das zur Adam-Mickiewicz-Universität in Poznań (Posen) gehörende und eng mit der Europa-Universität Viadrina in Frankfurt zusammenarbeitende Collegium Polonicum mit seinen neun Fakultäten. Nun ist man Universitätsstadt. Seit der Verwaltungsreform von 1999 verfügt Słubice über den Status einer Kreisstadt.

Vom Bahnhof Frankfurt (Oder) zur Grenze

Wer mit dem Zug anreist, läuft vom Bahnhof bis zum Grenzübergang etwa 15 Minuten. Man kann auch Bus oder Straßenbahn benutzen. Der Autobus-Halteplatz befindet sich direkt vor dem Bahnhof, linker Hand gelangt man zur Haltestelle der Straßenbahn. Es besteht auch eine direkte Buslinie ab Bahnhof nach Słubice.

Um einige Sehenswürdigkeiten der ›Kleiststadt‹, wie sich Frankfurt seit 1999 bezeichnen darf, in Augenschein zu nehmen, bietet sich der Weg nach rechts auf der Ferdinandstraße in Richtung Zentrum an. Nach Überquerung der Gubener Straße kommt die **St. Gertraudenkirche** von 1878 in Sicht. In ihr befinden sich einige Kunstschätze aus der 1945 zerstörten Marienkirche, darunter der größte norddeutsche Marienaltar von 1489 und ein fast fünf Meter hoher siebenflammiger Leuchter aus der Zeit um 1375. Nach links am Weg durch die Grünanlagen passieren wir ein **Denkmal** für den 1777 in Frankfurt geborenen Dichter Heinrich von Kleist und die **Grabstätte** von dessen Großonkel Ewald von Kleist, einem Lyriker, der als Offizier nach einer Verwundung in der Schlacht bei Kunersdorf 1759 in Frankfurt starb. Entlang des **Hauses der Künste** in einem ehemaligen Hospital wird die Kreuzung am mächtigen Postamt erreicht. Nach links hinter den Lenné-Passagen erstreckt sich der von 1838 bis 1845 nach Plänen des bekannten Gartengestalters entlang mittelalterlicher Befestigungsanlagen angelegte **Lennépark**. Er gilt als einer der ältesten Volksparks in Europa. Bleibt man rechts, kommt man zum 89 Meter hohen **Oderturm** mit seinen Geschäften und Restaurants.

Rechts erblicken wir nun die Türme der **Marienkirche** und des **Rathauses** sowie das neobarocke Hauptgebäude der 1991 gegründeten **Europa-Universität Viadrina** in dem um 1900 errichteten einstigen Sitz des Regierungsbezirkes Frankfurt (Oder) der Provinz Brandenburg.
Die ab 1253 errichtete fünfschiffige **Marienkirche**, größte Hallenkirche der norddeutschen Backsteingotik, sollte man unbedingt besuchen, vor allem wegen der restaurierten mittelalterlichen Glasmalereien aus der Zeit um 1375. Das ebenfalls ab 1253 zunächst als Kaufhalle entstandene **Rathaus** mit seinen prunkvollen Giebeln beherbergt in der unteren Halle das **Museum Junge Kunst**. Von hier aus geht es auf der Bischofstraße in Richtung Oder zum **Kleist-Museum** in der barocken ehemaligen Garnisonschule von 1777 und weiter nach links zur Friedensglocke sowie zum **Museum zur Stadtgeschichte Viadrina** im einstigen ›Junkerhaus‹ aus dem Ende des 17. Jahrhunderts.
Auf der Oderpromenade, jenseits der Grenzbrücke, liegen die **Konzerthalle** in der ab 1270 erbauten Klosterkirche der Franziskaner-Mönche mit Deckenmalerei aus dem 16. Jahrhundert, die Gedenkstätte ›Opfer politischer Gewaltherrschaft‹ und das Stadtarchiv, beides in der Collegienstraße, sowie die Friedenskirche.
Wer gern einen Geschäftsbummel unternehmen möchte, nimmt ab der Kreuzung an der Post den Weg durch die Karl-Marx-Straße, auch Magistrale genannt, oder durch die ruhigere Große Scharrnstraße. Oder man schlendert durch den Lennépark mit seinen hübschen Anlagen bis zur Rosa-Luxemburg-Straße und wendet sich dann nach rechts dem **Grenzübergang** zu. Er liegt nur wenige Schritte entfernt.

Entlang der Oder

Von der **Stadtbrücke** hat man einen weiten Blick in beide Richtungen des Odertales. Besonders flussaufwärts ist die Weite der Landschaft beeindruckend. Direkt hinter der Brücke befindet sich der imposante Gebäudekomplex des **Collegium Polonicum**, das beim Richtfest 1996 als ›Eintrittstor zu Polen‹ bezeichnet wurde. Diese Einrichtung beherbergt Hörsäle, Seminar- und Büroräume, eine Bibliothek und ein öffentliches Restaurant (nur wochentags und während des Semesters). Hin und wieder finden Ausstellungen und Konzerte statt.
Spaziert man auf dem Dammweg weiter, sieht man linker Hand das **Kulturhaus** mit einer Kunstgalerie. Rechts geht es zum Passagierhafen und zur Flussmeisterei am einstigen Löwenwerder hinunter, und dahinter breiten sich Wiesen aus, die in einen Eichenwald übergehen. Diese weite Auenlandschaft bleibt ständiger Begleiter, wenn man auf dem von schattenspendenden Bäumen gesäumten Weg weiterläuft. Schließlich taucht der langgestreckte Bau der **Marienkirche** auf. Dieses Gebäude war früher das Frankfurter Schützenhaus, das nach 1945 unter Beibehaltung des Turms umgebaut wurde. Man kann sich davon überzeugen, dass der Tanzsaal eine würdige Andachtsstätte zu Ehren der Jungfrau Maria geworden ist. Auch eine Verkaufsstelle für christliche Literatur und Kunst ist in der Kirche untergebracht.
Bald folgt der großflächige **Basar** mit seiner Geschäftigkeit. Dahinter überquert die Straße eine Niederung mit kleinen Biotopen auf beiden Seiten. Linker Hand ist das Gelände rund um die Teiche und am Höhenrand hübsch als Parkanlage gestaltet.
Wo sich heute die Straßen nach Krosno (Crossen) und Rzepin (Reppen) gabeln, lag früher der **jüdische Friedhof**.

Im Stadion

In jüngster Zeit wurden einige Grabstätten wieder gestaltet, und das den Juden übereignete Gelände soll eine würdige Erinnerungsstätte werden, zumal hier einige bedeutende Persönlichkeiten der jüdischen Kulturgeschichte bestattet sind. Richtung Krosno (Crossen) folgen ein Hotel, Restaurants, ein Gewerbegebiet und schließlich der erst 2003 angelegte **Bahnhof Słubice** an der Strecke Berlin–Frankfurt–Poznań (Posen)–Warszawa (Warschau).

Zurück geht es vor dem Basar nach rechts zum **Freizeit- und Sportgelände** und wiederum nach rechts zum **Stadion**. Hier nimmt die Straße Sportowa eine Linkskurve. An ihr liegen der Campingplatz, ein Hotel und neben dem Stadion das Schwimmbad. Das zur deutschen Zeit als ›Ostmarkstadion‹ bezeichnete Gelände wurde nach langjährigem Bau 1927 vollendet und weist architektonische Ähnlichkeiten mit dem Olympiastadion in Berlin auf. Natürlich hat es weitaus geringere Ausmaße. Neben dem Stadion liegt der Friedhof, dahinter erstreckt sich hügeliges Gelände mit Buchenwald. In diesem Umfeld befindet sich die repräsentative Anlage eines Golfplatzes. Geht man stadteinwärts hinter der Kirche nach rechts, gelangt man an Schrebergärten entlang auf einer Parallelstraße des Herweges zurück zum Zentrum. Mehrere größere Geschäfte sowie Wohnungsneubauten fallen auf. In der Nähe blieben aber auch viele alte Hausfassaden erhalten.

Im Zentrum

Der langgestreckte, hübsch gestalteten **Platz Przyjaźni** erfreut mit Springbrunnen und Sitzgelegenheiten. Hier, am früheren Rossmarkt, machen das Restaurant und das neue Postamt einen recht schmucken Eindruck.

In der Nähe liegen die **Plätze** Wolności und Bohaterów, die nur durch ein stilvolles altes Bürgerhaus getrennt sind. Früher bildeten sie zusammen den Neuen Markt. Hinter dem Platz Bohaterów mit seinem polnischen Denkmal bezeugen Kasernen die Tradition als Garnisonsstadt. Längst hat die Armee aber die Stadt verlassen. Wo früher Soldaten untergebracht waren, befinden sich jetzt unter anderem Studentenunterkünfte. An ihnen entlang kommt man links auf der Straße Piłsudskiego zum zentralen Busbahnhof.

Interessant ist auch die moderne, erst in den 1990er Jahren erbaute **Heilig-Geist-Kirche** in der Form eines monumentalen Schiffskörpers mit Fenstern in Bullaugenform. Sie steht linker Hand stadtauswärts etwas zurückversetzt von der Straße Wojska Polskiego. Der mächtige Rang im Inneren erinnert an ein Theater. Zurück in Richtung Grenze kann man noch den **kleinen Basar** überqueren und weiter rechts bis zum Damm gehen, auf dem ein alleeartiger Weg entlang führt. Die Wiesen dahinter und der weiter entfernte Wald sind bei hohem Wasserstand der Oder teilweise überflutet.

An der nahen Brücke kann man den Ort mit der Zuversicht verlassen, dass gerade hier in der aufstrebenden Handels-, Universitäts- und Touristenstadt Vorurteile zwischen Deutschen und Polen abgebaut werden könnten.

Die Umgebung

Die Grenzbrücke nach Słubice ist möglicher Ausgangspunkt mehrerer Rad- oder Fußwanderungen durch eine sehr reizvolle Landschaft.

▶ Biegt man gleich hinter dem Fluss links ab, verläuft die Route auf oder neben dem Damm. Auch andere Wege näher an der Oder durch Wiesen und Wald sind möglich, stellenweise verläuft der Fluss aber direkt neben dem Damm. Zunächst bietet sich das Panorama von Frankfurt dar, dann tauchen hinter dem Auenwald vereinzelt stehende Bauerngehöfte auf, die zu **Nowy Lubusz** (Neu Lebus) gehören.

Etwas weiter, am deutschen Ufer, schmiegt sich die kleine geschichtsträchtige Stadt **Lebus** hübsch an die Hänge. Hier war einst der Sitz eines Bistums, das der angrenzenden polnischen Wojewodschaft Lubuskie (Lebuser Land) ihren Namen gab. Man kann am Damm bis nach Kostrzyn (Küstrin) weiterwandern oder an Pławidło (Tirpitz) vorbei landeinwärts einen Weg zurück nach Frankfurt nehmen.

▶ Auch die Südrichtung bietet Sehenswertes. Kommt man am Basar vorbei und biegt dahinter rechts ab, passiert man die neue Eisenbahnbrücke, die siebenbogige Autobahnbrücke und die **Gedenkstätte** zur Erinnerung an die Opfer eines faschistischen Arbeitslagers bei Świecko (Schwetig). Hinter dem Dorf wird die Ilanka (Eilang) überquert und ist am anderen Ufer die **Steile Wand von Lossow** zu sehen. Über dem hohen Oderhang befand sich einst ein vorgeschichtlicher Burgwall. Über Rybocice (Reipzig) und Kunice (Kunitz) gelangt man in das Dorf **Urad** (Aurith), dessen Einwohner in früheren Jahrhunderten eine den Schildbürgern ähnliche Prominenz errungen hatten. Ein freigelegter Urnenfriedhof wies nach, dass der sogenannte ›Aurither Typus‹ innerhalb der bronzezeitlichen Lausitzer Kultur von hier weit ausgestrahlt hat.

Landeinwärts an der Chausseebrücke über die Ilanka erinnert ein **Gedenkstein** daran, dass hier einst der deutsche Ort Pulverkrug mit einer seit 1539 betriebenen Papierfabrik bestand. Weil der direkte Weg von Urad (Aurith) nach Cybinka (Ziebingen) durch den Wald streckenweise versandet ist, wählt man besser die Straße oder den Weg zwischen Oderauen, Kanal und Höhenrand über Bieganów (Busch-Vorwerk).

Cybinka (Ziebingen) hat sich infolge des Braunkohlenabbaues zu einer Gemeinde mit bis zu 4000 Einwohnern entwi-

Im Zentrum nahe der Oderbrücke

ckelt. Hier gibt es Geschäfte und auch Restaurants. Einen guten Eindruck macht die im Kern mittelalterliche, später aber mehrmals umgestaltete **Kirche**. Bekannt wurde der Ort durch die Pflege von alten Trachten und den Aufenthalt des Dichters Ludwig Tieck (1773–1853). Leider ist das Schloss, in dem der Romantiker damals wohnte, nicht mehr vorhanden. Ein Teil des Gutsparkes dient als sowjetischer Gedenkfriedhof, an dessen Straßenfront eine Porträtplastik von Stalin auffällt. Zur fruchtbaren Oderniederung hin, in der Nähe von Bieganów (Busch-Vorwerk), steht noch die sogenannte **Tieck-Eiche**.

An der Straße über Białków (Balkow) nach Kłopot (Kloppitz) sind viele Storchennester zu sehen, ferner erhebt sich hier ein von Gefallenengräbern umgebenes sowjetisches **Ehrenmal**. Auch Reste der Brücke nach Eisenhüttenstadt sind noch vorhanden.

In **Kłopot** (Kloppitz) befindet sich seit 2004 ein interessant ausgestattetes **Storchenmuseum**. Ergänzend dazu kann man in diesem Dorf zahlreiche Nester dieses Großvogels bewundern. Radler nehmen am besten den Weg auf dem Oderdamm,

Blick über die Oder auf Lebus

über Drzeniów (Drehnow) mit seiner alten Kirche führt die Straße weiter nach Krosno (Crossen).

Nächstes Dorf in Richtung Rzepin (Reppen) von Cybinka aus ist **Sądów** (Sandow), das reizvoll an der Pliszka (Pleiske) liegt. Die zweitürmige **Kirche** von 1801 ist eine Besonderheit in dieser Region. An die Pliszka schmiegt sich inmitten von Wäldern die Siedlung **Koziczyn** (Steinbockwerk), in der heute noch Gebäude der einstigen Papier- und Zellstoffwerke stehen. Von der Brücke über die Pliszka bei Urad führt eine Straße nach Maczków (Matschdorf). Waldwege entlang des Flüsschens führen auf die Chaussee zurück.

▶ Lohnenswert ist ein Ausflug nach **Kunowice** (Kunersdorf), 1759 Ort einer blutigen Schlacht des Siebenjährigen Krieges, die fast das Schicksal Friedrichs des Großen und damit Preußens besiegelt hätte. Man wandert dazu am besten vom Sportstadion in Słubice immer unterhalb des Höhenrückens auf unbefestigten Wegen auf das Erholungszentrum ›Rancho Drzecin‹ zu. Wo sich rechts der Wald lichtet, kann man zum Dorf hochgehen und die moderne Kirche, den Grenzbahn-

▲ *Das kleine Sądów*

hof und den einstigen Flugplatz besichtigen. Neben dem Hotel führt der Weg wieder hinunter in die Niederung. Ein **Stein** am Wegende rechts soll die Stelle markieren, an der der Dichter Ewald von Kleist in der Schlacht bei Kunersdorf so schwer verletzt wurde, dass er an seinen Verwundungen starb. Weiter rechts liegt ein Erholungszentrum mit Hotel, Restaurant und Badeanstalt, das auch Möglichkeiten zum Reiten, Rudern und für Kutschfahrten bietet. Das ehemalige Mühlengebäude bietet einen recht romantischen Anblick.

► Man kann von Kunowice entlang des Flüsschens Lisia (Hühnerfließ) durch urwüchsigen Wald nach Nowe Biskupice (Neu Bischofsee) mit Imbissstätten wandern, auf dem Autoweg nach Drzecin (Trettin) oder auf Waldwegen nach Stare Biskupice (Alt Bischofsee).

Über das am Hang gelegene **Drzecin** (Trettin), in dem man in einem Hotel übernachten kann, führt die Straße entweder zurück nach Słubice oder weiter über Lisów (Leißow) mit einem erhalten gebliebenen Vorlaubenhaus, Golice (Gohlitz) und Pamięcin (Frauendorf) in Richtung Kostrzyn (Küstrin) und Słońsk (Sonnenburg).

In **Pamięcin** ist ein altes **Speichergebäude** sehenswert. Die **Kirche** von 1739 wird noch heute von Pilgern aufgesucht, weil sich hier früher ein mittelalterliches Wunder bewirkendes Marienbild befand, das später nach Górzyca (Göritz) kam.

Słubice und Umgebung

Postleitzahl: 69-100.
Vorwahl: 0048/(0)95.
Stadtverwaltung, ul. Akademicka 1, Tel. 737200, www.slubice.pl.
Deutsch-Polnische Tourist-Information, Große Oderstr. 29, 15230 Frankfurt (Oder), Tel. 0335/610080, www.tourismus-ffo.de.

Die Entfernung vom Zentrum zum Autobahn-Grenzübergang beträgt etwa 7 Kilometer und bis zum Bahnhof fast 2 Kilometer.

Die zentrale **Bushaltestelle** befindet sich in der ul. Wojska Polskiego, Ecke ul. Chopina.

Taxistände an der Grenzbrücke und am großen Basar; Taxi-Tel. 7582348.

Hotel Kaliski (€€), ul. Jedności Robotniczej 13, Tel. 7583735, www.hotelkaliski.pl. Drei-Sterne, im Zentrum, mit Restaurant.

Hotel und Restaurant Villa Dudziak (€€), ul. Sportowa 31f, Tel. 7586024, www.hotelvilladudziak.pl. Schönes neues Gebäude mit komfortablen Zimmern; außerhalb des Zentrums.
Hotel Sportowy (€–€€), ul. Sportowa 1, Tel. 7582049, www.sosirslubice.pl. Mit Restaurant, neben dem Sport- und Erholungszentrum.
Hotel Korona (€–€€), ul. Powstańców Wlkp. 8, Tel. 7582200, www.korona.travel.pl.
Hotel Baranowski (€–€€), ul. Transportowa 4c, Tel./Fax 7582102, www.hotelbaranowski.slubice.net.
Hotel Anka, ul. Przyjaźni 7, Tel. 7582336. Mit Restaurant.
Hotel und Restaurant Rancho (€€), am Weg Richtung Drzecin, Tel. 7500086, www.rancho-drzecin.pl/de.
Zimmer im Storchenmuseum in Kłopot 24, 69-108 Cybinka, Tel. 068-3912935.
Weitere Hotels in Frankfurt (Oder).

Oberza, ul. Mickiewicza 9/2, Tel. 7587856, tgl. 11–22 Uhr. Großes Angebot an guten polnischen Gerichten, zentral gelegen.

Restauracja Douane, ul. Mickiewicza 20a, Tel. 7501273, www.douane.com.pl. Nahe Grenze. Regionale Küche, gute Steaks.
Restaurant Odra, Plac Przyjaźni 3, Tel. 7582621.
Villa Casino, ul. Mickiewicza 11, Tel. 7577077. Restaurant und Club, neu eröffnet, sehr beliebt.
Pizzeria Europa, ul. Jedności Robotniczej 1, Tel. 7580622, www.europa-slubice.pl. Odernähe. Die vielleicht beste Pizza der Stadt.
Klub Bar Prowincja, ul. 1-go Maja 1 (SMOK), Tel. 796960201, www.klub-prowincja.pl. Odernähe. Polnische und mediterrane Küche. Tagesmenü-Mittagessen. Musikkonzerte: Jazz, Reggae, Soul.
Smażalnia Ryb Gruba Ryba, ul. Mickiewicza 1a, Tel. 502630629. Fisch- und Meeresfrüchtegerichte.
Zahlreiche andere Einkehrmöglichkeiten, darunter in den Hotels und auf den Basaren.

Kulturhaus Smok mit Kunstgalerie, ul. 1. Maja 1, Tel. 7582439, www.smok.slubice.pl.
Christliche Galerie, Straße 1. Maja 31.
Storchenmuseum, Kłopot 24 (an der Oder); Apr.–Sept. Di–So 10–18 Uhr, Okt.–März 10–16 Uhr.
Collegium Polonicum. Ständige und wechselnde Kunstprojekte direkt an der Stadtbrücke.

Reiterhof Rancho, wie Hotel und Restaurant, 27 Hektar großes Gelände mit Sandstrand am Badeteich, Zeltplatz, Ausritte in den angrenzenden Wäldern, www.rancho-drzecin.pl/de.

Jährlich an einem Wochenende im Juni deutsch-polnisches **Oderfest**.
In Kłopot wird Anfang Mai die **Storchenbegrüßung** und Anfang September der **Storchenabschied** begangen.

Sportanlagen einschließlich Freibad an der ul. Sportowa.
Segelklub Pasat am Flusshafen an der Oder.

Ein ausgeschilderter **Naturlehrpad** befindet sich im Wald nordwestlich von Cybinka.
Europäischer Fernwanderweg E 11 (Amsterdam–Riga): Słubice–Osno Lubuskie–Lubniewice–Bledzew–Gościkowo–Bobowicko–Stołun–Abzweig nach Międzychód–Pszczwe (insges. ca. 140 km).
Fahrradroute Piastenweg: Słubice–Starków–Osno Lubuskie–Sulęcin–Trzemeszno Lubuskie–Gościkowo–Trzciel (ca. 130 km).

Słubice Golf Club, Straße Sportowa 1, Tel. 512774177, www.golf-slubice.pl.

Słońsk (Sonnenburg)

Allein schon wegen des früheren Johannitersitzes und der Beschreibung eines Sankt Johannistages im Juni 1862 durch Theodor Fontane wird Słońsk (Sonnenburg) gern von Kennern der brandenburgischen Geschichte aufgesucht. Andere kommen aus ganz Europa wegen der Mahnmale zur Erinnerung an die Opfer des faschistischen Gefangenenlagers. Für Naturfreunde und Ornithologen ist das seit 2001 als Nationalpark ausgewiesene, riesige Vogelschutzgebiet ›Warthemündung‹ am Rande des Ortes interessant. Hier, im Bruchgelände zwischen der Warta (Warthe) und dem Lubusker (Sternberger) Höhenland, erstreckt sich eine weite fruchtbare Ebene mit Kolonistensiedlungen und -gehöften aus dem 18. Jahrhundert.

Geschichte

Am Rande des Bruchs der Warta (Warthe) befand sich eine slawische Fischersiedlung, daneben entstand im 13. Jahrhundert ein deutsches Angerdorf. Nach einer Urkunde aus dem Jahr 1295 lag der Ort an der Grenze des Templerorden- Besitzes, Eigentümer war vermutlich eine deutsche Adelsfamilie. Im Jahr 1341 gestattete der brandenburgische Markgraf Ludwig, hier ein ›festes Schloß‹ zu errichten, Anfang des 15. Jahrhunderts wurde dieser Besitz einschließlich zehn umliegender Dörfer vom Johanniterorden erworben. Ein im 17. Jahrhundert neu erbautes Schloss wurde Sitz der Johanniter-Ordensregierung für die Ballei Brandenburg und ihres Herrenmeisters. Befestigungsanlagen erhielt der Ort keine. Ein Teil des Warthe-Bruchs bei Słońsk ist von den Johannitern urbar gemacht und der landwirtschaftlichen Nutzung zugeführt worden. Nach der Reformation sollten die Ordensbrüder diesen Besitz abgeben, aber sie arrangierten sich mit Markgraf Hans von Küstrin. Erst 1810 wurden sie enteignet, doch zwei Jahre später gab es eine Neustiftung des Ordens, und sie erhielten das Schloss zurück. Die 1522 eingeweihte Ordenskirche erfuhr mehrmals eine Umgestaltung. Die Johanniter unterhielten auch ein Krankenhaus. Erst im Jahr 1808 bekam Sonnenburg offiziell das Stadtrecht, obwohl es zu diesem Zeitpunkt schon lange eine städtische Anlage darstellte. Von 1834 bis 1836 wurde am Stadtrand eine Königliche Strafanstalt Preußens errichtet. Zeitweilig waren hier etwa 800 Häftlinge untergebracht, darunter viele aus Berlin. Nach 1933 sperrte man hier Gegner des Nazistaates ein und ab

Volkskunst neben der Ordenskirche. Johannes Paul II. ist in Polen allgegenwärtig

1941 Widerstandskämpfer aus zahlreichen europäischen Ländern. Alle Häftlinge, mehr als 800, wurden ermordet, bevor die Rote Armee den Ort erreichte. Am Ende des 19. Jahrhunderts hatte Sonnenburg über 6300 Einwohner, 1939 waren es nur noch etwa 3650, heute sind es zusammen mit den umliegenden Dörfern rund 5000. In der Zeit nach 1945 hat sich nicht viel am idyllischen Charakter des Ortes geändert, die Stadtrechte wurden noch nicht wieder neu verliehen. Das Krankenhaus und das Rathaus sind verschwunden, das Schloss ist ausgebrannt, und von der Strafanstalt werden nur noch Restgebäude als solche genutzt.

Sehenswürdigkeiten

Seitdem die Bahnstrecke nach Słońsk (Sonnenburg) stillgelegt wurde, kann man die Ortschaft nur mit dem Bus von Kostrzyn (Küstrin) oder von Słubice aus erreichen. Oder man fährt mit dem Rad, denn von Kostrzyn ist es nicht weit. Diesen Weg von etwa zwölf Kilometern Länge ist Theodor Fontane 1862 sogar zu Fuß gewandert.

Der Bushaltepunkt befindet sich an der Hauptkreuzung des Ortes. Hier steht auf den Fundamenten eines deutschen Denkmals ein polnisches **Ehrenmal** für die 1945 gefallenen sowjetischen Soldaten. Geht man von hier auf der Durchfahrtsstraße in Richtung Osten und überquert das Flüsschen Lenka (Lenze), kommt man bergan an einem Komplex für Touristen mit Hotel, Restaurant, Tankstelle und Geschäft vorbei. Links folgt der **Ehrenhain** mit Denkmal und **Museumsgebäude**, das 2014/15 grundlegend erneuert wird. An seinen Außenmauern waren bis vor kurzem zahlreiche Gedenktafeln angebracht, auf denen antifaschistische Komitees aus mehreren Ländern an ihre Opfer erinnern. Auch die Carl-von-Ossietzky-Schule aus Berlin war mit den Worten vertreten: ›Dem radikalen Demokraten und Antifaschisten zum Gedenken. Den Lebenden zur Mahnung‹. Das Museum dokumentiert die Geschichte der Haftanstalt, wobei besonders auf die Zeit des Faschismus eingegangen wird. Von dem alten Gefängniskomplex ist fast nichts übriggeblieben, doch wenn man vor dem Flüsschen rechts in die Straße einbiegt, sieht man am Hang einige Gebäude, in denen noch immer Häftlinge einsitzen. Hier, an der früheren Weinbergstraße, befand sich einst das **Amtsgericht**.

Geht man an der nächsten Kreuzung links, gelangt man zur früheren **Johanniter-Ordenskirche**, heute nach dem Muttergottesbild von Częstochowa (Tschenstochau) benannt. Bereits von weitem erblickt man den Turm, der angeblich nach einem Entwurf von Karl Friedrich Schinkel im 19. Jahrhundert umgestaltet wurde. Der Baubeginn der dreischiffigen Hallenkirche mit dem schönen Sterngewölbe und den schlanken achteckigen Säulen wird auf das Jahr 1474 datiert. Im 17. Jahrhundert erfolgte ein Umbau und nach dem Ersten Weltkrieg die Gestaltung der farbigen Fenster mit den Wappen der gefallenen Johanniterritter. Bewundernswert ist der Hochaltar aus Alabaster, Holz und Marmor aus dem 16. Jahrhundert. Dieses Kunstwerk der Spätrenaissance stammt aus der Schlosskapelle in Berlin und soll auf Veranlassung des Grafen Adam von Schwarzenberg im Jahr 1626 hierher transportiert worden sein. Von 1991 bis 1994 wurde es in Szczecin (Stettin) restauriert. Die schmucke Kanzel hat man nach der Restaurierung im Oktober 1997 neu eingeweiht, die Wappenfenster sind restauriert.

Der Johanniterorden unter dem gegenwärtigen Herrenmeister Oskar Prinz von Preußen versucht, mit Hilfe von Sponsoren sowie durch Fördermittel aus Deutschland und Polen die Kirche wieder in ihrem traditionellen Glanz erstrahlen zu lassen, und organisiert mit Partnern die früher üblichen Feiern am alten Ordenssitz, ergänzt durch Konzerte und Vorträge.

Für Ausstellungen stehen Räume direkt neben dem Gotteshaus in dem um 1730 errichteten **Fachwerkbau** zur Verfügung, das einst Schule war und heute ein Heimatmuseum beherbergt.

Jenseits des idyllischen Flusslaufes der Lenka (Lenze) steht die **Ruine** des einst prunkvoll ausgestatteten Johanniterschlosses. Der um 1340 entstandene und im 17. Jahrhundert umgestaltete Bau hatte nach 1945 noch als Kulturhaus gedient, war dann ausgebrannt und wird nun lediglich vor dem weiteren Verfall gesichert. Gleich dahinter beginnt die fruchtbare Bruchlandschaft.

Zurück zur Hauptkreuzung kommt man am schönen alten **Pfarrhaus** und am **Kulturhaus** der Stadt vorbei. Viel alte Bausubstanz blieb erhalten und vermittelt eine anheimelnde Kleinstadtatmosphäre. Die Ortsverwaltung ist im ehemaligen Postamt untergebracht.

Parallel dazu verläuft westlich die Straße Lipana (Lindenstraße) mit dem **Friedhof**, auf dem Grabsteine aus deutscher Zeit und ein 2004 eingeweihtes Massengrab an die Zeit bis 1945 erinnern.

In der Nähe des Ortsausganges in Richtung Kostrzyn (Küstrin), wo sich auch der Bahnhof befand, liegt der **Friedhof** für die im Konzentrationslager Ermordeten. Den würdigen Gedenkstein stiftete das luxemburgische Thronfolgerpaar, das schmiedeeiserne Eingangstor mit dem Wort ›Pax‹ (Friede) ist leider verschwunden.

Die Umgebung

Nördlich von Słońsk erstreckt sich das fruchtbare, von vielen Kanälen durchzogene **Warthebruch**. Der westliche Teil mit einer Fläche von etwas 4250 Hektar ist ein europaweit bedeutender **Nationalpark**, dessen Kerngebiet gewöhnlich im Frühjahr unter Wasser steht. Während der Zugzeit werden hier bis zu 250000 Vögel gezählt, darunter auch viele seltene Arten. Zusammen mit kleineren Naturschutzgebieten wie dem für Steppenpflanzen zwischen Owczary (Ötscher) und Pamięcin (Frauendorf), einer Fischreiherkolonie östlich von Słońsk und einem Laubwaldfragment am Hang des Bruches bei Lemierzyce (Alt Limmritz) ist ein großer Landschaftsschutzpark ausgewiesen worden.

An der Straße nach Kostrzyn (Küstrin), die als Allee und dann dammartig entlang des Schutzgebietes verläuft, befindet sich ein hölzerner **Aussichtsturm**. Später folgt der Sitz des Nationalparks. Neben dem Turm mit einer herrlichen Panoramasicht beherbergt der Komplex auch Veranstaltungs- und Ausstellungsräume, Labors, ein Restaurant und Gästezimmer. Von hier aus werden Exkursionen in das Reservat durchgeführt. Zum Programm gehören Vorträge, Symposien sowie Unterricht für Schüler und Studenten.

Nach Osten finden sich im Bruch viele kleine Dörfer und Einzelgehöfte. Sie entstanden nach der Trockenlegung im 18. Jahrhundert. Von den damals vorgenommenen exotischen Benennungen wie Sumatra und Havanna blieb nach 1945 nur Malta erhalten.

Ein Nebenarm der Warta (Warthe) bei Słońsk

Bei **Kłopotowo** (Schützensorge) führt eine **Fähre** über die Warthe, und etwa sechs Kilometer weiter östlich folgt eine Brücke, die bis zum Bau der Autobahnbrücken um 1935 die längste Straßenbrücke im norddeutschen Raum war. Südlich des Flusses führt die Straße auf dem Damm noch gut zehn Kilometer weiter über Studzionka (Albrechtsbruch) bis nach Kołczyn (Költschen). Hier beeindruckt die wunderbare Landschaft.

Als Rückweg empfiehlt sich die Straße am Rand des Bruchs über das große Dorf **Krzeszyce** (Kriescht) mit Restaurants und neuer **Kirche**. An den Höhen bei **Lemierzyce** (Alt Limmritz) und an der dortigen Kirche bieten sich weite Blicke über die Niederung. Unterhalb des Ortes befindet sich ein **Schöpfwerk**.

Südwestlich von Słońsk liegt **Czarnów** (Schernow/Tschernow) mit seinen vielen Storchennestern und einer überwucherten Festung. Weiter geht es über Żabice (Säpzig), in dessen Nähe sich ein Badesee befindet, vorbei an einem Außenfort der Festung Kostrzyn nach **Górzyca** (Göritz). Dieser Ort an der Oder ist historisch interessant. Früher verfügte er über eigene Stadtrechte und eine Flussfähre. Górzyca wurde 1252 erstmals urkundlich erwähnt und war ab 1276 für 50 Jahre Sitz des Bistums Lebus, bis 1551 befand sich hier ein wundertätiges Marienbildnis. 1758 brannte die Stadt völlig ab und wurde danach neu aufgebaut. Die Kirche stammt noch aus dem 15./16. Jahrhundert. Seit 2001 existiert in der Ortsmitte ein attraktiv gestaltetes deutsch-polnisches Begegnungszentrum. In Richtung Owczary (Ötscher), wo sich nach der Schlacht bei Kunersdorf Friedrich der Große aufgehalten hat, befindet sich links auf dem Hang seit 1992 ein von Deutschen, Polen und Russen als Stätte der Versöhnung und der Völkerverständigung angelegter **Friedenswald**. Besuchenswert ist in diesem hübsch gelegenen Dorf das einzige **Wiesenmuseum** Polens mit Darstellung der Gräserregionen auf der ganzen Welt. Auch werden Schafe und Ziegen gezüchtet. Für Gäste stehen Übernachtungszimmer bereit.

Südlich von Słońsk fällt neben der Straße unweit von **Chartów** (Gartow) ein **Denkmal** auf. Es erinnert an polnische Kundschafter, die 1944 von einem Flugzeug abgesetzt wurden, um deutsche Truppentransporte zu registrieren. Von diesem Denkmal führen Wege an den von Wald umgebenen Jez. Radachowskie (Radacher See) mit Badestelle und Zeltmöglichkeit. Westlich von Chartów liegt **Stańsk** (Stenzig) mit einer reizvollen Kirche, während sich östlich des Sees **Ownice** (Ögnitz) an das Flüsschen Lenka (Lenze) schmiegt.

Słońsk und Umgebung

Postleitzahl: 66-436.
Vorwahl: 0048/(0)95.
Gemeindeamt, ul. Sikorskiego 15, Tel. 757 22 71, www.slonsk.pl.
Büro der Naturfreunde Dudek (Biuro Turystyki Przyrodniczej), ul. Stacja Pomp 2, Tel. 7572212, www.hoopoe.com.pl.
Büro der Vogelrepublik, ul. Puszkina 44, Tel. 7572445, www.tps-unitiviribus.org.pl. Infos über Übernachtungsplätze, Rad-, Kanu- und Fernglasverleihstellen, Pässe für die Vogelrepublik.

Die Entfernung vom Grenzübergang Küstrin-Kietz beträgt etwa 15 Kilometer und von Frankfurt (Oder) etwa 35 Kilometer.

Der **Bus** hält neben dem Kreisverkehr an der Kreuzung der Hauptstraßen. Hier stehen gewöhnlich auch **Taxis** bereit.

Der nächste Bahnhof ist in Kostrzyn (Küstrin).

Hotel Słowiańska (€€), ul. 3-go Lutego 29, Tel. 7571020, www.hotel-slowianska.pl.
Gasthof Hubertus (€€), ul. 3-go Lutego 17, Tel. 7572757.
Gasthof Lucyna, ul. Sikorskiego 1, Tel. 7572351.
Gästezimmer (€) in der Nationalparkverwaltung, Chyrzyno 1, 69-113 Górzyca, Tel. 7524027.
Gästezimmer (€) im deutsch-polnischen Begegnungszentrum, ul. Polna 8/1, 69-113 Górzyca, Tel. 7591236, www.cspn.gorzyca.pl.
Touristische Unterkünfte (€) im Wiesenmuseum, Owczary 17, 69-113 Górzyca, Tel. 7591220.

Restaurant Słowiańska, ul. 3-go Lutego 29, Tel. 7571020 und weitere Einkehrmöglichkeiten, ebenso Unterkünfte in Krzeszyce und in Górzyca.

Heimatmuseum, Pl. Wolności 1, Juli und August 10–16 Uhr, sonst Schlüssel im Gemeindeamt erfragen.
Museum des Martyriums Sonnenburg (Muzeum Martyrologii Ofiar Obozu Sonnenburg), ul. 3-go Lutego 54, Tel. 7572527. Öffnung durch Kustos Błazej Kaczmarek, bietet auch touristische Informationen.
Wiesenmuseum (Muzeum Łąki), Owczary 17, 69113 Górzyca, Di–So 10–16 Uhr.
Besichtigungs- und Forschungsstätte des Nationalparks ›Warthemündung‹ (Park Narodowy Ujście Warty), Chyrzyno 1, 69113 Górzyca.
Deutsch-polnische Begegnungsstätte Humanitas mit Konferenzräumen, Bibliothek und Gästezimmern, ul. 1 Maja, 69113 Górzyca, Tel. 7591211.

Johannitertreffen alle zwei Jahre.
Moritzfest jährlich am Wochenende um den 20. Juni.
Treffen der Naturfotografen im Nationalpark jährlich im Oktober.
Fahrradtouren zu den Störchen (Termine nachfragen).
In Owczary: Treffen der Naturfreunde im Frühjahr, Sommer und Herbst.

Zelten kann man an den Seen bei Żabice (Säpzig) und bei Chartów (Gartow).

Ośno Lubuskie (Drossen)

Ośno (Drossen) besitzt eine vollständig erhaltene Stadtmauer, eine wundervoll restaurierte gotische Hallenkirche und ein sehenswertes Rathaus.
Es gibt weiterhin einige Übernachtungsmöglichkeiten und gastronomische Einrichtungen, außerdem ein Schönheitszentrum mit verschiedenen Therapien sowie ein Erholungszentrum für die Sommermonate am Stadtrand, direkt am See Reczynek (Röthsee). Stille Gewässer fließen durch die hügelige, meist bewaldete Umgebung.

Geschichte

Der Ort wurde vermutlich durch den Bischof von Lebus als Marktsiedlung angelegt. In der entsprechenden Urkunde von 1252 ist die Rede von der ›civitas Osna‹. Durch Ośno führte damals eine alte Handelsstraße von Westen in Richtung Międzyrzecz (Meseritz). Archäologische Funde und der Baubeginn der St. Jacobikirche um 1250 lassen darauf schließen, dass hier ein uraltes Siedlungsgebiet bestand und bereits vor der Stadtgründung deutsche Siedler lebten.

160 Ośno Lubuskie

Ośno Lubuskie (Drossen)

Ab 1354 war Drossen ein Lehen der brandenburgischen Markgrafen, nach 1401 ging es in ihren Besitz über. Die Stadt entwickelte sich zum Hauptort des Landes Sternberg und war die einzige Münzstätte in dieser Region. Im 15. Jahrhundert wurde die Stadtbefestigung mit Mauern, Toren und Basteien gebaut. Ab 1535, als unter Markgraf Johann von Küstrin ein eigenständiger neumärkischer Staat entstand, wurde das Sternberger Land als ›inkorporierter Kreis‹ der Neumark einverleibt.

Die Einwohner lebten vom Handwerk und von der Landwirtschaft. Wichtige Einnahmequellen waren vor allem die Bierbrauerei, die Tuchmacherei, die Schnapsbrennerei, ab dem 19. Jahrhundert die Möbelherstellung sowie der Maiglöckchenanbau, der Drossen durch den Export in weiten Teilen Deutschlands als ›Maiblumenstadt‹ bekannt machte. In der Umgebung wurden Braunkohle und Torf abgebaut, bedeutsam waren außerdem die Pferde- und Tiermärkte. An das Eisenbahnnetz wurde der Ort erst 1890 in den Richtungen Rzepin (Reppen) und Międzyrzecz (Meseritz) angeschlossen. Ab 1873 war Drossen Kreisstadt für Weststernberg, allerdings zogen die Behörden 1904 nach Reppen um, dem heutigen Rzepin. Während der faschistischen Zeit sollte Drossen eine ›Stadt der Jugend‹ werden, wovon noch einige Gebäude und Freizeiteinrichtungen zeugen.

Im Zweiten Weltkrieg erlitt die Stadt schwere Zerstörungen; wichtige historische Gebäude blieben aber erhalten. Sie zählte 1939 etwa 5700 Einwohner, die frühere Einwohnerzahl wurde mittlerweile wieder überschritten. Seit 1999 gehört Ośno zum neugebildeten Kreis Słubice.

Sehenswürdigkeiten

Bevor man vom Bahnhof, an dem auch die Fernbusse ihren zentralen Haltepunkt haben, in Richtung Stadtzentrum läuft, kann man etwas weiter außerhalb, an der Straße nach Rzepin (Reppen), einige repräsentative **Verwaltungs- und Schulhäuser** in Augenschein nehmen. Sehenswert ist vor allem der Komplex einer Berufsschule für Ökonomie mit

Sehenswürdigkeiten

Internat einschließlich des Parks. Im repräsentativen backsteinernen Hauptgebäude an der rechten Straßenseite befand sich von 1863 bis kurz vor dem Ersten Weltkrieg ein Lehrerseminar. Vor 1945 existierte eine sogenannte Aufbauschule mit Internat, in der man das Abitur machen konnte.

Um zurück zur Altstadt zu kommen, geht man hinter dem Bahnübergang geradeaus. Am **Postamt** mündet von rechts die Straße aus Sulęcin (Zielenzig) ein. Hier ist noch recht viel von der zu etwa 50 Prozent durch Kriegseinwirkungen zerstörten städtischen Bausubstanz erhalten geblieben.

Über eine Fließbrücke betritt man das mittelalterliche Zentrum, das noch heute von einer rund 1300 Meter langen **Mauer** umgeben ist. Sie wurde ab 1477 in dieser Form angelegt und ist vollständig erhalten. Auf dem herumführenden Spazierweg fühlt man sich ins Mittelalter versetzt, denn im Umfeld der Stadtmauer wurde kaum gebaut. Dafür beherrschen vorwiegend alte Bäume, Wiesen, Fließe und Schrebergärten das Bild. Drei der an die Mauer angebauten **Wiekhäuser** sind noch erhalten, außerdem das städtische Wahrzeichen: der **Diebesturm**. Die ehemaligen Tore sind nicht mehr vorhanden, aber an der Ausfahrt in Richtung Słubice (Frankfurt-Dammvorstadt) wurden zwei Torbögen als Fußgängerdurchgänge gestaltet. Der südliche Abschnitt am einstigen Neuen Tor hat im Polnischen noch immer dieselbe Bezeichnung wie einst, nämlich Sonnenpromenade.

In der Stadtmitte überragt die mächtige **St. Jacobikirche** alle anderen Gebäude. Der dreischiffige gotische Hallenbau wurde im 13./14. Jahrhundert errichtet, danach aber mehrmals umgestaltet, wie man etwa an der barocken Turmhaube erkennen kann. Obwohl die Kirche auf großen Granitfindlingen steht, war es notwendig, Stützpfeiler anzubringen. Prunkstücke der Innenausstattung sind der sechs Meter hohe Renaissance-Schnitzaltar von 1627 und die reichverzierte Kanzel. Sehenswert sind außerdem die farbigen Glasfenster, das Gewölbe, das Chorgestühl, Grabplatten und Nebenaltäre sowie eine Gedenktafel zur

Das Rathaus

Erinnerung der hier bis 1945 lebenden Deutschen. Herrlich ist auch der Klang der restaurierten Orgel. Seit etwa 1990 wird die Kirche regotisiert; sie wurde bereits mehrmals in das Konzertprogramm der Frankfurter Musiktage einbezogen. Neben der Kirche befindet sich der Neubau des **Pfarrhauses** mit Übernachtungsmöglichkeiten, auch für Schülergruppen. Die Pfarrbibliothek beherbergt wertvolle Werke aus der Zeit um 1500.

Etwas unterhalb der Kirche steht das **Rathaus**, dessen Giebel mit seinen zahlreichen Zinnen und vier Türmchen – in einem Mischstil aus Gotik und Renaissance – verziert ist. Es entstand in seiner heutigen Form von 1842 bis 1844 nach Plänen des Regierungsbaurates Flaminius. Innen ist alles für Verwaltungszwecke nüchtern gestaltet, nur der Sitzungssaal wirkt durch seine großen Fenster tagsüber etwas freundlicher. Im Erdgeschoss befindet sich das **Heimatmuseum**. Zuvor stand hier bereits 300 Jahre lang ein Haus der Stadtverwaltung.

Infolge der Kriegsschäden gibt es im Zentrum manche freie Flächen; auf einer befindet sich der **Basar**. Auf den Fußgängersteinen weist eine Jahreszahl darauf hin, dass hier einst die älteste Apotheke der Stadt ihren Standort hatte.

Am Stadtausgang in Richtung Słubice befinden sich der **alte Friedhof** und die um das Jahr 2000 restaurierte **Gertraudenkapelle** mit der 2004 angebrachten Gedenktafel für den Drossener Ehrenbürger Oscar Dörffler (1855–1933). Er gilt als Erfinder des Rollschinkens und hatte aus Verbundenheit zu seiner Vaterstadt 1920 moderne Sportanlagen gestiftet.

Etwas weiter folgt der **neue Friedhof**, dessen linker deutscher Teil vollkommen zugewachsen ist. Auf der Straße Wodna mit dem ehemaligen Kietz gelangt man, vorbei an einstigen Maiglöckchen-Anbauflächen, zum **Jez. Reczynek** (Röthsee), der sich im Norden an das Stadtgebiet anschließt. Am See liegen eine Badeanstalt und ein Campingplatz mit Bungalows, das attraktive Schönheitszentrum ›Afrodyte‹, der frühere jüdische Friedhof, schöne Villen und eine Freilichtbühne. Westlich vom See erhebt sich ein 1934 als nationalsozialistisches Denkmal errichteter **Aussichtsturm**, der eine herrliche Panoramasicht bietet.

Die Umgebung

Eine **Kette von sieben Rinnenseen** westlich und südlich von Ośno durchzieht die abwechslungsreiche Landschaft. An den größten von ihnen, dem Jez. Grzybno (Greibensee) und dem Jez. Czyste Wielki (Großer Zeuschtsee), führen streckenweise Uferwege entlang. Hier kann man sein Zelt aufschlagen, baden und angeln. Wo die Straße nach Słubice die Talrinne durchschneidet, wurde 1848 ein Kultwagen aus der jüngeren Bronzezeit gefunden, der der keltischen Hallstattkultur zugerechnet wird. Theodor Fontane hat dieses seltene Zeugnis aus der Vergan-

Am Röthsee

genheit, das sich im Museum seiner Geburtsstadt Neuruppin befindet, in seinen ›Wanderungen durch die Mark Brandenburg‹ ausführlich beschrieben.

Etwas weiter in südwestlicher Richtung liegen die Dörfer Świniary (Zweinert), Serbów (Zerbow) und Kowalów (Kohlow). An der Kirchhofsmauer in **Kowalów** erinnert eine Tafel an die hier einst lebenden deutschen Einwohner. Die alte **Kirche** des Ortes, jüngst ausgebrannt, ist wieder hergestellt. Nördlich schließen sich zwischen weiten Feldern Radów (Groß Rade) und Radówek (Klein Rade) an. Etwas weiter, in **Sienno** (Seefeld), kann man die kunstvoll gestaltete Fassade der im Kern mittelalterlichen **Feldsteinkirche** sowie Fresken bewundern.

Auf der Terrasse des Schönheitszentrums ›Afrodyte‹

Die Strecke nach Gorzów (Landsberg) führt an **Radachów** (Radach) vorbei. Neben der hübschen **Fachwerkkirche** mit Holzturm ist eine deutsche Familienbegräbnisstätte, die noch liebevoll gepflegt wird. In Radachów befindet sich auch ein großer **Gutshof** mit verfallenem Herrenhaus. Auf diesem Hof und in der weiteren Umgebung spielt ein Teil des Romans ›Wolf unter Wölfen‹ von Hans Fallada, der hier vom Mai 1922 bis zum Oktober 1923 als Gutssekretär tätig war. Fallada, mit bürgerlichem Namen Rudolf Ditzen, arbeitete auf verschiedenen Gütern in Mecklenburg, Pommern und Westpreußen.

Während sich östlich von Ośno Lubuskie auf hügeligem Terrain Wälder ausbreiten, erstreckt sich nach Süden hin, in Richtung Rzepin (Reppen), eine Niederung. Dazwischen liegen die Dörfer Grabno (Buchholz) und Połęcko (Pollenzig). Hier soll seinerzeit Napoleon durchgezogen und eingekehrt sein. Sehenswert ist die **Kirche** in **Połęcko**, von deren Turm herab man einen herrlichen Rundblick genießt.

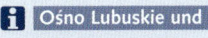 **Ośno Lubuskie und Umgebung**

Postleitzahl: 69-220.
Vorwahl: 0048/(0)95.
Rathaus, Rynek 1, Tel. 7576029, www.osno-lubuskie.pl.

Die Entfernung zu den Grenzübergängen Küstrin-Kietz und Frankfurt (Oder) beträgt etwa je 30 Kilometer.

Bushaltestellen befinden sich im Zentrum und am Bahnhof. Dort stehen auch gewöhnlich **Taxis** für die Weiterfahrt bereit.

Der vor Jahren stillgelegte **Bahnhof** wurde wiederbelebt. Verbindungen nach Rzepin und über Sulęcin nach Międzyrzecz.

Pension Afrodyta (€€), großer Spa & Wellness Resort, ul. Grunwaldzka 46, Tel. 7576281, www.afrodyta-spa.pl. Herrliche Lage am Hang zum See Reczynek. Behandlungen für biologische Regeneration.
Pensjonat Villa Plena (€€), ul. Jeziorna 32, Tel. 7577419, www.villaplena.pl. Direkt am See Reczynek.

Zelten ist möglich an den Seen Reczynek, Grzybno und Czyste Wielkie.

Café Zacisze am See Reczynek. Weitere kleinere Einkehrmöglichkeiten im Ort.

Heimatmuseum Sternberger Erde (Muzeum Ziemi Torzymskiej), Rynek 1, im Rathaus, Tel. 7576029.

Kulturhaus mit **Kunstgalerie**, ul. Rybacka 3b, Tel. 7571344.
Freilichtbühne am Strandbad des Sees Reczynek.

Internationales Familiencamp im Juni.

Durch Ośno Lubuskie führen zwei internationale touristische Trassen, die Radroute 1 und die Wanderroute 11, die Teil des europäischen Fernwanderweges ist.

Rzepin (Reppen)

Jeder Bahnreisende, der aus Richtung Berlin kommt und nach Poznań (Posen) oder Warszawa (Warschau) weiterfährt, hat auf dem Eisenbahnknotenpunkt Rzepin Aufenthalt. Hier steigt man um und hat auch Anschluss an verschiedene Buslinien. Die Gegend von Rzepin ist außerordentlich gut für Fahrradtouren oder Wanderungen in die wald- und wasserreiche Umgebung geeignet.

Das Zentrum der früheren Kreisstadt erlitt zwar schwere Kriegszerstörungen, doch sind einige alte Gebäude erhalten, so dass sich eine interessante Mischung aus älterer und neuerer Architektur ergibt.

Geschichte

Der Ortsname Rzepin (Reppen) ist wahrscheinlich von der slawischen Bezeichnung für Rübe abgeleitet, geht aber vielleicht auch auf die Mitgründung des Ortes durch Siedler aus Ruppin zurück. Eine Siedlung gab es hier schon während der Bronzezeit sowie später in slawischer Zeit. Die Ortschaft am Flüsschen Ilanka (Eilang) lag an der Kreuzung zweier Handelsstraßen. Die Anlage der deutschen Stadt in rechteckiger Form erfolgte in der zweiten Hälfte des 13. Jahrhunderts, sie wurde 1282 als ›Ausstellungsort‹ bezeichnet. 1329 erfolgte eine Grenzbestätigung der Stadt ›Newen-Reppin‹, die aber nicht von Mauern umgeben, sondern nur durch Wälle, Palisaden und Sümpfe geschützt war. In den folgenden Jahrhunderten hatte die Stadt häufig unter Belagerungen, Kriegen, Feuersbrünsten und sogar Heuschreckenplagen zu leiden.

Im 18. und 19. Jahrhundert war das Tuchmacherhandwerk von Bedeutung, vorher die Bierbrauerei. Später entstanden Fabriken für Stärkemittel, Maschinen und Knöpfe. Der Ausbau des Straßennetzes und der Bau der Eisenbahnlinien von Frankfurt (Oder) nach Posen ab 1869, von Stettin nach Glogau ab 1875 sowie die Einrichtung der Nebenbahn nach Meseritz (Międzyrzecz) über Drossen (Ośno) förderten die wirtschaftliche Entwicklung sehr. 1904 zog die Kreisverwaltung Weststernberg von Drossen nach Reppen um. Zu dieser Zeit war die Land- und Forstwirtschaft nach wie vor von Bedeutung.

Heute leben hier um die 6500 Einwohner, etwa genau so viele wie zu deutscher Zeit.

Die Katharinenkirche in Rzepin

Sehenswürdigkeiten

Der Bahnhof von Rzepin ist ein Knotenpunkt. Hier kreuzen sich die Strecken von Berlin nach Warszawa (Warschau) und von Wrocław (Breslau) nach Szczecin (Stettin). Daher halten hier auch alle internationalen Züge. Man kann deshalb bequem per Bahn anreisen und den Rundgang am historischen, in jüngster Zeit restaurierten Abfertigungsgebäude mit seiner klassizistischen Fassade beginnen. Direkt vor dem Ausgang stehen Autobusse und Taxis für eine eventuelle Weiterfahrt bereit.

Geht man geradeaus bis zur zweiten Gabelung und biegt dort rechts ab, hält man sich in Richtung Zentrum. Diese Straße verfügt größtenteils über ansprechende Wohngebäude. Unterwegs trifft man auf den **Wappenstein** mit der Darstellung des Hirsches auf dem Stadtwappen. Wo der Weg auf die Hauptstraße nach Słubice stößt, erhebt sich das moderne Gebäude der Zollverwaltung.

Ein Stückchen weiter, hinter dem Kino, sollte man nach links einen Blick auf das einstige **Gutshaus** des Kaspar von Kaphengst werfen. Der Adlige hatte 1926 das Land zwischen Stadt und Bahnhof der Kommune überlassen, und das Herrenhaus wurde eine landwirtschaftliche Schule. Im Jahr 2004 wurde es restauriert. Nun sind hier Büros untergebracht, und es bildet mit dem parkähnlichen Umfeld einen hübschen Blickfang. An der gegenüberliegenden Straßenseite steht ein Internatsgebäude mit schöner Fassade, in dem bis 1945 das Landratsamt für den Kreis Weststernberg untergebracht war. Biegt man vor diesem Eckhaus rechts ab, folgt links das monumentale Gebäude der von 1911 bis 1913 erbauten **Schule**. Vis-à-vis steht das **Postamt**, und dahinter erstreckt sich ein **Friedhof** für die im Jahr 1945 gefallenen sowjetischen Soldaten, auf dem auch linker Hand in der Umfassung ohne Angaben unbekannt gebliebene deutsche Soldaten bestattet wurden.

Nach links betritt man das Gelände der historischen Altstadt. Dort hat der Krieg besonders große Lücken gerissen. Auf dem früheren **Marktplatz** la-

▲ *Ein Museumsstück am Bahnhof*

den Bänke zu einer Rast ein, von denen man einen Blick auf das **Rathaus** werfen kann. Dieses Gebäude wurde um 1880 errichtet, im Krieg zerstört und zwischen 1950 und 1960 wieder aufgebaut. Über dem Eingang ist das Stadtwappen angebracht, ein auf grünem Rasen schreitender Hirsch mit goldenem Geweih, ein Symbol für den Wald- und Wildreichtum in der Umgebung. Ein **Gedenkstein** erinnert an die in einem faschistischen Arbeitslager von 1941 bis 1945 zu Tode gekommenen Menschen.

In der Nähe befindet sich die **St. Katharinenkirche**, deren Name ebenso wie das Wappen aus der deutschen Zeit übernommen wurde. An der Nordseite weist sie eine angebaute Kapelle aus dem 14. Jahrhundert auf. Dies ist neben der unteren Umfassungsmauer aus Granitsteinen der einzige mittelalterliche Baurest, denn ihre heutige Gestalt erhielt die Kirche erst um 1880. Die hohe Halle mit den Galerien verfügt über eine gute Akustik. An der Südfront des Gotteshauses wurde 1997 eine Gedenkstätte mit Kreuz zur Erinnerung an die in der deutschen Zeit Verstorbenen eingeweiht.

Hinter der Kirche macht die Straße einen Bogen nach links und überquert das Flüsschen Ilanka (Eilang). Neben der Straße ist immer noch die **Wassermühle** aus dem Anfang des 19. Jahrhunderts in Betrieb, die allerdings jetzt mit Strom angetrieben wird.

Vor einer Straßenkreuzung fällt rechts ein hübsches Haus auf, das wegen seiner Farbgebung **Schokoladenvilla** genannt wird. Leider hat man die nette ehemalige Pension geschlossen. Von hier gelangt man auf einen neugestalteten Fuß- und Radweg stadtauswärts zum **Jez. Długie** (Kreuzsee) mit Badeanstalt und Zeltplatz. Dort bestehen auch Möglichkeiten zum Angeln und Paddeln oder zum Umwandern des nicht sehr großen Gewässers.

Kurz vor dem Stadtausgang führt nach links eine Straße nach Starościn (Friedrichswille), wo sich schmucke Siedlungshäuser und eine Forstfachschule befinden.

Auf dem Weg zurück zum Bahnhof kann man vor dem Fluss rechts einen Abstecher zur **Fußgängerbrücke** über die Ilanka unternehmen. Hält man sich danach rechts, erreicht man den parkartig angelegten Friedhof und nach dessen Überquerung die neu errichtete **Herz-Jesu-Kirche**, in deren Nähe sich der **Basar** befindet. Folgt man der Bahnstrecke auf einem parallel verlaufenden Weg, ist bald wieder der Ausgangspunkt erreicht.

Die Umgebung

Von Rzepin aus können Wanderer und Radfahrer vor allem entlang des Flusstales der Ilanka interessante Touren unternehmen. Besonders nach Süden ist das abwechslungsreiche Wald- und Wiesengebiet durch Wege gut erschlossen. Es wird als **Rzepiner Urwald** bezeichnet.

An der ›Schokoladenvilla‹ biegt man rechts ab und folgt der Straße nach Radzików (Reichenwalde), Lubin (Wildenhagen) und Mierczany (Hildesheim). An der Unterquerung der Autobahn wendet man sich nach rechts zur Förstersiedlung Rzepinek. Dieser Weg führt an einer mächtigen, etwa 700 Jahre alten Eiche vorbei. Schließlich wird ein breiter Weg erreicht, in den man rechts einbiegt und der an einem Mühlengebäude über die Ilanka führt. Hier wurde der Fluss angestaut und früher Elektroenergie erzeugt. Etwas weiter stößt man auf die aus Maczków (Matschdorf) kommende Straße, die zurück nach Rzepin führt. In dem Waldgebiet zur Oder hin liegen mehrere Seen.

Die Straße westlich von Rzepin führt in Richtung Słubice durch Gajec (Neuendorf), während die Straße in östlicher Richtung in die stark befahrene Fernverkehrsstraße einmündet. Biegt man in Boczów (Bottschow) rechts ab, kommt man nach **Garbicz** (Görbitsch), das Erholung am **Jez. Głebokie** (Großer See) bietet. Das klassizistische **Herrenhaus** hat man vor einigen Jahren renoviert und zu einem Hotel mit Freizeitanlage am Seeufer umgebaut.

Nördlich von Boczów gelangt man über Bielice (Beelitz) und an einem großen Mühlengehöft an der Ilanka vorbei nach Wystok (Klauswalde) und Lubów (Laubow) oder nach **Bobrówko** (Biberteich). In der Nähe dieses abgelegenen Ortes gab es früher tatsächlich viele Biber. Einst lag das Dorf mit seinen alten Häusern, einem historischen Brunnen und einem Weinberg an einer Handelsstraße.

Nördlich von Rzepin beginnt eine langgestreckte, sumpfige **Niederung** mit dem Jez. Busko (Buschsee), an der die Straße nach Ośno Lubuskie (Drossen) entlangführt. Nordwestlich der Stadt ist die Ebene um die Dörfer Drzeńsko (Drenzig) und Lubiechnia Wielka (Groß Lübbichow) stark landwirtschaftlich geprägt.

Rzepin und Umgebung

Postleitzahl: 69-110.
Vorwahl: 0048/(0)95.
Rathaus, Plac Ratuszowy 1, Tel. 7596254, www.rzepin.pl.

Die Entfernung zum Grenzübergang Frankfurt (Oder) beträgt etwa 20 Kilometer, zu dem in Küstrin-Kietz etwa 30 Kilometer.

Die Stadt liegt an den Bahnstrecken Berlin–Warszawa (Warschau) und Kostrzyn–Zielona Góra. Hier halten auch alle internationalen Züge, und hier beginnt auch die Strecke nach Międzyrzecz.

Der Bus hält auf dem Marktplatz und vor dem Bahnhof, wo auch Taxis bereitstehen.

Hotel Kaliski Ratuszowy (€€), ul. Wojska Polskiego 1, Tel./Fax 7596394, www.hotelkaliski.pl. Mit Restaurant.
Park-Hotel (€€), ul. Dworcowa 15, Tel. 7597457, www.hotel-rzepin.pl. Mit Restaurant.
Hotel Leśny (€–€€), ul. Kilińskiego 127, Tel. 7597775, www.hotellesny.rzepin.pl. Am Waldrand.

Hotel Pałac Magnat (€€), 66-235 Garbicz, Tel./Fax 068/3414061. Im ehemaligen Schloss. Restaurant, Ferienanlage mit Strand.
Bauernhof Dereniówka (€–€€), in Lubiechnia Wielka, 69-110 Rzepin, Tel. 7596954, www.dereniowka.eu. Sehr schöner, ökotouristisch betriebener Hof.

Gaststätte Pod Swierkami, ul. Zielona 1. Weitere einfache Einkehrmöglichkeiten in den Straßen Słubicka, Zachodnia, Dworcowa und Bolesława Chrobrego.

Campingplatz mit Bungalows am See in Garbicz.

Freibad am See Długie.
Badestellen am See in Garbicz.

Wanderweg Rzepin–Sądów–Czetowice–Krosno Odrz (ca. 60 km).

Antike Möbel und Millionen Artikel Lamus, 66-234 Boczów, Tel. 068/3414082. Hält, was er verspricht.

Sulęcin (Zielenzig)

Das in einem weiten Talkessel gelegene Städtchen hat sich vor allem auf Fahrradtouristen eingestellt. Die Radwege in der Umgebung sind gut ausgeschildert, und unterwegs kann man wundervolle Naturerlebnisse genießen.
In der Stadt selbst sind einige geschichtsträchtige Bauten erhalten geblieben. Es wird viel getan, um den Gästen deutschsprachige Informationen zu bieten und gute deutsch-polnische Beziehungen zu fördern.

Geschichte

Im Jahr 1241 gestattete der Bischof von Lebus als Besitzer des Gebietes dem schlesischen Grafen Mrochco, hier deutsche Bewohner anzusiedeln. Diese legen eine Stadt auf einer rechteckigen Fläche von 500 mal 300 Metern an. Der Ort am Flüsschen Postumia (Postum) entwickelt sich schnell. Er war Lager- und Raststätte an einer Handelsstraße, die später auch als Poststraße von Deutschland nach Polen diente. Bereits 1244 vererbte Mrocho die Stadt einschließlich der umliegenden Dörfer dem Templerorden. 1269 ließ der brandenburgische Markgraf Otto V. eine Holzburg bauen, die die Polen bald darauf zerstörten. Von 1322 bis 1326 gehörte Zielenzig dann abermals zu Schlesien.

Auf die Templer folgten um 1350 die Johanniter. Der Orden durfte den Ort behalten, doch mussten Burg und Stadt dem jeweiligen Markgrafen jederzeit offen stehen. Dies blieb so, trotz mancher Veränderungen der Privilegien, bis zum Jahr 1810, als die Besitzungen des Ordens eingezogen wurden.

Nach der Teilung des seinerzeitigen Sternberger Kreises war Zielenzig ab 1873 Sitz des Landrates und der Kreisbehörden für Oststernberg. Ackerbau und Tuchmacherei waren in dieser Zeit die wichtigsten Erwerbsquellen. Die Eisenbahnstrecke nach Reppen (dem heutigen Rzepin) und Meseritz (Międzyrzecz) waren 1890 fertiggestellt, die Strecke nach Landsberg (Gorzów) 1912.

Zur deutschen Zeit hatte Zielenzig bis zu 6600 Einwohner, gegenwärtig wohnen in Sulęcin etwa 10 000 Menschen. Gewerbe- und Industrieansiedlung wurden und werden auch durch den nahen Truppenübungsplatz Wędrzyn (Wandern) südöstlich der Stadt gefördert. Er besteht bereits seit dem Frühjahr 1939 und dehnt sich weitflächig aus.

Im Jahr 1995 wurde die Stadt Sulęcin im Wettbewerb ›Schneeglöckchen‹ für ihr modernes touristisches Angebot ausgezeichnet, der Bau der neuen Fahrradwege wurde in einem gesamtpolnischen Wettbewerb mit einem dritten Platz gewürdigt. Seit 1999 verfügt Sulęcin wieder über den Status einer Kreisstadt.

Die Nikolaikirche

Sehenswürdigkeiten

Mitten in der Stadt liegt der rechteckig angelegte **Marktplatz**. Das früher am Marktplatz befindliche Rathaus wurde im Zweiten Weltkrieg zerstört. Die Neubauten bieten trotz einiger wohlgefälliger Ansätze ein unorganisches Bild. An der Seite, an der noch alte Bausubstanz erhalten ist, fällt eine **Gedenktafel** mit dem Porträt des Welt- und Europameisters im Ringen, Leon Pinecki, auf. Der Sportler wohnte 1947 in diesem Haus. An der anderen Platzseite fügt sich ein **Erinnerungsdenkmal** an die 750-jährige Geschichte der Stadt harmonisch in die Grünanlagen ein, während zu den alten Fassaden hin der interessant mit drei hübschen weiblichen Figuren auf einer Art Muschelschale gestalteten **Brunnen der guten Nachbarschaft** sei-

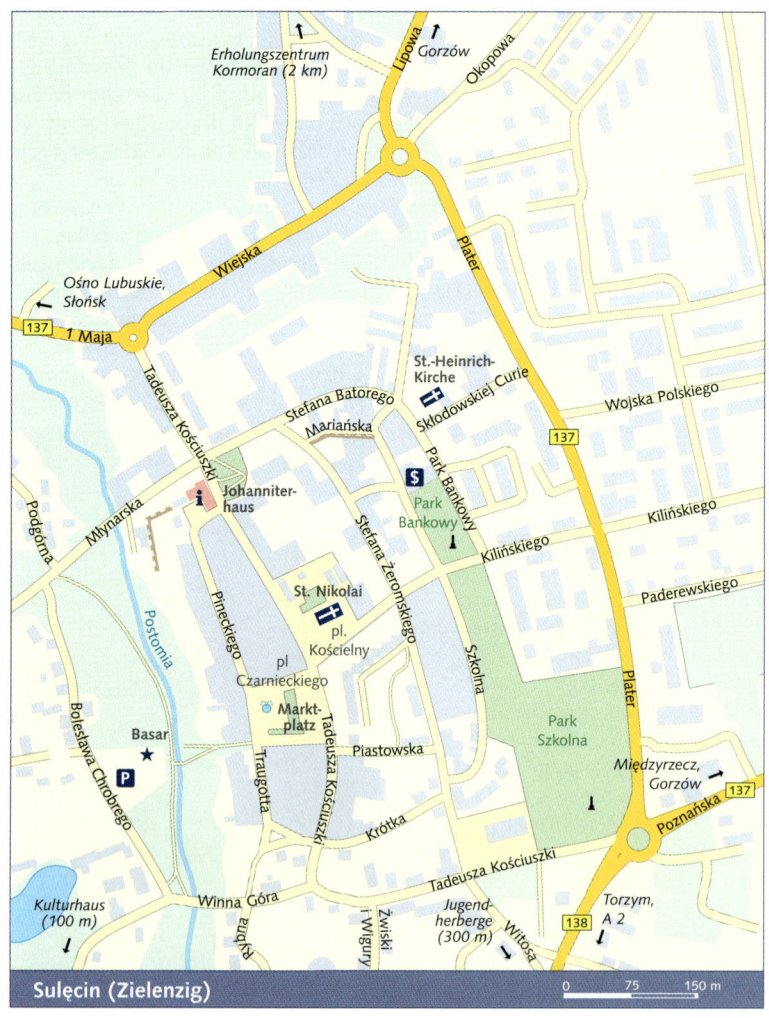

Sulęcin (Zielenzig)

nen Standort hat. Er symbolisiert vor allem die Hinwendung zu den deutschen Nachbarn.

Gegenüber wurde vor den Neubauten ein Rasenstreifen angelegt, auf dem sich eine kleine **Gedenkstätte** für die einst hier lebenden Deutschen befindet. Hinter dem Stein mit der Inschrift wächst ein kleiner Baum heran, der als Symbol der deutsch-polnischen Aussöhnung und zukünftigen Verbundenheit gemeinsam von früheren deutschen und heutigen polnischen Einwohnern gepflanzt worden ist. In Richtung Kirche befindet sich auf einem Findling die Figur eines von Tauben umringten Mädchens.

Vom Markplatz aus lässt sich die Stadt gut erkunden. Etwas abseits erhebt sich die **Nikolaikirche**, die nach 1945 diesen Namen beibehielt und in deren Turmraum deutsche Inschriften nachzulesen sind. Das einschiffige Gotteshaus aus Backstein wurde im 14. und 15. Jahrhundert auf einem noch älteren Feldsteinunterbau errichtet. Nach dem Brand im Jahr 1945 wurde es wieder aufgebaut, wobei der Turm eine andere Haube erhielt.

Geht man an der Turmseite vorbei und biegt dann an der zweiten Straße nach links ab, gelangt man zu den interessantesten Resten der mittelalterlichen **Stadtbefestigung**. Wo am sogenannten ›Burglehn‹ das Johanniter-Ordenshaus steht und sich der Salzhof befand, kann man durch ein Fußgängertor über einen Treppenweg hinunter in das Tal der Postumia (Postum) gelangen. Das **Ordenshaus** beherbergt jetzt ein Zentrum für Deutsch-Polnische Zusammenarbeit.

Geht man vom Marktplatz in die andere Richtung, stößt man auf der Straße Kościuszki direkt auf einen **Park**, der etwas höher liegt als die Umgebung. Hier stand einst die Burg. Unterhalb dieser Anhöhe, einst der Weinberg, führt nach rechts über eine Brücke die Straße Winna Góra zu einem Kultur- und Sportkomplex. Im **Kulturhaus** befinden sich unter anderem die Bibliothek und

Der Brunnen der guten Nachbarschaft am Markt

eine heimatgeschichtliche Sammlung. Im Stadion kann man übernachten und Fahrräder ausleihen.

Wenn man am südlichen Ortsende westlich des Flusses von der Straße Moniuszki auf die Aleja Ostrowskie links abbiegt, kommt man in das Industrieviertel. Geht man nun auf der Straße Witosa zurück ins Zentrum, erreicht man den Bushaltepunkt. Dort führt rechts die Straße nach Międzyrzecz (Meseritz) am **Friedhof** mit dem Gedenkstein für die nach Sibirien verschleppten Polen vorbei. Geradeaus gelangt man durch den Park Szkolny und nach rechts zum Park Paderewskiego. Hier wurde am 1. Mai 2004 der **Gedenkstein** für den Flugpionier Erich Albrecht (1892–1929) wieder neu eingeweiht. Albrecht hatte sich um den Langstreckenflug und um die erste Flugverbindung von Deutschland nach Moskau verdient gemacht.

Zurück zum Zentrum und vorbei an der Sporthalle und an Schulgebäuden fällt an der Straße Kilińskiego das 1965 eingeweihte monumentale **Denkmal** für die Befreiung der Stadt von den Faschisten auf. Durch den Bankowy-Park, in dem ein attraktives Bankgebäude steht, kommt man zu der im Jahr 1862 errichteten **St.-Heinrich-Kirche**. Geht man in derselben Richtung weiter, passiert man auf dem Weg zum Bahnhof mehrere Verwaltungsgebäude, in denen auch die Stadtbehörden und die Kreisverwaltung untergebracht sind.

Nach links führen die Wege in das **Tal der Postumia** (Postum), einer romantischen Landschaft mit ehemaliger Mühle und einem in jüngster Zeit für Touristen angelegten größeren Komplex zur Freizeitgestaltung mit Übernachtungsmöglichkeiten. Über eine Brücke gelangt man auf die andere Seite des Flüsschens. Dort kann man am Ufer entlang zur Stadt zurückwandern. Vielleicht ist noch Zeit für einen Bummel auf dem **Basar**, der vom Marktplatz aus über eine Fußgängerbrücke in der Flussniederung erreichbar ist. Von hier führen an der Postum schön gestaltete Promenadenwege entlang.

Die Umgebung

Die Umgebung von Sulęcin ist wie keine andere Region in Polen für Fahrradtouristen erschlossen. Es existiert ein weites Netz ausgeschilderter Radwege, außerdem eine Ausleihstelle für Fahrräder. Empfohlen werden Rundfahrten unter anderem zu den Findlingen und zum Roten Bach über 22 Kilometer sowie zum See von Ostrów (Ostrow) über 17 Kilometer. Diese Routen führen zu den schönsten Stellen der Gegend.

Zwei der mächtigen **Findlinge** liegen in den Anhöhen um den 168 Meter hohen Berg Głaznik (Taubenberg) nahe der Straße Richtung Wędrzyn (Wandern), wo sich ein Hotel und am Jez. Wędrzyn (Bürgersee) ein Campingplatz befinden.

Rechts beginnt ein großes militärisches Sperrgebiet, aber links führen Waldwege zu urwüchsigen Hügellandschaften am Roten Bach und am Rande des Jez. Lubniewsko (Ankensee) entlang. Am rechten Ufer findet man Badestellen, während man nach links zunächst durch eine Niederung kommt und dann über einen Schluchtweg auf die Hochebene gelangt, wo sich ein **Aussichtsturm** befindet. In dieser Richtung liegt **Żubrów** (Herzogswalde) mit seiner ungewöhnlichen achteckigen **Kirche**. Etwas weiter westlich führt die Straße nach Miechów (Meekow), Rudna (Rauden) und Maszków (Neudorf).

Im Nordwesten von Sulęcin liegt Długoszyn (Langenfeld). Hier gabelt sich die Straße. Linker Hand befindet sich Drogomin (Heinersdorf), während man rechts und geradeaus über Trzebów (Trebow) nach Muszkowo (Mauskow) gelangt. In **Długoszyn** ist eine hübsche **Kirche** mit ei-

nem Zwiebelturm zu sehen. Hier wirkte im 16. Jahrhundert Bartholomäus Ringwaldt, ein Autor geistlicher und weltlicher Texte, der auf dem von Mauern umgebenen Kirchhof bestattet wurde.
Südwestlich des Ortes wurde bis zum Zweiten Weltkrieg Braunkohle abgebaut. In dieser Richtung liegen die Dörfer Smogory (Treuhofen/Schmagorei), Lubień (Lieben), Brzeźno (Breesen) und Rychlik (Reichen). Biegt man auf der Straße, die von Sulęcin nach Süden Richtung Tursk (Tauerzig) führt, hinter Ostrów (Ostrow) links ab, gelangt man zum **Badesee Ostrowskie** mit einem Campingplatz mit Bungalows.

Sulęcin und Umgebung

Postleitzahl: 69-200.
Vorwahl: 0048/(0)95.
Touristischer Informationspunkt im Johanniterhaus (Transgraniczny Punkt Informacji Turystycznej Dom Joannitów), mit Zentrum für Deutsch-Polnische Zusammenarbeit, ul. Młynarska 1, Tel. 7553760, www.soksir.pl/dom-joannitow.
PTTK Ziemia Sulęcińska, ul. Kopernika 7, Tel. 7552309.
Stadtverwaltung, ul. Lipowa 18, Tel. 7553601, www.sulecin.pl.

Die Entfernung zu den Grenzübergängen Frankfurt (Oder) und Küstrin-Kietz beträgt je etwa 45 Kilometer.

Der **Bushaltepunkt** liegt an der ul. Witosa, Verbindungen u.a. nach Słubice und nach Gorzów.

Bahnverkehr unter anderem wieder nach Rzepin und nach Międzyrzecz.

Hotel Chrobry, ul. Kościuszki 10, Tel./Fax 7552483. Mit Restaurant.
Ferienhäuser (€€) im **Erholungszentrum Kormoran**, ul. Daszyńskiego 57, Tel. 7552628, www.kormoran.org.pl. 80 Hektar große Anlage mit komfortablen Bungalows, Ferienwohnungen mit Appartements. Badestrand, Mole, Hallenbad, Campingplatz. Beliebt sind die vier Angelteiche am Flüsschen Postomia. Verleih von Angelausrüstungen und Fahrrädern, außerdem Wellnessangebote und die Gaststätte Tawerna.
Saison-Jugendherberge (€), ul. Witosa 30b, Tel. 7552841.
Restaurant und Café am Plac Czarnieckiego (Marktplatz).
Kleinere Gaststätten im Stadtbereich.

Campinghäuser in der Anlage Marina am See bei Ostrów, Tel. 7552294, www.camping-marina.eu.
Zelten kann man am See bei Ostrów und am See bei Wędrzyn sowie bei Kormoran.

Wanderwege, teilw. laufen Radwege parallel dazu:
Sulęcin–Ostrów–Jez. Ostrowskie–Sulęcin (ca. 15 km).
Sulęcin–Taubenstein–Rotes Fließ Zubrow-Tal der Postomia–Sulęcin (ca. 30 km).

Museum mit wechselnden Ausstellungen im Johanniterhaus.
Kulturhaus mit Heimatzimmer, ul. Moniuszki 1.

Internationales Radfahrertreffen mit organisierten Wettbewerben jährlich Ende September.

Angeln, Baden, Verleih von Booten und Wassertretern im ›Kormoran‹ (s.o.). Auf deutsche Gäste eingestellt.

Lubniewice (Königswalde)

Für viele Berliner und Brandenburger ist Lubniewice schon längst ein bekannter Ort. Die abwechslungsreiche Landschaft mit viel Wald und Wasser lädt zum Wandern, Radfahren, Reiten, Schwimmen, Bootfahren und Angeln ein. Zahlreiche Deutsche verleben hier Wochenenden oder einen Sommerurlaub in Hotels, in Bungalows, auf Reiterhöfen und in anderen Unterkünften. Man besucht den Ort wegen der idyllischen Lage, der Ursprünglichkeit der Umwelt und der Gastfreundschaft immer wieder gern. In Lubniewice ist an mehreren Stätten die deutsch-polnische gutnachbarliche Zusammenarbeit symbolisiert.

Geschichte

Lubniewice (Königswalde) wurde im 13. Jahrhundert an einer strategisch bedeutsamen Passlage zwischen zwei Gewässern angelegt, dem Lübbenssee (Jez. Lubiąż) und dem Kranichsee (Jez. Krajnik). Damals entstand zunächst eine Burg, um die grenznahe Straße nach Polen hin abzusichern. Im Jahr 1322 wurde Königswalde erstmals urkundlich erwähnt, als der Ort zum Johanniterorden kam. Auf der höchsten Stelle der Landenge errichtete man um 1260 die erste Kirche im gotischen Baustil. Im Jahr 1367 wurde der Ort, der zuerst ›Konigeswald‹ heißt, als ›Haus und Stadt‹ beschrieben. Obwohl der Ort erst 1809 offiziell das Stadtrecht erhielt, wurde er von alters her als adliges Städtchen bezeichnet. Er hatte keine Stadtbefestigungen, die beiden Adelssitze jedoch, der ›Rote Hof‹ und der ›Weiße Hof‹, waren von Mauern umgeben. Der Ort befand sich anfangs im Besitz der Familie von Sonnenwalde, gehörte dann aber über Jahrhunderte hinweg – bis 1945 – der Familie von Waldow.

Königswalde erlangte im 18. und 19. Jahrhundert durch das Tuchmacherhandwerk Bekanntheit. Für die zahlreich zugezogenen Polen entstand um 1708 sogar eine ›Neustadt‹. Später pflanzte man Maulbeerbäume und führt die Seidenweberei ein. Um 1800 wirkten hier 65 Tuchmacher und Tuchscherer, doch ihre Zahl sank in der Folgezeit bis auf drei, da die Ware nicht mehr exportiert werden konnte. Land- und Forstwirtschaft sowie der Fischfang blieben die Haupterwerbsquellen, später kam der Tourismus hinzu. Eisenbahnanschluss nach Landsberg (Gorzów) und Zielenzig (Sulęcin) erhielt der Ort aber erst 1912.

Im Jahr 1933 lebten in Königswalde rund 1400 Menschen, heute sind es mehr als 2000. Seit 1995 besitzt Lubniewice, nach einer 50-jährigen Unterbrechung, wieder die Stadtrechte. Das Wappen aus der deutschen Zeit wurde in etwas veränderter Form übernommen. In dem zur Stadt gehörenden Schloss Rogi (Sophienwalde) wurde im Jahr 1993 der Vertrag über die Euroregion Pro Europa Viadrina unterzeichnet.

Der Springbrunnen der guten Nachbarschaft am Markt

Sehenswürdigkeiten

Der Bummel durch das bei schönem Sommerwetter von vielen Touristen bevölkerte Lubniewice könnte am sogenannten **Neuen Schloss** – bis vor wenigen Jahren Hotel und Restaurant, leider derzeit nicht mehr bewirtschaftet – seinen Anfang nehmen. Es liegt ganz zauberhaft nahe des Ortsausganges in Richtung Gorzów (Landsberg) am Ufer des Jez. Lubiąż (Lübbensee) und am Rande des Kiefernforstes, der in den früher herrschaftlichen Park mit einigen mächtigen alten Bäumen übergeht. Von der Schlossterrasse aus schweift der Blick über das Gewässer. Bis zur Badestelle sind es nur wenige Schritte.

Das monumentale **Schlossgebäude** entstand von 1908 bis 1910 im Stil der Neorenaissance. Vom 35 Meter hohen Turm kann man das Panorama der Landschaft genießen. Gegenüber der Parkeinfahrt an der Straße Zamkowa befindet sich der Reiterhof ›Mustang‹ in den alten Pferdeställen des Gutes. Mit seinem rustikalen Ambiente ist er einschließlich der Gästezimmer und des Restaurants bei Pferdefreunden sehr beliebt.

Richtung Zentrum führt der Weg vorbei am ehemaligen Torhaus und danach an niedrigen Wohnhäusern mit dem See Lubiąż im Hintergrund auf die Straße Gorzowska zu. Auf dieser geht es nach rechts weiter. Auch hier sind die historischen Arbeiterwohnungen erhalten geblieben. Nach einer Kaufhalle folgt rechts etwas zurückversetzt das um 1800 erbaute **Alte Herrenhaus**, von dem zunächst nur die schmale Eingangsfront zu sehen ist. Biegt man rechts in die Straße ein, erkennt man aber die volle Länge des zweistöckigen Bauwerks, das noch immer auf seine Restaurierung und auf eine neue Nutzung wartet. Seit vielen Jahren passiert leider nichts. Hier, neben dem Fließ zwischen den Seen, bestand

Im Park der Liebe

wahrscheinlich eine alte Burganlage. Durch den 2012 hübsch mit kunstfertig geschnitzten Holzskulpturen angelegten **Park der Liebe** (Park Miłości) gelangt man zur schmalen, sehr idyllischen **Uferpromenade** und gleich dahinter zur Fließbrücke über den See.

Geradeaus, inmitten der Straßengabelung, liegt das wohl schönste Haus der Stadt, ein breiter Fachwerkbau vom Ende des 19. Jahrhunderts, der in den Jahren 1985/86 renoviert wurde und heute die touristische Information und ein Geschäft für Bücher und Andenken beherbergt. Rechts neben diesem Schmuckstück befinden sich mehrere gut erhaltene Hausfassaden.

Auf der linken Seite folgt die hübsche Marktanlage mit dem 1994 eingeweihten **Springbrunnen der guten Nachbarschaft**. Als Vorlage für die geschmackvolle Brunnenfigur diente das deutsche Wappen der Stadt. Nur ist die gekrönte Mädchenfigur jetzt bekleidet, und statt der zwei Nadelbäume in den Händen

Das Touristenbüro ist in einem schönen Fachwerkbau untergebracht

sind ihr zwei Früchte beigegeben worden. Zu ihren Füßen sind die Wappen von Lubniewice (Königswalde), Sulęcin (Zielenzig), Gorzów (Landsberg) und dem deutschen Partnerort Schöneiche bei Berlin abgebildet. Auf dem breiten Brunnenrand kann man in mehreren Sprachen, auch in Deutsch, den völkerverbindenden Gedanken der Anlage nachlesen. Verschiedene gastronomische Einrichtungen, Geschäfte sowie Sitzbänke sorgen dafür, dass man sich gern an dieser Stelle aufhält und die besondere Atmosphäre noch besser genießen kann. Etwas weiter liegt die von Grünanlagen umgebene **Kirche**, neben der eine Anhäufung von Feldsteinen auffällt. Das dreischiffige Gotteshaus entstand im 14. Jahrhundert in Backsteinbauweise, der getrennt vom Schiff stehende Turm wurde 1882 hochgezogen. Interessant sind ein schwebender Taufengel, alte Grabplatten und eine Glasmalerei mit einem Hundemotiv.

Hinter der Kirche vereinigen sich die beiden Durchfahrtsstraßen wieder. Nun folgen das **Postamt** und diesem gegenüber der zentrale Bushaltepunkt. Dahinter stößt man auf den durch die Initiative der Feuerwehr geschaffenen **Europa-Park**. Seit 1996 befindet sich hier auf dem Gelände des einstigen deutschen Friedhofes ein Gedenkstein mit der polnischen und deutschen Inschrift ›Christus ist unser Friede‹.

Geht man weiter nach links und überquert dann die Straße, findet man neben dem repräsentativen **Rathaus** im umgestalteten Schulgebäude ein weiteres Symbol der deutsch-polnischen Versöhnung in Form einer 1994 gemeinsam angepflanzten **Linde**.

Durch einen kleinen Park kommt man zur Straße Strzelecka, in der sich im Erholungszentrum für Kinder ›Kaczy Dołek‹ eine **Badeanstalt** befindet. Etwas weiter führt ein idyllischer Promenadenweg am Jez. Krajnik entlang. Nach links gelangt man wieder in die Innenstadt und durch eine der Gassen zum Jez. Lubiąż hinunter, an dem es auch einen schönen Wanderweg gibt. Linker Hand kommt man zum wohl attraktivsten Spa-Hotel der Region, dem Hotel Woiński direkt am See.

Ein Abstecher lohnt sich stadtauswärts in Richtung Sulęcin (Zielenzig) mit Abzweig nach Jarnatów (Arensdorf). An diesen Ausfallstraßen hat sich die Stadt in jüngster Zeit durch den Neubau von Wohnungen, Pensionen, Restaurants, Geschäften und Dienstleistungen enorm entwickelt. Will man zurück zum Schloss, kann man auch den Weg über die hölzerne Fußgängerbrücke an der östlichen Verengung des Jez. Lubiąż nehmen. Dies ist besonders reizvoll, wenn die Wasserfontäne aktiv ist oder wenn bei Dunkelheit der Kirchturm angestrahlt wird. Unter alten Bäumen des früheren Schlossparks wird der Ausgangspunkt wieder erreicht.

Die Umgebung

Das zumeist hügelige Umland von Lubniewice ist durch ein Netz von markierten Wegen für Fußwanderer, Fahrradtouristen und auch Reiter gut erschlossen. Durch den Ort führen die internationale Radwanderroute R 1, die internationale Wanderroute E 11 sowie die Fahrradroute Frankfurt (Oder)–Poznań, der sogenannte ›Piastenweg‹.

Angler und Sportbootfahrer finden vor allem auf dem südwestlich gelegenen langgestreckten Jez. Lubniewsko (Ankensee) mit seinem sauberen Wasser wundervolle Bedingungen vor. Auch eine Umwanderung ist sehr zu empfehlen, denn um das Gewässer ziehen sich bewaldete Hügel, die von wilden Schluchten unterbrochen werden.

Im Westen führt die Chaussee aus den Wäldern hinaus auf die Feldmark von **Jarnatów** (Arensdorf) mit einer barocken Kirche, einem Landschaftspark und einem Herrenhaus aus dem 18. Jahrhundert.

Eine schöne Halbtagestour schließt die **Umwanderung des Jez. Lubiąż** (Lübbenssee), mehrere Waldseen, das abgelegene Dorf Trzcińce (Tschenze) sowie einen Abstecher zum Erholungszentrum ›Zielony Cypel‹ ein, in dem ein alter Aussichtsturm steht. Ebensoviel Zeit braucht man auch für einen Ausflug in das **Tal der Lubniewka** (Fließ) zum Vogelschutzgebiet ›Janie‹ am See Janowice, das nördlich der Stadt in der Nähe der Berge Czapliny (Reiherberge) liegt. Südlich des Schutzgebietes befinden sich an dem Flüsschen noch Gebäude der ehemaligen Walkmühle sowie Fischteiche.

Nordwestlich liegt mitten im Wald an einem kleinen See das **Schloss Rogi** (Sophienwalde). Der 1910 entstandene Bau ist ein kleineres Abbild des Neuen Schlosses von Lubniewice und untersteht heute dem Wojewodschaftsamt Lubuskie als Konferenz- und Gästehaus. Ein Blick in die Räume mit ihrer gediegenen Innenausstattung ist möglich. Nördlich davon beginnt wieder eine Asphaltstraße, auf der man bei Rudnice (Hammer) und Kołczyn (Költschen) in das **Bruch der Warta** (Warthe) gelangt. Das Ufer dieses Flusses ist von Lubniewice etwa 15 Kilometer entfernt. Von einer Dammstraße herab kann man sowohl den Lauf der Warta als auch die Bruchlandschaft eindrucksvoll erleben.

Östlich von Lubniewice kommt man durch vorwiegend landwirtschaftlich genutztes Gelände zu den **Bauerndörfern** Osiecko (Oscht), Sokola Dàbrowa (Falkenwalde) mit einigen klassizistischen Häusern und

Am Lübbenssee

Nowa Wieś (Neudorf), in dem ein größeres **Schloss** steht. Auf Feld- und Wanderwegen kommt man direkt südlich von Glisno in das große Dorf **Trzemeszno Lubuskie** (Schermeisel) mit einer neugotischen **Kirche**, einem **Gutshof** und **Park**. Im 19. Jahrhundert verfügte der Ort über Stadtrechte. Ein **Gedenkstein** erinnert an die einstige Synagoge des Dorfes. In dem östlich davon benachbarten kleineren **Grochowo** (Grochow) steht noch ein altes **Herrenhaus**. In dieser Richtung führt die Straße weiter nach Międzyrzecz (Meseritz).

Lubniewice und Umgebung
Postleitzahl: 69-210.
Vorwahl: 0048/(0)95.
Rathaus, ul. Jana Pawła II 51, Tel. 755 70 52, www.lubniewice.pl.
Riegelhütte (Fachwerkhaus) mit dem Touristischem Informationsbüro und Buchhandlung, ul. Jana Pawła II 2.

Die Entfernung vom Grenzübergang Frankfurt (Oder) beträgt etwa 60 Kilometer, vom Grenzübergang in Küstrin-Kietz etwa 55 Kilometer. **Autobus-Haltepunkte** befinden sich in den Straßen Jana Pawła und Gorzowska. Verbindungen u.a. nach Gorzów, Torzym und Słubice.

Hotel Woiński Spa (€€–€€€), ul. Ratuszowa 3, Tel. 7557555, www.woinskispa.pl. 4-Sterne-Hotel direkt am See, eigener Strand, Wassersportmöglichkeiten.
Erholungszentrum Stilon (€–€€), ul. Swierczewskiego 18, Tel. 7557587, www.centrumstilon.pl.
Erholungszentrum Zielony Cypel (€€), ul. Leśna 1, Tel. 0048/797595189, www.zielonycypel.pl. Im Wald am See schön gelegen, Restaurant, Marina.
Erholungszentrum Laguna (€–€€), Siedlung Swierczów, Tel. 7558327.
Zimmer im Schloss Glisno (€–€€), Tel. 7557166, www.palac-glisno.pl.

Restaurant Centrum, Jana Pawła II 29.
Restaurant Xenia, Plac Wolności 8 (Marktplatz), www.xenia.renado.pl. Deutschsprachige Bewirtung.
Restaurant Rusałka, Plac Wolności 6 (Marktplatz), www.rusalka.acs.pl.
Restaurant Leśna, ul. Leśna, www.lesna.lubniewice.pl.

Schloss Glisno ist einschließlich Park und Gutshof besichtigenswert, ebenso die Kirche in diesem etwa 4 Kilometer entfernten Dorf.

Wassertaxi, Kreuzfahrten: www.wassertaxitours.pl.

Reiterhof Mustang, ul. Zamkowa 7, Tel. 7557725.
Reiterhof Zielona Dolina, Siedlung Swierczów, Tel. 607810137.
Reiterhof U Frontczaka, Kolonia 9, Tel. 7557721.
Alle Reiterhöfe bieten auch Unterkünfte an.

Div. Möglichkeiten zum Baden und Angeln an den Gewässern.

Wanderwege:
Rund um den Jez. Lubiąż und den Jez. Krzywe– Lubniewice (etwa 12 km).
Rund um den Jez. Krajnik–Lubniewice (etwa 6 km).
Lubniewice–Naturschutzgebiet an der Lubniewska–Jez. Janie–Lubniewice (etwa 13 km).
Rund um den Jez. Lubniewska–Lubniewice (etwa 15 km).

Schloss Glisno – ein neumärkisches Sanssouci

Die Nachbildung des berühmten Potsdamer Schlosses Sanssouci von Friedrich II. in Glisno (Gleißen) gilt als sehr gelungen, wenngleich die Anlage in Glisno deutlich kleiner ist. Der schmucke Flachbau entstand bereits im Jahr 1793 im spätbarocken Stil, Bauherr war Friedrich Wilhelm von Poser. Der Eingang ist durch Figuren verziert, im Vorgarten findet man edle Gewächse. Hinter dem Schloss liegt ein weiter englischer Park mit einer um 1800 erbauten romantischen Ruine, eine mit Ziergewächsen gestaltete Anlage. An der Freitreppe zum Park sieht man Figuren der antiken Göttinnen Diana mit Jagdhund und Minerva mit Helm und Rüstung. Nach 1945 wurde das Schloss als Kinder- und Erholungsheim genutzt, heute beherbergt es ein landwirtschaftliches Schulungszentrum, das der Wojewodschaft untersteht. Bis zu 46 Personen können hier nach Voranmeldung übernachten. Eine ständige Rezeption gibt es nicht, man kann sich aber auf dem Gelände und im Gebäude, wenn geöffnet, umsehen.

Noch ein Kleinod: Im Dorf steht eine nach Plänen von Karl Friedrich Schinkel errichtete klassizistische Kirche, die 1837 eingeweiht wurde. Die Baukosten hatte der damalige jüdische Gutsbesitzer Israel Moses Henoch der evangelischen Gemeinde gespendet. Die Gebäude des angrenzenden Gutshofes und der Brennerei sind noch gut erhalten. Von 1800 bis 1854 bestand in Glisno (Gleißen) eine Alaunsiederei, etwa zur gleichen Zeit war der Ort ein Mineralbad mit Kurbetrieb.

Am letzten Wochenende im Mai findet jährlich ein großes Landwirtschaftstreffen mit mehreren tausend Besuchern statt.

Adresse: Pałac w Glisnie, Glisno 123, 69-210 Lubniewice, Tel. 095/7557166, www.palac-glisno.pl.

Das hübsche Schloss Glisno

Torzym (Sternberg)

Im Kerngebiet des einstigen Sternberger Landes liegt zwischen einsamen Wäldern und Feldern die uralte Siedlungsstätte Torzym (Sternberg). Nur die Autobahn von Berlin nach Poznań und Warszawa bringt etwas Unruhe in die stille Landschaft. Doch sie trägt auch zur Belebung des touristischen Angebotes einschließlich guter Übernachtungsmöglichkeiten bei. Wanderwege, die auch für Radler geeignet sind, führen durch hügeliges Gelände zu entlegenen Seen oder entlang des idyllischen Flüsschens Ilanka (Eilang). Die Umgebung ist attraktiver als der Ort selbst, der im Zweiten Weltkrieg stark zerstört wurde.

Geschichte

Mit Sicherheit gab es im Tal der Ilanka (Eilang) bereits frühgeschichtliche Siedlungen. Slawische Siedlungen folgten später. Nach 1250 errichtete das Erzbistum Magdeburg als neuer Besitzer der Region unweit des heutigen Torzym (Sternberg) eine Burganlage. Hier kreuzten sich die alten Straßen von Frankfurt (Oder) nach Polen und von Krosno (Crossen) nach Santok (Zantoch).

Der Ort erhielt seinen Namen nach dem damaligen Erzbischof Konrad Graf von Sternberg, der sich um Christianisierung und Kolonisierung dieser Gegend verdient gemacht hat. Nur knapp vier Jahrzehnte gehörte Sternberg dem Erzbistum Magdeburg, 1287 ging es in brandenburgischen Besitz über.

Es ist erstaunlich, dass die im Jahr 1300 erstmals urkundlich erwähnte Burg und die 1375 erstmals genannte Siedlung Sternberg einer größeren Region ihren Namen gaben, denn der Ort selbst entwickelte sich nicht zu einem wirtschaftlichen oder administrativen Mittelpunkt. Auch die Burg verfiel bald.

Etwa 1450 ging der Besitz an die Familie von Winning über, die ihn bis 1724 bewirtschaftete. Um 1800 lebten in Sternberg 71 Ackerbürger. Die Felder waren damals nicht sehr ergiebig, es herrschte aber ein reger Viehhandel. Außerdem siedelten sich hier viele Brauereien und Brennereien an. In der näheren Umgebung bestanden mehrere Güter und Vorwerke, außerdem drei Wassermühlen. Der Ort war niemals von steinernen Befestigungen umgeben, nur von Zäunen.

Im Jahr 1869 erhielt Sternberg Anschluss an die Bahnlinie von Frankfurt (Oder) nach Posen (Poznań). 1939 zählte die kleine Stadt 2158 Einwohner, heute etwa 3000. Torzym erhielt 1994 erneut Stadtrechte, nach 1945 hatte sie zunächst keine besessen.

Der Ort gehört seit 1999 zum Kreis Sulęcin (Zielenzig) und macht ingesamt einen freundlichen Eindruck.

Die Kirche in Torzym ist ein Werk Schinkels

Das Hotel Chrobry

Sehenswürdigkeiten

Von Frankfurt (Oder) verkehren Busse und am Wochenende auch ein Direktzug nach Torzym (Sternberg). Vom Bahnhofsausgang gelangt man geradezu auf die stark befahrene Fernverkehrsstraße, die nach rechts talwärts ins Ortszentrum hineinführt.

Gleich hinter der Straße, etwas weiter westlich im Wald, liegt das **Vorwerk Poreby** (Paulinenhof), weiter rechts befand sich von 1907 bis etwa 1940 eine Heilstätte des Vereins zur Bekämpfung der Tuberkulose Berlin-Schöneberg. Heute ist hier eine Rehabilitationsklinik für Herzkranke untergebracht.

Der Weg zur Altstadt führt an den einst als Kasernen genutzten Gebäuden des Krankenhauses vorbei. Unterwegs kann man einen Imbiss einnehmen oder in der Stadtverwaltung Informationen über den Ort einholen.

Um ein Stückchen des urwüchsigen Flusstales zu genießen, biegt man vor der Brücke über die Ilanka (Eilang) links ab. Bis zum Grundstück der einstigen ›Vordermühle‹ mit Resten der Mahlanlage ist es nicht weit. Zum Stadtzentrum geht es etwas bergauf. Am früheren **Marktplatz** mit alten Bürgerhäusern befinden sich Sitzgelegenheiten unter schattenspendenden Bäumen und die zentrale Bushaltestelle. Ein Findlingsdenkmal erinnert an die Übernahme der Stadt durch die Polen im Jahr 1945.

Auch die **Stadtkirche** ist nahe. Das hübsche Gotteshaus entstand nach Plänen von Karl Friedrich Schinkel zwischen 1831 und 1835. Vorher hatte sich hier ein Fachwerkbau befunden, der 1824 zusammen mit einem großen Teil der Stadt niederbrannte. Nach ihrer Zerstörung 1945 wurde die Kirche von 1956 bis 1960 rekonstruiert. Daneben steht das Pfarrhaus aus der Zeit um 1900.

Von hier aus nordwärts führt die Straße nach Sulęcin (Zielenzig) hinaus. Hinter dem früheren Gutshof, dem Friedhof und einigen Bauernhäusern beginnt die Feldmark. Etwas weiter wird die Autobahn-

Der frühere Bahnhof in Drzewce

abfahrt erreicht. Nach Osten stößt man bergan wieder auf die Umgehungsstraße, an der auch das Hotel ›Paradise‹ liegt. Südlich der Altstadt, wo sich früher der Rossmarkt anschloss, gelangt man zum attraktiven Restaurant ›Chrobry‹, um das die Umgehungsstraße in einem Bogen herumführt. Die historische Ausgestaltung des Äußeren und Inneren soll die alte Zeit ins Gedächtnis rufen, in der polnische Könige und schlesische Piasten das Gebiet beherrschten.

Überquert man die Umgehungsstraße und läuft auf der Straße nach Krosno (Crossen) weiter nach Süden, stößt man auf mehrere gepflegte ältere und neue Häuser, von denen zwei als Motels dienen. Nach rechts führt ein Fußweg zum **Jez. Ilno** (Eilangsee), den man auf Promenadenwegen fast ganz umwandern kann. Unterwegs trifft man auch auf eine Badestelle. Wo sich das Gewässer etwas verengt, führt schließlich eine Fußgängerbrücke hinüber, und man gelangt zurück in die Altstadt.

Um wieder zum Bahnhof zu kommen, kann man vom See aus zuerst durch Waldgebiet und dann direkt auf der Straße Jeziorna den links davon parallel verlaufenden ruhigeren Weg nehmen.

Die Umgebung

Das große, leicht hügelige und von einigen idyllisch gelegenen Seen geprägte Waldgebiet südlich von Torzym wird erst nach rund zehn Kilometern durch das Dorf **Dębrznica** (Döbbernitz) unterbrochen. Hier, an der Straße nach Krosno (Crossen), befinden sich eine neuromanische **Kirche** und ein von einem Park umgebenes **Herrenhaus**. Ein Abzweig nach links führt zu dem einsam gelegenen Dorf Drzewce (Leichholz).

In der entgegengesetzten Richtung kommt man nach **Gądków Wielki** und **Mały Wielki** (Groß und Klein Gandern) mit hübschen **Kirchen**. Südlich dieser Dörfer liegt am Jez. Wielickie (Großer See), der von der Pliszka (Pleiske) durchflossen wird, ein Campingplatz. Wer auf der Hauptstraße bleibt, kommt bei **Pliszka** (Pleiskehammer) ebenfalls an das abwechslungsreiche Tal dieses Flüsschens. Nahe des Übergangs wurde früher Raseneisenerz verarbeitet. Das Werk mit Hochöfen, Walzwerk und mehreren mit Wasser betriebenen Hämmern beschäftigte einst bis zu 400 Arbeiter. Vor 1945 gab es hier außerdem eine Pflugfabrik. Heute findet man höchstens noch überwucherte Fundamente und Schlackenhalden vor. Besichtigt werden kann jetzt eine Forellenzuchtanlage.

Östlich von Torzym führt die Hauptstraße durch das Dorf **Koryta** (Koritten), in dem sich eine neugotische **Kirche** befindet. In westlicher Richtung liegt **Pniów** (Pinnow) mit einer hübschen **Fachwerkkirche**, die 1980 restauriert wurde.

Nordwestlich der kleinen Stadt zieht sich das urwüchsige Tal der Ilanka hin. Etwa drei Kilometer entfernt, am Höhenrand des Flusstales, befindet sich eine frühgeschichtliche und zugleich mittelalterliche Burgstelle, das sogenannte **Alte Haus**, das nur zu Fuß oder mit dem Rad erreichbar ist. Dieser Ort gilt als Vorgänger der späteren Stadtanlage. Heute ist das hügelige Gelände an den Flussbiegungen fast vollständig überwuchert. Rund 400 Meter davon entfernt war früher die ›Mittel-Mühle‹ tätig. Bei Exkursionen entlang des Flusses muss man manchen überwachsenen Pfad in Kauf nehmen.

Will man von Torzym nach Sulęcin (Zielenzig) fahren, kann man sich zwischen zwei Strecken entscheiden: Auf der größeren Straße passiert man Maluszów (Malsow) und Tursk (Tauerzig), die andere Route führt über Prześlice (Schönwalde) und Rychlik (Reichen). Mit dem Rad fährt man über das nordöstlich gelegene Walewice (Wallwitz) auf Feld- und Waldwegen, teilweise allerdings mit Kopfsteinpflaster, zum Urlauberparadies Łagów (Lagow).

Torzym und Umgebung
Postleitzahl: 66-235.
Vorwahl: 0048/(0)68.
Rathaus, ul. Wojska Polskiego 32, Tel. 3413012, www.torzym.pl.

Die Entfernung vom Grenzübergang Frankfurt (Oder) beträgt etwa 45 Kilometer, von Küstrin-Kietz etwa 50 und von Guben etwa 60 Kilometer. Direkt am Ort verläuft die Autobahn von Berlin in Richtung Warschau.

Der **Bahnhof** liegt an der Strecke Berlin–Poznań. Der **Bushaltepunkt** befindet sich am Platz Wolności, dem einstigen Marktplatz. Außerdem halten Busse am Bahnhof.

Hotel Chrobry (€€), ul. Warszawska 19, Tel. 3413018. An der Hauptstraße. Historisierendes Ambiente, mit Restaurant. Parkplatz.

Motel Petro (€€), Kolonia Poręby 6, Tel./Fax 3413091, www.motelpetro.ta.pl. Drei-Sterne-Haus mit Restaurant.

Restaurant Złota Grota, ul. Saperska, Tel. 3413066.
Restaurant Nad Potokiem, ul. Walki Młodych.

Am Jez. Wieleckie und am Jez. Wilcze sowie am Jez. Ilno am Stadtrand, wo sich auch eine **Badeanstalt** befindet.

Kulturhaus, ul. Warszawska 1, Tel. 3413716.
In Pliszka Richtung Krosno Reste der einstigen Industrie, heute eine **Forellenzuchtanlage**.

Torzym–Bahnhof Pliszka–Jez. Wielickie–Gadków Wlkp. (ca. 25 km).

Łagów (Lagow)

Lagow war bereits zu deutscher Zeit als ›Perle der Sternberger Schweiz‹ eine außerordentlich beliebte Sommerfrische. Bei vielen Gästen galt das Umfeld der damals kleinsten Stadt Preußens als schönste Landschaft der ganzen Mark Brandenburg. Dieser Ruf geriet in der Nachkriegszeit in Vergessenheit, ist aber wieder im Kommen. Heute spricht man von Łagów als dem ›Kleinod des Lubusker (Lebuser) Landes‹.

Obwohl der Ort nicht groß ist, besitzt er im Sommer ein fast internationales Flair. Unterkünfte werden in den verschiedensten Kategorien angeboten. Allein schon der Panoramablick vom Burgturm auf die faszinierende Berg-, Wald- und Seenlandschaft ist einen Besuch dieses Urlauberparadieses wert.

Geschichte

Lagow entstand als Burganlage auf einer Insel zwischen den Seen Lagowskie (Lagower See) und Trześniowskie (Tschetschsee). Im Laufe der Jahrhunderte wurde diese Insel zu einer Landenge. Wahrscheinlich gab es an diesen Gewässern bereits frühgeschichtliche Besiedlungen. Eine urkundliche Erwähnung ist von 1258 bekannt. Damals berieten die Brandenburger, die Polen und der Templerorden über einen neuen Grenzvertrag. Das Gebiet ging 1280 in brandenburgischen Besitz und war bald darauf Mittelpunkt des Herrschaftsbereichs der Familie von Klepzig.

Um 1350 erwarb der Johanniterorden laut Dokument das ›opene stedeken up dem Berge vor Lagow‹. In der Burg richteten die Johanniter einen Komtureisitz ein, 24 Komture residierten hier nacheinander und bewirtschafteten den Ort sowie über 20 umliegende Dörfer. Die Burganlage mit der doppelten Ringmauer erhielt im 14. und 15. Jahrhundert ihre heutige Gestalt.

Der Ort brannte 1569 ab und wurde danach neu aufgebaut. Ab 1723 durften Jahrmärkte abgehalten werden. Im Zuge der Säkularisation entstand 1810

▲ *Blick von der Burg Łagów*

die staatliche Domäne Lagow, 1823 ging die Burg in Privateigentum über. Der Gutshof mit seinen Ländereien war bis 1945 ein Rittergut.

Im Jahr 1909 erfolgte der Anschluss an die Bahnstrecke von Topper (Toporów) nach Meseritz (Międzyrzecz). Vermutlich verzichtete Lagow aus finanziellen Gründen im Jahr 1932 auf seine Stadtrechte. Bis dahin war es nicht nur in der Provinz Brandenburg die kleinste Stadt, sondern in ganz Preußen: Lagow hatte 1939 gerade mal 1225 Einwohner! Das Erholungs- und Ausflugswesen verfügte schon in dieser Zeit über eine lange Tradition, die Stadt Frankfurt (Oder) ließ hier um das Jahr 1927 eine Jugendherberge errichten. Nach 1945 wurden in der Umgebung Heilquellen entdeckt. Trotz mehrmaliger Ankündigung, diese zu erschließen, ist dieser Plan erst in jüngster Zeit wieder aufgegriffen worden. Allerdings nahm auch der neue Investor jüngst wieder Abstand. Łagów verfügt über den Status eines Luftkurortes.

Bislang ist das polnische Łagów eine Gemeinde ohne Stadtrechte, aber vielleicht tragen die Stadttore, die bedeutende Geschichte sowie das Image als Kultur- und Erholungszentrum dazu bei, dass es seine Stadtrechte ähnlich wie Lubniewice (Königswalde) und Torzym (Sternberg) eines Tages zurückerhält.

Sehenswürdigkeiten

Ein Parkplatz für Autos und Kleinbusse befindet sich im Zentrum des Ortes, gleich neben der Kirche. Hier kann man gleich einen Rundgang oder sich zuvor im Geschäft direkt am Märkischen Tor (Brama Marchijska) mit Wander- und Ansichtskarten versorgen. Der Inhaber Juliusz Ordowski ist ein meisterhafter Fotograf und hat viele der angebotenen Karten selbst fotografiert. In dem

Am Märkischen Tor

einzigen unterhalb der Burgmauer erhalten gebliebenen schmucken Häuschen gleich gegenüber sind die **Tourist-Information** und ein Ausstellungsraum untergebracht.

Wenn die **Kirche** geöffnet ist, sollte man einen Blick in das bescheiden ausgestattete Gotteshaus werfen. Es wurde um 1725 erbaut, erhielt aber erst um 1875 seine heutige Form und den Turm. Bemerkenswert sind alte Grabsteine im Fußboden, in den Querschiffen und im Turm. Zwei lebensgroße Grabplatten, die Komture des Johanniterordens darstellen, zieren eine Wand in der Sakristei.

Gegenüber dem Kircheneingang gelangt man über zahlreiche Stufen in die **Burganlage** hinein. Die Rezeption ist gleich links im Aufgang. Der einstige Herrschersitz erhebt sich auf einem kegelförmigen Berg. Er ist von zwei Mauerringen umgeben, einem vorwiegend aus Feldsteinen und einem zweiten aus Backstein.

Wer den **Bergfried**, den 34 Meter hohen Turm, besteigen möchte, findet den Zugang vor dem überdachten Innenhof. Die wunderbare Aussicht bietet ein einzigartiges Panorama der Wald-, Seen- und Berglandschaft, in die Łagów tatsächlich wie eine Perle eingebettet ist. Auf dem alten Burghof wurde nach dem Dreißigjährigen Krieg ein zweigeschossiges **Schloss** mit vier Flügeln gebaut. Heute dient es als Hotel und ist mit historischem Interieur ausgestattet. In den Grünanlagen neben der Burg standen bis Mitte des 19. Jahrhunderts die Wirtschaftsgebäude des Gutshofes. Heute sind da eine schöne Wiese, mächtige Bäume und eine Steganlage, an der man auch ein Bad nehmen kann. An der anderen Burgseite liegt ein Restaurant mit einer großen Veranda zum See hin. Der naturkundlich-historische **Lehrpfad Sokola Góra** (Falkenberg) mit seinen Anschauungstafeln beginnt gleich neben dem einstigen Schlosspark am Jez. Trześniowskie und führt längs der Promenade. Oberhalb davon befindet sich der frühere deutsche **Friedhof** mit Gedenkstein.

Die Innenstadt kann man durch einen erst 1927 geschaffenen Fußgängerdurchgang neben dem Märkischen Tor verlassen, das früher auch als Berliner Tor bezeichnet wurde. Eigentlich ist es ein Torhaus, denn über dem Rundbogen befindet sich eine Fachwerketage aus dem 18. Jahrhundert. Hinter dem Tor kommt man rechts zur **Freilichtbühne** und zur **Uferpromenade**, links folgen die Post und einige Hotels mit Zugang zum **Jez. Łagowskie** (Lagower See). Weiter links beginnt hinter einer Badeanstalt mit Bootsausleihe und Imbiss der Uferweg. Daneben entstand ein Neubaugebiet mit vielen Ein- und Zweifamilienhäusern sowie mehreren Pensionen.

Auf dem Weg zurück kann man einen Abstecher in die Straße Sulęcińska unternehmen. Hier liegt links auf dem Pfarrgrundstück ein mit deutscher und niederländischer Hilfe entstandenes Urlaubshaus für Kinder und Jugendliche mit sechssprachiger Inschrift ›Lasset die Kindlein zu mir kommen‹.

Auf der Anhöhe gegenüber erhebt sich, allerdings hinter Bäumen versteckt, die einstige Jugendherberge. Die Straße führt bergauf, und bald erblickt man den mächtigen Funkturm von Jemiołów (Petersdorf).

Um die östlichen Außenbezirke aufzusuchen, geht man vom Zentrum zunächst am **Polnischen Tor** vorbei. An der Brücke, die über das zwischen den Seen liegende Fließ führt, laden Sitzbänke zu einer idyllischen Rast ein. Es folgen zahlreiche Geschäfte, Imbissmöglichkeiten sowie mehrere Ausleihestellen für Boote. Geradeaus kommt man zum Bushaltepunkt und erblickt das bemerkenswert hohe Viadukt, über das die Bahnstrecke das Tal überquert. Unter den Bögen hindurch gelangt man zu dem rechts gelegenen **Gutshof**. Links folgen nach Überquerung der Gleise bald Nebengebäude des früheren Bahnhofs, davor steht etwas versteckt eine kleine hölzerne **Kirche**.

Auf der rechten Seite bietet sich ein wunderbarer Blick über den See auf den Bergfried und sein Umfeld. Links im alten Schulgebäude ist die Bibliothek untergebracht. Gleich daneben wurde 1995 ein **Gedenkstein** eingeweiht. Die polnische und deutsche Inschrift ist Professor Dr. Gerhard Domagk gewidmet. Der Bakteriologe und Nobelpreisträger von 1939 hat sich vor allem wegen seiner Sulfonamid-Medikamente gegen Infektionen verdient gemacht.

Lohnenswert ist auch ein Abstecher auf der Straße Richtung Gronów (Grunow) bis zum Campingplatz mit Badestelle.

Das Johanniterschloss in Łagów

Der Ritterorden der Johanniter erwarb im Jahr 1347 den Besitz Lagow einschließlich dazugehörender Dörfer von der Adelsfamilie Klepzig. Rechte der brandenburgischen Markgrafen auf Ort und Burg kaufte der Orden 1350 hinzu. Bald darauf begannen die Johanniter, die Burganlage zu erweitern und zu einem vierflügeligen Schloss auszubauen. Die zwei Mauerringe entstanden im 14. und 15. Jahrhundert. Um 1700 erfolgte ein umfassender Umbau des Schlosses. So blieb es außer kleineren Veränderungen bis heute erhalten. Kurz danach wurden der Bogengang im Innenhof und die Rittertreppe neu errichtet. Nach der Auflösung des Ordens im Jahr 1811 ging der Besitz zunächst an den preußischen Staat über, später bis 1945 an mehrere Privateigentümer. Nach dem Krieg wurde das Schloss verstaatlicht, es entstand eine Begegnungsstätte für bildende Künstler und Musiker.

Seit der politischen Wende 1990 ist in das beeindruckende Gebäude ein Hotel mit Restaurant und Café eingezogen. Inzwischen ist auch der reizvolle Innenhof überdacht. Eine besondere Attraktion ist die spektakuläre Aussicht vom 34 Meter hohen Bergfried auf die herrliche Landschaft der Umgebung. Die vielen Kunstwerke, die Möbel und andere Gegenstände des Schlosses wurden, soweit noch nicht gestohlen, nach 1945 in Poznań (Posen) sichergestellt. Der wertvolle Mittelschrein eines spätgotischen Schnitzaltars aus der Grenzkirche von Stok (Stock) wird derzeit im Museum von Zielona Góra (Grünberg) ausgestellt.

Vom quadratisch angelegten Schlosshof gelangt man in einen Flur, von dem es links in eine stimmungsvolle Bar geht; rechts gelangt man in den Speisesaal. Der Rittersaal befindet sich in der ersten Etage. Besonders beeindruckend ist hier das original restaurierte Wandrelief über dem Kamin, der Kamin selbst, aber auch das Mobiliar. Sehenswert sind auch die Deckengestaltungen in mehreren Räumen. Übernachten kann man unter anderem im ehemaligen Komturzimmer oder in der einstigen Folterkammer.

Ul. Kościuszki 3, Tel. 3814033, www.zamek-lagow.com.

Das Schloss im Winter

Am schönen Jez. Buszno

Die Umgebung

Zu Fuß oder mit dem Fahrrad kann man die zwei langgestreckten Rinnenseen umrunden. Die Strecke um den Jez. Trześniowskie (Tschetschsee) beträgt etwa 15 Kilometer, die andere um den **Jez. Łagowskie** (Lagower See) etwa neun Kilometer. Dabei bleibt man innerhalb des waldreichen Landschaftsschutzgebietes und kann wundervolle Natureindrücke erleben. Nördlich und westlich des Landschaftsschutzgebietes schließt sich allerdings ein militärisches Übungsgelände an, das aber im Sommer an Wochenenden nicht gesperrt ist. Am westlichen Ufer des Jez. Łagowskie führt ein bequemer Wanderweg entlang. Am südlichen Ende folgt ein Sumpfrand, aber eine Brücke über die Łagowa leitet zum Ostufer. Dort wird das Gelände schwieriger, und man muss schließlich noch den Campingplatz und eine Niederung vor Łagów umgehen.

Etwas mühsamer ist die Exkursion um den nördlich gelegenen **Jez. Trześniowskie**. Auch hier führt am westlichen Ufer ein Weg entlang. Aber wenn man das nördliche Ende des Gewässers erreicht, muss man in hügeliges Terrain ausweichen. Hier liegt das **Naturschutzgebiet Buczyny Łagowskie** mit prächtigen Buchenbeständen. Auf einem Pfad gelangt man zur höchsten Erhebung der Region mit 227 Metern über dem Meeresspiegel. Unten schlängelt sich der See wie ein breiter Fluss dahin. Anschließend geht es wieder hinunter zum Wasser. Der letzte Abschnitt der Rundtour ist gut begehbar und bietet mehrere Bademöglichkeiten.

Eindrucksvolle Hügel- und Tallandschaften mit abwechslungsreichem Baumbestand präsentieren sich im Osten und auch im Südwesten an der Niederung der Pliszka (Pleiske). Heidelbeeren und Pilze gibt es hier zu den Erntezeiten in Fülle. Im Nordosten führt die Chaussee vorbei an Łagówek (Neu-Lagow) und am ältesten noch betriebenen **Braunkohlenabbaugebiet** ganz Polens bei **Sieniawa** (Schönow). Hier werden neuerdings sogar wieder Briketts produziert. Im Dorf selbst fällt die **Kirche** mit ihrem Holzturm auf.

Über Wielowieś (Langenpfuhl) gelangt man durch herrliche Buchenwälder an das Ufer des **Jez. Buszno** (Großer Bechensee). Im klaren Wasser kann man baden, sollte aber bedenken, dass der Truppenübungsplatz angrenzt. Auf dem Rückweg bietet sich ein Abstecher in das im Tal gelegene Zarzyn (Seeren) und in das Dorf **Boryszyn** (Burschen) an, in dem eine alte **Holzkirche** steht. In der Nähe befinden sich die Befestigungsanlagen des ›Oder-Warthe-Bogens‹.

Südwestlich von Łagów liegt **Żelechów** (Selchow), wo eine hübsche **Fachwerkkirche** zu besichtigen ist. Südlich verläuft die Fernverkehrsstraße von Frankfurt (Oder) nach Poznań. Unweit dieser Straße liegen Gronów (Grunow) mit einem großen Hotel und **Pożrzadło** (Spiegelberg). Sehenswert in Pożrzadło ist die Fachwerkkirche aus dem 18. Jahrhundert. Auch steht hier noch das bescheidene Herrenhaus, in dem die Brüder Fedor und Hanns von Zobeltitz – beide waren Schriftsteller – aufgewachsen sind. In ihren Werken kann man einiges über ihre Kindheit und über die interessante Geschichte der Region erfahren. Gegenüber der Kirche lädt ein ›Haus der Kunst‹ zu Besichtigung und Übernachtung ein. Wenige Kilometer weiter südlich kommt man nach **Toporów** (Topper). Das ansehnliche **Schloss** vom Ende des 19. Jahrhunderts mit seinen überladenen Formen und Türmchen ist in jüngster Zeit restauriert worden und beherbergt ein Heim für psychisch Kranke. Zwei neben der Kirche aufragende Eichen stehen wegen ihres Alters unter Naturschutz; gleich daneben befinden sich die Grabsteine der einstigen Adelsfamilie von Manteuffel.

Der Bahnhof von Toporów an der Strecke von Frankfurt (Oder) kann zur Anreise nach Łagów genutzt werden, denn die etwa zehn Kilometer bis dorthin kann man per Rad oder zu Fuß bequem absolvieren. Eine noch schönere Wanderung bietet sich, wenn man bereits eine Station vorher in Drzewce (Leichholz) aussteigt. Hier erstreckt sich beiderseits der Pliszka (Pleiske) ein weites Forstgebiet mit vielen seltenen Tier- und Pflanzenarten. Auch in südlicher Richtung setzt sich dieses **Waldgebiet** fort. Hier erheben sich Hügel bis auf 140 Meter über den Meeresspiegel. Nur manchmal wird der Wald durch Seen oder verträumte Dörfer wie Kosobudz (Kunersdorf) mit einer Badestelle, Niedźwiedź (Niedewitz) und das weiter südwestlich liegende Dobrosułów (Schönrode) unterbrochen.

Łagów und Umgebung

Postleitzahl: 66-220.
Vorwahl: 0048/(0)68.
Touristische Information im Haus der **Gemeindeverwaltung**, ul. 1 Lutego 7, Tel. 341218629, www.lagow.pl.
Punkt Informacji Turystycznej, ul. Kościuszki, Tel. 3412262. In den Sommermonaten Infos auch in diesem Haus unterhalb des Schlosses.

Die Entfernung vom Grenzübergang Frankfurt (Oder) beträgt etwa 60, von Küstrin-Kietz etwa 70 und von Guben etwa 75 Kilometer.

Bei Zuganreise von Frankfurt (Oder) fährt man bis Świebodzin und von dort mit Bus oder Taxi. Oder bis Toporów, von dort etwa 10 Kilometer bis Łagów. Von manchen Vermietern wird Abholung angeboten.

Der **Bushaltepunkt** ist an der ul. 1 Lutego, ein weiterer westlich des Zentrums an der ul. Sulęcinska.

Hotel Zamek Joannitów (€€), in der Burg, ul. Kościuszki 3, Tel. 3814033, www.zamek-lagow.com. Mit Restaurant.

Pension Smreka (€€), ul. Podgórna 6, Tel. 3412372, www.smreka-lagow.pl. Man spricht Deutsch.
Mundi Park (€€), ul. 1 Lutego 1, Tel. 3412030, www.mundi-recra.pl, komfortable Sommerhäuser am See, Restaurant.
Pension Sage (€€), ul. Mickiewicza 21, Tel. 661113314, www.pensjonatsage.pl.
Erholungszentrum Leśnik (€€), ul. B. Chrobrego 10, Tel. 3412509, www.lesnik.ta.pl.
Erholungszentrum Defka, ul. B. Chrobrego 13, Tel. 3412153.
Erholungszentrum Zielona Dolina, ul. Chopina, Tel. 609394797, www.zdlagow.pl.
Pension Beata, ul. Kwiatowa11, Tel. 3412302.
Zahlreiche Privatquartiere im Ort vorhanden. In der Nähe von Łagów:
Hotel Bukowy Dworek (€€€), in Gronów, Tel. 3412392, www.bukowydworek.pl, Vier-Sterne-Haus mit Schwimmbad.
Zimmer im Haus der Kunst ›Antyki‹, in Pożrzadło 22, Tel. 3411239, www.frankowka.travel.pl.
Hotel Picaro Stok (€€), in Stok 4, Tel. 411680, www.picaro.pl. Mit Restaurant.
Jugendherberge (€) in der Saison in Kosobudz, dort auch Bungalows vorhanden.
Hotel Nevada (€€), in Poźradło 5a/C, Tel. 3411223, www.hotelnevada.pl. Großes Haus (108 Zimmer) mit Restaurant.

Camping Pod Brzozami, ul. 1 Lutego, Tel./Fax 3412870.
Zelten ist an einigen der am See gelegenen Erholungszentren möglich.

Im Sommer gibt es an vielen Stellen zahlreiche kleinere Sommergaststätten und Imbissbuden. Durchgängig geöffnet:
Restaurant Pod Lipami, ul. Zamkowa, Tel. 3412257. Zentral gelegen, Sommerterrasse.
Restaurant Pod Basztą, ul. Kościuszki, Tel. 3412119.

Reiterhof Rancho u Zapotocznego (€–€€), Łagówek pod Lasem, Tel. 607661323, www.ranchouzapotocznego.pl. Pensionshotel 3 km außerhalb des Ortes, sehr schöne Anlage, herrlich in unmittelbarer Seenähe gelegen.

Ausstellungsgalerie Fantazje in der Bibliothek, ul. 1 Lutego 12. Ausstellung in der 1. Etage der Tourist-Information.

Nationales Filmfestival in der 2. Junihälfte.
Treffen der Freilichtmaler im Mai/Juni, sie stellen im Sommer unterhalb des Schlosses aus.
Sommerkonzerte von Mai bis August.
Motorrad-Treffen im Juli.
Johanniterfest im August.
Internationales Folklore-Festival im Juli.

Anglerverein: Unterkünfte und Angelscheine im Polnischen Tor sowie in der ul. Paderewskiego am Jez. Łagowskie.

Verleih von Booten und Wassertretern in der ul. Zamkowa und an weiteren Stellen.

Submariner, ul. 1-go Lutego 1, Tel. 0048/502375944, www.lagow.pl. Am Jez. Łagowskie.

Radlerrouten:
Łagów–Żelechów–Bucze–Mostki–Przełazy–um den See Niesłysz–Świebodzin (ca. 35 km).
Łagów–Pożrzadło–Bahnhof Drzewce-Torzym (ca. 25 km).
Łagów–Sieniawa–Boryszyn–Nowe Dwore–Gościkowo (ca. 20 km).

Skwierzyna (Schwerin/Warthe)

Skwierzyna liegt reizvoll am Tal der Warta (Warthe) und besitzt eine vielfältige Architektur, in der sich die bewegte Geschichte der Stadt widerspiegelt. Die Toleranz, die sich durch das Nebeneinander verschiedener Völker und Religionen entwickelt hat, wurde bis heute wachgehalten. Die wald- und wasserreiche Umgebung im Urstromtal hält für Natur- und Kulturinteressierte manche Überraschungen bereit.

Geschichte

Das schon lange von Germanen und Slawen besiedelte Gebiet kam 1234 unter die Herrschaft von Schlesien. Die Gründung der Stadt soll unter dem polnischen König Przemysł II. im Jahr 1295 erfolgt sein, ein Jahr später kam Schwerin an den Herzog von Glogau. Die meisten Bewohner waren damals Deutsche. Der Ort wird urkundlich erstmalig 1306 erwähnt und gehörte bald danach kurze Zeit zur Mark Brandenburg. Schließlich geriet er wieder unter polnische Herrschaft.

Im Jahr 1390 wurde eine Zollstation eingerichtet, denn der nächste Ort in nördlicher Richtung gehört bereits zu Brandenburg. 1406 erneuerte Władysław Jagiełło die Stadtrechte nach dem Magdeburger Vorbild. Zum Schutz wurden Mauern und Gräben angelegt. 1530 erhielt die Stadt ihr Wappen: Ein stehender Löwe auf blauem Hintergrund, der in den Vorderpranken einen silbernen Schlüssel hält.

Die verschiedenen Kriege gingen nicht spurlos an der Stadt vorüber, besonders hart muss das Jahr 1758 während des Siebenjährigen Krieges gewesen sein. Auch von Feuersbrünsten, Seuchen und Hochwasserkatastrophen blieb die Stadt nicht verschont. Tuch- und Schuhmacherei, das Brauereiwesen, der Fernhandel sowie der Fischfang und die Landwirtschaft waren die Haupterwerbsquellen der Einwohner.

Obwohl die meist deutschen Protestanten, die überwiegend polnischen Katholiken und die verhältnismäßig große jüdische Bevölkerungsgruppe gewöhnlich reibungslos zusammenlebten, gab es im Laufe der Jahrhunderte doch einige harte Auseinandersetzungen. So wurden 1520 die Juden ausgewiesen, im Jahr 1769 mehrere evangelische Bürger von Polen aufgehängt und der Bürgermeister zu Tode geschleift.

Skwierzyna fiel durch die Zweite Teilung Polens 1793 an Preußen, gehörte von 1807 bis 1815 zum Herzogtum Warschau und danach wieder zu Preußen. Ab 1887 war Schwerin Kreisstadt, 1896 erfolgte der Anschluss an die Bahnstrecke zwischen Landsberg (Gorzów) und Meseritz (Międzyrzecz). 1906 wurde der Zugbetrieb nach Birnbaum (Międzychód),

Schönes Sterngewölbe in der Pfarrkirche

Das Ehrenmal auf dem Friedhof

1935 nach Driesen (Drezdenko) aufgenommen. 1938 schließlich kam die Stadt zur Provinz Brandenburg, nachdem sie 16 Jahre lang zur Grenzmark Posen-Westpreußen gehört hatte. Inzwischen war auch eine Garnison angesiedelt worden, die in polnischer Zeit noch erweitert wurde.

Vor dem Zweiten Weltkrieg leben in der Stadt etwa 7300 Menschen, derzeit sind es knapp 10 000. Heute gehört die Stadt zum Kreis Międzyrzecz (Meseritz). Eine inzwischen wegen Wegzugs wichtiger Akteure aufgelöste ›Gesellschaft für polnisch-deutsche Freundschaft‹ beschäftigte sich ab 1992 mit der sachlichen Aufarbeitung der Geschichte von Skwierzyna und Umgebung. Dabei sind der deutsche Heimatkreisverein und die Stadt Paderborn wichtige Partner gewesen.

Sehenswürdigkeiten

Skwierzyna ist mit der Bahn oder mit dem Bus am besten über Gorzów (Landsberg) zu erreichen. Der Bahnhofsvorplatz geht in einen Park über. Gegenüber den Gleisanlagen bestimmen neue Wohngebiete und dahinter Kasernen und Truppenübungsplätze das Bild. Westlich davon findet man aber auch Sporteinrichtungen und hübsche Spazierwege in Grünanlagen vor.

Steht man vor dem Bahnhof, erblickt man rechts das große Gebäude des **Gymnasiums**. Über die Straßen Mickiewicza und Szpitalna, am Krankenhaus vorbei, gelangt man zum früheren evangelischen **Friedhof** an der ul. Międzyrzecka. Hinter der Trauerhalle, an der rückwärtigen Friedhofsmauer, befindet sich das beeindruckende **Ehrenmal** für die hier bis 1945 bestatteten Deutschen. Weiter stadtauswärts schloss sich einst der jüdische Friedhof an, gegenüber der Straße folgt dann der frühere katholische Friedhof.

Folgt man der Międzyrzecka nach Norden, kommt man zum Stadtzentrum. An der Kreuzung mit der Poznańska fällt das überlebensgroße **Denkmal** für den polnischen König Władysław Jagiełło (1386–1434) auf. Dieser Herrscher hatte im Jahr 1406 die Stadtrechte erneuert. Weiträumig um den Platz herum gruppieren sich Schul- und Verwaltungsgebäude, außerdem steht hier der 42 Meter hohe **Wasserturm**.

Die mittelalterlichen Befestigungen rings um die Altstadt verliefen früher auch an dieser Stelle; sie sind sind nicht mehr vorhanden. Die spätgotische, früher katholische **Pfarrkirche** stammt aus dem 15. Jahrhundert und weist Erneuerungen aus späteren Zeiten auf. Sehenswert ist vor allem das Sterngewölbe in dem dreischiffigen Hallenbau. Die Piłsudskiego ist als Fußgängerzone gestaltet, hier finden sich Geschäfte, Banken und ein Café.

Vorrangig Neubauten bestimmen das Bild rund um den großflächigen **Marktplatz**. Es gibt aber auch einige alte Fassaden, und wenn man die umliegenden Gassen durchstreift, kann man noch manchen idyllischen Winkel entdecken, wie etwa in der Straße Prusa einen alten Speicher. Den gesamten Platz beherrscht das auf Symmetrie ausgerichtete, hell gestrichene **Rathaus** aus der Zeit um 1840. Mächtig, aber schlicht und zweckdienlich, klassizistisch beeinflusst von der Schinkel-Schule – so präsentiert sich das Gebäude noch heute. Es weist ähnliche stilistische Eigenheiten wie das Kollegien- und spätere Regierungsgebäude in Schwerin in Mecklenburg auf, das bis 1834 entstand. Zudem stammt der Name beider Städte von dem slawischen Wort für ›Tier‹ ab. Diese Benennung hängt wahrscheinlich mit dem Tierreichtum in den Wasser- und Sumpfgebieten zusammen.

Hinter dem Rathaus kann man an den Uferpromenaden der Warthe eine Rast einlegen. Gegenüber breiten sich Wiesen aus, die von Baum- und Strauchgruppen unterbrochen werden. Rechts neben der Brücke befinden sich Hotel- und Gaststättengebäude.

Die neuromanische, früher **evangelische Kirche** stammt aus der Mitte des 19. Jahrhunderts. Der Turm mit seiner hübschen Kuppe aus kleinen Spitzen steht in der Art der Campanile etwas vom Kirchenschiff getrennt, ist aber mit diesem durch einen Gang verbunden.

Einen Abstecher wert ist ein Motel mit schönem Restaurant, das an der Straße in Richtung Gorzów (Landsberg) gleich hinter der Brücke über die Warthe (Warta) liegt. Hier kann man auch recht günstig übernachten.

Ein schöner **Spaziergang** führt westlich des Stadtgebiets entlang des Ostufers der Obra, an der sich kleine Badestellen befinden, über die stillgelegte Eisenbahnbrücke, für die man etwas Mut benötigt, über die Warta zur breiten Flussniederung. Von hier aus hat man einen reizvollen Panoramablick auf die Stadt.

Die Umgebung

Mit ihren riesigen pilzreichen Wäldern und den gewundenen Flussläufen der Warthe und Obra ist die Landschaft nördlich und westlich von Skwierzyna (Schwerin) ein wahres Paradies für Naturfreunde. Hier werden nur wenige Orte wie Trzebiszewo (Trebisch), Brzozowiec (Berkenwerder), Deszczno (Dechsel) oder Murzynowo (Morrn) durch den Straßenverkehr belastet.

Andere Dörfer wie Świniary (Schweinert), Krobielewko (Klein Krebbel) oder Wiejce (Waitze) liegen sehr idyllisch am Nordrand der Warthe. Als Geheimtipp wird der von urwüchsigen Forsten umgebene **Jez. Glinik** (Bestiensee) bei Glinik (Altensorge) mit seinem klaren Wasser gehandelt.

Südlich von Skwierzyna fallen in Popowo (Poppe) und Kalsko (Kalzig) hübsche **Dorfkirchen** auf. Östlich führt die Straße Richtung Poznań in das große

Der Altar in der Wallfahrtskirche Rokitno

Am Marktplatz in Bledzew

Dorf **Przytoczna** (Prittisch), das sogar im deutschen Bäderkalender von 1936 als Luftkurort empfohlen wurde. Die **Kirche** und das ehemalige **Herrenhaus** sind sehenswert, auch ein Bad im See ist zu empfehlen. Bereits vor dem Ort zweigt eine Straße nördlich zur Warta nach Krasne Dłusko (Lauske) ab. Wie viele andere kleine Siedlungen entlang des Flusses strahlt das Dorf beschauliche Ruhe aus.

An der Straße nach Lubikowo (Liebuch) erhebt sich eine barocke **Kapelle** von 1758. Hinter diesem Dorf liegt ein See mit großem Campingplatz und schönen Badestellen, an dem der langgestreckte **Landschaftspark** von Pszczew (Betsche) beginnt.

■ Der Wallfahrtsort Rokitno (Rokitten)

Wer sich in dieser Region aufhält, sollte auf jeden Fall die gut zehn Kilometer südöstlich von Skwierzyna gelegene Wallfahrtskirche in Rokitno (Rokitten) und das ihr angeschlossene Diözesan-Museum besuchen, denn die Pilgerstätte ist eine der bedeutendsten Wallfahrtsorte Polens. Sie wird seit dem 17. Jahrhundert von katholischen Gläubigen besucht. Die prunkvoll ausgestattete spätbarocke **Hallenbasilika** von 1748 mit dem im Altar befindlichen Gnadenbild der Mutter Gottes niederländischer Schule aus dem 16. Jahrhundert ist ein wahres Kleinod. Es soll Abt Opalinski aus dem Kloster Bledzew (Blesen) gehört haben. Angeblich nahm er es sogar auf seine Reisen mit. Die Legende berichtet, dass das Bild ihn von einer schweren Krankheit heilte. Daraufhin schenkte es der fromme Mann dem Kloster von Rokitno. Hier soll das Gemälde mehrere Wunder bewirkt haben. Im Jahr 1670 wurde das Bild schließlich als wundertätig erklärt und im neu erbauten Hochaltar angebracht. Bis heute finden regelmäßig Wallfahrten statt. Die dreischiffige Basilika besitzt ansonsten eine prachtvolle Innenausstattung mit farbenfreudiger Deckenmalerei, zahlreichen Kunstwerken und Dokumenten. Das Außengelände wurde für Freilichtmessen gestaltet.

Interessant ist das **Museum der Diözese**, das neben liturgischen Gegenständen und Gewändern Erinnerungsstücke von Besuchen im Vatikan zeigt.

■ **Bledzew (Blesen) und Umgebung**
Südwestlich von Skwierzyna befinden sich mehrere kulturhistorisch interessante Stätten. Bereits um das Jahr 1000 soll bei Zemsko (Semmritz) eine Grenzburg gestanden haben. 1285 wurde im Dorf ein Zisterzienserkloster eingerichtet, das zuvor im benachbarten Stary Dworek (Althöfchen) ansässig war, jedoch wegen der Überschwemmungen an der Obra aufgegeben werden musste. Zu Beginn des 15. Jahrhunderts zog das Kloster nach Bledzew (Blesen) um, diesmal wegen Wassermangels. 1485 wurde Bledzew vom Konvent zur Stadt erhoben, 1835 schloss die preußische Regierung das Kloster und ließ die Gebäude abtragen. Jetzt erinnert nur noch ein Straßenname daran.

Heutzutage bietet sich dem Besucher mit Bledzew eine kleine gefällige Stadtanlage mit zwei **Marktplätzen**, der barocken **Standfigur** des Heiligen Nepomuk aus dem 18. Jahrhundert und der neugotischen **Kirche** von 1881, deren älterer Teil jedoch aus dem 16. Jahrhundert stammt. Auch die Innenausstattung ist älter, einige Stücke stammen sogar aus dem Besitz des Klosters. Zu diesen Kostbarkeiten gehören ein silbernes Vortragekreuz und eine Monstranz, beide mit wertvollen Edelsteinen besetzt.

Am östlichen Ufer der Obra flussaufwärts gelangt man auf Feld- und Waldwegen zu einem imposanten **Wasserkraftwerk**. Es wurde Anfang des 20. Jahrhunderts errichtet und ist heute noch in Betrieb. Der Stausee hat eine Länge von 7,5 Kilometern und nimmt eine Fläche von 127 Hektar ein. Hier schließt sich über Kanäle der Jez. Chycina (Höllengrundsee) bei Chycina (Weißensee) an, ein wunderschönes Wassersportgebiet.

Skwierzyna und Umgebung
Postleitzahl: 66-440.
Vorwahl: 0048/(0)95.
Rathaus, Rynek 1, Tel. 7216510/11, www.skwierzyna.pl.

Die Entfernung vom Grenzübergang Küstrin-Kietz beträgt etwa 65, von Frankfurt (Oder) etwa 85 Kilometer.

Der Bahnhof liegt an der Strecke von Gorzów nach Międzyrzecz. Hier ist auch der zentrale Bushaltepunkt. Gewöhnlich stehen Taxis zur Weiterfahrt bereit.

Hotel Dom Nad Rzeką (€€), ul. Mostowa 3, Tel. 7172106, www.domnadrzeka.com.pl. Schön am Fluss gelegen, Sommerterrasse. Sehr gutes Restaurant.

Pałac Wiejce (€€€), 66-442 Wiejce 17a, Tel. 7173130, www.wiejce.pl. Restaurant. Nobles Schlosshotel, eines der schönsten historischen Anwesen in Westpolen.
Haus der Pilger (Dom Pielgrzyma, €), 66-341 Rokitno, Tel. 7493043. Im Sanktuarium ›Matki Bożej Cierpliwie Słuchającej‹.

Campinghäuser und Möglichkeiten zum Zelten in Lubikowo, s. a. Kapitel Pszczew (→ S. 203).

Mehrere Restaurants und Cafés in der Stadt.

Ausstellungsraum zur Geschichte im Gymnasium, ul. Mickiewicza.
Auf einer **Bank** mit der Statue des hier geborenen Komponisten J.G. Piefke kann einer seiner Märsche abgehört werden.

Diözesan-Museum auf dem Gelände der Pilgerstätte von Rokitno.
Klosterschätze in der Kirche von Bledzew.

Bademöglichkeiten in der Obra, sonst in Lubikowo und in Przytoczna.

Mehrere **Wanderstrecken**, u.a. nach Santok und Lubniewice.

Gute Möglichkeiten für Angler an den vielen Gewässern.

Międzyrzecz (Meseritz)

Am Zusammenfluss von Obra (Obra) und Paklica (Packlitz) erhebt sich eine mächtige, als Freilichtmuseum restaurierte slawische Rundburg. Diese Burg und das gleich daneben befindliche Regionalmuseum mit der berühmten Sammlung von Sargporträts sind die besonderen Attraktionen von Międzyrzecz (Meseritz). Weitere Sehenswürdigkeiten sind historische Bauten verschiedener Epochen. In der näheren Umgebung befinden sich schöne Badeseen und urwüchsige Wälder. Gern besucht werden die Bunkeranlagen des Festungssystems ›Oder-Warthe-Bogen‹. Diese Stollen sind zugleich Europas größtes Naturschutzgebiet für Fledermäuse.

Geschichte

Der Ortsname Międzyrzecz (Meseritz) weist auf die geographische Lage hin – er bedeutet ›zwischen den Flüssen‹. Hier, an der Kreuzung wichtiger Handelsstraßen mit geeigneten Flussübergängen, bestand etwa seit dem 8. Jahrhundert eine slawische Siedlung. Vermutlich lebten bereits vorher Menschen an den Ufern der Flüsse. Wahrscheinlich im 11. Jahrhundert wurde zum Schutz der Bewohner und des polnischen Besitzes eine Burg errichtet. Sie gelangte bald in den Machtbereich Pommerns, wurde jedoch 1094 von Polen zurückerobert. Nach den Aufzeichnungen des Chronisten Thietmar von Merseburg beging der deutsche König und spätere Kaiser Heinrich II. während eines Feldzuges gegen den polnischen Großfürsten und nachmaligen König Bolesław I. Chrobry 1005 eine Feier in der Abtei Meserizi. Damit kann nur das spätere Meseritz gemeint sein, denn im Jahr 997 war hier durch den Bischof Adalbert von Prag eine Abtei gegründet worden.

Neben der nur durch Wälle und Sümpfe geschützten Burg entstand Mitte des 13. Jahrhunderts eine deutsche Marktsiedlung. Man nimmt an, dass bei deren

Die Pfarrkirche im Zentrum

Gründung schlesische Piasten beteiligt waren. Der Ort erhielt eine ovale Form mit rechteckigem Marktplatz. Ein Dokument aus dem Jahr 1259 bezeugt den städtischen Charakter.

Im Jahr 1269 eroberte der brandenburgische Markgraf Otto V. Meseritz; er ließ auch die Burg zerstören. Dies führt dazu, dass die Stadl ab 1296 brandenburgisch wurde. 1316 verpfändete sie der Markgraf Johann V. an einen Ritter von Uchtenhagen. 1319 kam der Ort in den Besitz der Herzöge von Schlesien-Glogau, wurde aber 1329 wieder polnisch, und zwar bis zur Teilung des Landes im Jahr 1793. 1807 kam die Stadt für wenige Jahre zum Herzogtum Warschau und danach und bis 1945 zu Preußen. Zunächst gehörte sie zur Provinz Posen, nach dem Ersten Weltkrieg zur Grenzmark Posen-Westpreußen und ab 1938 zur Provinz Brandenburg.

Viele Herrscher waren in der Stadt zu Gast, darunter 1708 König Karl XII. von Schweden, 1711 Zar Peter I. von Russland, 1793 König Friedrich Wilhelm II. von Preußen und 1902 Kaiser Wilhelm II. von Deutschland. Haupterwerbsquellen der Einwohner waren lange Zeit die Tuchmacherei und der Tuchhandel mit beachtlichem Export in osteuropäische und asiatische Gebiete.

Wappen und Siegel zeigen eine silberne Burg mit vier Türmen auf blauem Hintergrund. In der Mitte prangte zuerst der polnische, dann der preußische und seit 1945 wieder der polnische Adler. Die Polen übernahmen nach 1945 die Tradition als Garnisonsstadt. Vor dem Zweiten Weltkrieg hatte Meseritz fast 10 000 Einwohner, derzeit sind es gut 18 000. Die Stadt hat sich als Verwaltungs-, Wirtschafts- und Kulturzentrum in den vergangenen Jahren stark entwickelt, seit 1999 verfügt sie wieder über den Status einer Kreisstadt.

Sehenswürdigkeiten

Wer mit dem Zug oder Bus über Gorzów (Landsberg) anreist, beginnt den Rundgang am einfachsten am Bahnhof. Hier befindet sich auch der zentrale Bushal-

Międzyrzercz (Meseritz)

tepunkt. Reist man mit dem eigenem Fahrzeug an, kann man hier parken. Wer aber nur Zeit für das Zentrum hat, sollte sein Auto besser dort abstellen. Am Bahnhofsvorplatz steht ein **Denkmal**, das an die polnischen Aufstände nach dem Ersten Weltkrieg erinnern soll. Die belebte Straße in westlicher Richtung zur Altstadt ist charakterisiert durch eine Mischung älterer und neuer Bausubstanz. Am Rand einer Grünfläche auf der linken Seite, dem einstigen evangelischen Friedhof, befindet sich der **Gedenkstein** für die Deutschen, die bis 1945 hier lebten. Danach reiht sich Geschäft an Geschäft. In der rechten Nebenstraße P. Skargi steht das Gebäude der **Synagoge**, das 1824 im klassizistischen Stil errichtet wurde. Lange stand es leer, nun ist ein chinesischer Supermarkt eingezogen. Biegt man an der Hauptkreuzung links ab, gelangt man zur früheren katholischen **Pfarrkirche St. Johannes der Täufer**, die auch heute noch den Namen dieser biblischen Gestalt trägt. Nachdem der Vorgängerbau 1510 abgebrannt war, entstand dieses spätgotische Backsteingebäude mit einem schönen Sterngewölbe. Beeindruckend ist der große Altarraum, in dem überlebensgroße Figuren stehen. Eine von ihnen stellt Jesus mit einem als Kreuz gestalteten Hirtenstab dar. Darüber ist in einem Medaillon ein Lamm zu erkennen. Eine ganze Figurengruppe erinnert an die frühere polnische Geschichte von Międzyrzecz. Sehenswert sind auch die Gemälde, auf denen die zwölf Apostel dargestellt sind.

Der im **Kulturzentrum** beheimatete Gesellschaftstanzklub ist in ganz Polen bekannt. Etwas weiter, an der Ausfallstraße nach Świebodzin (Schwiebus), liegt in der Nähe der Brücke über die Paklica (Packlitz) eine repräsentative **Villa**, die den Garnisonsklub mit Restaurant und Café beherbergt.

Von der Johanneskirche erreicht man, über den **Basar**, bald die Stelle, an der Paklica und Obra zusammenfließen. Hier befindet sich der **Museumskomplex** mit Burg, Herrenhaus, Wirtshaus, Torhaus und einem Park. Im früheren Herrenhaus kann man Ausstellungen zur Geschichte sowie zur Arbeits- und Lebensweise in der Region besichtigen. Seit 2012 gibt es auch die ständige Ausstellung ›Deutsche und andere Bewohner von Meseritz‹. Berühmt ist die einzigartige Sammlung der sogenannten ›Sargportraits‹. Diese Ölbilder, ergänzt mit Wappen, Namen und Daten, waren während der Trauerfeierlichkeiten am Sarg angebracht. Daher rührt ihre sechseckige Form. Dieser Brauch war nur in einigen polnischen Regionen üblich, bezog aber auch ansässige deutsche Grundbesitzer und deren Angehörige mit ein. Auf diese Weise ist es möglich, Familien- und Regionalgeschichte vom 17. bis zum 19. Jahrhundert nachzuvollziehen.

Die von Wassergräben umgrenzte Ruine der Rundburg ist ein **Freilichtmuseum**. Am Eingang hinter der Zugbrücke ist die Geschichte der Anlage nachzulesen, zumindest kann man Jahreszahlen und Namen deuten. Die Vergangenheit wird hier lebendig, und man kann sich gut vorstellen, wie die Burg früher verteidigt wurde. Den Schlüssel gibt es im Kassenraum des Museums. Im Torhaus sind ein Café und eine touristische Informationsstelle untergebracht, der weitläufige Park lädt zu einer Ruhepause ein.

Verlässt man das Areal, kommt man, wenn man sich links hält, zum schmucken **Rathaus**, das in seiner heutigen klassizistischen Form Anfang des 19. Jahrhunderts entstand. Es besitzt aber auch andere Stilelemente wie den neugotischen Turmhelm.

Hinter dem Rathaus erhebt sich die 1834 nach Plänen der preußischen Oberbau-

deputation unter dem Einfluss von Karl Friedrich Schinkel errichtete frühere evangelische **Kirche**, die heute den Namen des heiligen Adalbert trägt.
Etwas weiter kommt man zur Straßenbrücke über die Obra. Nördlich des Flusses entwickelte sich neben dem alten Schloss eine Neustadt. Am südlichen Ufer fallen das monumentale **Denkmal** zur Tausendjahrfeier des polnischen Staates mit Hinweisen auf die Rückkehr der Region zum Mutterland sowie die restaurierte Fassade der **alten Feuerwehr** auf.
Zurück zum Bahnhof kann man die Straße Staszica nehmen. Dabei kommt man an einem wuchtigen **Wasserturm** sowie an Verwaltungs- und Schulgebäuden vorbei.

■ **Stadtteil Obrzyce**
Wenn es die Zeit erlaubt, sollte man noch Obrzyce (Obrawalde) jenseits des Bahnüberganges aufsuchen. In diesem Stadtteil entstand um 1900 eine Landesirrenanstalt. Der große Komplex wurde später als Krankenhaus, Pflegeanstalt und als Kindererholungsheim genutzt. Von 1942 bis 1945 wurden hier im Rahmen des faschistischen Euthanasie- und Versuchsprogramms etwa 10 000 kranke und alte Menschen ermordet. Ihnen wurde 1996 ein **Denkmal** gesetzt und eine Gedenkausstellung gewidmet. Hinter den heutigen Krankenanstalten befinden sich Reste eines Friedhofes und etwas weiter ein Urlauberkomplex mit Bungalows und einem Schwimmbad nahe der Obra.

Die Umgebung

Ein wichtiger touristischer Anziehungspunkt sind die **Bunkeranlagen** südwestlich von Międzyrzecz (→ Extra S. 201). Um dorthin zu gelangen, fährt man auf der Straße Richtung Świebodzin (Schwiebus) über Nietoperek (Nipter) nach Kaława (Kalau). Hier muss man in Richtung Wysoka (Hochwalde) und Boryszyn (Burschen) nach rechts abbiegen. Dazwischen liegt der Höhenzug mit der Bunkeranlage. Am südlichen Teil des Höhenzuges – am Berg Kikoł (Dreiherrscherberg, 118 m), der auch eine schöne Aussicht bietet – verlief einst nicht nur die Grenze zwischen den Kreisen Meseritz, Oststernberg sowie Züllichau-Schwiebus, sondern auch die zwischen Österreich, Polen und Preußen.
In der Nähe von Pniewo, einem Ortsteil von Kaława, befindet sich einer der Orte des Einstiegs in die Befestigungsanlagen. Dort kann man sein Auto abstellen, Informationsmaterial bekommen und sich auch einer Besichtigungsgruppe anschließen.
Westlich von Międzyrzecz windet sich die Obra an **Święty Wojciech** (Georgsdorf) vorbei. Hier gab es bereits um das Jahr 1000 ein Benediktinerkloster. Gegenwärtig fällt die **Fachwerkkirche** von 1790 mit ihrem achteckigen Turmhelm auf.
Auf der Straße nach Sulęcin (Zielenzig) passiert man den neuen Friedhof mit der modernen Trauerhalle. Für Radwanderer ist eine **Rundfahrt** über Pieski (Pieske), Templewo (Tempel), Goruńsko (Grunzig), Chycina (Weißensee) mit dem See Chycina (Höllengrundsee) und Kursko (Kurzig) wegen der abwechslungsreichen Landschaft lohnenswert.
Nördlich von Międzyrzecz ist man nach wenigen Kilometern in **Głębokie** (Glembuch/Tiefsee) und am See gleichen Namens. Das polnische Wort ›głęboki‹ bedeutet ›tief‹, ein Indiz, das auf beste Wasserqualität schließen lässt. Mehrere Badestellen, Übernachtungsmöglichkeiten und Versorgungseinrichtungen bieten hier den Sommergästen alles für einen angenehmen Aufenthalt. Ebenfalls nördlich liegt das Dorf **Kalsko** (Kalzig) mit einer hübschen barocken **Fachwerkkirche**

aus dem späten 17. Jahrhunderts, an der aber Umbauten vorgenommen wurden. Östlich von Międzyrzecz erreicht man nach etwa fünf Kilometern das große Dorf **Bobowicko** (Bobelwitz). Sehenswert sind hier eine moderne **Kirche** und ein **Herrenhaus**, in dessen Nähe sich eine Familienbegräbnisstätte mit ausführlicher Inschrift befindet. An das Dorf schmiegt sich ein See, den man umwandern kann, und dessen Badestelle ein beliebtes Ausflugsziel ist. Vor dem Ort zweigt eine Nebenstraße zu den weiter nördlich in einer stillen Landschaft liegenden Dörfern Żółwin (Solben) und Kuligowo (Kulkau) ab.

Schließlich führt südöstlich von Międzyrzecz noch eine Straße auf Skoki (Heidemühle) zu, wo man an der Nordspitze des **Jez. Bukowieckie** (Bauchwitzer See) baden kann. Bis nach **Bukowiec** (Bauchwitz) selbst sind es aber noch etwa sieben Kilometer. Den Dorfkern dominiert die 1983 vollendete **Kirche**, außerdem gibt es alte Gutsgebäude und exotische Gewächse im Park zu erkunden. Am Straßenrand wurde auf einem Hügel von Granitsteinen die Figur des Heiligen Christophorus, der das Jesuskind auf dem Arm hält, errichtet. Er gilt als Schutzheiliger der Reisenden.

Międzyrzecz und Umgebung

Postleitzahl: 66-300.
Vorwahl: 0048/(0)95.
Rathaus, Rynek 1, Tel. 7426930, www.miedzyrzecz.pl.
Touristische Information im **Rathaus**, Tel. 7426964, www.lubuskie.com.pl. Auch im Museum.

Die Entfernung von den Grenzübergängen Küstrin-Kietz beträgt etwa 80 und von Frankfurt (Oder) etwa 95 Kilometer.

Von und nach Gorzów bestehen regelmäßige Zugverbindungen.

Der zentrale **Bushaltepunkt** ist am Bahnhof. Dort stehen auch Taxis bereit.

Hotel Kęszyca Leśna 54 (Regenwurmlager, €€–€€€), 66-305 Kszyca Leśna 57, Tel. 7418201, www.hotelkeszycalesna.pl. Mit Restaurant.
Motel Jumar, ul. Waszkiewieza 69, www.moteljumar.pl.
Zajazd Głębockie (€), ul Głębockie 6, Głębockie, www.zajazdgłebockie.pl. Mehrere Gaststätten und Bars im Ort.

Zelten und Baden am See Głębokie, in Bobowicko, in Obrzyce an der Obra und an weiteren Gewässern. Informationen im Rathaus oder beim **Forstamt**, ul. Poznańska 68, Tel. 7412366.

Regionalmuseum, ul. Podzamcze 2, Tel. 7412567. Archäologie, Geschichte, Ethnografie, Kunst sowie Burganlage.
Gedächtniskammer in der Psychiatrie (Izba Pamięci Holokaustu), ul. Poznańska 109, Tel. 7428819.
Festungsanlage Oder-Warthe-Bogen und **Fledermausreservat**, Tel. 7419999.

Erholungsheim Nad Obrą, ul. Św. Wojciecha 52, Tel. 7416340, www.obra.pl. Paddeltouren auf der Obra und anderen Flüssen.

Reitzentrum bei der Landwirtschaftsschule Bobowicko, Tel. 7413218.

Mehrere **Rad- und Wanderwege** führen durch die Stadt; sie sind auf entsprechenden Karten ausgewiesen.

Die Festung Oder-Warthe-Bogen

Nach dem verlorenen Ersten Weltkrieg musste Deutschland gemäß dem Versailler Vertrag von 1919 seine Streitkräfte auf 100 000 Mann reduzieren, gänzlich verboten waren der Aufbau einer leistungsfähigen Artillerie und einer Luftwaffe sowie Panzertruppen. Die Weimarer Republik entschied daher, die Verteidigung nach Osten mit dem Bau einer befestigten Verteidigungsfront zu organisieren. Neben Befestigungen in Ostpreußen sollten die Oder-Stellung bei Breslau, die Pommernstellung bis zur Ostsee und die Festungsfront Oder-Warthe-Bogen gebaut werden. Besonders letztere war von besonderer strategischer Bedeutung, da potentielle Angriffe aus dem Osten sehr wahrscheinlich durch das Lebuser Land im Oder-Warthe-Bogen in Richtung Berlin erwartete. Erst 1934 war Baubeginn, Adolf Hitler war bereits Reichskanzler. Der wollte seinen schon früh geplanten Feldzug gegen Frankreich nach Osten hin absichern, schließlich war Polen mit Frankreich verbündet.

Das Großprojekt kostete 600 Millionen Reichsmark. Im Dienste des Militärs und der Ziele der Nationalsozialisten wurde die Festungsfront, später im Volksmund **Ostwall** genannt, mit modernsten technischen Rafinessen ausgestattet. Es entstanden im unterirdischen Tunnelsystem zahlreiche Bahnhöfe, Maschinenräume, Kasernen und Werkstätten, dazu kamen wassertechnische Anlagen für strategische Überflutungen. Die Schutzvorkehrungen für den künftigen Krieg entpuppten sich als noch größer als das damalige Nonplusultra des Stellungsbaus, die französische Maginot-Linie. Insgesamt sollten 4000 Soldaten in den Bunkeranlagen untergebracht werden. Als Hitler jedoch entschied, den deutschen Angriff im Osten fortzusetzen, war für ihn die gigantische Festungsfront nur noch eine ›wertlose Mausefalle ohne Feuerkraft‹. Anfang 1945 wurde sie, nur von wenigen Leuten des Volkssturms besetzt, von der Roten Armee einfach überrollt.

Die Anlagen des Ostwalls sind nahezu 100 Kilometer lang, 32 Kilometer davon verlaufen unterirdisch – von Nietkowice (Deutsch Nettkow) an der Oder im Süden bis nahe Skwierzyna (Schwerin) an der Warthe im Norden, stets parallel zur damaligen deutsch-polnischen Grenze. Zwischen Boryszyn (Burschen) im Süden und nördlich von Kęszyca (Kainscht) entstanden mehr als 100 Panzerwerke und auf den Erhebungen Panzerbatterien, von deren stählernen Kuppeln aus gegen Angreifer verteidigt werden sollte. Die Tunnel einschließlich Bahnstrecke und Nebengängen, auch die Räume für technische Anlagen sowie für die Unterbringung und Versorgung der Besatzung befinden sich zwischen 12 und 14 Metern unter der Erde. Im Gelände sind die ›Drachenzähne‹ noch zu sehen, Panzersperren aus Stahlbeton sowie vereinzelte Bunker, die nicht mit den Tunneln verbunden sind. Der gesamte Komplex sollte 1956 fertig sein, wurde aber bereits 1938 nicht weiter gebaut, weil Deutschland den Krieg gegen Polen plante.

Heute kommen viele Touristen aus allen Teilen Polens und Deutschlands hierher. Die immer noch seltsam anmutende Landschaft mit ihren Stahlkuppeln und den Drachenzähnen und allen Einrichtungen darunter ist zur Besichtigung freigegeben. Mehrmals täglich steigen die Besucher in die unheimliche Unterwelt. Es ist kühl, gerade mal 12 Grad, sommers wie winters. Nach 90 oder 150 Minuten enden die Exkursionen wieder im Tageslicht. Und pünktlich zum Winter suchen hier auf einen Schlag über 35 000 Gäste der anderen Art ein warmes Plätzchen: dann wird der unterirdische Ostwall zum größten Fledermausreservat Europas.

Entlang des Festungsbogens führt beispielsweise ein Feld- und Waldweg von Pniewo nördlich nach Kęszyca (Kainscht), von dem aus am besten die Integrierung der Festungswerke in die Landschaft nachvollzogen werden kann. Wahrscheinlich wurden sogar stillgelegte Braunkohlenschächte einbezogen. Von Kęszyca mit einer Fachwerkkirche von 1728 gelangt man nach links in das mitten im Wald gelegene einstige Kasernenareal ›Regenwurmlager‹. Heute wird es zivil genutzt und verfügt über ein Hotel, das als Ausgangspunkt bei Exkursionen in den Oder-Warthe-Bogen gut geeignet ist. Bei Nietoperek (Nipter) führt von einem Steinwall am westlichen Ortsrand ein Natur- und Geschichtslehrpfad zu interessanten Stellen der Festungsanlagen und zu einem Aussichtsturm.

Anfahrt: Mit dem Auto am besten über Grenzübergang Küstrin-Kietz/Kostrzyn, dann Nationalstraße 22/24 bis Skwierzyna. Dort auf die N3 wechseln, in der Ortschaft Kaława 12 km hinter Międzyrzecz/Meseritz nach rechts einbiegen. Am Ortsausgang von Pniewo befindet sich das Museum zur Anlage. Hinweisschilder verweisen auf ›Międzyrzecki Rejon Umocniowy‹ (MRU).

Info für Führungen in deutscher Sprache über Tel. 0048/509/865965, Anmeldungen 2–3 Tage vor der Besichtigung.

Öffnungszeiten: April–Okt. tgl. 10–18 Uhr, sonst 10–16 Uhr, Besichtigung nur mit Führung möglich. Es wird empfohlen, warme Kleidung, feste Schuhe und eine Taschenlampe mitzubringen, www.bunkry.pl. Führungen bietet auch die Deutsche Christel Focken an, die polnische Ehrenbotschafterin ist: Tel. 0176/75005152 oder christel-focken@ostwall-reisen.de; s.a. ostwall-reisen.de.

Im Museum bei Pniewo

Pszczew (Betsche)

Das romantische Städtchen Pszczew (Betsche), in einem Landschaftschutzpark zwischen Seen gelegen, ist der ideale Aufenthaltsort für einen geruhsamen Sommerurlaub: Die fischreichen Gewässer sind von urwüchsigen Wäldern und teilweise von hügeligem Gelände umgeben, und neben größeren Stränden mit allen Dienstleistungen finden Gäste auch abgelegene kleine Badestellen vor. Im ältesten Haus des Ortes befindet sich das Regionalmuseum einschließlich einer historischen Schuhmacherwerkstatt. Außerdem ist ein Bienenmuseum für Überraschungen gut.

Geschichte

In prähistorischer Zeit bestanden verschiedene Siedlungen im Umkreis des heutigen Pszczew. Archäologen wiesen nach, dass in dieser wasserreichen Landschaft bis zum 12. Jahrhundert Raseneisenerz gewonnen wurde. Der Ortsname ist slawischen Ursprungs und stammt entweder von der Bezeichnung für die Biene ab oder von einem Wort, das ›glänzend‹ oder ›schimmernd‹ bedeutet und sich wahrscheinlich auf schimmernde Seeflächen bezieht. An das Stadtgebiet grenzt eine Schanze mit Wallgraben, die wahrscheinlich von den Pommern angelegt worden ist. In der Zeit danach entstand an den hier vorbeiführenden alten Handelsstraßen eine Burganlage, die zweimal zerstört wurde.

Die erste Notiz über den Ort als ›capellanus de Pczew‹ stammt aus dem Jahr 1256. Eine weitere urkundliche Erwähnung als deutsches Dorf gibt es von 1259. Damals gehörten die Ländereien zum Eigentum des Bischofs von Poznań. Pszczew war eines seiner sogenannten ›Tafelgüter‹. 1288 soll der Auftrag zur Stadtgründung gegeben worden sein, aber das zugehörige Dokument, das dies bezeugen könnte, wurde ein Raub der Flammen. 1289 wurde der Ort Sitz eines Kirchenbezirkes mit 60 Pfarreien.

Anfang des 15. Jahrhunderts bestätigte der Bischof erneut das Stadtrecht. 1654 entstand der sogenannte ›Bischofshof‹ vor allem als Stätte der Erholung. Im Dreißigjährigen Krieg wurde die Stadt oft heimgesucht, und auch Epidemien gab es reichlich. 1793 kam Pszczew durch die Teilungen Polens an Preußen. Zuerst gehörte es zur Provinz Posen, nach dem Ersten Weltkrieg zur Provinz Grenzmark Posen-Westpreußen und von 1938 bis 1945 zur Provinz Brandenburg. Das Polentum hielt sich hier aber lange, so gründete sich in der Stadt 1923 der Gewerkschaftsbund ›Polen in Deutschland‹. Wahrscheinlich begünstigt durch die nahen Staats- und Provinzgrenzen und durch das unübersichtliche Gelände, trieben vor allem im 19. Jahrhundert Verbrecherbanden in Stadt und Umgebung ihr Unwesen oder starteten von hier aus ihre Streifzüge. Das Städtchen zählte Anfang des 20. Jahrhunderts knapp 1900 Einwohner. Bis heute ist diese Zahl ungefähr gleich geblieben, was wahrscheinlich darauf zurückzuführen ist, dass sich keine Industrie angesiedelt hat. Dadurch ist aber auch der sehr beschauliche Charakter des Ortes und der Landschaft erhalten geblieben. In den Sommermonaten sind Ort und Umgebung allerdings stark frequentiert von Urlaubern, die gern zum Baden, Bootfahren, Angeln, Reiten, Radfahren und Wandern in dieses idyllische Fleckchen Erde kommen.

Sehenswürdigkeiten

Mittelpunkt des Städtchens ist der zentral gelegene und langgestreckte frühere Marktplatz, heute Rynek genannt. Hier

Die Kirche Maria Magdalena

nem Brand zum Opfer gefallen war. Um 1900 gab es einige Umgestaltungen. Neben der Deckenbemalung fällt im Inneren vor allem ein Barockgemälde der Himmelfahrt Marias von 1630 auf. Die Polen nennen es ›Mutter Gottes unter den Engeln‹.

Das Gelände hinter der Kirche war einst ein katholischer Friedhof. Auf der anderen Straßenseite befindet sich in einem Barockgebäude das **Pfarramt**. Diese frühere Propstei ist von einem schönen **Park** umgeben; einige seiner alten Bäume sind unter Schutz gestellte Naturdenkmäler. Etwas weiter nördlich und näher am Jez. Miejskie (Stadtsee) fällt ein Hügel auf. Dieser **Slimacza Góra** (Schneckenberg) ist laut archäologischer Befunde der Standort einer alten Burganlage. Der Sage nach soll an dieser Stelle einem im Dreißigjährigen Krieg getöteten schwedischen Befehlshaber ein Grabhügel errichtet worden sein.

steht auch eine kleine **Kapelle** mit einer Holzskulptur des heiligen Josef. Sie wurde Ende des 19. Jahrhunderts von den einheimischen Polen als Gegenstück zu dem damals mitten auf dem Platz befindlichen Denkmal des deutschen Kaisers errichtet.

Auffälligstes Gebäude am Markt ist das sogenannte **Schuhmacherhaus** (Dom Szewca) aus der Mitte des 18. Jahrhunderts. Einige Teile des Hauses sind sogar noch älter. Die einst bürgerliche Wohnstätte, vorwiegend in Holzbauweise und zum Teil als Fachwerk ausgeführt, wurde mehrmals umgebaut und nach der jüngsten Sanierung im Jahr 1984 als **Museum** eröffnet. In den einstigen Wohn- und Arbeitsräumen werden Ausstellungen zur Vorgeschichte, zur Stadtgeschichte und zum Leben der früheren Bewohner gezeigt, einschließlich komplett eingerichteter Wohnstube, schwarzer Küche, Schuhmacherwerkstatt und Schuhverkaufsraum.

Auf einem Hügel nördlich des Rynek erhebt sich die **Kirche Sankt Maria Magdalena**. Der schmucke Bau mit der hübsch gestalteten Turmspitze wurde von 1632 bis 1654 im Stil der Spätrenaissance errichtet, nachdem der Vorgängerbau ei-

Entlang der Straße bietet sich an verschiedenen Stellen die Gelegenheit zu einem Imbiss. An der nächsten Gabelung nach links führt der Weg zu den Erholungseinrichtungen und Badestellen des **Jez. Szarcz** (Scharziger See). Hier stößt man auch auf die Bahnstrecke und den einstigen Bahnhof.

Eine Gasse hinter der Kirche verläuft hinunter zum **Jez. Miejskie**, der auch die Namen ›Kochle‹ oder ›Pszczewskie‹ trägt. Auf einem reizvollen Promenadenweg kann man zwischen Gartengrundstücken und dem Gewässer bis an das andere Ende der Stadt gelangen. Da der See kaum touristisch genutzt wird, herrscht hier die Stille der Natur vor. Am jenseitigen, etwas hügeligen Ufer stand früher eine alte Burganlage.

In der Nähe des Südufers, an der Kasztanowa Nr. 9, befindet sich das **Freilichtmuseum für Bienenzucht** (›Prywatny Skansen Pszczelarski‹). Originell gestaltete und mehrstöckige Bienenhäuser, alte Werkzeuge und historische Gebrauchsgegenstände gehören zu den Attraktionen der hier ausgestellten Sammlung. Im Obstgarten wurde für die Bienenvölker ein richtiges Dorf angelegt.

Von hier in Richtung Zentrum liegt eine Tankstelle. Ihr gegenüber steht das Gebäude der **ehemaligen Synagoge** aus der Mitte des 19. Jahrhunderts. Damals lebten bis zu 80 Juden in Pszczew. Während der faschistischen Zeit wurde das Haus zur Schlosserei umgebaut. Auch einige Grabplatten auf dem Gelände des jüdischen Friedhofes an der Straße in Richtung Trzciel (Tirschtiegel) erinnern an den damaligen Bevölkerungsteil. Im südlichen Stadtteil liegt der historische **Gutshof** von 1654 mit Herrenhaus, Wirtschaftsgebäuden und einem Landschaftspark. Er ist heute Sitz einer Stiftung für deutsch-polnische Nachbarschaft. Hier finden regelmäßig deutsch-polnische Seminare statt, im ehemaligen Brennereihaus wurde ein Hotel eingerichtet.

An der Straße nach Silna (Schilln), auf einer Erhebung, auf der früher eine Kirche in Holzbauweise stand, steht eine kleine **Kapelle** mit der Figur des heiligen Wojciech. In der Nähe, am Stadtrand, befand sich von 1824 bis 1945 der evangelische Friedhof. Seit 1998 erinnert ein zweisprachiger **Gedenkstein** daran. Eine Inschrift aus dem gleichen Jahr an einem inzwischen neu errichteten Gebäude weiter stadteinwärts lautet: ›Standort der evangelischen Kirche von 1865–1965‹.

Die Umgebung

Der größte Teil der etwas hügeligen Landschaft um Pszczew ist von Wäldern bedeckt und durch zahlreiche Seen, das Flusstal der Obra sowie Fließe geprägt. In fast alle Richtungen kann man Spaziergänge und Radtouren unternehmen, und es bieten sich an vielen Stellen Gelegenheiten zum Baden. So gibt es allein am südlichen Teil des Jez. Chłop (Kloppsee) vier **Ferienanlagen** mit Stränden und Zeltmöglichkeiten. Durch weite Wälder kann man zur Obra wandern.

Nach Südwesten hin wird der Fluss auf der Straße nach Międzyrzecz bei **Policko** (Politzig) überschritten. In diesem Dorf befindet sich nicht nur ein Park, sondern nahe der Brücke fällt auch eine mächtige alte Eiche auf, heute ein Naturdenkmal. Sogar zu Fuß ist es nicht weit bis zum nordwestlich gelegenen **Jez. Szarcz** (Scharziger See). Hier findet man Unterkünfte, Restaurants, Badestellen und Reiterhöfe vor. Als Fortführung der Seenkette folgten hinter Szarcz (Scharzig) der **Jez. Białe** (Weißer See) mit kleinen Zelt- und Badestellen und, unweit des Westufers, das Dorf **Stołuń** (Stalun/Schönfelde). In dem dortigen Schulgebäude wird eine **Ausstellung** über den einstigen Europa- und Weltmeister im Ringen, Leon Pinecki, gezeigt, denn der Sportler stammt aus diesem Ort.

Hier stößt man auf den Wanderweg E 11. Folgt man ihm nach Norden, so wandert man zwischen dem Jez. Stołun (Schönfelder See) und dem Jez. Czarne

Die ›Villa Toscania‹ in Nowe Gorzycko

Blick über den Jez. Miejskie auf Międzychód

(Schwarzer See) hindurch bis zum Erholungszentrum am **Jez. Lubikowskie** (Liebucher See), dem größten Gewässer dieser Region. Hier, in der Nähe von Lubikowo (Liebuch), könnte man auch ganze Urlaubswochen verbringen, denn mit fast 310 Hektar Fläche und bis zu 35,5 Metern Tiefe, mit Halbinseln und Uferanhöhen wie dem einstigen Hexenberg im Süden bietet dieses Gewässer seltene landschaftliche Vorzüge. Es gibt hier Unterkünfte in Bungalows, Sportanlagen, verschiedene Versorgungseinrichtungen und wundervolle flache Strände.
Nördlich von Pszczew führt die Straße vorbei an Zielomyśl (Zielomischl/Wilhelmsthal), der kleinen Siedlung Biercza (Heinrichswalde) und Nowe Gorzycko (Neu Görzig) durch streckenweise hügeliges Gelände mit schönen Aussichten zur Fernverkehrsstraße Kostrzyn–Poznań. Man kann sie überqueren und auf dem **Wanderweg E 11** über Stare Gorzycko (Alt Görzig), wo sich eine Burgwallanlage befindet, Międzychód (Birnbaum) erreichen.

Östlich von Pszczew verlief bis 1945 die Grenze zwischen Deutschland und Polen. Durch das dünn besiedelte, vorwiegend bewaldete Gebiet kommt man vorbei an Stoki (Stokki) oder Świechocin (Schwiechotschin) zu einigen stillen **Badeseen** zwischen Łowyń (Lowin) und Dormowo. Einige Kilometer weiter östlich verläuft das malerische **Tal der Kamionka** (Kähmer Mühlenfließ). Dieser Flusslauf mit seinem Umfeld ist eine Exklave des Landschaftsschutzparkes Pszczew, die im Norden **bei Kamionna** (Kähme) endet. Dieser Ort besaß bis 1784 Stadtrechte und ist wegen der hübschen Kirche einen Besuch wert.

■ **Międzychód und Umgebung**
Die ansehnliche Stadt Międzychód (Birnbaum) mit ihren derzeit mehr als 11 000 Einwohnern liegt an der Warthe. Sie ist wegen zweier **Kirchen**, eines **Regionalmuseums** mit Abteilungen zum Schmiedehandwerk, zur Fischerei sowie zum Ackerbau und gerade auch wegen der schönen Lage am Jez.

Miejskie (Küchensee) besuchenswert. Międzychód gehörte bereits vor 1945 zu Polen, ebenso wie das südlich gelegene Dorf **Gorzyń** (Goray) mit neoklassizistischem **Herrenhaus** und **Landschaftspark**. In Birnbaum, das vor dem Zweiten Weltkrieg in einem sprachlichen Mischgebiet lag, wurden die Unternehmer Leonhard Tietz, Oscar Tietz und Hermann Tietz (1837–1907) geboren; Hermann Tietz ist der Begründer des Warenhauses ›Hertie‹. Birnbaum gilt daher als die Wiege des deutschen Kaufhauses. Dem Ehrenbürger Oscar Tietz (1858–1923) ist der kleine **Park** am See gewidmet. Birnbaum ist auch der Geburtsort des deutschen impressionistischen Malers Lesser Ury (1861–1931), der ab 1887 in Berlin lebte.

Eine auffällig seenreiche Landschaft breitet sich von Międzychód Richtung Westen bis **Wierzbno** (Wierzebaum) aus, wo man sich eine kleine **Kirche**, das **Schloss** aus dem 19. Jahrhundert und den früheren herrschaftlichen **Park** anschauen kann.

Pszczew und Umgebung
Postleitzahl: 66-330.
Vorwahl: 0048/(0)95.
Rathaus, Rynek 13, Tel. 7492310, www.pszczew.pl.

Die Entfernung vom Grenzübergang Küstrin- Kietz beträgt etwa 95 und vom Grenzübergang Frankfurt (Oder) etwa 100 Kilometer.

Der Ort ist mit dem Bus von allen umliegenden Städten der Wojewodschaft zu erreichen.

Hotel Folwark Pszczew (€€), ul. Stefana Batorego 11, Tel. 7491383, www.folwark.pszczew.com.pl. Im historischen Gutshof, Agrotouristik, Reitclub, Pferdehotel, Sauna, Kajak- und Radverleih. Konferenzräume. Reha-Zentrum und Wellnessbereich sind geplant.
Hotel und Restaurant Villa Toscania (€€), in Nowe Gorzycko nördlich der Stadt, Tel. 7494338/39, www.villatoscania.com.pl. Wunderschöne Anlage, das Restaurant gilt als eines der besten italienischen Gaststätten Polens.
Mehrere **Erholungszentren** an den Seen der Umgebung, teilweise mit Zeltmöglichkeit.

Mehrere Restaurants, Cafés und Bars im Ort.

Museum Dom Szewca (Schuhmacherhaus), Rynek 19, Tel. 7492327.
Museum Skansen Pszczelarski (Imkerei), ul. Kasztanowa 9, Tel. 7491362.
Regionalmuseum Międzychód, Tel. 7482602.
Kulturhaus (Dom Kultury), Plac Kościuszki 9.
Bauernhof und Ausstellung Stajnia Leśna in Zielomyśl nördlich der Stadt.
Büro und Ausstellung des Landschaftsparkes (Paszczewski Park Krajobrazowy ZPWL), ul. Szarzecka 14, Tel. 7491299.

Jährlich im Mai: **20-Kilometer-Lauf**.
Jährlich im Juli: **Magdalenen-Markt** und **Wassersportwettbewerbe**.

Badestellen und Angelplätze an zahlreichen Gewässern.

Wanderrouten:
Pszczew-Gorzycko Nowe–Międzychód (ca. 20 km).
Pszczew-Trzciel-Strzyżewo-Zbąszyn (ca. 30 km).

Trzciel (Tirschtiegel)

Um die kleine Stadt herum befinden sich entlang einer Seenkette, die von der Obra (Obra) durchflossen werden, mehrere Naturschutzgebiete. Daher ist Trzciel ein guter Ausgangspunkt für wundervolle Bootsfahrten und Wanderungen. Der Ort an der früheren deutsch-polnischen Grenze ist als Rohr- und Weidenstadt bekannt geworden. Auch heute noch kann man die aus diesem Material hergestellten Artikel hier direkt von den Produzenten erwerben. Nicht weit entfernt liegt Zbąszyń (Bentschen) mit einem gut ausgestatteten Erholungszentrum an einem großen See.

Geschichte

Ein Ringwall und weitere Wallanlagen deuten darauf hin, dass an den Seen in der Umgebung von Trzciel (Tirschtiegel) bereits in frühgeschichtlicher Zeit gesiedelt wurde. Um das Jahr 1000 gehörte diese Landschaft zum polnischen Machtbereich. Damals entstand in einer Passlage zwischen den Gewässern eine Grenzburg, die die vorbeiführende Heer- und Handelsstraße schützen sollte. Daneben legte man ein Fischerdorf an. Der Ort ging 1252 an den Herzog von Schlesien-Glogau über und wurde in diesem Zusammenhang erstmalig in einer Urkunde erwähnt. Als sich Trzciel 1319 für kurze Zeit in brandenburgischem Besitz befand, hieß es ›Torstetel‹. Mitte des 14. Jahrhunderts kam die nun städtische Anlage wieder an den polnischen Staat zurück. Um 1230 erhielt Trzciel das Magdeburger Stadtrecht, um 1400 die Bezeichnung ›Trzel‹. Durch Lutheraner aus Deutschland kam es Anfang des 17. Jahrhunderts zur Anlage einer eigenständigen Neustadt. Die neuen Siedler waren zumeist Tuchmacher. Beide Gemeinden trennte der Lauf der Obra. Die Neustadt war binnen kurzem größer als die Altstadt und erhielt 1650 ebenfalls Stadtrechte. Die Schweden brannten 1656 die Altstadt nieder und zerstörten die Burg. Nach der Zweiten Teilung Polens gehörte Trzciel ab 1793 zu Preußen, von 1807 bis 1815 zum Herzogtum Warschau und danach wieder zu Preußen. Erst ab 1855 wurden beide Städte – Altstadt und Neustadt – gemeinsam verwaltet. Bedeutsam für die Wirtschaft war neben der Landwirtschaft und Fischerei der Hopfenanbau, der allerdings Ende des 19. Jahrhunderts einging. Seit Jahrhunderten und bis heute wurden Schilfrohr und Weidenzweige verarbeitet. Eine Bahnverbindung nach Zbąszyń (Bentschen) und nach Międzychód (Birnbaum) nahm 1908 den Betrieb auf. Nach dem Ersten Weltkrieg war der im Kreis Meseritz (Międzyrzecz) gelegene Ort Grenzstadt, nach 1938 wurde er der Provinz Brandenburg angeschlossen.

Die Kirche des heiligen Wojciech

Trzciel hatte im 19. Jahrhundert knapp 2500 Einwohner, heute sind es kaum mehr. Und obwohl die Straße Berlin–Poznań und die Autobahn vorbeiführen, blieb die Kleinstadtidylle erhalten. Die Fernverkehrsstraße umgeht das Städtchen im Norden, die neu gebaute Autobahn führt südlich vorbei.

Sehenswürdigkeiten

Die überschaubare kleine Stadt besteht, durch ihre historische Entwicklung bedingt, aus zwei Teilen. Als deutscher Tourist kommt man gewöhnlich aus Richtung Westen auf der Straße E 30, die nördlich der Stadt vorbeiführt, in den Ort. Biegt man nach rechts in Richtung Zentrum ab, gelangt man am Gelände des seit 1920 bestehenden neuen Bahnhofs und des naheliegenden alten Friedhofs vorbei in die frühere Neustadt mit ihrem großen Marktplatz. Rechter Hand befindet sich ein weiterer Platz, an dem einst die evangelische Kirche stand. Dahinter führen Wege zum Jez. Młyńskie (Windmühlensee).

Am **Markt** laden Sitzbänke unter Laubbäumen zum Betrachten einiger interessanter Häuserfassaden ein. Die Gebäude sind durchweg nicht höher als zwei Etagen. Gegenüber dem Buswarteraum ist ein Ortsplan sowie eine Übersicht zur Landschaft der Umgebung angebracht. Ein Teil des Platzes wird vom Marktgeschehen beherrscht. Hier und in den umliegenden Gassen kann man sich mit Lebensmitteln versorgen.

In der früheren Hirtenstraße westlich des Platzes verlebte die 1722 geborene Dichterin Anna Luise Karsch ihre Kinderjahre bei ihrem Großonkel. Viele ihrer Verse zeugen von der Verbundenheit mit der umliegenden Natur, wie »So grün der Wald, so bunt die Wiesen, so klar und silberschön der Bach«. In der gleichen Straße nahm Napoleon im sogenannten ›Torhaus‹ Ende November 1806 beim Durchzug seiner Truppen Quartier.

Nördlich vom Markt, an der Hauptausfahrtsstraße zur E 30, befindet sich der Komplex der einstigen deutschen Gutsherrschaft mit **Park**, **Schloss** und Nebengebäuden. Nach 1945 wurden die Gebäude Bildungszwecken zugeführt. Das repräsentative Herrenhaus war in den Jahren 1868/69 an der Stelle eines einstöckigen Vorgängerbaues errichtet worden.

Geht man zurück zum Marktplatz, gelangt man von diesem aus nach links über die Brücke in die eigentliche Altstadt. Zwischen beiden Ortsteilen blieb entlang der Obra ein Streifen idyllischer Natur erhalten. Etwas weiter ist man auf dem **Alten Markt**, im Herzen der Altstadt. Ihr Zentrum wird von dem 42 Meter hohen Turm der **Kirche des heiligen Wojciech** beherrscht. Ihre heutige neugotische Form erhielt sie durch Umbauten in den Jahren 1927/28. Ein älterer Sakralbau, der an dieser Stelle gestanden hatte, brannte im Jahr 1809 aus. Danach wurde zunächst ein Fachwerkbau errichtet, ein neuer Glockenturm 1901 eingeweiht. Der Innenraum der Kirche ist vor allem wegen der kunstvollen Deckenmalerei beachtenswert. Das Altarbild mit dem gekreuzigten Jesus stammt aus der früheren evangelischen Kirche im anderen Teil der Stadt und war ein Geschenk der Dichterin Anna Luise Karsch. Hübsch ist außerdem ein Bildnis mit der gekrönten Maria und dem Jesuskind.

Von hier stadtauswärts in Richtung Osten führt der Weg wieder auf die Umgehungsstraße. Nach der Überquerung eines Fließes (Schwarzwasser) mit einem alten **Mühlengebäude** auf der linken Seite ist bald der Stadtausgang erreicht. Genau über diese Stelle verlief von 1920 bis 1945 die Grenze zwischen Deutschland und Polen. Der Bahnhof, der katholische Friedhof und ein Teil der Feldmark gehörten schon damals zu Polen, aber nur wenige Wohngebäude. Kurioserweise war seinerzeit ein Haus infolge der Grenzziehung in eine deutsche und eine polnische Hälfte geteilt worden. Noch heute wissen viele der hier lebenden Bewohner über solche Dinge gut Bescheid, so dass sich bei einem Gespräch möglicherweise noch andere interessante Einzelheiten erkunden lassen.

In Trzciel selbst bestehen kaum Möglichkeiten zum Übernachten, aber die wald- und seenreiche Umgebung bietet zahlreiche Campingplätze und Privatquartiere.

Die Umgebung

Östlich von Trziel (Tirschtiegel) und nahe der Straße in Richtung Poznań liegt der **Jez. Zydawskie** (Judensee). An diesem nicht sehr großen Gewässer befand sich einst der jüdische Friedhof der Stadt: Mitte des 19. Jahrhundert lebten in Trziel mehr als 300 Juden.

Nördlich von Trziel beginnt der **Landschaftsschutzpark Pszczew**. Erstes schönes Gewässer ist der **Jez. Konin** (Konninsee). An seinem Ufer befindet sich nicht nur ein beliebter Campingplatz, es gibt auch schöne Badestellen. Ein alter Burgwall und romantische Wanderwege prägen das Umfeld.

Nur durch eine Landenge getrennt, schließt sich nordwestlich der von der Obra durchflossene **Jez. Wielkie** (Großer See) an. Zusammen mit einigen angrenzenden Waldflächen und Wiesen, auf denen hohes Reitgras wächst, ist er als 236 Hektar großes Naturschutzgebiet ausgewiesen. Für eine Besichtigung des Naturschutzgebietes ist das westliche Ufer des Sees am besten geeignet. Hier ist das Gelände hügelig, und es bieten sich viele schöne Ausblicke über den See. Auch Reiher- und Kormorankolonien kann man beobachten.

Der frühere Grenzbahnhof in Zbąszynek

Auf der Westseite der Seenkette verläuft die Straße nach Pszczew (Betsche), Fuß- und Radwanderern sind jedoch die Waldwege zwischen den kleineren und größeren Gewässern etwas weiter östlich zu empfehlen. Hier im Landschaftsschutzpark bestehen mehrere Möglichkeiten zum Baden und zum Zelten.

Westlich von Trzciel führt die Fernverkehrsstraße über das große Dorf **Lutol Suchy** (Dürrlettel), in dem eine neugotische **Kirche** besichtigt werden kann, nach **Brójce** (Brätz). Dieser Ort in der Talniederung der sogenannten Obra Gnila (Faulen Obra) wurde 1428 durch den polnischen König Władisław II. als Stadt gegründet. Das Ackerbürgerstädtchen entwickelte sich kaum weiter, hatte zur deutschen Zeit nur etwa 1000 Einwohner und macht auch heute noch einen recht ländlichen Eindruck. Hier gibt es zwei **Kirchen** und eine **Erinnerungsstätte** an ein Arbeitslager, das während der faschistischen Zeit existierte.

Möchte man von Trziel aus in das südlich gelegene, etwa 15 Kilometer entfernte Zbąszyn (Bentschen) gelangen,

Die Umgebung

bieten sich zwei unterschiedliche Wege an: Entweder man fährt auf der Landstraße über Lutol Mokry (Naßlettel), wo sich eine Badestelle befindet, oder auf Wanderpfaden über Przychodzko (Deutschhöhe) und Strzyżewo (Strese). Die schmucke Stadt **Zbąszyn** mit über 7000 Einwohnern gehörte schon vor 1945 zu Polen. Sie liegt an einem großen See mit attraktiven Urlaubereinrichtungen und besitzt eine schöne **Barockkirche** sowie ein **Museum**.

Rund zehn Kilometer westlich, in **Zbąszynek** (Neu Bentschen), wurde 1920 ein deutscher Grenzbahnhof angelegt. Dieser Ort, in dem nach kurzer Zeit bereits 1800 Einwohner lebten, ist ein Beispiel für den Siedlungsbau städtischer Art während der Zwischenkriegszeit. In den nahegelegenen Bauerndörfern Chlastawa (Klastawe) und Kosieczyn (Kuschten) stehen ansprechende **Holzkirchen**. Besonders der hübsche Bau in Chlastawe – er stammt von 1637 – ist besichtigenswert. Die Kirche von Kosieczyn soll die älteste Holzkirche Europas sein!

Nördlich von Zbąszynek liegt das hübsche Dorf **Dąbrówka Wielkopolska** (Groß Dammer). Vor dem Dorfteich erhebt sich das Herrenhaus, das nach Plänen des Baumeisters Friedrich August Stüler von 1856 bis 1859 errichtet wurde. Schon vor 1945 lebten hier viele Polen und pflegten ihr Brauchtum, beispielsweise die Volkstrachten. Das **Herrenhaus** ist heute ein Zentrum für traditionsreiche folkloristische Kulturgruppen, außerdem gibt es ein kleines Regionalmuseum. Auch die barocke **Kirche** mit modernen Anbauten ist sehenswert, ebenso wie die Kirchen in den nordöstlich gelegenen Dörfern Rogoziniec (Rogsen) und Chociszewo (Kutschkau). Die Region östlich von Trzciel war auch vor 1945 polnisches Staatsgebiet. Hier bestimmen große abwechslungsreiche Wälder und eine dünne Besiedlung das Landschaftsbild.

Trziel und Umgebung
Postleitzahl: 66-320.
Vorwahl: 0048/(0)95.
Rathaus, ul. Poznańska 22, Tel. 7341400, www.trzciel.pl.

Die Entfernung von den Grenzübergängen Frankfurt (Oder) und Küstrin-Kietz beträgt jeweils etwas über 100 Kilometer.

Bushaltestelle am Marktplatz.

Hotel Maria (€-€€), ul. Sportowa 7, 66-304 Brójce, Tel. 7434290, www.hotelmaria.com.pl. An der Fernverkehrsstraße 92. Sehr einfach, mit Restaurant.
Hotel Contra, an der Tankstelle in 66-304 Brójce, Tel. 7434156.
Erholungszentrum Jawor, am Jez. Konin, Tel. 7431940.

Kwatera Łowiecka (Jägerhaus), Bieliń 8, Tel. 7428620.

Zeltplätze und **Badestellen** befinden sich an den Seen Lutol, Konin und Młyńskie.

Gedenkraum in der Schule in Dąbrówka Wlkp.
Regionalmuseum in 64-360 Zbąszyń, ul. Graczyńskich.
Kultur-, Sport- und Erholungszentrum, ul. Poznańska 9, Tel. 7431138.

Angeln, Baden, Boote, Wassertreter, Reiten und Pferdewagen bei mehreren Vermietern.
Wanderwege in Richtung Pszczew und Zbaszyń.

Świebodzin (Schwiebus)

Świebodzin (Schwiebus) ist eine sehenswerte Kulturstadt, die eine hügelige Landschaft mit mehreren Seen umgibt. Besonders das fast exotisch anmutende Rathaus, zwei prächtige Kirchen, das Regionalmuseum mit Geschichts- und Naturabteilungen sowie Reste der mittelalterlichen Befestigungen machen einen Besuch lohnenswert. Hier kreuzen sich wichtige Straßen, auch die Autobahn Richtung Warszawa (Warschau) führt an Świebodzin vorbei. Hier halten außerdem Expresszüge von Berlin nach Warschau. Mittlerweile ist die riesige Christus-Statue der besondere touristische und natürlich auch religiöse Anziehungpunkt der Kleinstadt.

Geschichte

In der Talniederung eines frühgeschichtlichen Siedlungsgebietes kam es Mitte des 13. Jahrhunderts zur Anlage eines Marktortes mit städtischem Charakter. Dieser entstand im Rahmen der Kolonisierungspolitik der schlesischen Piasten neben einer Burganlage, die damals un-

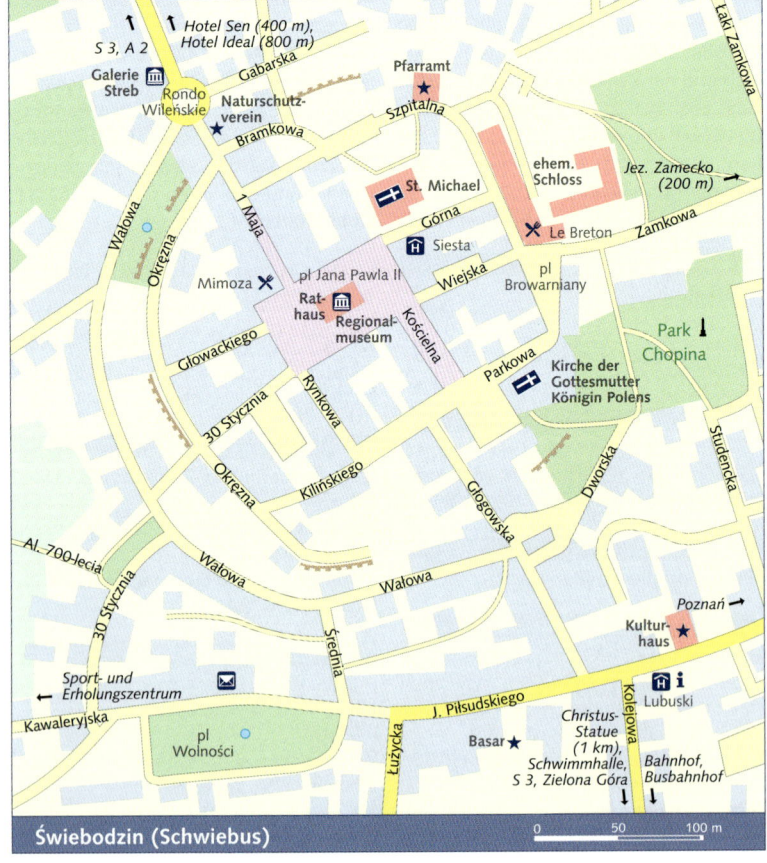

Świebodzin 213

ter anderem dem Schutz der Handelswege diente. Die Bevölkerung war vorwiegend deutsch. Der Landesherr setzte einen Hauptmann zur Verwaltung ein; bereits für das Jahr 1302 ist der erste namentlich bekannt.

Schwiebus (Świebodzin) selbst wird 1319 erstmalig in einer Urkunde erwähnt, und zwar im Zusammenhang mit der Abtretung der Stadt durch den schlesischen Herzog an den brandenburgischen Markgrafen im Austausch mit anderen Gebieten. Markgraf Waldemar starb kurz darauf, und laut einer Vertragsklausel fiel deshalb das ›Land Schwiebus‹ zurück an Schlesien. Die Besitzverhältnisse wechselten danach noch des Öfteren: Um 1330 Eroberung durch die Polen, seit 1360 Verwaltung durch Schlesien-Sagan, von 1435 bis 1467 Verpfändung von Stadt und Schloss an den Johanniterorden. 1489 kam Świebodzin unter die Krone Böhmens. Das Schloss einschließlich der Gerichtsbarkeit gelangte mehrfach in anderen Pfandbesitz, auch ein Propst residierte hier. Die Lutheraner wurden im Zuge der Gegenreformation gewaltsam unterdrückt. Die Habsburger traten 1686 das Gebiet an die Brandenburger ab, infolge politischer Ränke kam die Stadt jedoch 1694 wieder an Schlesien.

Friedrich der Große erhob Anspruch auf schlesische Gebiete und somit auch auf Świebodzin, und nach dem Ersten Schlesischen Krieg (1740–1742) konnte er es seinem Land zuordnen. 1815 wurde der Bezirk Schwiebus mit dem ›Land Züllichau‹ zum neuen Kreis Züllichau-Schwiebus zusammengelegt und der Provinz Brandenburg angegliedert. Neben der Landwirtschaft waren früher die Brauerei, der Getreidehandel und die Tuchmacherei wichtige Einnahmequellen der Bürger. Trotz der nördlichen Lage betrieb man sogar eine Zeitlang den Weinanbau. Ab 1860 wurde in der Umgebung Braunkohle gefördert, und es entstanden viele Fabriken, vor allem im Bereich Maschinenbau. Für die weitere wirtschaftliche Entwicklung waren der Straßenausbau um 1850 nach Frankfurt (Oder) und auch die ab 1870 fertiggestellten Eisenbahnverbindungen von Bedeutung. 1939 hatte die Stadt etwa 10 500 Einwohner, heute sind es mehr als doppelt so viele.

Die Wirtschaft hat sich in der polnischen Zeit unter anderem durch Möbelproduktion, Thermotechnik – Fachgeräte für Wärmebehandlungen – und Geflügelverarbeitung weiterentwickelt. Akzente über die Stadtgrenzen hinaus setzen neuerdings die Geschichtsforschung sowie das Engagement für den Natur- und Landschaftsschutz.

Sehenswürdigkeiten

Der **Marktplatz**, heute nach dem polnischen Papst Jana Pawła II benannt, ist ein großer rechteckiger Platz, auf dem einst Märkte abgehalten wurden. Jetzt kann man hier und in den angrenzenden Straßen einkaufen, einkehren oder auch nur auf einer Bank eine kleine Pause einlegen, vielleicht auf der Bank, auf der der polnische Musiker, Komponist und Autor Czesław Niemen (1939–2004) als **Bronzefigur** lässig Platz genommen hat. Niemen war einer der beliebtesten, bedeutendsten und originellsten polnischen Rocksänger und Songschreiber des 20. Jahrhunderts. Er hielt sich oft im Kreis Świebodzin auf.

Das freistehende **Rathaus** prägt das Herz der Stadt, während von den einst typischen Laubenganghäusern rundherum nur noch einige Andeutungen zu erkennen sind. Das Gebäude wurde im 16. Jahrhundert errichtet, nachdem der Vorgängerbau abgebrannt war. In den Renaissancestil wurden gotische Elemen-

Czesław Niemen in Bronze auf dem Markt

te einbezogen, doch im 19. Jahrhundert gab es eine neugotische Umgestaltung. In den Kellern und in den Museumsräumen beeindrucken alte gotische Tonnengewölbe. Ein Gang in das Treppenhaus mit den schmiedeeisernen Arbeiten sowie die Besteigung des Turmes, der einen schönen Blick bietet, lohnen sich.

Das Rathaus beherbergt das **Regionalmuseum**. Der Kassenraum bietet unter anderem deutschsprachige Informationen über die Entwicklung der Sammlungen seit 1903 und über die dargebotenen Sparten. Auch auf den multikulturellen Charakter der Region wird hingewiesen. Zu erwerben sind kulturhistorische Publikationen, alte Pläne, Reiseführer, Touristenkarten, Prospekte und selbstverständlich Ansichtskarten. Neben den Abteilungen zur Stadtgeschichte, zu den Zisterziensern, zu Persönlichkeiten der Stadt und der Region, zur Kunst und zur Natur werden wechselnde Ausstellungen geboten.

Ganz in der Nähe des Marktplatzes erhebt sich die **St. Michaelskirche**, die in früheren Zeiten auch nach Peter und Paul benannt war. Die ursprünglich spätgotische Hallenkirche aus dem 14. Jahrhundert wurde später durch ein viertes Seitenschiff und mehrere Kapellen ergänzt. Im 17. Jahrhundert brannte sie aus und musste erneuert werden, und rund 100 Jahre später erhielt sie die markante Westfassade mit den zwei schlanken Haarnadeltürmen.

Sehenswert im Inneren sind unter anderem das wabenartige Gewölbe, die schmucke Kanzel, der Marienaltar, die Apostelfiguren und eine reich verzierte Grabplatte der Familie Sommerfeld aus dem Jahr 1735.

In der Nähe komplettieren das **Pfarramt** und die alte **Pfarrschule** mit kleinem Dachgiebel, ›Dachauge‹ zwei Kreuzen sowie die schöne alte **Friedhofsmauer** das Ensemble. Unter anderem In dieser Ecke des Zentrums ist auch die mittelalterliche Ummauerung erhalten.

Die im Jahr 1900 vollendete Friedrichskirche im neugotischen Backsteinstil heißt heute **Kirche der Gottesmutter Königin Polens**. Der mächtige Bau verfügt über ein schönes Kreuzgewölbe und über einen Altar aus dem 16. Jahrhundert mit Renaissance-Elementen. Überdies kann man eine farbige Glasmalerei mit der Inschrift ›Gestiftet von der Stadt-Gemeinde Schwiebus 1900‹ bewundern. Hinter der Kirche laden die Grünanlagen des **Parks Chopina** zu einer Rast ein.

Die Straße Ząki Zamkowe führt, am Lyzeum vorbei, zum früheren Schlosssee, in dem man allerdings nicht baden kann. Auf dem Weg dorthin passiert man eine in die Stadtmauer eingebaute Wohnungsfront mit einer Verandagalerie.

Der frühere **Schlosskomplex** wird heute teilweise als orthopädisches Rehabilitationszentrum genutzt. Die alten Gemäuer und Kellergewölbe sind noch erhalten. Eine Außenwand ist mit dem Königszeichen und mit einem aus Kugeln gestalteten Kreuz verziert.

Im Süden des Zentrums, an der Piłsudskiego, gelangt man hinter einem Blumenladen durch eine Passage auf einen für Polen typischenden **Basar**. Im Umfeld weisen mehrere Aushänge mit der Aufschrift ›Kantor‹ auf Wechselstellen hin. Folgt man weiter der Straße Piłsudskiego, erreicht man den langgestreckten **Platz Wolności** mit einer hübschen Grünanlage und einem kleinem Springbrunnen.

Überquert man die Straße in der Nähe des historischen Postamtes, gelangt man durch die Srednia zur Wałowa. Am Haus Nr. 44 ist eine **Porträt-Gedenktafel** mit folgender Inschrift in Deutsch und Polnisch angebracht: ›In diesem Hause wohnte der deutsche Archivar und Historiker, ein bedeutender Erforscher der Stadt Schwiebus, Gustav Zerndt, 5. Juli 1854 bis 1. April 1929‹.

In jüngster Zeit entstand mit der **Kirche Miłosierdzia Bożega** in der Straße Sulechowska zwischen neuen Siedlungen im Süden der Stadt eine neue Sehenswürdigkeit. In den modernen Bau wurden verschiedene Stilelemente aus früheren Jahrhunderten einbezogen. Gleich in der Nähe ragt nun der zweifellos bedeutendste touristische und religiöse Anziehungspunkt der Stadt weit in die Höhe, die überdimensionierte Christus-Figur.

Die Umgebung

Wenige Kilometer westlich von Świebodzin, am großen See von **Wilkowo** (Wilkau), befindet sich das **Erholungszentrum Swiatowid** mit guten Möglichkeiten zum Baden, zum Übernachten in Bungalows und zur Einkehr. Im Dorf selbst fällt die **Kirche** mit ihrem ungewöhnlichen Turm auf. Das um 1550 entstandene **Renaissanceschloss** wurde Mitte des 19. Jahrhunderts umgebaut. Von Wilkowo (Wilkau) kann man quer durch den Wald zum ausgesprochen schönen **Jez. Nieslysz** (Nischlitzsee) gelangen. Hinter den Gebäuden der einstigen Stadtförsterei von Schwiebus, heute Krzeczków, beginnen Urlaubersiedlungen, und es führen Wege zu Badestellen am Ufer. Per Rad oder zu Fuß kann man die Promenaden nach Süden nutzen und kommt an einem alten Burgwall vorbei, dem ›Raubschloss‹. Am Südufer des etwa 500 Hektar großen, bis zu 70 Meter tiefen, buchtenreichen Sees mit einigen Inseln liegt der Ferienort **Niesulice** (Blankensee). Westlich des Sees befindet sich **Przełazy** (Seelägsen) mit origineller **Kirche** und großem Campingplatz neben dem ehemaligen Herrenhaus mit Zinnendach. Autofahrer gelangen über Mostki (Möstchen) oder über Ołobok (Mühlbock) und Borów (Birkholz) an das Gewässer. Ein mächtiges stählernes Gewölbe, das sogenannte **Wasserschloss** an der Kanalbrücke bei Ołobok (Mühlbock), erinnert daran, dass hier während der faschistischen Zeit ein umfangreiches Verteidigungssystem bestand, der ›Oder-Warthe-Bogen‹ mit Wasserhindernissen.

Das Rathaus

Die Christus-Statue von Świebodzin

Am 21. November 2010 ging von Świebodzin eine Nachricht an die internationalen Medien, die wegen ihres spektakulären Inhalts schnell weiterverbreitet wurde: An diesem Tag weihte der Bischof der Diözese Gorzów-Zielona Góra eine Christus-König-Statue ein, deren Ausmaße alle bisherigen Statuen des Gottessohnes in den Schatten stellt. ›Christus, der König des Universums‹ heißt ihr offizieller Name. Die mehrere Millionen Euro teure Statue wurde vor allem durch Spenden finanziert, oft wurden allerdings auch Strafgefangene als kostenlose Arbeitskräfte eingesetzt.

Initiator und Bauherr des Monuments war der örtliche Prälat Sylwester Zawadzki. Nach eigenen Angaben hatte er eine Eingebung, eine göttliche Stimme befahl ihm: ›Bau diesen Christus!‹ Der bis dahin völlig unbekannte Künstler Mirosław Kasimierz Patecki lieferte dann den Entwurf. Von der Grundsteinlegung bis zur Vollendung der riesigen Statue dauerte es rund zehn Jahre. Zuerst wurde ein 16 Meter hoher Hügel aus Steinen und Erde aufgeschüttet, der von fünf terrassenförmigen Ringen umgeben ist – Symbol für die erlösende Wirkung von Christus für alle fünf Kontinente. Die Statue ist 33 Meter hoch – nach der Überlieferung wurde Jesus Christus 33 Jahre alt. Die Statue ist damit immerhin sechs Meter höher als die berühmte Christus-Statue von Rio de Janeiro und auch höher als der bisherige ›Spitzenreiter‹ aus dem bolivianischen Cochabamba. Hinzu kommt noch die vergoldete Krone von drei Metern. Allein der Kopf ist viereinhalb Meter hoch, die Hände sind jeweils sechs Meter lang, der Abstand zwischen den Enden der Finger beträgt 24 Meter. Die gesamte Statue ist aus Beton gegossen und 470 Tonnen schwer. Innen ist sie hohl.

Von weitem sichtbar: die Christus-Statue

Auf dem Gelände des Umfeldes entstanden Gartenanlagen mit Rosenkranzpfaden, Orte der Besinnung und Stille. Schon binnen kurzer Zeit hat sich die Christus-Statue zu einer beliebten Pilgerstätte und zur Touristenattraktion entwickelt. Von der Kuppe, auf der die Statue steht, bietet sich ein weiter Blick in die von Hügeln durchzogene Landschaft – sehr schön, wenn auch nicht ganz so spektakulär wie der Panoramablick vom brasilianischen Giganten Cristo Redentor in Rio de Janeiro. Im Jahr 2014 starb Sylwester Zawadzki, der Initiator der Statue, im Alter von 81 Jahren. Sein letzter Wille: ›Legt mein Herz Christus zu Füßen‹, am Altarweg des Statuenhügels. So geschah es, obwohl nach polnischem Recht Bestattungen nur auf Friedhöfen erfolgen dürfen.

Nördlich und südlich von Świebodzin prägt der Ackerbau mit vielen Herrenhäusern, Gutshöfen und großen Bauerngehöften das Bild der Landschaft. Nach Norden hin liegen Ługów (Lugau), Rusinów (Rinnersdorf), Glińsk (Leimnitz) und Grodziszcze (Gräditz), im Süden Rudgerzowice (Riegersdorf), Rosin (Rissen), Raków (Rackau), Jeziory (Jehser) und nahe bei Świebodzin (Schwiebus) Lubinicko (Merzdorf). Südlich befindet sich außerdem das Dorf **Chociule** (Kutschlau), in dem ein schönes **Herrenhaus** steht. Etwas weiter in südöstlicher Richtung Richtung folgt das ansehnliche Dorf **Smardzewo** (Schmarse), in dem 1894 die bekannte Mundartdichterin und Schauspielerin Emma Neumann geboren wurde.

Direkt östlich von Świebodzin führt die Straße nach Poznań am **Jez. Lubinieckie** (Merzdorfer See) mit Parkplatz und Badestelle vorbei nach Wityń (Witten). Biegt man hier links ab, kommt man in das Dorf Rzeczyca (Rietschütz). In der anderen Richtung zweigt hier die Straße über Kupienino (Koppen) nach **Ojerzyce** (Oggerschütz) mit seinem ansehnlichen **Herrenhaus** ab. Etwas weiter führt die Fernstraße um den Ort **Myszęcin** (Muschten) herum. Hier hat sich ein **Motel** etabliert.

Świebodzin und Umgebung

Postleitzahl: 66-200.
Vorwahl: 0048/(0)68.
Stadtverwaltung, ul. Rynkowa 2, Tel. 4750880, www.swiebodzin.pl.
Touristische Information, ul. Piłsudskiego 20, Tel. 3813048.
Naturschutzverein (Klub Przyrodników), ul.1 Maja 22, Tel. 3828236, www.lkp.org.pl. Die Einrichtung ist für einen großen Teil der Wojewodschaft zuständig.

Die Entfernung von den Grenzübergängen Frankfurt (Oder) und Guben beträgt etwa jeweils 75 Kilometer und von Küstrin-Kietz etwa 85 Kilometer.

Die Stadt liegt an der Bahnstrecke von Berlin und Frankfurt (Oder) in Richtung Poznań. Es halten auch Express-Züge.

Der zentrale **Bushaltepunkt** befindet sich am Bahnhof. Hier stehen auch Taxis.

Hotel & Restaurant Siesta (€€), ul. Górna 4 (Zentrum), Tel. 4529722, www.siestahotel.pl.

Hotel Lubuski (€€), ul. Piłsudskiego 20 (Bahnhofsnähe), Tel. 3823425.
Hotel Ideal (€€), Aleja Wojska Polskiego 12, Tel. 3810435, www.idealhotels.pl.
Hotel Sen (€€), ul. Swierczewskiego 1, Tel. 4756643.
Erholungszentrum Irena (€), in 66-211 Niesulice, Tel. 3812120, www.irena.pl. Am Jez. Niesłysz.

Restauracja Mimoza, Plac Jana Pawla II 2, Tel. 694333686. Im Zentrum, sehr gute italienische Küche.
Le Breton, Plac Browarniany 1, Tel. 484757525. Zentral gelegen, gute französische Küche.
Zahlreiche weitere Gaststätten, Bars und Cafés.

Regionalmuseum, Plac Jana Pawła II, Tel. 4750838.
Kulturhaus, ul. Piłsdskiego 39–41, Tel. 4750808.
Galerie Streb, ul. Zymierskiego 5, Tel. 4757261.

Zeltmöglichkeiten und Baden an mehreren Ufern des Jez. Niesłysz.

Wanderweg zum Jez. Niesłysz, **Radweg** zum Jez. Wilkowskie.

Sport- und Erholungszentrum (OSIR), ul. Sikorskiego 25, Tel. 4750816.

Schwimmhalle, ul. Sulechowska 6.
Golfplatz, ul. Golfowa in 66-213 Skąpe/Kalinowo am Jez. Niesłysz rund 15 Kilometer westlich der Stadt, Tel. (0048) 515292034, www.kalinowepola.pl. Auch Unterkünfte (€€).

Lubrza (Liebenau)

Den Reiz dieses ländlichen Ortes machen seine Ruhe und Beschaulichkeit aus, die herrlichen Seen tun ihr Übriges. Mehrere Campingplätze und weitere Ferienangebote etwas außerhalb des Ortes sind ideal für einen naturverbundenen Sommeraufenthalt. Zahlreiche kulturhistorische Denkmäler und Naturschönheiten in der Umgebung sind zu Fuß oder mit dem Fahrrad günstig zu erreichen, wobei einem immer wieder aufs Neue die Anmut der Landschaft bezaubert. Nicht zufällig wird hier von ›Klein-Masuren‹ gesprochen.

Geschichte

Um 1240 wird der Ort erstmals urkundlich erwähnt, und zwar im Zusammenhang mit der Schenkung von zehn Dörfern an das Zisterzienserkloster in Lehnin. Zu diesem neuen Besitz des Ordens um das entstehende Kloster Paradies herum gehörte auch das spätere Lubrza. Damals legten hier, an der Straße von Świebodzin (Schwiebus) in Richtung Nordwesten, wahrscheinlich schlesische Piasten eine Burg an. Daneben entstand eine Marktsiedlung. Im 13. Jahrhundert kamen deutsche Kolonisten und werden sesshaft. Im Jahr 1319 heißt es in den Akten zu Lubrza: ›hus und statt‹. Ende des 14. Jahrhunderts wurde dieser Teil des Besitzes vom Kloster Paradies in ein stadtherrliches Privileg umgewandelt. Im 16. Jahrhundert bezeichnete ein Siegel den Ort als ›civitas‹, also Stadt, obwohl es keine städtische Anlage zeigt. Liebenau fiel 1742 von Schlesien an Preußen und kam schließlich 1815 an die Provinz Brandenburg. Im Jahr 1857 erhielt der Ort förmliches Stadtrecht. Durch die Lage abseits wichtiger Straßen und entstehender Bahnlinien blieb er ohne Industrie- und Gewerbeansiedlungen. Lediglich Mitte des 19. Jahrhunderts wurde in der Umgebung Braunkohle abgebaut.

Zur deutschen Zeit hatte der Ort um 1200 Einwohner, ungefähr genau so viele sind es auch heute. Allerdings hat sich der Sommer- und Wochenendtourismus enorm entwickelt, Lubrza gewann sogar einen Preis im ›Allgemeinen polnischen Wettbewerb für das beste Sommerdorf‹. Jährlicher Höhepunkt ist das sommerliche Fest ›Nacht der Seerosen‹, zu dem viele Besucher von nah und fern anreisen.

Ein Rundgang

Wegen der Verwüstungen im Dreißigjährigen Krieg und mehrerer Feuersbrünste sind in Lubrza keine mittelalterlichen Bauwerke mehr vorzufinden. Bei einem Rundgang beeindrucken vor allem das landschaftliche Umfeld und Überreste der Festungsanlage ›Oder-Warthe-Bogen‹. Wenn man auf der Straße von Świebodzin über Ługów (Lugau) bergab nach Lubrza hineinfährt, breitet sich eine liebliche Niederung aus. Links führen Waldwege zum Erholungszentrum am **Jez. Lubie** (Liebensee). Die bebauten Grundstücke sind locker verteilt und verdichten sich erst allmählich am Straßenabzweig nach Nowa Wioska (Neudörfel). Biegt man hier links ab, folgt das **Fließ** zwischen den beiden Urlauberseen.

Geradeaus kommt die **Kirche** in Sicht. Sie entstand Mitte des 19. Jahrhunderts im neuromanischen Stil an der Stelle eines Vorgängerbaus. Etwa 40 Jahre später brannte der Turm aus. Seine gegenwärtige Form erhielt er in Anlehnung an den Turm der Gertraudenkirche in Frankfurt (Oder). Die Straße hinter der Kirche führt links zu einem **Erholungsgebiet** am Jez. Goszcza (Gastsee). Ist man zu Fuß unterwegs, läuft man dorthin besser durch die Grünanlagen hinter der Kirche. Auch der breite, gepflegte Strand und ein Imbisshäuschen im Ort sind empfehlenswert.

Weiter in Richtung Markplatz kann man eine Parallelstraße weiter rechts benutzen. Zu ihr gelangt man über die Ausfallstraße nach Rusinów (Rinnersdorf). Dort folgen ein **Reiterhof** mit großer Koppel und der Abzweig mit dem direkten, für Fahrzeuge aber ungeeigneten Weg zum **Kloster Paradies**. Vor dem Markt liegt der alte **Friedhof**, auf dem die frühere katholische Kirche mit Kuppelturm stand.

Der **Marktplatz** macht trotz einiger öffentlichen Einrichtungen und Geschäfte einen dörflichen Eindruck. In seiner grünen Mitte befindet sich auf einem Sockel wie andernorts Heldenstatuen und Gedenksteine ein sowjetischer Panzer als Denkmal zur Erinnerung an den Zweiten Weltkrieg, als die Rote Armee 1945 den ›Ostwall‹ durchbrach.

Wenn man ein Stückchen weiter rechts abbiegt, ist man schnell zwischen Wiesen, Feldern und Gartenanlagen. Ortsauswärts wird neben der früheren, bereits im Jahr 1280 gegründeten und noch heute arbeitenden **Stadtmühle** die Paklica (Packlitz) überquert. Gleich dort befinden sich der große Kajakverleih und der Einstieg zu

Dieses Denkmal erinnert an den Zweiten Weltkrieg

Flussfahrten. Hier breiten sich rechts Wiesen und Sumpf zum Jez. Lubrza (Richtersee) hin aus, während linker Hand schöne Wohngrundstücke angelegt wurden. Biegt man an der Straßengabelung links ab, kann man noch zwei Abstecher stadtauswärts unternehmen. Unterwegs stößt man auf einen Bunker des ›Ostwalls‹. Linker Hand erblickt man am Waldrand hübsche Häuser. Zum Teil sind es Sommersitze, die sich über mehrere Straßenzeilen hinziehen. Dort wird hinter Hügeln wieder der Jez. Goszcza erreicht. An seinem Ufer befinden sich neben Badestellen auch Bungalows und ein Campingplatz. Wenn man der Straße weiter folgt, gelangt man auf einen befestigten Weg zum Hotel-Restaurant ›Zur Mühle‹. Das schöne Gebäude der einstigen Hammermühle ist leider (zumindest vorübergehend) geschlossen.

Die Umgebung

Attraktivstes Ausflugsziel in der Umgebung von Lubrza ist der Komplex des einstigen Klosters Paradies (→ S. 222) im nordöstlich gelegenen Góścikowo (Paradies), den man zu Fuß oder per Rad nach etwa sieben Kilometern erreicht.

Am Goszcza-See

Mit dem Auto fährt man entweder über Świebodzin oder Boryszyn (Burschen). Daneben, am Flüsschen Paklica, liegt **Jordanowo** (Jordan). Wegen der bis 1945 in Katholiken und Protestanten geteilten Bevölkerung gibt es im Dorf zwei Kirchengebäude. Nur wenige Kilometer westlich ist man bei **Nowy Dworek** (Neuhöfchen) auf der Halbinsel im Jez. Paklicko Wielki (Packlitzsee) an einem gut ausgestatteten Urlauberzentrum. An das gleiche Gewässer grenzt ein Naturschutzgebiet an, das aus einem naturbelassenen Eichenwald besteht.

Nördlich von Lubrza erstrecken sich bis Staropole (Starpel) und Boryszyn (Burschen) **Niederungswiesen** und **Wälder**. Hier zog sich parallel zur Straße in etwa nord-südlicher Richtung die Befestigungsanlage des ›Oder-Warthe-Festungsbogens‹ hin. Von den Anlagen ist in diesem Abschnitt nur noch wenig vorzufinden, zumal hier die Überflutung der Tallandschaft als Haupthindernis dienen sollte. Von hier aus in Richtung Süden wurden tatsächlich Fließe und Seen angestaut, deren Wassermassen bei Bedarf abgelassen werden konnten. Genutzt werden konnte das umfassende System jedoch nicht, denn beim Eintreffen der Roten Armee Ende Januar 1945 waren die Wasserflächen stark vereist. Außerdem war nur eine deutsche Notbesetzung stationiert. **Bucze** (Wutschdorf) liegt etwa fünf Kilometer westlich von Lubrza. Von hier biegt die Straße nach Łagów ab, und südlich befindet sich der Bahnhof an der Strecke von Berlin nach Poznań, an dem aber nicht mehr gehalten wird.

Nach Süden hin setzt sich die Tallandschaft mit **Fließen** und **Seen** fort. Auf Feld- und Waldwegen erreicht man zunächst das kleine, aber schmucke Dorf **Nowa Wioska** am Goszcza-See, das eine sehr interessante und restaurierte barocke **Holzkirche** von 1670 besitzt. In **Mostki** (Möstchen) etwa weiter stößt man auf die Hauptstraße Frankfurt (Oder)–Poznań. Neben der auf den Gutshof zuführenden Dorfstraße fällt die **Fachwerkkirche** von 1832 mit ihrem neugotischen Turm auf. Das **Herrenhaus** von 1870 im Stil der Neurenaissance befindet sich in einem guten Zustand. Um den Ort herum waren mehrere Panzerwerke als wichtige Standorte an der Oder-Warthe- Verteidigungslinie gebaut worden.

Die Holzkirche in Nowa Wioska

Die Umgebung 221

Das Herrenhaus in Mostki

 Lubrza und Umgebung
Postleitzahl: 66-218.
Vorwahl: 0048/(0)68.
Touristen-Information in der Bibliothek des Kulturhauses, ul. Świebodzińska 41, www.lubrza.pl.

Die Entfernung zum Grenzübergang Frankfurt (Oder) beträgt etwa 70, zum Grenzübergang Küstrin-Kietz etwa 80 und nach Guben etwa 85 Kilometer.

Die **Bushaltestelle** befindet sich am Marktplatz.

Die nächsten Bahnhöfe sind in Mostki (Möstchen), etwa 8 Kilometer, und Świebodzin (Schwiebus), etwa 10 Kilometer entfernt.

Erholungszentrum Martinez (€–€€), ul. Klasztorna, Tel. 3813097, www.martinez.com.pl. Hotel und Bungalows, Verleih von Kajaks, Tretbooten und Rädern. Organisierte Kanuwanderungen mit verschiedenen Längen und Schwierigkeitsgraden, auch mehrtägig.
Mehrere weitere Erholungszentren im Ort.

Restaurant und Café in der ul. Świebodzińska.

Schöne Strände an den Seen Goszcza und Lubie.
Zelten, Baden und Bootsausleihe bei einigen der Erholungszentren.

Kloster Paradyż (Paradies), 66-203 Jordanowo (Jordan). Führungen durch die Klosterkirche und das Museum.
Oder-Warthe-Festungsbogen, siehe auch Infos über www.ostwall-reisen.de. Bunkereinstieg in Boryszyn.

Jährlich im Juli findet das Volksfest **Nacht der Seerosen** statt.
Sommerkonzerte im Kloster Paradyż in Jordanowo.

Kanufahrt von Lubrza auf dem Fluss Paklica zum Kloster Paradies in Jordanowo-Gościkowo (Ca. 15 km), Dauer der Kanufahrt 5–6 Stunden, Schwierigkeitsgrad leicht. Abholservice, www.martinez.com.pl.

Reiterhöfe an der Straße Richtung Rusinów (Rinnersdorf) und in der ul. Świebodzińska.

Korbwaren-Großhandel Wiklina-Martinez, ul. Świebodzińska 74, Tel. 3813295.

Das Kloster Paradies

Das Kloster Paradies (Klasztor Paradyż) gilt als eine der wichtigsten sakralen Ensembles der Region. Angelegt wurde es nach 1230 infolge der Schenkung eines polnischen Großgrundbesitzers an die Zisterzienserabtei in Lehnin bei Berlin. Im Jahr 1236 kamen die ersten Mönche aus Lehnin bei Berlin nach Gostichowo, dem heutigen Gościkowo. Ein reicher polnischer Grundbesitzer hatte den Zisterziensern Land für eine Klosteranlage und dazu mehrere Dörfer gestiftet. Mit den frommen Männern kamen im Rahmen der deutschen Ostkolonisation neue Wirtschaftformen ins Land. Der Ort wurde fortan zu einem wichtigen religiösen, kulturellen und wirtschaftlichen Zentrum im Grenzgebiet zu Preußen und Österreich. Ab 1558 wurden nur noch polnische Äbte eingesetzt. Nach der Zweiten Teilung Polens kam das Paradies zu Preußen, das Klostervermögen wurde beschlagnahmt. Die Auflösung des Klosters erfolgte aber erst 1843. Bis 1926 nutzte die katholische Kirche die Gebäude als Ausbildungsstätte für Religionslehrer, danach und bis 1939 dienten sie als deutsche Oberschule, während des Zweiten Weltkriegs für militärische Zwecke. 1945 gingen die Räumlichkeiten schließlich wieder in Kirchenbesitz über. Heute ist das Kloster Sitz eines Priesterseminars und gehört zur Theologischen Fakultät der Universität Szczecin (Stettin).

In den vergangenen Jahrzehnten hat man den gesamten Komplex einschließlich Torhaus mit Café, den Stallungen, dem Garten und den Grünanlagen sowie mehreren Skulpturen grundlegend renoviert. Zudem entstand ein kleines Museum mit interessanten Zeugnissen zur Geschichte des Klosters.

Auch die frühgotische Klosterkirche mit der barocken und klassizistischen Ausstattung kann besichtigt werden, Führungen sind beim Pförtner anzumelden. Die Deutsch-Polnische Stiftung Kulturpflege (DPS) förderte 2014 die Restaurierung des grandiosen, 17 Meter hohen Barockaltars der Klosterkirche. Der monumentale Hauptaltar entstand in den Jahren 1736 bis 1739. Schöpfer dieses mächtigen Schnitzaltars waren die bekannte Bildhauerwerkstatt Hennevogel und Felix Anton Scheffler. Interessant sind des Weiteren ein Fresko aus dem 15. Jahrhundert, das Stifterbild und viele andere Gemälde, die reich verzierte barocke Kanzel aus dem 18. Jahrhundert sowie mehrere Kapellen, zahlreiche Nebenaltäre und Gemälde wie etwa das Stiftungsbild sowie die Orgel von Johann Gottlieb Gotlon Peter aus dem 18. Jahrhundert. Vor dem Eingang steht eine Rokoko-Figur der Muttergottes von 1775. Der Garten, die Wirtschaftsgebäude und der Innenhof machen einen sehr gepflegten Eindruck.

Auf einer Anhöhe nahe der Klostermauer hat man vor einigen Jahren einen kleinen Weingarten angelegt, der aufgrund der günstigen Klima- und Bodenverhältnisse gut gedieh. Die geernteten Weintrauben werden aber vor allem für die Herstellung von Eingemachtem genutzt. Im Café ›Paradyż‹ kann der Besucher im Sommer eine der beliebtesten Köstlichkeiten der Region genießen, den paradiesisch leckeren Käsekuchen.

Adresse: Klasztor Paradyż, 66-203 Jordanowo. Einlass nur im Rahmen einer Führung. Führungen sind auch in deutscher Sprache möglich, Voranmeldung notwendig, Tel. 068389/1021, www.paradisus.pl. Tag der offenen Tore am 15.8. und am 11.11. sowie bei Ablasstagen. Im August Konzertzyklus in der Klosterkirche.

Sulechów (Züllichau)

Vom alten Glanz aus der Zeit um 1700, als Züllichau zu den zwölf ›vornehmsten Handelsstädten‹ der Mark Brandenburg zählte, sind bei einem Stadtrundgang immerhin noch Reste zu finden. Dazu gehören ein mächtiges Rathaus, das Crossener Tor und ein Schloss. Hier werden Erinnerungen an Frédéric Chopin und an den Waisenhausgründer Siegmund Steinbart wach. In der Umgebung locken vor allem die Weinberge an der Oder von Cigacice (Tschicherzig), auf deutsch auch ›Odereck‹ genannt, die Holzkirche von Klępsk (Klemzig), das Sanatorium in Trzebiechów (Trebschen) und das Urlauberzentrum am Jez. Wojnowskie (Reckenwalder See).

Geschichte

Nur wenige Kilometer von der Oder entfernt entstand noch vor der Stadtgründung auf einem künstlich angelegten Hügel eine Burg. Sie wurde von schlesischen Herzögen errichtet, die damals ein größeres Gebiet vorwiegend mit Deutschen besiedelten. Um das Jahr 1250

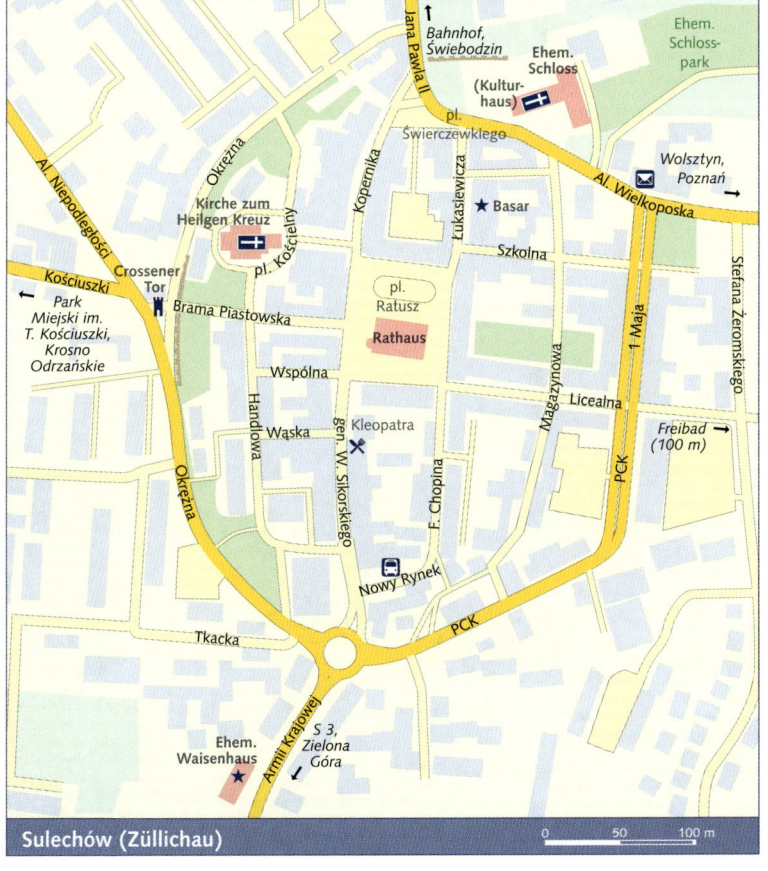

Sulechów (Züllichau)

kam eine Marktsiedlung in ovaler Form mit einem großen quadratischen Markt einschließlich Rathaus hinzu.

Erstmals urkundlich erwähnt wird Züllichau im Jahr 1319, als die Stadt im Zuge eines Gebietsaustausches vom schlesischen Herzog an den brandenburgischen Markgrafen kam. Als der Markgraf Waldemar bald darauf starb, fiel das Gebiet an Schlesien zurück und blieb ein Teil der ›Herrschaft Crossen‹ der Saganer Linie. Zum Gerichtsbezirk der Stadt gehörten damals 33 Dörfer. Nach der Beilegung des sogenannten ›Glogauer Erbstreites‹ kam Züllichau 1482 als Pfand an Brandenburg und war ab 1538 dessen fester Besitz. Die Stadt war nun dem Herrscher direkt unterstellt, dem Markgraf Johann von Küstrin. Unter ihm kam Züllichau zur Neumark und bleibt mit dieser sogar vereint, nachdem der eigenständige neumärkische Staat 1571 nach Johanns Tod wieder mit der Kurmark zusammengeführt wurde. Das Schloss wurde Sitz eines kurfürstlichen Amtes. Bereits im Mittelalter waren Vorstädte entstanden, Brände zerstören allerdings mehrmals das gesamte Zentrum. Auch der Zweite Weltkrieg hinterließ hier seine Spuren.

Im Jahr 1816 wurde Züllichau mit seinem Kreisgebiet von der Herrschaft Crossen gelöst und mit dem Land Schwiebus zu einem neuen Kreis vereinigt. Es war nun sogar dessen wichtigste Stadt. Bereits um 1700 stand Züllichau in puncto Steuerertrag an der Spitze der neumärkischen Städte, ab 1712 war es Garnisonsstadt. Allerdings ging die lange Zeit so wichtige Tuchmacherei im Ersten Weltkrieg endgültig ein. Erst 1870 erhielt die Stadt Bahnanschlüsse nach Guben (Gubin) und Poznań (Posen), 1898 entstand im nahen Tschicherzig/Odereck (Cigacice) ein Flusshafen an der Oder.

Im Jahr 1939 lebten in Züllichau knapp 10 000 Einwohner, heute sind es rund 18 500. Produziert werden hier unter anderem Textilien, Süßwaren und Wasserfiltergeräte. Wegen der guten Verkehrslage und des attraktiven Zentrums bestehen für die Wirtschaft und den Tourismus günstige Entwicklungsmöglichkeiten.

Die Schlosskirche, links sind Teile des Schlosses zu erkennen

Sehenswürdigkeiten

Das Herz der Stadt schlägt am **Marktplatz**. Rund um das Rathaus, einem burgähnlichen Verwaltungsgebäude, gruppieren sich viele Geschäfte. In einem Café-Restaurant kann man sich entspannen, und bis zum belebten **Basar** sind es nur wenige Schritte.

Vom alten **Rathaus** verblieben nach dem Umbau in der Mitte des 19. Jahrhunderts nur wenige Stilelemente an der Turmhaube. Ganz in der Kunstrichtung der Zeit entstand ein großer quadratischer Zweckbau, der seit der 1973 beendeten Restaurierung dennoch mit seiner Balustrade, dem hellen Farbanstrich und einigen Schmuckelementen beeindruckend wirkt. An der Turmfront ist seit 1958 eine Gedenktafel mit Gedichtzeilen des polnischen Autors Cyprian Kamil Norwid (1821–1883) über den berühmten polnischen Komponisten Frédéric Chopin mit dessen Portrait und Lebensdaten angebracht. Sie erinnert daran, dass der junge Chopin im Herbst 1828 während einer Postkutschenreise von Paris nach Warschau in einer Herberge in Sulechów übernachtete oder zumindest einen Zwischenaufenthalt machte. Die Rückseite des Gebäudes ziert der **Löwenbrunnen** mit der Inschrift ›A. D. 1904‹. Auch das Stadtwappen, das den sagenumwobenen Riesen Schreck in der Gestalt eines Landsknechtes zwischen zwei Türmen stehend darstellt, findet man am Rathaus vor. Wochentags ist das Gebäude für das Publikum offen.

Ganz in der Nähe des Marktes befindet sich die mächtige **Kirche zum heiligen Kreuz**, die frühere Stadtpfarrkirche. Der Backsteinbau aus der Mitte des 16. Jahrhunderts weist noch einige Feldsteinreste der Vorgängerkirche auf, die ausgebrannt war und in der im Jahr 1527 die erste evangelische Predigt auf brandenburgischem Boden gehalten wurde. Die dreischiffige Halle einschließlich Innenausstattung ist sehenswert. Das **Pfarramt** befindet sich gleich nebenan auf dem ansehnlichen Grundstück der einstigen Superintendantur.

Das **Crossener Tor** (Brama Krośniańska) hieß früher auch Neues Tor und verdankt seine ansehnliche, reichverzierte Form einer barocken Umgestaltung aus der Zeit um 1700. Alle anderen Stadttore wurden beseitigt, und von der mittelalterlichen **Stadtummauerung** sind lediglich hier im Westteil und im Norden noch Reste vorhanden.

Folgt man vom Tor der Aleja Niepodległości stadtauswärts, liegt rechter Hand bald eine Parkanlage. Hinter einem der Häuser liegt der 1993 eingeweihte **Gedenkstein** zur Erinnerung an die vor 1945 verstorbenen deutschen Einwohner, nicht zufällig an diesem Ort: hier erstreckte sich früher ein Friedhof.

Behält man die Richtung bei, gelangt man schließlich zum **Bahnhof**. Die noch heute ansehnliche Bahnhofsanlage zeugt davon, dass man Züllichau früher aus mehreren Richtungen mit dem Zug erreichen konnte. Da die Stadt jedoch an Nebenstrecken liegt, wird diese Möglichkeit immer stärker eingeschränkt. In jüngerer Zeit hat sich hier nach und nach viel Industrie und Gewerbe angesiedelt. Östlich vom hübsch angelegten Bahnhofsvorplatz kommt man über eine belebte Straße zu einem Kasernenviertel, wo der ›sagenhafte‹ **Riesenstein** des Riesen Schreck, der ihm zuvor im Schuh gedrückt haben soll, an einer Straßengabelung liegen geblieben ist. In Gegenrichtung gelangt man zur Niederung des einstigen Stadtgrabens, dem die Polen die Bezeichnung Sulechówka gegeben haben.

Vom Marktplatz erreicht man über die M. Kopernika den früheren Schlosskomplex. Neben der Stadtmauer steht noch

Eine Führung in der schönen Kirche zum Heiligen Kreuz

die **Schlosskirche**. Sie wurde restauriert und wird heute kulturell genutzt. Um die Kirche herum kommt man in den **Park** und zum dreistöckigen eklektizistischen **Schlossgebäude** aus dem 18. Jahrhundert, in dem heute eine Medien-Werkstatt, Proberäume für Tanzgruppen, Chöre, Orchester sowie im Parterre das Regionalmuseum untergebracht sind. Wunderschön ist der Schlosspark mit altem Baumbestand. Weiter an der Straße folgt der imposante Bau des **Postamtes**, der um 1900 entstand.

Südöstlich vom Marktplatz liegt die **Marienkirche** aus dem Ende des 19. Jahrhunderts und nicht weit entfernt davon die **zentrale Bushaltestelle**. Gleich nebenan hatte sich einst der Neue Markt, jetzt Nowy Rynek, etabliert.

In der Nähe, entlang der Straße in Richtung Zielona Góra (Grünberg), wurden in deutscher und polnischer Zeit Wohn- und Gewerbesiedlungen angelegt. Außerdem entstand hier 1719 ein berühmt gewordenes **Waisenhaus** und **Pädagogium**. Die Internats- und Lehrgebäude sind erhalten geblieben und dienen noch heute pädagogischen Zwecken. Im Klassengebäude ist die Aula mit farbig beschrifteten Fenstern und Erinnerungsstücken an den Aufenthalt von Chopin sehenswert. Seit 1994 befindet sich eine **Gedenktafel** für den Waisenhausgründer Siegmund Steinbart (1677–1739) im Haus. Etwas weiter stadtauswärts steht die Kirche **Stanislaw Kostka** (Neu-Kirche) aus dem Jahr 1905.

Die Umgebung

In der Umgebung finden sich eine Reihe von Sehenswürdigkeiten, teils liegen sie schon – historisch betrachtet – auf schlesischem Gebiet.

■ Klępsk (Klemzig)

Nur wenige Kilometer östlich von Sulechów, in Klępsk (Klemzig), befindet sich ein wertvolles Kunstdenkmal, ein außerordentlicher Schatz der sakralen Architektur: Eine **Fachwerkkirche** aus der späten Renaissance mit Holzturm und einzigartiger Innenausstattung. Sie gilt als eine der wenigen überhaupt vor-

Die Umgebung 227

handenen Bilderkirchen, in denen die biblischen Geschichten einst durch die Aneinanderreihung von Gemälden entlang der Emporen, an der Decke und an der Kanzel vermittelt wurden. Die insgesamt 117 Darstellungen entstanden ab 1610. Heute fühlt man sich wie in ein herrliches Kunstmuseum versetzt. Die Kirche war ab 1576 ein protestantisches Gotteshaus. An der Kanzel steht daher eine Skulptur des Reformators Martin Luther. Den gotischen Altar hat man 1610 renoviert, wobei das katholische Triptychon nicht angetastet wurde. Wenn die von außen eher unscheinbare Kirche geschlossen ist, wählt man die Telefonnummer, die am Eingang ausgehängt ist.

Aus Klemzig wanderten 1838 zahlreiche Einwohner mit ihrem Pfarrer aus Glaubensgründen aus. Sie gründeten in Australien bei Adelaide ein neues Klemzig und wurden somit Pioniere der deutschen Australien-Auswandererbewegung. Jedes Jahr wird dieses historische Ereignis nachgespielt.

Noch etwas weiter östlich, am langgestreckten See von **Wojnowo** (Reckenwalde), hat sich ein Erholungszentrum mit mehreren Urlauberobjekten entwickelt. Das hübsche neubarocke **Schloss** ist heute ein Sanatorium. In ihm ist der spätere Prinz Bernhard der Niederlande (1911–2004) aufgewachsen. Auf dem Gutshof befinden sich noch einige stattliche Wirtschaftsgebäude.

■ Zielona Góra (Grünberg)

Bis Zielona Góra (Grünberg, Schlesien) sind es von Sulechów nur knapp 20 Kilometer. Diese Stadt mit ihren knapp

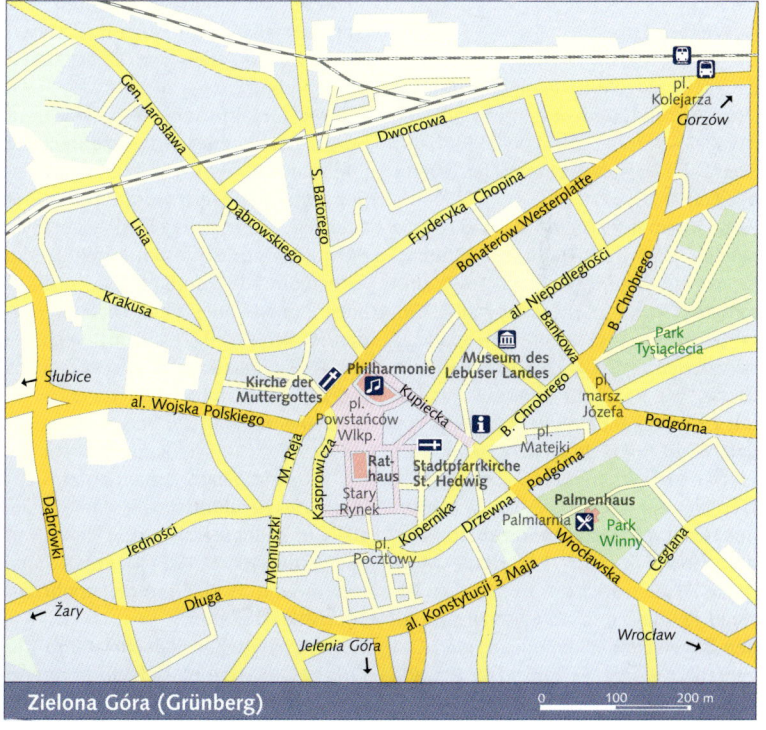

Zielona Góra (Grünberg)

120 000 Einwohnern bietet viele Möglichkeiten für Einkäufe und Kulturerlebnisse, für Unterhaltung und Entspannung. Besonderer Anziehungspunkt ist neben zahlreichen architektonischen Sehenswürdigkeiten der **Palmengarten** auf einem Stadthügel, auf dem mittlerweile wieder wie zu deutscher Zeit Wein angebaut wird. Die jahrhundertelange Weintradition des Ortes wurde in den letzten Jahren grundlegend reaktiviert. Es entstanden inzwischen mehrere Weingüter in der näheren Umgebung.

Sehr schön ist ein Bummel rund um das hübsche **Rathaus** und durch die **Fußgängerzone** mit ihren vielen Geschäften, Restaurants und Cafés sowie zwei Kirchen. Es gibt zahlreiche Hotels, mannigfaltige Kultureinrichtungen, darunter die 2004 feierlich eröffnete Philharmonie.

■ Weitere Orte und Naturschönheiten

Ungefähr 20 Kilometer sind es von Sulechów nach **Kargowa** (Unruhstadt), einer Kleinstadt mit attraktivem Rathaus, zwei Kirchen sowie einem Herrenhaus mit Parkanlage.

Zwölf Kilometer nördlich davon liegt die einstige Kreisstadt **Babimost** (Bomst). Sie ist etwas größer als Kargowa und schmiegt sich an das Tal der Faulen Obra. Sehenswert ist neben dem spätklassizistischen Rathaus die barocke Pfarrkirche St. Lorenz. Ihr Altar aus der Zeit um 1500 stammt aus der Pfarrkirche von Sulechów. Auch ein kleines Heimatmuseum ist besuchenswert.

Nördlich der Stadt befinden sich nicht nur zwei **Waldnaturschutzgebiete**, sondern auch das Dorf **Podmokle Małe** (Klein Posenbrück), das früher Klein Posemuckel hieß und als Synonym für einen abgelegenen, unbedeutenden Ort gebraucht wurde. Es fand sogar Eingang in den Duden.

Südlich von Sulechów sind es – vorbei an den Bergen Wiatraki (Windmühlenberge) – nur wenige Kilometer bis zur Odra (Oder), die hier ihren Lauf von bisher nördlich auf westlich ändert. Bei Cigacice (Tschicherzig/Odereck) führen zwei Brücken über den Fluss und in das früher zu Schlesien gehörende Gebiet.

Die Ortsnamen **Górki Małe** (Unterweinberge) und **Górzykowo** (Oberweinberge) erinnern daran, dass einst an den Südhängen Weinanbau betrieben wurde. Mittlerweile hat man diese alte Tradition wiederbelebt. Es entstanden einige neue Weingüter, so etwa das Weingut ›Cantina‹ in Mozów in Richtung Krosno und das Weingut ›Stara Winna Gora‹ in Górzykowo, wo tatsächlich ein edler Riesling wächst. Von den Höhen herab bieten sich schöne Weitsichten. Entlang des jenseitigen Flussufers ziehen sich liebliche Auen- und Wiesenlandschaften hin.

Letzter Ort im seinerzeit brandenburgischen Gebiet war **Trzebiechów** (Trebschen/Friedrichshuld). Im äußersten Zipfel der Mark wurde 1674 eine Grenzkirche für evangelische Glaubensflüchtlinge aus Schlesien errichtet, die jedoch um 1840 durch ein Gotteshaus nach Plänen von Schinkel ersetzt worden ist. Von 1707 bis 1860 verfügte der Ort sogar über Stadtrechte. Das große Schloss mit verschiedenen Neo-Stilelementen und der Park zeugen von einstiger Pracht. Schlossähnlich ist auch ein 1903 als Sanatorium errichtetes Gebäude des berühmten belgischen Jugendstil- und Bauhausarchitekten Henry van der Velde (1863–1957). Dieses Sanatorium wird in Polen immer mehr zur Touristenattraktion.

Westlich zwischen Sulechów und der Oder (Odra) zieht sich vorwiegend urwüchsiger Wald hin. In **Pomorsko**

(Pommerzig) und **Brody** (Groß Blumberg) führen Fährverbindungen über den Strom. Unter Friedrich dem Großen war die bei Pomorsko gelegene Krebsmühle zu Berühmtheit gelangt. Als der durch einen adligen Nachbarn geschädigte Müller von allen Gerichten abgewiesen worden war, setzte sich schließlich der König für ihn ein und maßregelte im Gegenzug mehrere Beamte.

Nördlich der Wälder, nur etwa sieben Kilometer von Sulechów, liegt **Kije** (Kay). Zwischen diesem Dorf und Pałck (Palzig) verlor im Jahr 1759 der preußische General Wedel gegen ein größeres russisches Heer eine Schlacht und leitete damit Friedrichs verheerende Niederlage von Kunowice (Kunersdorf) ein.

Von hier über Skąpe (Skampe), das bereits im Jahr 1200 erwähnt wurde und in dem zu Beginn des 19. Jahrhunderts der Sektengründer Menzel wirkte, kommt man in den kleinen, aber idyllisch gelegenen Ort **Przetocznica** (Hammer). Hier wurde 1722 als Tochter des Gastwirtes die Dichterin Anna Luise Karsch geboren, die als ›deutsche Sappho‹ in die Literatur einging. Sie war so bekannt, dass sie sogar von Friedrich II. empfangen wurde, außerdem wechselte sie Briefe mit Goethe und Schiller.

Gut 20 Kilometer sind es von Sulechów nach Norden durch vor allem landwirtschaftlich geprägtes Gebiet bis Świebodzin. Erstes Dorf an der Straße ist **Kalsk** (Kalzig), wo man gute Übernachtungs- und Versorgungseinrichtungen vorfindet. Hier wie in den östlich und westlich davon gelegenen Dörfern Buckow (Buckow) und Niekarzyn (Nickern) machen repräsentative **Herrenhäuser** auf sich aufmerksam.

Sulechów und Umgebung

Postleitzahl: 66-100.
Vorwahl: 0048/(0)68.
Touristische Information im Schloss, www.sulechow.pl.

Die Entfernung zum Grenzübergang Guben beträgt etwa 70 und nach Frankfurt (Oder) etwa 95 Kilometer.

Der zentrale **Bushaltepunkt** befindet sich in der Straße PCK südlich der Altstadt. Taxis findet man gewöhnlich am Bahnhof sowie in der Straße Swierczewskiego, Taxi-Ruf: 3852323.

Motel Texikana (€€) in Kalsk, Tel. 3854515, www.motel.texikana.pl. Restaurant mit polnischer Küche, Parkplatz, Garten, Sauna.
Saison-Jugendherberge (€) in Babimost, ul. Zwirki i Wigury, Tel. 3512657.

Restaurant Kleopatra, ul. Sikorskiego 3b, Tel. 886389516, nahe Rathaus.
Einige weitere Restaurants, Cafés und Bars.
m
Schlossbesichtigungen: Mo–Fr 10–19, Sa 10–17 Uhr.
Regionalmuseum im Schloss.
Kunstausstellungen in der **Galerie 24**, Plac Ratuszowy 6, Tel. 3855886.
Kulturhaus in restaurierter Kirche, Aleja Wielkopolska 3.
Regionalmuseum in Babimost, Plac Powstańców Wielkopolskich 9, Tel. 3512069.
Archäologisches Museum in 660-08 Świdnica, ul. Długa 27, Tel. 3273113.
Ethnografisches Freilichtmuseum in 660-06 Ochla, ul. Muzealna 5, Tel. 3211591.
Lebuser Landesmuseum in 650-48 Zielona Góra, Aleja Niepodległości 15, Tel. 3272345, www.zgora.pl/muzeum.
Lebuser Militärmuseum in 660-14 Drzonów 54, Tel. 3211856.

Mit Gemälden ausgestattete **Kirche** in Klępsk.

Zelten, Baden und Angeln in Wojnowo.

Reiterhof in Babimost, Młynisko 1, Tel. 3512688.

Wanderwege nach Klepsk und nach Cigacice, das an der Oder liegt.

Freibad an der ul. Licealna.

Krosno Odrzańskie (Crossen)

An der Mündung des Bóbr (Bober) in die Odra (Oder) liegt an den Hängen ehemaliger Weinberge die geschichtsträchtige Stadt Krosno (Crossen). Mit ihr sind Namen wie die heilige Hedwig, Friedrich der Große und auch Klabund eng verbunden. Obwohl im Zentrum nach dem Krieg außer der prächtigen Marienkirche wenig alte Bausubstanz erhalten geblieben ist, findet man dennoch einige romantische Winkel und Promenaden. In der näheren Umgebung liegen mehrere Urlaubszentren und bei Dychów (Deichow) ein imponierender Stausee mit Kraftwerk

Geschichte

Eine uralte Handelsstraße, die von Schlesien an die Ostsee führte, überquerte bei Krosno die Oder. Hier entstand nach der Zeit der germanischen Besiedlung neben einem slawischen Fischerdorf eine polnische Burg. Der Ortsname könnte vom slawischen ›gorod‹ für einen eingefassten Raum oder Kreis abgeleitet sein.

Krosno (Crossen) wurde 1005 erstmals urkundlich erwähnt, als hier der deutsche König und spätere Kaiser Heinrich II. auf den polnischen Herzog Bolesław traf. Die städtische Anlage entstand aber erst im 13. Jahrhundert, woran

Die Reste des früheren Schlosses

Krosno Odrzańskie

auch viele deutsche Zuwanderer beteiligt waren. Nach 1150 kam das Gebiet um Krosno an das von einem Piastenzweig begründete Herzogtum Schlesien und wurde Sitz eines Kastellans. Als eigenständiges Fürstentum wurde es mehrmals an fremde Machthaber verpfändet und kam schließlich durch Einheirat einer Kurfürstentochter 1482 an Brandenburg. Die Herrscher trugen nun den zusätzlichen Titel ›Herzog in Schlesien zu Crossen‹ und nahmen den schlesischen Adler in ihr Wappen auf. 1535 erfolgte unter Markgraf Hans von Küstrin die Eingliederung in den neumärkischen Staat, man erhielt jedoch einen eigenen Landesverwalter. Ab 1815 war der Kreis Crossen dem Regierungsbezirk Frankfurt (Oder) unterstellt.

Crossen und sein Schloss sind durch die Aufenthalte der heiligen Hedwig von Schlesien bekannt. Sie kam um 1175 auf der Burg Andechs am oberbayerischen Ammersee als Tochter des Grafen Berthold VI. von Andechs zur Welt. Der Legende nach wurde sie im Alter von zwölf Jahren mit Heinrich dem Bärtigen verheiratet. Hedwig war maßgeblich am

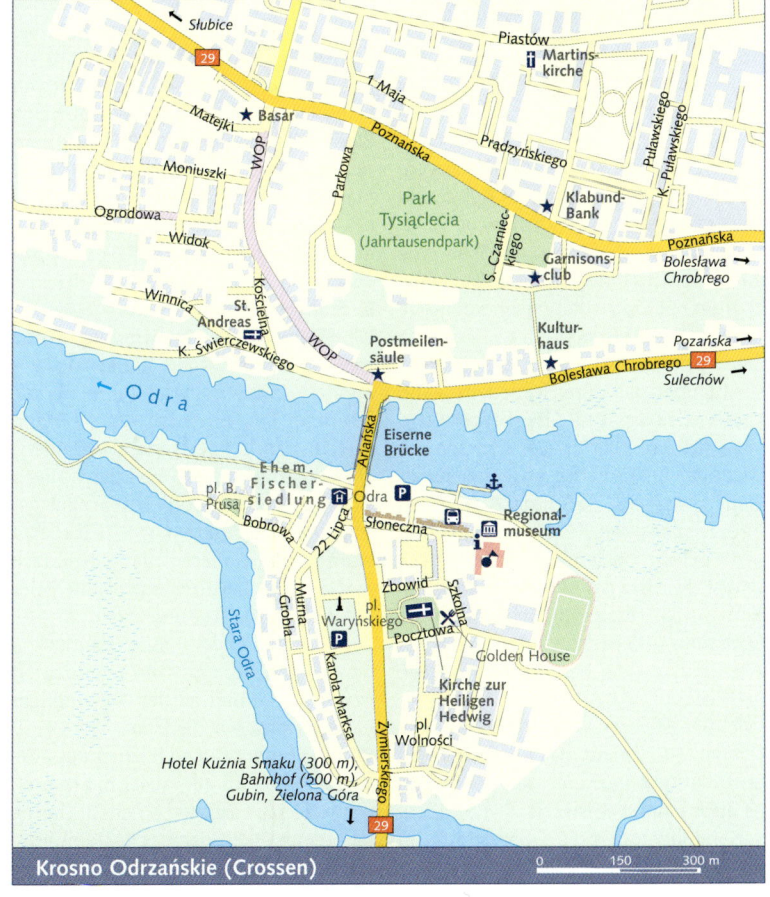

Krosno Odrzańskie (Crossen)

232 Krosno Odrzańskie

Das Denkmal für Klabund

Zuzug deutscher Siedler nach Schlesien, an der Etablierung deutscher Kultur und an der Entstehung von Klöstern beteiligt. Heinrich I. von Schlesien, ihr Mann, regierte ab 1201 sein selbständiges Herzogtum mit loser Bindung zum deutschrömischen Kaiserreich.

Eine seiner Aufgaben war es, die Herrschaft über das dünn besiedelte Land Lebus – das spätere Sternberger Land – zu sichern. Hierfür war Crossen ein wichtiger militärischer Ausgangspunkt. Hedwig zog sich 1238, nach dem Tod ihres Mannes, mit Familie und Hofstaat in die sichere Wasserburg Crossen zurück und starb 1243 im Kloster Trebnitz bei Breslau. Sie gilt als die Schutzpatronin Schlesiens und ist trotz ihrer deutschen Abstammung die herausragende Heilige Polens.

Wichtige Erwerbszweige der Bürger waren der Weinanbau, das Brauereiwesen und die Tuchmacherei, seit 1911 gab es auch eine Schiffswerft. Die Straßenverbindungen und die Oder sind bis in die Gegenwart wichtige Handelswege, wogegen der Bahnanschluss an eine Nebenstrecke nur untergeordnete Bedeutung hat.

Crossen entwickelte sich vor dem Ersten Weltkrieg zu einem Verwaltungszentrum mit größerer Garnison und hatte 1939 fast 11 000 Einwohner, heute sind es rund 12 000. Im Kriegsjahr 1945 wurde die Altstadt fast vollständig zerstört. Die Kosten für den Wiederaufbau erwiesen sich damals als zu hoch, und so wurde nach dem Krieg das neue Stadtzentrum in den nördlichen ›oberen‹ Teil von Krosno verlegt. Seit 1999 besitzt Krosno den Status einer Kreisstadt.

Sehenswürdigkeiten

Mit dem Auto anreisende Besucher parken am besten auf dem großen freien Platz südlich der Altstadt. Hier erhebt sich seit 1969 ein monumentales **Denkmal**, das an die Rückkehr der Stadt in ihren ›angestammten‹ Herrschaftsbereich im Jahr 1945 erinnern soll.

■ Frühere Altstadt

Die **Kirche der heiligen Hedwig** wurde als Marienkirche während des 14. Jahrhunderts in spätgotischer Form als dreischiffiger Bau errichtet, aber Anfang des 18. Jahrhunderts stark verändert. Ein Vorgängerbau soll von der heiligen Hedwig gestiftet worden sein. Bei der letzten Restaurierung von 1992 bis 1994 wurde unter anderem das Ziegeldach durch Kupferblech ersetzt. Neben der prächtigen Ausstattung mit dem großen Jesus-Altarbild und der schmucken Kanzel sind die barocken Grabplatten in der Kirche und an der Außenmauer kulturhistorisch bedeutsam.

Rechts von der Kirche blieben aus älterer Zeit noch **Bürgerhäuser** mit hübsch restaurierten Fassaden erhalten. Darunter befindet sich auch das Postamt. Hinter der Kirche steht das alte Crossener

Schulgebäude, links neben der Schule ist mit dem sanierten Torturm nur ein kleiner Teil des alten Piastenschlosses erhalten geblieben. Hier waren bereits im 13. Jahrhundert der schlesische Herzog Heinrich der Bärtige und seine Frau, die heilige Hedwig, gern zu Gast. Seit 1571 verlebten hier mehrere brandenburgische Herrschergattinnen ihr Witwendasein. Über einen Gewerbehof oder durch Gärten gelangt man zu den Ruinen des **Schlosses**, das trotz Umgestaltung in der Barockzeit auch ältere Stilelemente aufweist. Im Torturm befindet sich das Kunst- und Kulturzentrum mit einer Kunstgalerie und einem **Regionalmuseum**. Die umfangreiche Sammlung von Vorkriegsexponaten aus Crossener Zeit ist seit 2008 wieder hier ausgestellt: im Weinkeller des ehemaligen Schlosses, im Lapidarium, im mittelalterlichen und im Renaissance-Gemach sowie im Innenhof. Zu sehen sind aber auch mittelalterliche Ritterrüstungen, Helme und Kostüme. Sehenswert sind die wechselnden Kunstausstellungen. Eine kleine Schau ist dem gebürtigen Crossener Schriftsteller Klabund gewidmet. Darüber hinaus finden regelmäßig Kulturfestivals und Ritterturniere zu Ehren der Heiligen Hedwig statt.

Zwischen der Hedwigskirche, dem Schloss und der Oder mit dem Fischerkietz lag bis zu ihrer weitgehenden Zerstörung 1945 die Altstadt, auch ›untere‹ Stadt genannt. Sie entstand im 13. Jahrhundert während der Regierungszeit von Heinrich dem Bärtigen. An der ul. Słoneczna ziehen sich **Reste der Stadtmauer** aus dem 13. und 14. Jahrhundert in unterschiedlicher Höhe hin.

Gegenüber dem zentralen Busbahnhof kommt man über die neu angelegte **Promenade** zur Anlegestelle von Fahrgastschiffen, die seit 2014 regelmäßig auf der Oder verkehren; Autofahrer können dort auch parken. Benannt hat man diesen kleinen Boulevard nach Papst Johannes Paul II., an den hier ein stets mit Blumen geschmückter **Gedenkstein** erinnert. Ein weiterer **Gedenkstein** trägt als Inschrift die Jahreszahl 1005 und erinnert so an das Jahr, in dem Heinrich II. auf den polnischen Herzog Bolesław stieß.

Vor Hotel und Geschäftszeile an der Hauptverkehrsstraße stehen stets Taxis für Gäste bereit, die weiter entfernte Stadtteile bequem und schnell erreichen möchten, denn der Bahnhof im Süden liegt ebenso abseits wie die Wohnsiedlungen nördlich des Flusses. Hinter den

Diese Brücke über die Oder verbindet die beiden Stadtteile

Die Andreaskirche

Geschäften liegt die einstige **Fischersiedlung**, in der noch einige Häuser aus dem 18. Jahrhundert für eine fast anheimelnde Atmosphäre sorgen. Von hier aus lohnt sich ein Abstecher über den früheren Stadtgraben in die Wiesenlandschaft bis zur Mündung des Bóbr (Bober) in die Odra (Oder).

■ **Die Stadtviertel nördlich der Oder**
Die **Eiserne Brücke** über die Oder ist genau 163,5 Meter lang und ein Meisterwerk stählerner Architektur. Sie wurde 1905 errichtet und blieb mit ihren schönen Spitzbögen und obeliskenartigen Laternen original erhalten. Der stählerne Riese ist zudem weit und breit die einzige Brücke, die über die Oder führt. Wenn man nach dem Überschreiten der Brücke nach links läuft, befindet man sich in einer **Fußgängerzone**, der Autoverkehr wurde verlegt. Einst war hier wegen des günstigen Oderüberganges die Kreuzung von wichtigen Handels- und Heerstraßen. Diese einstige Bedeutung wird mit einer **Postmeilensäule** ins Gedächtnis gerufen. Auf dieser Oderseite erhebt sich auf dem Hang die 1827 fertiggestellte **St. Andreaskirche**. Sie entstand nach Plänen von Karl Friedrich Schinkel im Stil der Neugotik. Hier, am früheren Bischofsgarten, bestand einst ein geistliches Zentrum mit einem älteren Gotteshaus. Dort stehen außerdem teilweise sehr ansehnliche Villen.
Geradeaus führen recht steile Stufen zur höheren Stadtlage. Oben erstreckt sich auf dem Gelände des alten Friedhofs ein großer Park, **Jahrtausendpark** genannt. Am Hang hat man von einigen Bänken aus einen wundervollen Panoramablick auf die Oderniederung und die Stadt. Weiter bergan, vorbei an Geschäften, Wohn- und Verwaltungsgebäuden, kommt man zum **Basar**.
Dort stößt man wieder auf die Hauptverkehrsstraße, an der links ein Restaurant und Kasernen und rechts eine Geschäftsstraße folgen. Rundherum wurden viele Neubauten errichtet, und das Leben in dieser Neustadt pulsiert weit stärker als in der Unterstadt. Daneben, in der ul. Piastów, steht die **Kirche zum heiligen Martin**.

An der ul. Poznańska hat die Stadt mittlerweile ihrem vielleicht berühmtesten Sohn zu Ehren eine Ruhebank aufgestellt: Da sitzt der 1890 in Crossen geborene Dichter Klabund, aufmerksam in einem Buch lesend, als bronzene **Skulptur**. In mehreren seiner Werke hat er seine Heimatstadt und deren Umgebung beschrieben. Klabund ist das Pseudonym von Alfred Henschke. Vermutet wurde, Klabund wäre aus den Wörtern ›Klabautermann‹ und ›Vagabund‹ zusammengesetzt, aber es ist wohl eher anzunehmen, dass ein Bekannter des Vaters – ein Dr. Klabund, Besitzer der Wilhelms-Apotheke in Frankfurt (Oder) – seinen Namen dafür hergeben musste. Klabund starb 1928 in Davos, die Urne mit seiner Asche wurde auf dem Crossener Friedhof beigesetzt. Dort erstreckt sich heute der Jahrtausendpark, **Park Tysiąelecia**.

Die Umgebung

Landschaftlich wird die Umgebung von Krosno durch die Flussniederungen entlang der Oder und des Bóbr (Bober) sowie durch Wälder geprägt, wobei Anhöhen, Seen und Fließe immer wieder für Abwechslung sorgen.

Nördlich der Oder ist die Straße parallel zum Strom nach Westen über Osiecznica (Güntersberg) mit der Fachwerkkirche, Maszewo (Messow) mit dem Abzweig zur Fähre in Połęcko (Pollenzig), Miłów (Mühlow), Bytomiec (Siebenbeuthen) und Rapice (Rampitz) ausgezeichnet für Radwanderer geeignet, ebenso wie die abzweigenden Nebenstraßen nach Lubogoszcz (Eichberg), Granice (Schmachtenhagen), Skarbona (Birkendorf), Korczyców (Kurtschow) und Trzebichów (Trebichow).

Auf der Straße nach Słubice kommt man an einem am See gelegenen Campingplatz und an Radomicko (Radenickel) vorbei. Als nächster Ort folgt **Gęstowice** (Tammendorf), in dem man ein historisches **Chausseehaus** und eine um das Jahr 1700 entstandene **Kirche** vorfindet. Der Signalberg nördlich des Dorfes gehört mit 128 Metern zu den höchsten Erhebungen weit und breit.

Nördlich der Stadt gelangt man über Bielów (Bielow) nach **Czetowice** (Zettitz). Die dortige spätgotische **Kirche** ist vor allem wegen zahlreicher Grabplatten aus dem 16. Jahrhundert und eines Sandsteinaltars sehenswert.

Das kleine Motel ›Red Impuls‹ bei Radnica

Über eine andere nordwärts führende Straße erreicht man **Łochowice** (Lochwitz) mit einem gut ausgestatteten Erholungszentrum am Jez. Glibiel (Tiefensee). Von hier geht es weiter nach Struga (Straube) und Bytnica (Beutnitz) und kurz darauf links ab nach Drzewica (Drewitz) und Budachów (Baudach) oder geradeaus nach **Gryżyna** (Griesel), wo man ein altes **Mausoleum** im Park besuchen kann. Hier kann man in weiten Forsten und an reinen Gewässern einen ruhigen Urlaub verbringen. Eine mögliche Radtour führt beispielsweise entlang des Flüsschens Gryżynka (Griesel) zum glasklaren Jez. Gryżyńskie (Kalksee) und weiter in den interessanten Ort **Grabin** (Krämersborn) mit **Fachwerkkirche** und hübsch restauriertem **Herrenhaus**, das als Hotel umgestaltet wurde.

Südlich davon stößt man bei **Szklarka Radnica** (Rädnitzer Hüttenwerke) auf die Straße, die von Krosno über Sycowice (Leitersdorf) nach Świebodzin führt. Einst bestand hier ein bedeutender Glashüttenbetrieb, in dem bis zu 250 böhmische Glasbläser beschäftigt waren. Wer hier eine Weile bleiben und die idyllische Seenlandschaft erwandern möchte, findet ein schmuckes Restaurant mit Gästezimmern vor. Südlich zweigt eine Straße ab, die immer in Odernähe über Będów (Bindow) und Nietkowice (Straßburg) nach Sulechów (Züllichau) führt.

Zurück nach Krosno nimmt man die Straße über Radnica (Rädnitz) und weiter direkt in die Stadt, oder man macht noch einen kleinen Abstecher in das hügelige Gelände bei Gostchorze (Goskar) und Chyże (Hundsbelle). Auf dieser Seite der Oder wurde einst Wein angebaut. Südlich des Stromes sind vor allem der Flusslauf des Bóbr und der über 20 Kilometer lange **Kanał Dychowski** (Werkkanal) mit seinen zahlreichen technischen Anlagen beeindruckend. Am **Stausee**, nahe des 1936 vollendeten Wasserkraftwerkes von **Dychów** (Deichow), befindet sich ein kleines attraktives Hotel. Von hier aus führt die Straße weiter nach **Bobrowice** (Bobersberg). Der Ort hatte im Jahr 1809 Stadtrechte erhalten, blieb aber mit weniger als 1300 Einwohnern immer eine kleinere Ansiedlung. Die neogotische **Kirche** entstand von 1853 bis 1857 nach Entwürfen von Friedrich August Stüler.

Bei Barłogi (Berloge) kann man wieder auf die andere Seite des Kanals gelangen. Östlich führt eine Brücke über den Bóbr und weiter über **Kukadło** (Kuckädel), dem Geburtsort des Sanssouci-Architekten und Malers Georg Wenzeslaus Knobelsdorff. Über das Dorf Kosierz (Kossar) kommt man zu einem Campingplatz am Jez. Wielkie (Gersdorfer See) bei Dąbie (Gersdorf) und nach Brzeźnica (Briesnitz).

Südwestlich von Dychów entwickelte sich in und um **Bronków** (Bronkow) zwischen mehreren Seen und bewaldeten Höhen, die über 100 Meter erreichen, ein Urlauberparadies für Angler, Wassersportler und Wanderfreunde. Reiterhöfe bieten ihre Dienste an, und es gibt gute Übernachtungsmöglichkeiten. Quartier findet man überdies in einem Hotel in Brzózka (Braschen). Es liegt an der Fernverkehrsstraße von Krosno nach Gubin, die durch weite Wälder führt.

Etwas weiter nördlich, unweit des Stausees, liegen Nowy Raduszec und Stary Raduszec (Neu und Alt Rehfeld). Fährt man von hier aus westwärts, so fällt die stärkere landwirtschaftliche Nutzung entlang der fruchtbaren Oderniederung auf. In dieser idyllischen Gegend liegen die Dörfer Strumienno (Pfeifenhahn), Retno (Sorge), Sarbia (Münchsdorf) und Czarnowo (Neuendorf) sowie etwas abseits Wężyska (Merzwiese).

Krosno und Umgebung

Postleitzahl: 66-600.
Vorwahl: 0048/(0)68.
Touristische Information im Schloss, www.um.krosno-odrz.pl.

Die Entfernung vom Grenzübergang Guben beträgt etwa 30 und von Frankfurt (Oder) etwa 55 Kilometer.

Der **Bahnhof** liegt an der Strecke Gubin–Zielona Góra.

Der **Bushaltepunkt** befindet sich an der ul. Ariańska neben der Hauptkirche. Direkt gegenüber stehen Taxis. Schnelle Busverbindungen u.a. nach Frankfurt (Oder).

Hotel Odra (€–€€), ul. Grobla 27 (an der Oderbrücke), Tel. 3835032, www.hotelodra.pl. Mit Restaurant.
Hotel Kuźnia Smaku (€€), ul. Boh. Woj ska Polskiego 42, Tel. 691407070, www.kuzniasmaku.pl. Restaurant mit guter regionaler Küche.
Restaurant & Pub Golden House, ul. Pocztowa 19, Tel. 605888866, www.gh8.pl. Gute Fleisch- und Fischgerichte, mit Musik-Club.
Mehrere kleine Restaurants, Cafés und Bars.
▶ Außerhalb der Stadt:
Hotel Pensjonat Dychów (€€), 66-626 Dychów, Tel. 3835341, www.dychow.hotel.pl.
Motel Red Impuls, Radnica. Restaurant.
Pension Gryżyna (€), 66-630 Gryżyna 51, Tel. 0048683915094.
Erholungszentrum Country, 66-626 Bronków 71 a, Tel. 3913185, www.centrum-celina.zgora.pl.
Fischereibetrieb Karp mit Zimmern (€), 66-600 Osiecznica, ul. Krośnieńska 2, Tel. 3835127.
Straußenfarm mit Quartieren (€), 66-600 Dąbki 6 B, Tel. 3839972. Verkauf von Eiern, Fleisch- und Wurstwaren sowie Lederartikeln.

Zentrum für Kunst und Kultur Zamek mit historischen Themen und die Galerie ›Kreuzgänge‹, ul. Szkolna 1 (im ehemaligen Schloss), Tel. 3838994, www.cakzamek.pl, Mai-Sept. Di–Fr 11–18, Sa/So 13–18 Uhr, sonst Di–Fr 10–17, Sa/So 12–17 Uhr. Eintritt nur mit Führung.
Ausstellungsgalerie in der Straußenfarm in Kamień, Tel. 3836860.

Piroggenfest, jährlich im Juni mit früheren deutschen Bewohnern.
Stadtfest, vier Tage über Pfingsten.
Ritterturnier um den Ring der Heiligen Hedwig von Schlesien mit Mittelaltermarkt, Handwerk zum Ausprobieren und großem Ritterlager, Mitte Sept.
Jazzfestival Lubuskie Zaduszki Jazzowe, November.

Das Fahrgastschiff ›Zefir‹ startet regelmäßig zu Rundfahrten. Fahrpläne der Fahrgastschifffahrt: www.oder2015.de.

Reiterhof Rancho mit Quartieren (€), 66-630 Gryżyna 22, Tel. 3915020.

Möglichkeiten zum Zelten, Angeln und Baden an den Gewässern der Erholungszentren.

Wanderstrecke Krosno Odrz.–Bielów–Struga–Bahnhof Bytnica–Głebokie–Szklarka Radnicka (ca. 26 km).

Żary (Sorau)

Żary (Sorau) liegt im äußersten Südwesten der früheren Provinz Brandenburg. Von ihren heutigen Tourismus-Vermarktern wird sie als ›Hauptstadt der polnischen Lausitz‹ bezeichnet. Wegen der vielen Hotels und des pulsierenden Geschäftslebens bietet es sich an, hier Station bei Fahrten nach Schlesien zu machen. Zwei Schlösser, mehrere Kirchen, alte Stadtbefestigungen, das Rathaus und schöne Bürgerhäuser lohnen eine Besichtigung. Südlich der Stadt schließt sich ein hügeliges Waldgebiet mit Wanderwegen und Aussichtspunkten an, die bis zu 227 Meter über dem Meeresspiegel liegen.

Geschichte

Die Anfänge der Stadt hängen mit einer slawischen Burg zusammen. Der Lausitzer ›Gau Zara‹ wird im Jahr 1008 erwähnt. Um das Jahr 1260 wurde Sorau das Magdeburger Stadtrecht verliehen, 1274 gründeten Franziskanermönche ein Kloster. Sorau lag verkehrsgünstig am Schnittpunkt der Handelsstraßen von Görlitz nach Frankfurt (Oder) und von Magdeburg nach Schlesien und nach Polen. Die letztgenannte war damals als ›Salzstraße‹ von besonderer Bedeutung. Die Stadt war lange Zeit im Besitz von Adelsfamilien. 1552 fiel sie an König Ferdinand von Böhmen, der sie aber be-

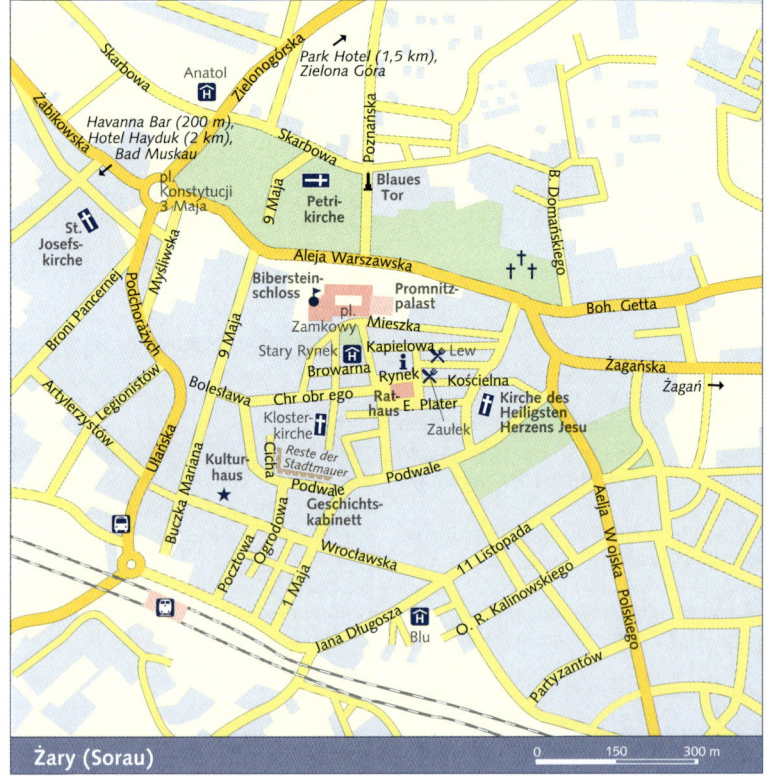

Nach wie vor warten die beiden Schlösser auf ihre Restaurierung

reits vier Jahre später an den Breslauer Bischof verkaufte. 1765 ging sie an den sächsischen Kurfürsten über. Nach dem Wiener Kongress 1815 erhielt Preußen die Niederlausitz und damit auch Sorau, das aber weiterhin unter königlicher Standesherrschaft stand.

Es bildete sich auch eine starke Bürgerschaft heraus. Neben der Landwirtschaft spielt von alters her das Handwerk eine bedeutende Rolle, vor allem die Tuchmacherei. Nach dem Anschluss an wichtige Eisenbahnstrecken ab 1846 siedelten sich zahlreiche Industriebetriebe an, so dass die Einwohnerzahl um 1925 über 18 000 lag.

Auch auf den Gebieten der Religion, der Kultur und des Bildungswesens war die Stadt schon immer bestimmend für die Region. Hier residierten ein Erzpriester und später ein Superintendent, und hier bestand seit dem Jahr 1500 eine Lateinschule, aus der das berühmte Athenaeum Soranum hervorging. Der Komponist Georg Philipp Telemann wirkte um 1705 als Kapellmeister in der Stadt. Ein Geschichtsverein gründete sich 1888, 1892 wurde ein Museum eingeweiht. Christian Morgenstern (1871–1914), Autor der ›Galgenlieder‹ und des ›Palmström‹, besucht zwei Jahre das Sorauer Gymnasium und macht hier seine Abschlussprüfung.

Ein Luftangriff legt 1944 einen Teil der Stadt in Schutt und Asche, hatte aber vor allem die Focke-Wulf-Flugzeugwerke zum Ziel. Nachdem die Stadt unter polnische Verwaltung gekommen war, hieß sie zunächst Sóraw, wurde aber dann nochmals umgetauft. In der gegenwärtigen Industrie- und Verwaltungsmetropole – unter anderem gibt es hier ein Spanplattenwerk –, seit 1999 wieder Kreisstadt, wird viel Wert auf die Hervorhebung geschichtlicher Traditionen gelegt. Heute hat die Stadt etwa 40 000 Einwohner.

Sehenswürdigkeiten

Wenn man mit dem Zug oder dem Bus in Żary eintrifft, führt der Spaziergang entweder auf der belebten ul. Ułańska oder parallel dazu auf der ul. Buczka Mariana auf das Zentrum zu. Wo diese Straßen auf die Boleslawa Chrobrego stoßen, biegt man rechts ab. Nun befindet man sich in einer längeren Fußgängerzone mit vielen Geschäften, Imbissmöglichkeiten und einer Galerie.

Rechter Hand führt eine Gasse entlang der restaurierten, hohen **Stadtmauer** mit überdachtem Wehrgang sowie Treppenaufgängen in die typische Atmosphäre einer mittelalterlichen Stadt. In der Geschäftsstraße selbst fällt in der Fassadenfront mit alten bürgerlichen Wohn- und Geschäftshäusern vor allem die Nummer 35 auf, denn das barocke Gebäude enthält noch stilistische Relikte aus der Zeit der Renaissance.

Die Straße führt direkt auf den rechteckigen **Marktplatz** und auf das **Rathaus** zu. Dieser repräsentative Bau entstand Ende des 18. Jahrhunderts im Barockstil, nachdem das alte Rathaus abgebrannt war. Reste aus der Renaissance besitzt das hübsche Eingangsportal mit einem 1925 restaurierten Mosaik. Auch ein Blick in die Flure ist lohnenswert.

Mehrere Häuser am Markt verfügen über schöne, meist barocke Fassaden. Dazu zählen beispielsweise die Nummer 12, eine ehemalige Gaststätte, oder die Nummer 17, das frühere Postamt. An der Nordostecke des Platzes (ul. Osadników Wojskowych 52/53) steht ein originales Renaissancegebäude mit dem charakteristischen Löwen an der Fassade, die ehemalige **Apotheke Zum goldenen Löwen**. Sie gehörte im 18. und 19. Jahrhundert der bekannten deutschen Unternehmerfamilie Oetker. Das Erdgeschoss beherbergt das noble Restaurant ›Lew‹. Originell ist ein paar Schritte entfernt der **Brunnen** mit dem Lindwurm auf seiner Überdachung. Er erinnert an den heiligen Georg, der die Niederlausitzer von dem sie peinigenden Drachen befreite. Neben dem Rathaus hat man vor einigen Jahren den in Bronze gegossenen Komponisten Georg Philipp Telemann (1681–1767) auf eine Ruhebank gesetzt, auf einer Geige fidelnd. Der berühmte Musiker kam um 1705 aus Leipzig nach Sorau, wo er die Stelle des Kapellmeisters am Hofe des Grafen Erdmann II. von Promnitz angenommen hatte.

Nur wenige Schritte sind es bis zum Komplex der zwei nebeneinander erbauten Paläste. Sie werden seit etwa 1950 leider nicht mehr genutzt, konnten aber wenigstens vor dem völligen Zusammenbruch bewahrt werden. Eine Restaurierung durch private Investoren wird immer wieder in Aussicht gestellt, aber seit Jahren rotten die Bauten vor sich hin. Inzwischen hat man aber die Dächer neu gedeckt. Links erhebt sich an der Stelle der ehemaligen Wasserburg das **Biebersteinschloss**. Es wurde um 1550 im Renaissancestil mit hohem Turm und Arkadenhof erbaut. Rechts daneben schließt sich das langgestreckte **Promnitzschloss** an, das zwischen 1705 und 1726 entstanden ist, also in der Barockzeit. Das dreigeschossige Herrenhaus war einst Zentrum der höfischen Kultur für die weitere Umgebung. Neben dem Schlossplatz befindet sich rechts der **Basar**, während links zwischen weiteren alten Gebäuden die **Brauerei** auszumachen ist.

Hinter den Schlössern, jenseits der Aleja Jana Pawła II., dehnt sich ein **Parkgelände** aus. Während der eine Teil die Anlage eines früheren französischen Lustgartens noch erkennen lässt, gleicht der andere Teil einem englischen Landschaftspark. Diese Parkanlagen sind die Sorauer Schmuckstücke. Die als Allee gestaltete Poznańska führt auf das 1708 erbaute **Blaue Tor** zu, dem einstigen Abschluss des herrschaftlichen Geländes. An der anderen Straßenseite steht auf ehema-

Das Rathaus in Żary

ligem Friedhofsgelände die einschiffige **Petrikirche** aus dem Ende des 13. Jahrhunderts, die aber mehrmals umgebaut wurde. Noch weiter westlich, am Platz Inwalidów, erhebt sich die barocke **St. Josefskirche** aus der Mitte des 18. Jahrhunderts.

Im östlichen Teil der Altstadt stößt man auf Reste der mittelalterlichen Stadtbefestigungen wie den **Wächterturm** aus Raseneisenstein, den quadratischen **Glockenturm** aus Feldsteinen oder auf die **Mauern**. Nicht zu übersehen ist der mächtige Bau der **Hauptkirche** von Żary, jetzt Pfarrkirche der Herz-Jesu-Gemeinde. Das bereits um 1200 im romanischen Stil errichtete Gotteshaus wurde erst in der gotischen Zeit ausgebaut. Seine heutige Form stammt aus dem Ende des 15. Jahrhunderts, die nach den Zerstörungen des Zweiten Weltkrieges nach altem Vorbild wiederhergestellt wurde. Um 1670 ist die barocke Familiengruft derer von Promnitz angebaut worden. Neben der Kirche befindet sich die ehemalige **Superintendantur**. Dieser gotische Komplex beherbergt heute Archivbestände. Auf der anderen Seite der Kirche fällt ein hübscher kleiner **Brunnen** auf.

Interessant ist ein Schlenker zur **ul. Żagańska**. Das Eckhaus Nr. 2, das mit der Jahreszahl 1638 gekennzeichnet ist, blieb in hervorragendem Zustand erhalten.

Die ul. Podwale, auf der man übrigens gut sein Auto parken kann, führt am Altstadtrand entlang. Folgt man ihr, stößt man bald auf **Stadtmauerreste**. An ihnen vorbei kommt man rechts zum Markt Kaczy, dem Entenmarkt, an den sich das Gelände des ehemaligen Franziskanerklosters anschließt. Erhalten blieb jedoch nur die **Klosterkirche**, die jetzt Garnisonskirche genannt wird. Einst im 14. Jahrhundert errichtet, erfolgte nach Bränden der Wiederaufbau Anfang des 18. Jahrhunderts in der heutigen Form mit der Barockhaube auf dem Turm. Das Innere wurde 1928 umgestaltet.

Von hier führen die ul. Ogrodowa und die ul. Posztowa zum Bahnhof zurück. Dieser Weg führt an der Bibliothek, dem Kulturhaus und dem Postamt vorbei. Diese Gebäude zeugen von den wirtschaftlichen Blütezeiten der Stadt.

Die Umgebung

Besonders für Fuß- und Radwanderer zu empfehlen ist das **bewaldete Hügelgelände**, das sich nahtlos an den Süden des Stadtgebietes anschließt. Von der ul. Leśna aus, in deren Nähe ein großes Sportgelände und ein Freibad liegen, führen teilweise ausgeschilderte Wanderwege kreuz und quer durch den abwechslungsreichen Forst zu den drei **Aussichtstürmen**. Einer von ihnen, der auf der Höhe von 227 Metern über dem Meeresspiegel liegt, bietet Weitsicht bis zum Riesengebirge. Hier endet mit dem ›Sorauer Wald‹ der Höhenrücken ›Lausitzer Grenzwall‹. Autofahrer gelangen zu den Erhebungen am besten über die Ausfallstraße 284 Richtung Wrocław (Breslau) und biegen an der ul. Komuny Paryskiej nach links ab.

Westlich der Berge liegen die Dörfer **Olbrachtów** (Albrechtsdorf) mit gotischer Kirche sowie **Miłowice** (Mildenau) mit Herrenhaus und Gutspark. Östlich schließt sich **Kunice** (Kunzendorf) an, wo eine Badeanstalt zur Erfrischung einlädt. Etwas weiter südlich mit einstigen Braunkohleabbaugebieten bei Mirostowice Górne und Dolny (Ober- und Nieder Ullersdorf), Łaz (Lohs) und Stawnik (Teichdorf) endet bereits das historische brandenburgische Gebiet, ebenso wie östlich von Żary hinter Olszyniec (Wellersdorf) und Marszów (Marsdorf). In dieser Richtung lohnt sich jedoch ein Abstecher in das frühere schlesische Sagan, das heutige Żagań, das sehr hübsch am Bóbr liegt. Die fast 30 000 Einwohner zählende Stadt bietet unter anderem viele Restaurants, ein gut erhaltenes barockes **Schloss** mit Parkanlagen und mehrere prächtige **Kirchen**. Sagan war im 18. Jahrhundert ein bedeutendes Zentrum europäischer Kunst, Kultur und der Geisteswissenschaften. Man sprach daher von einem ›schlesischen Weimar‹.

Die Gegend nördlich von Żary ist vorrangig landwirtschaftlich geprägt. Nach etwa zehn Kilometern ist man in **Lubanice** (Laubnitz). In diesem Ort ist eine **Kirche** aus dem 12. Jahrhundert zu besichtigen, in der sich mittelalterliche Plastiken befinden. Hier wurde bereits 1548 das Neue Testament in den ›Sorauer Dialekt‹ übersetzt. Im etwas weiter östlich gelegenen **Złotnik** (Reinswalde) befinden sich zwei Kirchen und ein Bürgermeisterhaus von 1534.

Wenige Kilometer westlich von Żary durchzieht das Flüsschen Lubsza (Lubst) eine streckenweise hügelige Wald- und Wiesenlandschaft. Von Lipinki Łużyckie (Linderode) nach Jasień (Gassen) ist der hübsch gelegene Fluss neuerdings als **Wasserwanderroute** eingerichtet worden. Diese Tour führt vorbei an Sieciejów (Schönaich) mit einem alten Gutshaus, Brzostowa (Brestau), Lipsk Zarski (Liebsgen) und Świbna (Zwippendorf). Am Beginn der Strecke und unterwegs bestehen Rast- und Zeltmöglichkeiten. Die näher an der Grenze liegende Region ist durch größere Wälder und zahlreiche kleinere Gewässer geprägt. Nur wenige Kilometer vom Autobahnübergang an der Neiße entfernt liegt der Ort **Trzebiel** (Triebel), der bereits um 1300 in Zeitzeugnissen als Stadt erwähnt wurde. Von der Vergangenheit zeugen heute nur noch kümmerliche Reste der Befestigungsmauer und ein Turm. Nördlich vom Zentrum befindet sich der Galgenberg mit Bruchstücken der Hinrichtungsstätte. Man kann in Restaurants einkehren, einkaufen und die schön restaurierte **Kirche** besichtigen. Zur deutschen Zeit war dies die ›Stadt- und Landkirche‹, die sich die evangelische mit der katholischen Gemeinde teilte.

Etwa vier Kilometer südwestlich von Trzebiel folgt **Buczyny** (Buchenberge/Buckoka). In diesem Dorf ist in jüngster Zeit ein **Zentrum für die Lausitzer Kultur** eingerichtet worden. Hier gibt es ein Freilichtmuseum für sorbische Holzkunstarbeiten und Holzkunstbauweise, und es finden regelmäßig folkloristische Treffen mit Erfahrungsaustausch statt. Unterkünfte und ein gemütliches Restaurant laden zu einem Aufenthalt ein. Letzter Ort im einst brandenburgischen Gebiet ist **Żarki Wielkie** (Groß Särchen). Die hier befindliche Ruine des mittelalterlichen Schlosses, das ›Rote Haus‹ genannt wurde, war einst ein gefürchtetes Raubritternest. Sehenswert sind die barocke **Kirche** aus dem 17. Jahrhundert und das alte **Pfarrhaus**, das aus dem 18. Jahrhundert stammt. Nördlich von Trzebiel liegt das große Dorf Tuplice (Teuplitz). In der näheren Umgebung von Tuplice gibt es mehrere schöne **Seen**. Auch in den kleinen, etwas weiter östlich gelegenen Orten findet sich Sehenswertes. So gibt es in **Cielmów** (Zilmsdorf) alte Wohnhäuser aus dem 19. Jahrhundert, in **Dębinka** (Eichenrode) ein Herrenhaus und eine Kirche mit Ausmalungen aus dem Jahr 1491 und in **Piotrowice** (Klein Petersdorf) einen Park und ein Pflanzen-Naturschutzgebiet.

Etwas weiter von Żary entfernt – rund 40 Kilometer – liegt der **Fürst-Pückler-Park Bad Muskau**. Dieser mehr als 800 Hektar große Landschaftspark erstreckt sich beidseits der Neiße, etwa zwei Drittel liegen auf der polnischen Seite. Hermann Fürst von Pückler-Muskau ließ den

Park ab 1815 nach englischem Vorbild anlegen, in Etappen entstanden verschiedene Abschnitte und darin eingebettete Bauwerke wie etwa die Schlösser, eine Orangerie und mehrere Brücken. Nach langem Verfall begannen erst seit den 1980er Jahren die Restaurierung, 2004 erfolgte die Aufnahme in die Welterbeliste. Damit ist der Park eine der wenigen staatenübergreifenden Welterbestätten. Dieser größte Landschaftspark Zentraleuropas im englischen Stil lohnt unbedingt einen Besuch; eine mit Muße und Blick fürs Detail vorgenommene Besichtigung kann durchaus ein tagfüllendes Programm darstellen.

Żary und Umgebung
Postleitzahl: 68-200.
Vorwahl: 0048/(0)68.
Rathaus, Rynek 1–5, Tel. 4708355, www.zary.pl.
Informationspunkt, Rynek 17 (Juli–20. Sept.), Tel. 4708384.

Die Entfernung vom Grenzübergang Podrosche (Grenzkirch) beträgt etwa 25, von Bademeusel etwa 35, von Bad Muskau rund 45, von Forst 50 und von Guben etwa 55 Kilometer.

Der **Bahnhof** liegt an der Strecke Forst–Głogow mit Anschlüssen nach Cottbus und Berlin.

Der **Bushaltepunkt** befindet sich an der ul. Ułańska in der Nähe des Bahnhofes. Taxis stehen gewöhnlich an der ul. Ułańska und am Plac Inwalidów.

Hotel Hayduk (€€), ul. Serbska 56a, Tel. 3635000, www.hajduk.com.pl. Mit Restaurant.
Hotel Park (€€), ul. Zielonogórska 24, Tel. 3635500, www.hotelpark.com.pl. Mit Restaurant.
Hotel Stary Rynek (€), Rynek 13, Tel. 44319. Am Marktplatz.
Hotel Anatol (€), ul. Skarbowa 9, Tel. 3743403, www.anatol.com.pl.
Hotel Blu (Lotos) (€), ul. Długosza 22, Tel. 3743217, www.bluhotel.zary.pl.

Im nahen Żagań (Sagan/Schlesien) gibt es mehrere Hotels und Kultureinrichtungen.

Zeltmöglichkeit im **Sportzentrum Syrena**, ul. Leśna 34.

Restaurant Lew, ul. Osadników Wojskowych 52-53, Tel. 4513814, www.restauracjalew.pl, nahe Marktplatz (Rynek). Stilrestaurant mit exzellenter Küche. Kleine Sommerterrasse an der hinteren Nordseite.
Tawerna Zaułek, ul. Rynek 34, Tel. 4793099, nahe Marktplatz (Rynek).

Havanna, Musikclub und Pub, ul. Moniuszki 11, Tel 4706666, www.f1club.com.pl, jeden Sa ab 21 Uhr.

Geschichtskabinett der Stadt (Gabinet Historii Miasta), ul. Ogrodowa 2, Tel. 3743736, Mo, Di, Do, Fr 10–14, Mi 12–17.30 Uhr.
Kulturhaus, ul. Wrocawska 7.
Kunstgalerie und Traditionsstube der Zünfte in der ul. Ogrodowa.
Museum der Lausitzer Bauweise und Kultur in 68-212 Buczyny 7, Tel. 3753154.

Internationales Schlesisches Musikfestival im April.
Honig- und Weinmarkt im September.
Internationales Festival der Wiener Musik im Oktober.
Telemann-Festival im Dezember.

Reiterhof in Bogumiłów 41, Tel. 3621979.

Wanderwege nach Żagan und nach Zarki Wielkie.

Schwimmbad in der ul. Leśna südlich vom Zentrum. Schwimmhalle, ul. Telemanna 1, und Sportplätze.

Lubsko (Sommerfeld)

Das intakte historische Zentrum von Lubsko mit beachtlichen Bauwerken ist auf jeden Fall einen Besuch wert. In der einstigen wohlhabenden Niederlausitzer Tuchmachermetropole am Flüsschen Lubsza (Lubst) herrscht eine beschauliche Spitzwegidylle. Lubsko ist größtenteils vor Kriegsschäden bewahrt geblieben, so dass man leicht von der lieblichen Kleinstadtatmosphäre bezaubert wird.
In der Umgebung liegen interessante Städte: Jasień (Gassen) im Süden, Brody (Pförten) im Westen und Krzystkowice (Christianstadt) im Osten. Archäologisch relevante Orte sind Białowice (Billendorf) und Wicina (Witzen), denn von hier stammen wichtige Funde der bronzezeitlichen Lausitzer Kultur.

Geschichte

Zwischen zwei slawischen Siedlungen am Flüsschen Lubsza (Lubst) gründete Markgraf Dietrich von Meißen etwa um das Jahr 1200 einen Marktort, daneben entstand eine Burg. Der Ort wurde 1233 als ›oppidum‹ bezeichnet, also als Stadt. Besondere Markt- und Zollrechte erhielt Lubsko durch Heinrich den Erlauchten im Jahr 1283. Im Jahr 1315 kam der Ort vorübergehend zu Brandenburg. Danach wechselt die Staatszugehörigkeit oft: Zuerst gehörte die Stadt zu Böhmen, dann wieder zu Brandenburg, dann zu Meißen und darauf zu Schlesien-Sagan. Im Jahr 1482 fiel sie durch Einheirat und den Kamenzer Vertrag endgültig an Brandenburg.

Der Bütterlturm, ein Rest der früheren Stadtbefestigung

Das Rathaus und die Kirche St. Marien

Der Ort wurde ab 1535 unter Hans von Küstrin der Neumark angegliedert und kam 1815 – einschließlich des ganzen Kreises Crossen (Krosno) – zum brandenburgischen Regierungsbezirk Frankfurt (Oder). Bis 1808 befand sich Sommerfeld im Besitz von adligen Familien. Im Jahr 1429 suchten Hussiten die Stadt heim, eine Feuersbrunst zerstörte sie 1496 vollkommen. Der Neuaufbau bestimmt bis heute den Grundriss, und einige bedeutsame Bauwerke, die aus dieser Zeit des Wiederaufbaus stammen, sind erhalten geblieben.

Die gute Tonerde in der Feldmark förderte die Entwicklung des Töpferhandwerks. Andere wichtige Erwerbsquellen waren im 15. Jahrhundert der Weinanbau und lange Zeit, bis ins 19. Jahrhundert hinein, die Tuchmacherei. Es wurden sogar Tücher bis nach Nordamerika exportiert.

Die Inbetriebnahme der Eisenbahnstrecke von Frankfurt (Oder) über Sommerfeld nach Breslau führt dazu, dass sich immer mehr Gewerbefirmen und Industrie ansiedelte. Im Jahr 1900 hat die Stadt fast 12 000 Einwohner, heute sind es knapp 15 000. Von wirtschaftlicher Bedeutung sind nun keramische Artikel, Schuhe und Zucker. Bis 1945 gehörte der Ort zum Kreis Crossen, seit der Verwaltungsreform von 1999 zum Kreis Żary (Sorau). Landschaftlich gesehen gehört er zur östlichen Niederlausitz.

Sehenswürdigkeiten

Wer nach Lubsko mit eigenem Auto anreist, sollte am besten in der Nähe des Marktplatzes parken. Hier bestimmen die Stadtpfarrkirche St. Marien und das Rathaus das Bild. Die **Kirche** wurde im 13. Jahrhundert im gotischen Stil mit spätromanischen Einflüssen errichtet, brannte aber 1496 aus. Danach erfolgte die Neugestaltung als dreischiffiger Hallenbau. Beeindruckend bietet sich das Netzgewölbe dar. Zur wertvollen Innenausstattung gehören der Renaissance-Altar, die Kanzel und der Taufstein, alles vom Ende des 16. Jahrhunderts, weiterhin steinerne Grabplatten und Reste von Wandmalereien aus dem 15. Jahrhundert.

Das repräsentative **Rathaus** mit den reich verzierten Staffelgiebeln ist ein von 1580 bis 1582 errichteter Renaissancebau. Über dem Eingang ist das Stadtwappen angebracht: ein wehrhafter Turm und darauf ein gekrönter Löwe. Im Treppenflur fällt eine schmiedeeiserne Tür aus der Entstehungszeit des Gebäudes auf.

Der **Marktplatz**, Plac Wolności, und die umliegenden Straßen sind teilweise als Fußgängerzone gestaltet und laden zum Einkaufsbummel oder zu einem Imbiss ein. Viele der Häuserfassaden sind noch gut erhalten. Mehr als 100 Wohnhäuser in rund 10 Straßen des Zentrums stehen unter Denkmalschutz. Die meisten stammen aus dem 19. Jahrhundert, einige sogar aus der Barockzeit.

An der ul. Kopernika, am bescheidenen Hotel ›Zemsz‹ vorbei, findet sich mit dem mächtigen runden, früher am Sorauer Tor angebauten **Bütteltrum** noch ein Relikt der einstigen Stadtbefestigung. Tore und Mauern wurden bereits um das Jahr 1840 beseitigt. Um den historischen Stadtkern herum erstrecken sich nun, vor allem entlang des Flüsschens Lubsza sowie an den Fließen Młyński und Pożarowy, hübsche Spazierwege und Parkanlagen.

In gutem Zustand befinden sich die Schlossgebäude und auch deren weiteres Umfeld, nordwestlich des Zentrums gelegen. Das **Schloss** entstand im 16. Jahrhundert an der Stelle einer ehemaligen Burg und war seinerzeit in die Stadtbefestigungen integriert. Davon ist nichts mehr zu spüren, auch der **Schlosspark** geht fast nahtlos in die Wald- und Wiesenlandschaft über. Der Komplex wurde im 20. Jahrhundert vollkommen modernisiert und dient jetzt als Sozialpflegeheim. Vom hübschen Torhaus aus kann man in den Innenhof blicken.

Östlich vom Rathaus stößt man unter anderem auf eine repräsentative Villa aus der Jahrhundertwende. In dieser Gegend gab es früher Tuchfabriken. In der Nähe hat sich der **Markt** etabliert; dahinter erstreckt sich der einstige ›Stadtbusch‹ mit schönen Laubgehölzen und sehr natürlichen, urwüchsigen Wegen.

In südöstlicher Richtung gelangt man an den Schulsportplätzen vorbei zum **Sportstadion** in der ul. Sportowa. Hier kann man in einfachen Gästezimmern übernachten. Etwas weiter, an der Ausfallstraße in Richtung Żary, gibt es einen Stadtteil mit Mietskasernen, Zeugen der wirtschaftlichen Entwicklung nach 1945. Südlich des Zentrums, nahe der Schulgebäude, wurde ein neues **Kulturhaus** errichtet, in dem auch die Bibliothek untergebracht ist. Den Vorplatz mit Grünanlagen beherrscht ein **Denkmal**, das von der polnischen Inbesitznahme der Stadt kündet.

Wirtschaft und Besiedlung haben sich seit der zweiten Hälfte des 19. Jahrhunderts sehr stark in westlicher Richtung ausgebreitet. Hier liegt auch der **Bahnhof**. In seiner Nähe entstand 1908 im neogotischen Stil die **Heilige-Herzens-Jesu-Kirche**. In dieser Gegend gibt es viele Verwaltungsgebäude, Industriewerke und Gewerbeanlagen, aber auch Geschäfte. Am Weg zum Bahnhof, auf dem Höhenrand neben der ul. Dworcowa, wurde 1959 ein monumentaler **Gedenkstein** eingeweiht, der dem historischen Bahnwesen an der früheren Strecke Berlin–Breslau gewidmet ist. Hinter der Bahnstrecke breiten sich auf einer größeren Fläche Ein- und Zweifamilienhäuser aus. Dann folgt ein richtiges **Naherholungsgebiet** mit einer Badeanstalt, einem langgestreckten angestauten Angelsee, an dem man auch Paddelboote ausleihen kann, sowie ein Wald mit Wanderwegen. Bei schönem Wetter ist hier zu jeder Jahreszeit viel Betrieb. Im Umfeld und auch im angrenzenden Wohngebiet laden mehrere nette Restaurants zur Einkehr ein.

Schloss und Park Brody (Pförten)

Wo einst der sächsische Staatsminister Heinrich Graf von Brühl, die graue Eminenz von Kursachsen, residierte, befindet sich heute ein beliebtes Ausflugsziel. Nur etwa 15 Kilometer östlich von Forst hatte sich neben See und Sumpf eine mittelalterliche Siedlung etabliert. Ab dem 15. Jahrhundert gab es mehrere adlige Grundbesitzer, bis im Jahr 1740 der einflussreiche Minister des sächsischen Kurfürsten und polnischen Königs August II. das Anwsen erwarb. Hier und nicht in der Residenzstadt Dresden empfing Brühl seine noblen Gäste, auch den Kurfürsten selbst. Er ließ Schloss, Park und den Ort nach Plänen des Dresdner Architekten Johann Christoph Knöffel (1686–1752) umgestalten. Zwei Kavaliershäuser wurden errichtet und der Lustgarten zum Pförtener See hin angelegt. Die Ortschaft stattete man mit drei Toren aus, von denen nur das Forster Tor mit seinen hübschen Verzierungen erhalten blieb. Der Landschaftspark beherbergt bis heute manches exotische Gewächs und wurde mittlerweile rekultiviert. Die Brühls blieben bis 1945 Besitzer des herrschaftlichen Anwesens.

Die Region kam erst 1815, nach dem Wiener Kongress, zu Brandenburg. Am Kriegsende 1945 gingen wertvolle Kunstschätze des Schlosses verloren. Das Gebäude selbst wurde inzwischen teilweise wiederaufgebaut und es finden regelmäßig deutsch-polnische Parkseminare statt. Anziehungspunkte sind daher die beiden restaurierten Kavaliershäuser, die ein Hotel und ein Restaurant beherbergen. Auch der ehemalige Marstall ist inzwischen saniert. Im Jahr 2012 hat man eine Dauerausstellung zum Wirken Brühls und über Schloss und Park eröffnet. Ein deutsch-polnisches Projekt kümmerte sich um die Rekultivierung der zuvor sehr verwilderten Parkanlage. Heute befindet sich der Park weitgehend in einem sehr gepflegten Zustand. Die noch bestehenden, von Lindenalleen gesäumten Hauptwege bildeten schon zu Zeiten Heinrichs von Brühl das formale Rückgrat des Parks. Die barocken Hauptachsen wurden auch bei der Überformung in einen englischen Landschaftsgarten ab 1807 übernommen. Die Hauptallee führt in einem Rundweg um den See und geht in einen Alleegarten mit herrlichen Platanen und Rotbuchen über (etwa eine Stunde Fußweg).

Ein Teil des Sees ist mittlerweile verlandet, darunter auch die so genannte Liebesinsel. Eine Revitalisierung des Sees ist geplant. Südlich des von Schilf umsäumten Sees sind am Aufstieg zum Dorf Jeziory Wysokie stattliche Sumpfzypressen, Esskastanien und Lärchen zu bewundern. Diese Partie des Parks wurde zu Ehren von Maria Christine Gräfin Brühl (1817–1902) Christinenruh getauft. Hier in der Nähe steht der 41 Meter hohe Feuerwach- und Aussichtsturm, von dem aus sich ein wunderbarer Panoramablick auf die Niederlausitzer Umgebung bietet.

Die ehemalige Orangerie und das Schlosstheater sind in privater Hand und leider dem Verfall preisgegeben. Ein ›Europäischer Parkverbund‹ koordiniert seit 2010 gemeinsam mit Schloss Branitz, dem Rosengarten in Forst und dem Pückler-Park in Bad Muskau kulturelle Aktivitäten und bemüht sich um die Verschönerung der Anlagen. Sehr beliebt, besonders bei deutschen Besuchern, sind die Parkführungen.

Adresse: Park Przypałacowy w Brodach (Schlosspark Brody), Plac Zamkowy 9, 69-343 Brody. Parkführungen werden unregelmäßig angeboten: Tel. (Deutschland) 0355/515141 (Herr Wecke).

Die Umgebung

Das Umland von Lubsko ist landschaftlich sehr abwechslungsreich und bietet viele Zeugnisse aus der Vergangenheit. Etwa auf halbem Wege zwischen dem Grenzfluss Nysa (Neiße) und Lubsko liegt an Seen und Fischteichen, in der Nähe einer sumpfigen Niederung, die einstige Stadt **Brody** (Pförten). Die Stadtanlage lässt immer noch den einheitlichen Grundriss aus der Barockzeit erkennen. Eine sehenswerte Kirche erhebt sich zwischen städtischer Bebauung und früherem Schlosspark. Das Dorf zählt heute rund 1100 Einwohner.

Etwas westlich vom Schlosssee, bei Suchodół (Zauchel), kann man zelten. Nicht weit von dort entfernt befindet sich im Wald bei Węgliny (Oegeln) eine unter Schutz gestellte **altslawische Kultstätte**. Der Weg dorthin führt über das Dorf Jeziory Dolne (Nieder Jehser), in dem sich früher im Haus 26 eine Fasanerie befand. Die Kirchenmauer zieren interessante Grabsteine. Interessant ist auch das wenige Kilometer entfernte **Natur-Wald-Edukationszentrum** in Jeziory Wysokie (Hohen Jeser). Neben der Ausstellung im Forstmuseum lohnt vor allem der Aufstieg auf den Aussichtsturm mit weitem Rundblick auf die Landschaft. Südöstlich von Brody erstreckt sich ein größeres **Waldgebiet**, durch das sich die Straße in Richtung Trzebiel (Triebel) windet. Auf ihr kommt man zunächst an Proszów (Drahthammer) mit einem Bade- und Campingsee vorbei und erreicht Grabówek (Grabow). Dort hat sich ein Urlauberzentrum mit Ferienhäusern, Gastronomie und ein Strandbad etabliert.

Nördlich von Brody bestimmen große Gutshöfe das Bild. Bereits um das Jahr 1000 ist das früher schon über 600 Einwohner zählende Dorf **Biecz** (Beitsch) urkundlich erwähnt worden. Anfang des 18. Jahrhunderts entstand die Kirche, in der wertvolle Kunstwerke aus dieser Zeit zu besichtigen sind. Damals gab es hier eine Papiermühle. Das Schloss blieb erhalten, vom Gutshof mit Torhaus und dem Landwirtschaftspark sind lediglich einige Reste übriggeblieben.

Nur wenige Kilometer südwestlich von Lubsko liegt **Dłuzek** (Dolzig) mit einer verputzten Feldsteinkirche, einem Schloss mit zugehörigem Park und mehreren Ensembles alter Wohnhäuser. Hier wurde im Jahr 1858 die letzte deutsche Kaise-

Eines der beiden Kavaliershäuser in Brody

rin, Auguste Victoria, geboren, die spätere Ehefrau Wilhelms II.

Das erste Dorf an der Straße nach Żary (Sorau) ist **Budziechów** (Baudach) mit barocker Kirche und klassizistischem Herrenhaus. Einst war die Feldmark um dieses Dorf unter Brandenburg und der Lausitz aufgeteilt. Hinter dem Ort ist etwas abseits der Straße rechts ein Gedenkplatz mit Stein und Texttafel eingerichtet worden, denn über diese Stelle verläuft der 15. Längengrad, der die mitteleuropäische Zeit bestimmt.

Dann folgt das Städtchen **Jasień** (Gassen). Die alte Bausubstanz ist im Wesentlichen erhalten geblieben, darunter eine Kirche aus der ersten Hälfte des 18. Jahrhunderts mit einem kleinen Sühnekreuz sowie ein Schloss aus der Barockzeit und Reste der Vorwerksgebäude. An der Lubsza ziehen sich Promenadenwege entlang.

Östlich von Lubsko erstreckt sich das **Bruch von Zabłocie** (Raudenberg). An dessen Rand befindet sich mit **Wicina** (Witzen) eine bedeutende Siedlungsstätte aus der Spätzeit der Lausitzer Kultur, der sogenannten Hallstattzeit. Seit 1904 werden in der Burganlage Ausgrabungen durchgeführt, und es wurden bereits mehrere bedeutende Funde gemacht. Die jüngsten Ergebnisse werden im Archäologischen Museum in Świdnica (Schweinitz) vorgestellt und in Publikationen dokumentiert. Weiter östlich, bei **Białowice** (Billendorf), wurde in Gräberfeldern vorgeschichtliche Keramik aus der jüngsten Stufe der Lausitzer Kultur geborgen, die als ›Billendorfer Typus‹ in die Vorgeschichtsforschung einging.

In der Nähe von Wicina, in dem idyllischen Ort **Roztoki** (Rodstock), findet man an einem alten Haus ein mittelalterliches Sühnekreuz. Im Osten endet hinter einem breiten, teils hügeligem Waldstreifen am Bóbr das ehemalig brandenburgische Gebiet. Die meisten Siedlungen hier liegen am schlesischen Ufer. Die Stadt **Krzystkowice** (Christianstadt) bildet eine Ausnahme. Dort führt auch eine Brücke hinüber nach Nowogród (Naumburg), wo es einen Badesee mit Campinghäusern gibt. Nördlich von Lubsko lädt der großflächige **Jez. Jańsko** (Jähnsdorfer See) bei Strużka (Seedorf) zum Baden und Zelten ein. Auf der Straße dorthin kommt man durch **Górzyn** (Göhren) mit einem ungewöhnlichen Wohnturm aus dem 15. Jahrhundert, der einst neben der inzwischen verschwundenen Kirche stand. Etwas abseits liegt **Chocicz** (Hermswalde) mit einer Fachwerkkirche von 1687. In **Osiek** (Ossig) findet man Ruinen alter Wirtschaftsgebäude mit barocken Pavillons vor, in **Tuchola Zarska** (Klein Tauchel) ein Barockschloss aus dem 18. Jahrhundert. Bei **Raszyn** (Räschen) kann man im Wald eine Stelle aufsuchen, an der im 16. Jahrhundert ein Mord begangen wurde. Sie ist durch ein Kreuz gekennzeichnet.

ℹ Lubsko und Umgebung
Postleitzahl: 68-300.
Vorwahl: 0048/(0)68.
Rathaus, Plac Wolności 1, Tel. 4576101, www.lubsko.pl.
In 68-320 Jasień (Gassen): **Rathaus**, Plac Wolności 2, Tel. 4578872, www.jasien.ol.

Der **Bushaltepunkt** befindet sich an dem für den Zugverkehr stillgelegten Bahnhof.

Taxis stehen am Plac Wolności und an der ul. Przemmysłowa.

Die Entfernung von den Grenzübergängen Guben und Bademeusel beträgt jeweils etwa 30 km, von Forst etwa 25 km.

Pałac Brühla (€€), Hotel und Restaurant im Kavalierhaus des Schlosses von Brody,

Plac Zamkowy 9, Tel. 3713909, www.palacbrody.pl.
Hotel Zemsz (€–€€), ul. Kopernika 34, Tel. 3721169, www.zemsz.lubsko.pl. Mit Restaurant.
Hotel Duet (€), ul. Reja 3, Tel. 3721122. Sehr einfach, im Zentrum.
Erholungszentren bei Proszów (Drahthammer), Grabówek (Grabow), Janiszowice (Jähnsdorf) und bei Świbna (Zwippendorf), fast überall mit Zelt- und Bademöglichkeit.

Kulturhaus, Plac Jana Pawła II.

Museum für Natur und Wald mit Aussichtsturm, 68343 Jeziory Wysokie (Hoh. Jeser) 22, Tel. 3712644.

Freibad und **Bootsausleihe**, ul. Slowackiego.

Es gibt vier gut ausgeschilderte Nordic Walking Routen zwischen fünf und zwölf Kilometer Länge in Brody und um Brody herum, Infos dazu auf dem großen Schild links neben dem Schloss am Parkeingang.

Gubin (Guben)

Das östlich der Nysa (Neiße) gelegene historische Zentrum der einstigen ›Perle der Niederlausitz‹ wurde im Krieg stark zerstört. Trotzdem findet man noch einige mittelalterliche Gebäude vor. Ein Besuch lohnt sich vor allem dann, wenn man den Stadtteil am deutschen Ufer zusätzlich besichtigt, und wenn man die vielfältigen Einkaufs- und Dienstleistungsangebote des Marktes und der Geschäfte nutzt. Die Stadtbrücke nach Gubin (Guben) und die südlich der Stadt neu errichtete Brücke sind wichtige Grenzübergänge für den Autoverkehr. Das Hinterland verfügt über besonders gute Voraussetzungen für Fahrradtouren.

Geschichte

Viele Bodenfunde lassen den Schluss zu, dass das Gebiet um Gubin (Guben) während der Bronze- und Eisenzeit fast ununterbrochen besiedelt war. Um das Jahr 300 nach der Zeitenwende ließ der römische Legat Lucius an dieser Stelle einen Marktflecken errichten. Hier war das Stammland der germanischen Semnonen. Ab etwa 500 bestanden slawische Wohnstätten am Ufer der Lubsza (Lubst) vor deren Mündung in die Nysa (Neiße) und in Rundwällen des Umfeldes. Im Jahr 803 suchte Kaiser Karl der Große den Ort auf. Unter den schlesischen Herzögen wurden hier Stapel- und Handelsplätze angelegt.

Urkundlich wird der Ort Guben erstmalig im Zusammenhang mit der Tuchmacherei im Jahr 1032 erwähnt. Der Name stammt wahrscheinlich vom germanischen Wort für die Gaube ab, also den Dachaufbau, und könnte sich auf den Höhenrand beziehen. Andere Quellen nennen das slawische Wort für Mund oder Mündung.

Die Stadtgründung nach Magdeburger Recht erfolgte 1235 durch Markgraf Heinrich den Erlauchten von Meißen. Bereits im Jahr 1157 wurde am Westufer der Neiße ein Benediktinerinnenkloster angelegt. Ab 1311 sicherten eine Mauer sowie das Crossener, das Kloster- und das Werdertor die Stadt vor Feinden. Ihre wirtschaftliche Blütezeit begann bereits im 13. Jahrhundert mit der Tuchmacherei, dem Weinanbau seit etwa 1140 und dem Fernhandel, der damals teilweise auf dem Wasserweg abgewickelt wurde.

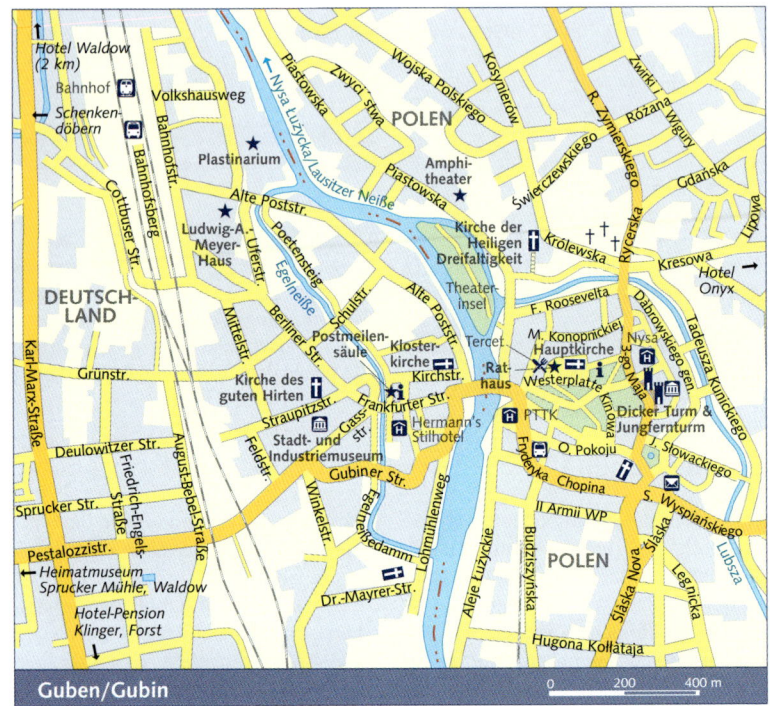

Die Landeszugehörigkeit wechselte oft. Ab 1304 war Guben brandenburgisch, ab 1368 böhmisch. Im Prager Frieden von 1635 ging die Stadt an Kursachsen und nach dem Wiener Kongress (1815) an Preußen über. Mehrmals brannte sie ab, wurde von Belagerungen und Kriegen sowie von Hochwasserkatastrophen heimgesucht.

Der Weinanbau ging im 19. Jahrhundert zurück. Dafür wurden die Tuchfabrikation und die Hutherstellung wichtige Wirtschaftsfaktoren (›Gubener Hüte – weltbekannt durch ihre Güte‹). Die Betriebe einschließlich der Arbeiterwohnungen entstanden vorwiegend auf der heute deutschen Flussseite und wurden zu DDR-Zeiten weiter ausgebaut. Deshalb ist die frühere Vorstadt, das deutsche Guben, mit nunmehr etwa 29000 Einwohnern größer als die frühere Altstadt, heute das polnische Gubin, mit ihren rund 19000 polnischen Einwohnern. Ein weiterer Grund für die unterschiedliche Bevölkerungsdichte liegt auch in der weitgehenden Zerstörung des Zentrums im Zweiten Weltkrieg, denn die beschädigte Bausubstanz wurde anschließend zum Teil abgetragen.

Im Jahr 1945 erfolgte mit der neuen Grenzziehung die Teilung der Stadt. Der historische Kern und die früheren Weinberge wurden polnisch und lange Zeit wirtschaftlich vernachlässigt. Erst nach der Grenzöffnung 1972 und wiederum nach dem Fall des ›Eisernen Vorhangs‹ 1990 ändert sich das, und es entfalten sich bessere Beziehungen zwischen den beiden Gemeinden und ihren Bürgern. Diese Bemühungen gipfelten 1996 in der

Absicht, eine gemeinsame modellhafte ›Euro-Stadt‹ zu entwickeln. Dieser Begriff wird so nicht mehr benutzt; stattdessen bezeichnet man sich heute als ›Doppelstadt‹. In der Tat gibt es viele gemeinsame Projekte wie den Wiederaufbau der Stadt- und Hauptkirche oder den ‹Grünen Pfad› über die Grenze hinweg. Seit 1999 gehört Gubin zum Kreis Krosno Odrzańskie.

Vom Bahnhof Guben zur Grenze

Wenn man mit dem Zug anreist, gelangt man zum Grenzübergang quer durch das eigentliche Neustadtgebiet. Dieser Statteil hat sich zum Zentrum von Guben entwickelt, nachdem die Stadt im Jahr 1945 geteilt worden war. Ursprünglich befand sich das gesamte Guben östlich der Lausitzer Neiße, und am westlichen Ufer etablierte sich zunächst das Kloster, wonach dann die Klostervorstadt ihren Namen erhielt. Erst im 19. Jahrhundert entwickelte sich mit der Zunahme der Industrie und dem Eisenbahnanschluss an der Strecke von Frankfurt (Oder) nach Breslau im Jahr 1846 ein größerer Wohn-, Geschäfts- und Wirtschaftsstandort, der in der Zeit der DDR einen weiteren Aufschwung erlebte.

Vor dem Abfertigungsgebäude der Bahn erstreckt sich zwischen den Gleisen der Bahnhofsberg mit Bushaltestellen und Taxistand. Über den Tunnel und dessen östlichen Ausgang, dann über die Bahnhofsstraße und durch die Alte Poststraße kommt man zur Uferstraße. Sie mündet in die Berliner Straße mit ihren zahlreichen Geschäften und Gaststätten sowie der Kirche des guten Hirten. Am sogenannten Dreieck übequert man das Fließ **Egelneiße**, ein bereits im 15. Jahrhundert zur Ableitung von Hochwasser angelegter Graben.

Hier erinnert eine hübsch verzierte sächsische **Postmeilensäule** an ältere Zeiten, als der Ort im Handelsverkehr eine bedeutende Rolle spielte. Leider ist die Nachbildung mit dem Original von 1736 nicht identisch, da auf dem jetzt polnischem Territorium liegende Ortsnamen weggelassen wurden. Von hier zweigt nach links der Poetensteig ab. Geradeaus geht es auf der teilweise als Fußgängerzone angelegten Frankfurter Straße weiter.

Kurz vor der Neiße lohnt sich linker Hand ein Abstecher in die Alte Poststraße zum Gelände des einstigen Klosters, dessen Gebäude allerdings bis zum 19. Jahrhundert abgerissen wurden. Hier erhebt sich jetzt die 1860 errichtete **Klosterkirche**, die auch als Konzerthalle dient.

Frühere Altstadt

Die ersten Eindrücke von der polnischen Stadtseite erhält man von der **Neißebrücke**. Links kommt die Theaterinsel (oder Schützenhausinsel) in Sicht, auf

Die Postmeilensäule auf deutscher Seite

Stadtkirche und Rathaus im früheren Zentrum

der früher das Theatergebäude stand, rechts befinden sich eiserne Anlagen zur Flussregulierung.

Das Geschäftsleben von Gubin ist durch die vielen Deutschen geprägt, die hierher zum Einkaufen kommen. Daher ist es auch zum großen, bunten Verkaufsbasar nicht weit. Von hier aus erblickt man links das Ensemble von ehemaliger Stadtkirche und altem Rathaus. Rings um die beiden Bauten erinnert nur noch das Straßennetz zwischen den Rasenanlagen an die zerstörten und abgetragenen Häuserzeilen des Zentrums.

Am Marktplatz stand bereits ab 1276 das älteste **Rathaus**. Der heutige Bau mit dem schlanken Turm und drei Dachgiebeln im Renaissancestil stammt aus dem 17. Jahrhundert. Nach den schweren Kriegsschäden wurde er zwischen 1976 und 1986 wiederaufgebaut. Heute befinden sich hier das Gubiner Kulturhaus, die städtische und pädagogische Bibliothek, eine Kunstgalerie sowie ein Restaurant mit prächtigem, mittelalterlichem Deckengewölbe. Der Rathausturm bekam vor einigen Jahren eine neue Uhr mit schönem elektrischem Glockenspiel. Die ehemalige **Stadt- und Hauptkirche** gleich nebenan ist seit 1945 eine Ruine, die allerdings mittlerweile vor dem endgültigen Verfall gesichert ist und wieder ausgebaut werden soll. Mitte 2005 wurden die polnische Stiftung ›Gubińska‹ und ein deutscher Förderverein gegründet, um den Wiederaufbau zu organisieren. In Zukunft soll die Kirche den Einwohnern der Doppelstadt als deutsch-polnisches Begegnungszentrum dienen. Mit ihrem massigen Turm und der dreischiffigen Halle gehört sie zu den größten Gotteshäusern der Region. Unter Einbeziehung romanischer Bauelemente entstand sie ab 1190, ihre spätere Form erhielt sie 1594. Leider ging die wertvolle Innenausstattung verloren. Nachweisbar bestand in Guben der Salzhandel ab 1544, ab 1573 ein Kloster-Salzamt. An mittelalterlicher Substanz findet man nur noch den **Dicken Turm**, der einst neben dem Werdertor stand, den **Turm Dziewicy** (Jungfrauturm) und

Reste der **Stadtmauer** vor. In einem der Häuser ganz in der Nähe wurde mittlerweile das Museum wieder eröffnet.
Wenn man nach links eine der Brücken die Lubsza (Lubst) überquert, hat man bereits die Altstadt verlassen. Am westlichsten Viadukt führt die Straße entlang der Nysa zum **Amphitheater**, zur Stadtverwaltung und zum polnischen Büro der Euroregion ›Spree-Neiße-Bober‹. Repräsentative Villen, die von reichem Bürgertum zeugen, bestimmen hier in der Straße Piastowska, früher Grüne Wiese, das Bild.
Weiter vom Fluss weg führen alle Straßen bergan. Auf der ersten Anhöhe erhebt sich die **Kirche der heiligen Dreifaltigkeit**, die man zu Fuß über einen Treppenaufgang erreichen kann. Der Turm des um 1850 entstandenen Gotteshauses ist grazil, das Innere beeindruckend. Vom Bergplateau aus bietet sich ein schöner Panoramablick auf die Stadt.
Im nördlichen Stadtteil befindet sich der Bahnhof Gubin an der Strecke nach Krosno. Weiter stadtauswärts liegen auch das Freibad und das Stadion, in dem touristische Quartiere angeboten werden. Weiter östlich steht auf den Gubiner Bergen als Aussichtswarte der ehemalige Bismarckturm. Über die Hügel winden sich eine Straße und Wege nach Jaromirowice (Germersdorf). An der direkten Ausfallstraße nach Krosno kommt man an vielen Kasernen und militärischen Einrichtungen vorbei. In jüngster Zeit wurde die Garnison dieses Standortes aufgelöst.
Im Zentrum, südlich des Basars, befindet sich der zentrale Bushaltepunkt. In der Nähe liegen einige belebte Geschäftsstraßen. Auch ein Hallenbad und eine Sporthalle. In dieser Richtung, also an der Straße nach Lubsko (Sommerfeld), reihen sich viele Verkaufseinrichtungen aneinander. Bevor man die Stadt über diese Straße verlässt, passiert man einen künstlich angelegten Teich, der von einem verwilderten Park umgeben ist – ein passender Ort für eine Rast.
Mit der Entwicklung zu einer modellhaften ›Doppelstadt‹ soll sich in Gubin noch viel verändern, auch im Sinne des grenzüberschreitenden Tourismus. Unter anderem ist schon jetzt die einstige Schützenhaus-Insel, die jetzt Theaterinsel, Wyspa Teatralna, heißt, mit neuen Anpflanzungen, Wegen und Ruheplätzen hübsch gestaltet worden. Im Jahr 1874 wurde hier auf der Neißeinsel ein Theater errichtet und 1905 ein Denkmal für die berühmte Gubener Schauspielerin, Sängerin und Goethe-Freundin Corona Schröter (1751–1802) aufgestellt. Vom Denkmal ist nur der Sockel erhalten. Vom Theater einige Säulen und Fassadenteile. Die Insel war über Jahrzehnte Grenzbereich und damit Sperrgebiet. Seit 2007 ist sie durch eine Holzbrücke mit dem deutschen Guben verbunden. Von der Brücke an ihrer Südspitze aus beginnt ein Radweg immer entlang der Neiße mit sehr schönen Natureindrücken.

Die Umgebung

Östlich von Gubin erstreckt sich bis zum Bóbr (Bober) ein großes **Waldgebiet**, das nur von wenigen Dörfern wie Dzikowo (Heidekrug), das an der Straße nach Krosno liegt, oder Pole (Pohle), Kaniów (Kanig) und Czeklin (Scheegeln) unterbrochen wird. Zwischen Hügelketten wie den Bergen Dębogóry (Eichberge) und Łysa Gory (Hohle Berge), die eine Höhe von rund 100 Metern über dem Meeresspiegel aufweisen, liegen Fließe und sumpfige Niederungen, so dass der Kiefernforst stellenweise aufgelockert wird. Hier kommen Naturfreunde sowie Beeren- und Pilzsammler auf ihre Kosten.
Auf der Straße nach Norden, die parallel zur Nysa verläuft, wechseln Wald und

Das Schloss in Luboszyce

Niederungen ab. Vorbei an Angelteichen und durch Żytowań (Seitwann) kommt man nach Kosarzyn (Kuschern), das kurz vor dem Zusammenfluss von Oder und Neiße liegt. Südöstlich des Ortes befindet sich der **Jez. Borek** (Boracksee). Hier bietet sich in einem Erholungszentrum Gelegenheit zum Baden, Paddeln, Segeln und zum Übernachten.

Direkt am Zusammenfluss erreicht man auf Feld- und Waldwegen das 2003 errichtete und weithin sichtbare **Kreuz der Begegnung an Oder und Neiße**, eine Stätte der Völkerverständigung und der Ökumene von Protestanten und Katholiken. Gegenüber liegt das deutsche Ratzdorf mit einem Pegelhäuschen.

Die Straße verläuft von hier in östlicher Richtung und führt über Łomy (Lahmo) nach Chlebowo (Lindenhain). Im Zuge nationalsozialistischer Umbenennungen erhielt der Ort diesen Namen wegen seiner zahlreichen mächtigen Linden. Vorher hieß er Niemaschkleba. Die Kirchenglocke befindet sich nicht in der alten turmlosen Kirche, sondern in einem gesonderten Holzgebäude.

Über das kleine Flüsschen Łomianka (Strieming) und durch fruchtbares Land kommt man zur Fähre über die Oder. Hier kann man auch mit dem Auto übersetzen. Am anderen Ufer liegt Połęcko (Pollenzig).

Zurück nach Gubin kann man alternativ über Chlebowo (Lindenhain) und durch Wałowice (Wallwitz) fahren. In diesem Fall sind es auf der Straße in Richtung Lubsko (Sommerfeld) rund zwölf Kilometer bis nach **Starosiedle** (Starzeddel). Der mächtige **Kirchturm** aus romanischer und gotischer Zeit weist auf eine bedeutsame Tradition hin. Wahrscheinlich gründeten hier die Zisterzienser das Kloster Neuzelle, um es danach an seinen heutigen Standort zu verlegen. Einst war das Gotteshaus eine Wallfahrtskirche der heiligen Margaretha. Schon zur Zeit der Lausitzer Kultur und der Slawenzeit wurde hier gesiedelt. Grabungen, die zwischen 1920 und 1923 durchgeführt wurden, haben eine komplette Burganlage freigelegt.

In der Nähe, etwas abseits der Straße, liegt **Gębice** (Amtitz). Im verwilderten ehemaligen Gutspark steht die **Schlosskirche**, ein Zentralbau aus der Zeit um 1750. Am Außengemäuer sind einige hübsch verzierte Grabplatten der Fürstenfamilie Schöneich Carolath angebracht. Die Kirche wird nicht genutzt, ist aber baulich abgesichert. Das Herrenhaus blieb zwar im Krieg 1945 unzerstört, ist aber später verfallen und abgetragen worden. Hier befand sich ein KZ-Außenlager. An der Straße zurück nach Gubin liegen noch, meist etwas abseits in der Niederung an der Lubsza (Lubst), die Orte Stargard Gubińskie (Stargardt), Czarnowice (Schernewitz) und Pleśno (Beesgen/Plesse).

Recht ruhig ist die Straße von Gubin nach Süden parallel zur Nysa. Früher lag nur zwei Kilometer von der Stadt entfernt der Ort Schmachtenhagen, der 1429 von den Hussiten vernichtet wurde. Heute erinnert daran ein **Gedenkstein**. Erstes Dorf ist **Sękowice** (Schenkendorf), das wahrscheinlich in der Mitte des 13. Jahrhunderts durch den Schenken von Landsberg gegründet wurde und sich zu einer kleinen Stadt entwickelte. Diese gehörte bald zu Guben und von 1523 bis 1811 dem Johanniterorden. Der Herrensitz verfiel jedoch, und der Ort wurde wieder zu einem Dorf. Wahrscheinlich lag das an der räumlichen Nähe zu Guben. Hübsch anzusehen ist die **Kirche**, ein Fachwerkbau auf achteckigem Grundriss. Zur Ausstattung gehören ein Altar und Grabplatten aus der Barockzeit.

Über die neue Umgehungsstraße nahe der Grenzbrücke und über das Flüsschen Wodra (Werder) kommt man nach **Polanowice** (Niemitzsch). Hier bestand auf Hügeln in einer Windung der Nysa (Neiße) eine Burganlage aus der Zeit der Lausitzer Kultur. Später, während der slawischen Besiedlung, wurde von dieser Stelle aus ein größerer Landstrich verwaltet. Nach der Christianisierung kam die Region in den Besitz des Gubener Benediktinerinnenklosters.

Vor Sadzarzewice (Sadersdorf) biegt die Straße nach links ab, und es lohnt sich noch die Besichtigung von **Grabice** (Reichersdorf) mit einem **Herrenhaus** aus dem 18. Jahrhundert und einem großen Gutshof. In der Nähe liegt **Luboszyce** (Liebesitz) mit seinem Schloss..

In der gesamten Region südlich von Gubin erzeugt der Wechsel von Wald und Feld sowie Niederungen und Hügeln eine mannigfaltige Landschaft.

Auf der Theaterinsel

Gubin und Umgebung

Postleitzahl: 66-620.
Vorwahl: 0048/(0)68.
Stadtverwaltung, ul. Piastowska 24, Tel. 4558100, www.gubin.pl.
Touristinformation Guben, Frankfurter Str. 21, 03172 Guben, Tel. 03561/3867, www.touristinformation-guben.de. Auf polnischer Seite: ul. Westerplatte 14, Tel. 684558203.
Wiederaufbau der Stadt- und Hauptkirche, Berliner Str. 5, 03172 Guben, Tel. 3561/559852, www.stadtkirchegubin.de.

Die Stadt liegt direkt am Grenzübergang. Der Übergang an der südlich verlaufenden Umgehungsstraße ist etwa 6 Kilometer entfernt.

Der **Bahnhof** befindet sich nördlich vom Gubener Zentrum. Anreise mit der Bahn aus den Richtungen Berlin–Frankfurt (Oder) und aus Dresden–Cottbus bis zum Bahnhof Guben.

Der **Bushaltepunkt** befindet sich an der ul. Chopina neben dem Basar.

Taxis am Bahnhof Guben und in Nähe des Grenzübergangs.

Restaurant Tercet, ul. Westerplatte 14 (im historischen Rathaus), Tel. 3595343, tgl. 11–22 Uhr. Pub-Café im Gewölbekeller. Zahlreiche weitere Restaurants, Cafés und Bars.

Hotel Onyx (€–€€), ul. Kresowa 122, Tel. 3598301, www.hotelonyx-gubin.pl. 16 Zimmer, ruhige Lage, Restaurant.
Hotel Nysa (€–€€), ul. Dąbrowskiego 23, Tel. 3595005.
PTTK-Herberge (€), ul. Obrońców Pokoju 18, Tel. 3594519. In Nähe der Stadtbrücke; einfache, preiswerte Zimmer.
Erholungszentrum Oaza am See, 66-624 Kosarzyn, Tel. 3599983.
Weitere **Erholungszentren** am See Borek bei Kosarzyn.

▶ **Auf deutscher Seite** (Guben):
Hotel-Pension Klinger, Dr.-Külz-Str. 28, Tel. 03561/430058, www.hotel-pension-klinger.de. Kleines, gemütliches Hotel im Landhausstil, komplett renoviert. Bestens geeignet für Radwanderer – der Oder-Neiße-Radweg ist ganz nahe. Reichhaltiges Frühstücksbüffet, Erlebnisgastronomie ›Anno Tobak‹. Biergarten.
Hotel und Landgasthof Waldow (€€–€€€), Sembtener Str. 20, Tel. 03561/4060, www.hotel-waldow.de.
Hotel und Restaurant Karpfenschänke (€€–€€€), am Pinnower See, Tel. 035691/6100, www.karpfenschaenke.de.

Bewirtschaftete Seen zum Angeln bei Żytowań.

Möglichkeiten zum Zelten, Bootfahren und Angeln am Jez. Borek.

Kulturhaus im Alten Rathaus, ul. Westerplatte 14, Tel. 4558169.
Regionalmuseum, Izba Musealna, ul. 3 Maja 2, Tel. 4558162.
Landwirtschaftsmuseum in 66-620 Bieżyce 53, Tel. 3596530.
Ausstellung zum Kirchenaufbau, Berliner Str. 5, Guben.

Wanderungen: Stadtrundgang ›Grüner Pfad‹, Touren entlang der Neiße, Weg nach Starosiedle.

Aktivitäten

Mancher geht gern zu Fuß, andere fahren lieber Rad. Das Gebiet östlich von Oder und Neiße ist für beides bestens geeignet. Wieder andere fühlen sich nur im, am oder auf dem Wasser so richtig wohl. Auch sie sind hier richtig, denn die zahlreichen Seen und Flüsse dieser Region bieten allerhand Möglichkeiten.

Vorschläge für Bootsfahrten

Etwa zwei Prozent der vorgestellten Region ist von Wasser bedeckt. Hier befinden sich viele große Seen, mehrere Seenketten und Flüsse. Einige der Fließgewässer können für Wasserwanderungen empfohlen werden. Direkt an den Ufern befinden sich mehrere Zeltplätze. Wer nicht mit dem eigenen Boot anreist, kann an zahlreichen Orten Ausleihstellen in Anspruch nehmen. In einigen Fällen gibt es dort auch Tretboote.

Die Beschaffenheit des Wassers ist unterschiedlich. Sie reicht von durchsichtiger Klarheit in tiefen Rinnenseen und schnell fließenden Bächen über nährstoffreiche flache Seen mit breiten Schilfgürteln und trägen Fließen bis zu breiten Flüssen, die zum großen Teil sauber sind, aber streckenweise auch durch Verschmutzungen belastet werden.

Wasserwanderung auf der Oder (Odra) von Krosno (Crossen) nach Kostrzyn (Küstrin)

Dieser rund 100 Kilometer lange Abschnitt auf der insgesamt 854 Kilometer langen Oder, dem zweitgrößten Fluss Polens, wird relativ wenig von Wasserwanderern genutzt. Das Oderwasser ist verhältnismäßig sauber, und es sind genügend Zeltplätze vorhanden. Darüber hinaus liegen einige interessante kulturhistorische Objekte im Uferbereich. Wer eine etwas längere Fahrt unternehmen möchte, kann bereits in Nowa Sól (Neusalz, Schlesien), das über einen Bahnanschluss verfügt, sein Boot einsetzen, oder an den Fährstellen von Pomorsko (Pommerzig) und Brody (Groß Blumberg) beginnen.

Hier wird die Tour ab Krosno (→ S. 230) beschrieben. Die Anlegestelle ist an der linken Seite der Straßenbrücke. In der Nähe des Startplatzes findet man Geschäfte, ein Hotel und den zentralen Bushaltepunkt. Das gegenüberliegende rechte Ufer ist hügelig und wurde früher für den Weinanbau genutzt. Man fährt am besten sogleich auf die Nordseite hinüber. Bald folgt von links die Mündung des Bóbr (Bober) in die Oder. Auf beiden Seiten erstrecken sich weite Wiesen, die immer wieder von Wäldern, Hügeln, Deichen und Ansiedlungen unterbrochen werden.

Bis zur Einmündung der Nysa (Neiße) ist der Fluss 60 bis 70 Meter breit. Zwischen den Buhnen befinden sich annehmbare Zelt- und sogar Badeplätze. Nach etwa 15 Kilometern Fahrt kommt rechts das Dorf Połęcko (Pollenzig) in Sicht. Hier gibt es eine Autofähre, an einer Bucht bestehen Anlege- und Campingmöglichkeiten, und bis zum Lebensmittelladen sind es nur wenige Minuten Fußweg.

Nach mehreren Windungen fließt die Oder hinter der Einmündung von Łomianka und Nysa (Neiße), wo das Kreuz für Völkerverständigung und Ökumene zu beachten ist, nun beinahe in nördlicher Richtung. Nach dem Zusammenfluss mit der 252 Kilometer langen und an ihrer Mündung etwa 15 Meter breiten Nysa ist das Wasser der Oder

Bootsverleih in Lubrza

Paddler an einem Nebenarm der Warta (Warthe) bei Słonsk

nicht mehr so klar wie zuvor. Nunmehr ist sie ein Grenzgewässer. Erster deutscher Ort am linken Ufer ist Ratzdorf mit Liegeplatz und Pegelstation.

Aus der Auenlandschaft ragen links bald die Türme der barock ausgestatteten Klosterkirche von **Neuzelle** hervor. Dann kommen die Pfeiler einer zerstörten Brücke in Sicht, die früher Fürstenberg, die Altstadt des heutigen Eisenhüttenstadt, mit Kłopot (Kloppitz) – hier gibt es ein Storchenmuseum – verband. Beim Durchfahren sollte man sich dicht am rechten Ufer halten. Dahinter ist links das Panorama von Eisenhüttenstadt zu sehen; hier beginnt der nach Fürstenwalde und Berlin führende Oder-Spree-Kanal. Etwa drei Kilometer weiter liegt rechts, dicht hinter dem Flutdeich, der kleine Ort **Rybojedzko** (Oder-Vorwerk von Ziebingen). Am anderen Ufer fällt eine Fabrikruine auf. Der breiten Niederung folgen rechts höher gelegene Wälder und an beiden Ufern die Häuser des seit 1945 geteilten Ortes **Aurith** (Urad). Auch ein Teil des nächsten Ortes **Kunice** (Kunitz) befand sich einst auf der deutschen Seite. An der Mündung des in der Gegend von Łagów entspringenden Flüsschens Pliszka (Pleiske) ist eine Rast empfehlenswert.

Etwa sechs Kilometer weiter erhebt sich am westlichen Ufer eine Felswand, die sogenannte **Steile Wand von Lossow**. Oberhalb befindet sich eine frühgeschichtliche Burganlage. Danach folgt das Dorf **Świecko** (Schwetig), wo das Flüsschens Ilanka (Eilang) einmündet. Besuchenswert ist der Gedenkhain für ein Gefangenenlager des Zweiten Weltkrieges. Etwas weiter den Fluss hinunter kommen die imposanten Betonbögen der Autobahnbrücke in Sicht und gleich dahinter die Stahlkonstruktion des Eisenbahnviaduktes.

Nun nähert man sich **Frankfurt (Oder)** (→ S. 148) und **Słubice** (→ S. 150). Vor allem links bietet sich ein schönes Panorama, am rechten Ufer herrschen zunächst noch Niederungen vor. Erst kurz vor der Straßenbrücke kann man rechts in einer geschützten Bucht anlegen, um einen Landgang ins Zentrum von Słubice zu unternehmen. Von Frankfurt bis Kostrzyn schützt auf der gesamten Strecke ein Deich das östlich gelegene Flachland. Das Ufer auf der deutschen Seite ist dagegen zunächst hügelig. Nach einigen Kilometern kommt am Rande der Höhe links die alte Stadt **Lebus** in Sicht. Sie war einst Bischofssitz und lag an wichtigen Handelsstraßen. Noch heute ist nach ihr die Landschaft östlich des Flusses als Ziemia Lubuska benannt, ebenso seit 1999 die Wojewodschaft. An den Überresten des früheren Fährüberganges nach Nowy Lubusz (Neu Lebus) am rechten Ufer kann man eine Rast einlegen.

Knapp zehn Kilometer weiter folgt auf polnischer Seite der historisch ebenfalls interessante Ort **Gorzyca** (Göritz). Hier wurden Ausgrabungen zur Bronzezeitkultur durchgeführt. Ab 1276 war der Ort für rund 50 Jahre Bischofssitz, und im 14. und 15. Jahrhundert gab es ein berühmtes Muttergottesbildnis, das damals sogar von Pilgern aus Polen aufgesucht wurde. Hinter der Stadt stößt man auf die Reste einer Fährstelle. Danach folgt beiderseits hinter den Deichen eine weite Bruchlandschaft. Schließlich erreicht man **Kostrzyn** (Küstrin, → S. 42). Vor dem Ort zweigt links ein Überflutungskanal ab. Auf der dadurch entstandenen Insel, die unter Naturschutz steht, befinden sich alte Kasernengebäude. Rechts grenzt der Fluss an die Bastionen und Außenmauern der früher befestigten Altstadt von Kostrzyn. Das Anlegen und Besichtigen lohnt sich, denn das seit 1945 überwucherte Gelände wurde freigelegt. Dahinter passiert man die Straßenbrücke und die Eisenbahnbrücke. Das Industriegelände mit den beiden hohen Schornsteinen gehört zu einem Zellulosewerk.

Will man die Fahrt hier abbrechen, ist es am besten, an der Straßenbrücke über die Warta (Warthe) anzulegen. Um dorthin zu gelangen, biegt man in die Mündung des hier etwa 50 Meter breiten Flusses ein. Der Bahnhof und der Grenzübergang liegen nur etwa je einen Kilometer entfernt. Wer die Fahrt etwas verlängern möchte, fährt die rund 15 Kilometer weiter bis zur Einmündung der Myśla (Mietzel) am polnischen Ufer. Dort bei **Chlewice** (Klewitz) – hier ist der Fluss nun schon etwa 100 Meter breit – befindet sich ein Strand mit Zeltplätzen sowie Straßenanschluss. Bis zum Bahnhof Namyślin sind es etwa sieben Kilometer. Natürlich kann die Fahrt auch bis zum Haff von Szczecin fortgeführt werden.

Wasserwanderung auf der Obra von Zbąszyń (Bentschen) nach Skwierzyna (Schwerin/Warthe)

Die Obra hat eine Länge von mehr als 250 Kilometern und ist auch vor dem vorgeschlagenen Einstiegsort für Sportboote befahrbar. Am Badestrand oder am Hafen ›Dabki‹ am Ende der Straße Łakowa in Zbąszyń (Bentschen) bestehen durch die Nähe zum Bahnhof und wegen der umliegenden Übernachtungsmöglichkeiten gute Startbedingungen für eine etwa 130 Kilometer lange Teilstrecke, die durch mehrere Seen und viele romantische Abschnitte geprägt ist.

Mit über fünf Kilometern Länge und mehr als zwei Kilometern Breite ist der Jez. Zbąszyńskie (Bentschener See) das größte Gewässer, durch das sich der Fluss zieht. Bei Sturm ist deshalb Vorsicht geboten. Die Obra entfließt südlich der Stadt am Ostufer dem See.

Schon nach gut 200 Metern sind zwei Wasserschwellen durch Umtragen über das rechte Ufer zu überwinden. Bald kommt man durch das Zentrum von Zbąszyń, wo sich mehrere Brücken über den Fluss spannen. Hier in der Nähe gibt es am Fluss ein Denkmal für den polnischen Papst Johannes Paul II., der hier einst auch paddelte. Unter der ersten Eisenbahnbrücke stadtauswärts befindet sich eine Steinrampe, ein Hindernis, auf das man achten sollte. Der Fluss erreicht nun eine Breite von bis zu 30 Metern, und das Ufergelände ist stellenweise hügelig. Am Dorf Strzyżewo (Strese) vorbei kommt man zum Jez. Lutol (Naßlettelsee). Klares Wasser aus Quellzuflüssen sorgt für Erfrischung. Knapp fünf Kilometer weiter folgt der Jez. Młyńskie (Windmühlensee) am südlichen Stadtteil von Trzciel (Tirschtiegel, → S. 208). Dort besteht die Möglichkeit, am Strand das Zelt aufzuschlagen.

Vor der ersten Brücke in der Stadt kann man links am Hof der Fischereigesellschaft anlegen, um bei Bedarf eine Einkaufspause einzulegen und zugleich die Stadt zu besichtigen.

Danach verengen Schilf und Weidenäste die Breite des Gewässers, das sich jedoch bald darauf zu den Seen Konin (Konninsee) und Wielkie (Großer See) öffnet. Jetzt befindet man sich für kurze Zeit im Landschaftsschutzpark von Pszczew (Betsche), bis zum Austritt der Obra am westlichen Seeufer. Hinter einer Enge heißt das Gewässer Jez. Rybojadło, nach dem links liegenden Dorf Rybojady (Hoffmannstal).

Die Seenkette setzt sich weiter Richtung Pszczew fort, der Fluss verläuft parallel dazu und biegt schließlich westlich nach Międzyrzecz (Meseritz) ab. Auf diesen rund 20 Kilometern gibt es Zeltmöglichkeiten, so beispielsweise beim Forsthaus Rańsko (Reinzig) oder beim Dorf Żółwin (Solben). An der Straßenbrücke bei Policko (Politzig) und an weiteren Stellen kann man mächtige Eichen und andere alte Bäume bewundern. Manchmal gibt es Behinderungen durch umgestürzte Bäume oder starken Wasserpflanzenbewuchs.

Die vielen Windungen tragen dazu bei, dass sich die Strömung oft ändert. An einer Wiese bei Obrzyce (Obrawalde) bietet sich ein günstiger Rastplatz an. Ganz in der Nähe befindet sich eine psychiatrische Klinik, auf deren Gelände ein Denkmal an etwa 10 000 von den Faschisten ermordete Kranke erinnert. Danach ist bald Międzyrzecz (Meseritz) erreicht, wo der Flusslauf reguliert ist. Am Zufluss der Paklica (Packlitz) besteht links die beste Möglichkeit zum Anlegen. Eine Besichtigung der Stadt einschließlich alter Burg und Museum lohnt sich (→ S. 196).

Ab dem eingemeindeten Ort Święty Wojciech (Georgsdorf) zieht sich der Fluss wieder in vielen Windungen hin, vorbei in der Nähe von Górzyca (Ober Görzig), wo es einen Zeltplatz gibt. Nach einigen Hindernissen und einer Wildwasserstrecke wird die Obra wieder breiter und mündet in den etwa 7,5 Kilometer langen **Zalew Bledzewski** (Blesener Stausee). Von ihm aus besteht eine Verbindung zum Jez. Chycino (Höllengrundsee) und anderen Gewässern. Vor dem Stausee sollte man dicht am rechten Ufer fahren, denn an dieser Seite ist das Boot etwa 120 Meter weit zu umtragen. Das Gebäude des in den Jahren 1907/08 errichteten Elektrizitätswerkes wirkt imposant.

Bis zum Ziel sind noch einige schwierigere Passagen wie Wildwasser, enge Krümmungen und Bäume zu überwinden. Am Dorf **Stary Dworek** (Althöfchen) befinden sich noch zwei Plätze zum Zelten. Etwa sechs Kilometer weiter ist die Straßenbrücke bei **Skwierzyna** (Schwerin/Warthe) erreicht. Links von ihr befindet sich ein Motel mit Restaurant, bis zum Bahnhof sind es etwa zwei Kilometer. Etwas weiter besteht Bade- und Zeltmöglichkeit. Kurz darauf mündet die Obra in die Warta (Warthe).

Wer die Fahrt verlängern möchte, fährt auf der etwa 100 Meter breiten Warta ungefähr 20 Kilometer weiter bis **Santok** (Zantoch, → S. 123). Dort kann man bequem an der Straße aussteigen und hat es von der Brücke über die einmündende Notec (Netze) mit rund 600 Metern Weg nicht weit bis zum Bahnhof.

🛶 Wasserwanderung auf der Paklica von Lubrza (Liebenau) nach Międzyrzecz (Meseritz)

Die Paklica ist ein unreguliertes und streckenweise wild fließendes Gewässer. Man sollte sich vor einer Bootsfahrt davon überzeugen, dass der Wasserstand hoch genug ist, und prüfen, ob möglicherweise andere Behinderungen vorliegen. Auf jeden Fall gibt es Passagen, die von Pflanzenschichten, zum Beispiel Seerosen, bedeckt und von hohem Schilf umgeben sind. Außerdem kommt man durch Seen, die nach und nach versanden.

Die hier beschriebene Wasserwanderung ist zwar mit 40 Kilometern nicht sehr lang, kann aber zu einer beschwerlichen, dabei aber auch erlebnisreichen Tour werden. Sie beginnt an einem der gut ausgestatteten Campingplätze am **Jez. Goszcza** (Gastsee) bei Lubrza (Liebenau, → S. 218).

Die nächstgelegene Bahnstation befindet sich in Wilkowo (Wilkau), bis dort sind es etwa sieben Kilometer. Eine Busverbindung besteht zur rund zehn Kilometer entfernten Stadt Świebodzin (Schwiebus, → S. 212). Bevor die Flussfahrt beginnt, kann man noch den idyllisch gelegenen Jez. Lubie (Liebensee) südöstlich von Lubrza aufsuchen. Auch dort ist es möglich, ein Zelt aufzuschlagen. Die Paklica entfließt dem Jez. Goszcza an dessen nördlichem Ufer. Das Wasser ist zunächst sauber, tief und bis zu 25 Meter breit. Der Fluss verengt sich bald, und man hat eine Wasserschwelle von 2,5 Metern durch 30 Meter weites Tragen des Bootes zu überwinden. Links stehen Sommerhäuser, rechts liegt die Ortschaft Lubrza. Nach dem Umtragen folgt eine Straßenbrücke. Unter ihr muss man auf Steine achtgeben. Nach der Durchquerung eines kleinen, langsam verschilfenden Sees folgt eine wunderschöne Strecke, wobei allerdings auf Bäume und Sträucher aufzupassen ist. Fünf Kilometer weiter gelangt man an den rund drei Kilometer langen **Jez. Paklikko Wielki** (Packlitzsee). Nordöstlich auf einer Halbinsel befindet sich ein Erholungszentrum, das zur Übernachtung genutzt werden kann. Südöstlich davon fließt die Paklica aus dem See hinaus. Nun sind Untiefen und eine Wasserschnelle zu beachten. Beim Dorf **Nowy Dworek** (Neuhöfchen) gibt es einen Platz zum Zelten.

Zwischen den Orten Gościkowo (Paradies) mit einem berühmten Klosterkomplex und Jordanowo (Jordan) kommt man unter zwei Brücken hindurch und wird durch schmale und seichte Stellen und eine Wasserschwelle behindert. Das Umtragen ist bei der letztgenannten Hürde kaum zu vermeiden. Diese unwegsame Situation bessert sich jedoch bald, und nun ist der Fluss acht Meter breit. An den Seen Wyszanowskie (Wischener See) und Bukowieckie (Bauchwitzer See) laden Zeltplätze und Badestellen zum Verweilen ein. Am Nordende des langgestreckten Jez. Bukowieckie muss das Boot in der Nähe einer Wasserpumpanlage über die Straße hinweg und dann bis zur Einsetzstelle am linken Ufer etwa 80 Meter weit transportiert werden. Nun sind es zwar nur noch rund sechs Kilometer bis zur Mündung in die Obra, aber diese Strecke ist besonders nach Trockenperioden zu flach für Sportboote. Deshalb muss die Tiefe überprüft werden. Sollte sie für die Weiterfahrt nicht ausreichen, muss man wohl oder übel die Fahrt abbrechen. Aber auch bei ausreichendem Wasserstand sind zahlreiche Hindernisse wie Schilf, Bäume, Schwellen und Steine zu überwinden, vor allem unter Brücken.

Während der Stadtdurchfahrt in **Międzyrzecz** (Meseritz, → S. 196) verschafft einem die alte Burganlage noch ein beeindruckendes Erlebnis. Hier mündet auch die Paklica in die Obra. Auf ihr fährt man noch nach rechts, also gegen die Strömung unter der Straßenbrücke hindurch und steigt dann vor der Eisenbahnbrücke aus. Von hier sind es nur noch 500 Meter zum Bahnhof, in dessen unmittelbarer Nähe sich auch die zentrale Bushaltestelle befindet.

Vorschläge für Radtouren

Die Landschaft zwischen Odra (Oder), Nysa (Neiße), Obra und Bóbr (Bober) ist ein ideales Terrain für Fahrradtouristen. Nachstehend sind Vorschläge für unterschiedlich lange Strecken in Kurzform zusammengefasst. Günstige Anreisemöglichkeiten mit Regionalzügen bis Frankfurt (Oder), Küstrin-Kietz und Guben sind vorhanden.

Kurzfahrten über 20 bis 40 Kilometer

► Von Küstrin-Kietz über Gorzyca, Pamięcin, Drzecin nach Frankfurt (Oder). Der zweite Teil der Strecke kann auch über Pławidło sowie entlang des Oderdamms führen.

► Von Küstrin-Kietz nach Słońsk, Gorzyca und zurück nach Küstrin-Kietz.

► Von Frankfurt (Oder) über Kunowice, Nowe Biskupice, Kowalów, Starków und Lisów zurück nach Frankfurt (Oder).

► Von Frankfurt (Oder) in Richtung Krosno bis Urad und von dort auf der Talstraße entlang der Oder über Kunice, Rybocice und Świecko sowie unter den zwei Oderbrücken zurück nach Frankfurt (Oder).

▶ Von Guben nach Norden parallel zur Nysa über Żytowań zum Jez. Borek und weiter nach Kosarzyn, zurück über Drzeńsk Wielki nach Guben.
▶ Von Guben über Pole bis Kaniow und von dort zurück auf teilweise hügeligen Waldwegen durch die Berge Dębogóry und die Berge Łysa zur Landstraße bei Dzikowo und nach Guben.
▶ Von Guben nach Süden parallel zur Nysa über Sękowice und Polanowice, dann landeinwärts über Grabice, Luboszyce, Kozów, Witaszkowo und Stargard Gubinski zurück nach Guben.

Tagesfahrten über 50 bis 120 Kilometer

▶ Von Küstrin-Kietz über Słońsk, Lemierzyce und Krzeszyce bis zur Brücke über die Warta hinter Przemysław. Dann südlich auf dem Damm über Boguszyniec bis Oksza und zurück über Budziginew, Jamno und Słońsk nach Küstrin-Kietz.
▶ Von Küstrin-Kietz über Słońsk und Krzeszyce nach Lubniewice und zurück über Glisno, Sulęcin, Ośno nach Küstrin-Kietz oder nach Frankfurt (Oder).
▶ Von Frankfurt (Oder) über Drzecin, Kowalów, Ośno, Lubień, Bodrówka, Bielice, Boczów und über Rzepin und Kunowice zurück nach Frankfurt (Oder).
▶ Von Frankfurt (Oder) über Cybinka, Gęstowice, bei Korczyców in nordöstlicher Richtung über Pliszka und kurz vor Debrznica über Gądków Wielki, Lubin und Rzepin wieder zurück zum Ausgangsort nach Frankfurt (Oder).
▶ Von Frankfurt (Oder) über Cybinka, Kłopot, Maszewo, Połęcko, dort übersetzen mit der Fähre, dann nach Chlebowo und über Kosarzyn nach Guben. Eine längere Variante führt über Krosno und eine kürzere über Wałowice direkt nach Guben.
▶ Von Guben über Wałowice nach Chlebowo, dann südlich der Odra bis Krosno, dann ein nördlicher Abstecher zum Erholungszentrum von Łochowice sowie zurück über Dąbie, Dychów, Brzózka nach Guben.
▶ Von Guben südlich entlang der Neiße bis Sadzarzewice, danach landeinwärts über Brody nach Lubsko, zurück nach Guben entweder über Biecz und Starosiedle oder über Górzyn und Przyborowice.

Wochenendfahrten über 130 bis 220 Kilometer

▶ Von Küstrin-Kietz über Słońsk, Skwierzyna und Rokitno nach Pszczew. Zurück nach Küstrin-Kietz oder Frankfurt (Oder) über Międzyrzecz, Sulęcin und Ośno. Stehen drei Tage zur Verfügung, bietet sich zusätzlich ein Ausflug nach Trzciel und Zbąszyń an.
▶ Von Küstrin-Kietz über Lubniewice, Bledzew nach Międzyrzecz. Zurück nach Frankfurt (Oder) über Łagów, Torzym und Rzepin. Hat man drei Tage Zeit, zusätzlich ein Ausflug zum Kloster Paradies und zur Festungsanlage ›Oder-Warthe-Bogen‹.
▶ Von Frankfurt (Oder) über Rzepin, Gądków Wielki, Torzym, Łagów, Lubrza nach Świebodzin. Zurück nach Guben entweder über Skąpe oder über Sulechów, dann über Krosno und Brzózka. Bei drei Tagen Zeit Ausflug nach Babimost.
▶ Von Frankfurt (Oder) über Krosno, Dychów, dort Quartier, dann über Bobrowice bis Krzystkowice. Zurück nach Guben über Lubsko. Wenn man drei Tage Zeit hat, bietet sich ein Ausflug über Krosno nördlich der Oder bis zur Fähre Brody und zurück südlich des Flusses über Czerwieńsk an.
▶ Von Guben über Brody und Trzebiel nach Żary. Zurück über Krzystkowice und Jasień sowie Lubsko nach Guben. In drei Tagen kann man auch einen Ausflug nach Żagań und in die interessante Hügellandschaft südlich von Żary unternehmen.
▶ Der Europa-Radweg 1 (R1) wird östlich von Küstrin-Kietz in Richtung Międzyrzecz fortgeführt. Um die Orte Sulęcin und Lubniewice herum führen markierte Radwege.

Reisetipps von A bis Z

Angeln
Hinweise zu den in der Neumark reichlich vorhandenen Angelmöglichkeiten erteilen die örtlichen Kommunen und Touristenbüros. Dort erhält man zumeist auch Auskunft, wo es Angelgenehmigungen gibt.

Anreise mit eigenem Fahrzeug
Das beschriebene Gebiet wird vorzugsweise über die größeren Grenzübergänge Frankfurt (Oder), Küstrin-Kietz, Hohenwutzen, Schwedt, Gubin (Guben) und Klein Bademeusel erreicht, mit der Bahn fast immer über Berlin. Meist muss man mehrmals umsteigen. Die Entfernungen von diesen Übergängen bis zu den Reisezielen sind in den jeweiligen Kapiteln angegeben.

Apotheken
Apotheken sind als ›Apteka‹ ohne Probleme erkennbar. Man findet sie in allen Kleinstädten vor. Rezeptfreie Medikamente sind sehr preiswert. Mit der ›Europäischen Krankenversicherungskarte‹ kann man sich bei Ärzten in Polen Rezepte ausstellen lassen. Allerdings sind manche speziellen Arzneimittel nicht immer vorrätig und müssen erst bestellt werden. Wer also auf ein bestimmtes Präparat angewiesen ist, sollte es daher besser mitnehmen. Außerdem sind diese Medikamente erheblich teurer als in Deutschland, da es generell keine Kassenzuzahlungen gibt.

Ärztliche Versorgung
Seit dem Beitritt Polens zur Europäischen Union gelten auch unsere Versichertenkarten für Notfälle in diesem Lande. Über garantierte Leistungen sollte man sich aber dennoch bei seiner Kasse informieren. Krankenhäuser gibt es unter anderem in den größeren Städten wie Kostrzyn, Gorzów, Barlinek, Choszczno, Krosno Odrz. und Żary.

Arzt heißt lekarz und Krankenhaus spital, als Zeichen wird wie bei uns das rote Kreuz verwendet. Der medizinische Notruf hat landesweit die Telefonnummer 999, die Polizei 997, die Feuerwehr 998.

Auto- und Motorradfahren
Der Verkehr ist in Polen in den vergangenen Jahren stark angestiegen, aber auf den Nebenstrecken in der Neumark ist er bis auf wenige Ausnahmen immer noch gering. Viele polnischen Autofahrer fahren recht rasant, manche auch riskant, vor allem was das Überholen anbetrifft. Die Straßenverhältnisse sind im Wesentlichen gut, doch fehlen oft Straßenrandbegrenzungen, was besonders das Fahren bei Nacht erschwert. Auch Fußgänger, die häufig sogar außerhalb der Ortschaft auf der Fahrbahn unterwegs sind, machen eine erhöhte Aufmerksamkeit notwendig. Es besteht Gurtpflicht, und ein Feuerlöscher muss mitgeführt werden. Die Verkehrsregeln entsprechen den deutschen, es gilt bei dem in Polen häufigen Kreisverkehr die Regel, dass das im Kreisverkehr befindliche Fahrzeug immer Vorfahrt hat.

Die Beleuchtungspflicht gilt seit 2007 für das ganze Jahr, es muss also auch am Tage mit Abblendlicht gefahren wirden. Die Geschwindigkeitsbegrenzung beträgt in geschlossenen Ortschaften 50 km/h, außerhalb 90 km/h und auf als solchen ausgewiesenen Schnellstraßen 110 km/h. Die Promillegrenze liegt bei nur 0,2. Für das Fahren mit dem Motorrad gelten dieselben Hinweise wie für das Autofahren. Auch auf Schnellstraßen und Autobahnen gilt die Geschwindigkeitsbegrenzung von 90 km/h. Es besteht Helmpflicht.

Es ist empfehlenswert, sein Fahrzeug nachts auf bewachten Parkplätzen abzustellen, die bei den Hotels meist vorhanden sind.

Die Pannenhilfe des polnischen Motorverbandes ist landesweit unter Tel. 981 zu erreichen, der ADAC in Warszawa (Warschau) unter 022/8259734, die Rettungshilfe unter 999 oder über Handy 112.

Baden

Das Gebiet der ehemaligen Neumark ist mit seinen vielen sauberen Seen ein Paradies für ›Wasserratten‹. Idyllisch gelegene Badestellen und zumeist klares Wasser laden vielerorts zum Baden ein. Nacktbaden ist in dem vom Katholizismus geprägten Land nicht üblich und sogar verpönt. Bei bewachten Stränden sollte man sich an die Abgrenzungen für Schwimmer halten. In unbekannten Gewässern ist auf Untiefen und Strudel zu achten.

Behörden

Die Öffnungszeiten der Behörden sind unterschiedlich, oft sind die Büros jedoch nur vormittags oder bis 15 Uhr geöffnet. Amtliche Gebäude sind an dem Wappenschild mit dem polnischen Adler zu erkennen.

Camping

Schon vor Jahrzehnten wurden zumeist an malerischen Seeufern sogenannte Biwakplätze angelegt, auf denen Naturfreunde ihr Zelt aufschlagen können. Diese preiswerte Art der Erholung hat die Jahre überdauert, ist aber mittlerweile nicht mehr so gefragt wie einst. Die unbewachten Biwakplätze sind ohne jeglichen Komfort. Das ›wilde‹ Zelten ist offiziell nicht gestattet, meist wird aber ein Auge zugedrückt. Bevor der Besucher auf Privatgelände sein Zelt aufschlägt, sollte er jedoch den Besitzer um Duldung bitten.

Inzwischen bestehen aber auch gut ausgestattete Plätze für Zelte und Wohnmobils, die im Reiseführer gesondert aufgeführt sind.

Diplomatische Vertretungen

Botschaft der Bundesrepublik Deutschland, ul. Jazdów 12, 00-467 Warszawa, Tel. (0048)/(0)22/5841700, www.warschau.diplo.de.
Botschaft der Republik Österreich, ul. Gagarina 34, 00-748 Warszawa, Tel. (0048)/(0)22/8410081, www.ambasadaaustrii.pl.
Botschaft der Schweizerischen Eidgenossenschaft, ul. Ujazdowskie 27, 00-540 Warszawa, Tel. (0048)/(0)22/6280481, www.eda.admin.ch/warsaw.
Es gibt Konsulate der Bundesrepublik in Kraków (Krakau), Wrocław (Breslau), Gdańsk (Danzig) und Opole (Oppeln), nicht aber in dem Gebiet der früheren Neumark.

Einkaufen

Das Einkaufen bereitet keine Probleme. Man bekommt in allen Lebensmittelgeschäften ein gutes Angebot sowohl einheimischer als auch importierter Waren. Die kleinen Geschäfte, die Selbstbedienungsläden und die Supermärkte öffnen meist um 8 Uhr, und viele von ihnen schließen erst um 20 Uhr oder noch später, auch an Sonntagen – ein Ladenschlussgesetz gibt es in Polen bislang nicht. Es bestehen noch sehr viele kleine ›Tante-Emma-Läden‹, in denen die Artikel teurer sind als in den Supermärkten. Mit Euro kann man auf den Grenzmärkten oder grenznahen Geschäften und Tankstellen bezahlen, mit Kreditkarten auch in den Supermärkten.

Einreisebestimmungen

Mit dem Beitritt Polens zum Schengener Abkommen sind die Pass- und Zollkontrollen an der Grenze entfallen. Man sollte aber seinen Personalausweis mitnehmen, zur Vorlage in den Hotels braucht man das Dokument stets.

Elektrizität

Die Netzspannung beträgt 220 Volt. Die Steckdosen entsprechen der Euro-Norm.

Feiertage

Die gesetzlichen Feiertage sind vom katholischen Glauben und von der nationalen Geschichte bestimmt. Neben dem traditionellen 3. Mai (Tag der Verfassungsgebung von 1791) sind dies der Neujahrstag, der Ostermontag, der 1. Mai, der Fronleichnamstag im Juni, Maria Himmelfahrt (15. August), Allerheiligen (1. November), der Unabhängigkeitstag (11. November) sowie die beiden Weihnachtsfeiertage. Karfreitag, Himmelfahrt und Pfingstmontag sind dagegen keine gesetzlichen Feiertage.

Ferien auf dem Land

Wer sich auf einem Bauernhof, auf einem Forstgrundstück oder an einem abgelegenen Gewässer entspannen möchte, hat viele Möglichkeiten. Entsprechende Privatquartiere werden vermittelt über:

Informationszentrum Lubuskie Stowarzyszenie Agroturystyczne, 66-626 Dychów (Deichow), im Dorf Bronków 71 a, Tel. 0048/(0)68/3913185, www.agroturystyka.pl/Lubuskie.

Zentralbüro für Agrotouristikinformation, Gorzowskie Stowarzyszenie Agroturystyczne, 66-300 Międzyrzecz, ul. Podzamcze 2, Tel. 0048/(0)95/7411858, www.lubuskie.com.pl.

Lubuskie Stowarzyszenie Agroturystyczne, 66-100 Sulęchów, Ortsteil Kalsk 91, Tel. 0048/(0)68/3852091. Landwirtschaftszentrum mit Unterkünften.

Geld

Die polnische Währung ist der Złoty und der Grosz (1 Złoty = 100 Groszy). Anfang 2015 bekam man etwa 4,2 Złoty für einen Euro. Der Kurs schwankt immer ein wenig. Der Umtausch selbst bereitet keine Probleme. Neben Banken haben sich zahlreiche private Wechselstuben (Kantor) auf das Geschäft eingestellt, die meist sogar einen günstigeren Kurs bieten. An den Hotelrezeptionen ist der Kurs in der Regel weitaus schlechter. Man kannn auch problemlos an den Geldautomaten Złoty abheben. Kreditkarten sind längst ebenso üblich wie in Deutschland.

Informationsmaterial

Herausgeber von touristischem Material sind die Wojewodschaften, die Kreise, die Städte und die Gemeinden. Deren Anschriften finden Sie im Reiseführer.

Erste Auskünfte und verschiedenes Material bietet auch das **Polnische Fremdenverkehrsamt**, Kurfürstendamm 71, 10709 Berlin, Tel. 030/2100920, www.polen.travel.pl.

Touristische Karten

Für Reisen in die Neumark sind die zweisprachigen Karte ›Westpommern‹ (PL 001) und ›Ostbrandenburg-Niederschlesien‹ (PL 002) aus dem Höfer-Verlag im Maßstab 1:200 000 zu empfehlen, die einen Großteil des in diesem Reiseführer vorgestellten Gebiets abdecken, Kilometerangaben bieten und auch die kleinsten Ansiedlungen enthalten.

Bei der Suche nach den früheren deutschen Orts- und Flurnamen sind die alten deutschen Messtischblätter im Maßstab 1:25 000 sowie die alten Kreiskarten im Maßstab 1:100 000 nützlich, die im geografischen Fachbuchhandel oder bei den Landesvermessungsämtern zu beziehen sind. Für Rad-, Fuß- und Wasserwanderungen sowie Stadtrundgänge kann man in Buchhandlungen, an Kiosken und in Touristeninformationen vor Ort meist für wenig Geld Karten oder Pläne erwerben. Viele von ihnen enthalten auch deutschsprachige Hinweise.

Kriminalität

Diebstähle kommen nicht so oft vor wie häufig befürchtet. Wo man zu Gast ist, kann man sich geschützt fühlen. Gewaltkriminalität tritt in den ländlichen Gebieten kaum in Erscheinung. Wenn trotzdem etwas gestohlen wird, sollte man die örtliche Polizeiwache aufsuchen und sich ein Protokoll von der Anzeige ausstellen lassen.

Museen und Kirchen

Museen und Gedenkstätten haben gewöhnlich täglich außer montags geöffnet. Manche sind auch sonnabends geschlossen. Die meisten Kirchen sind außer zu den Gottesdiensten, die meist sonntags den ganzen Tag über und wochentags abends abgehalten werden, geschlossen. Auf Wunsch wird aber gern durch den Pfarrer geöffnet.

Notruf

Die Notrufnummern 997 für die Polizei, 998 für die Feuerwehr (Handy 112) und 999 für den Rettungsdienst sind landesweit einheitlich. Eine deutschsprachige ›Hotline‹ besteht vom 1. Juni bis zum 30. September. täglich von 8 bis 22 Uhr kostenlos unter (0048)/(0)22/2787777 und per Handy unter (0148)/608599999, in den übrigen Monaten täglich von 8 bis 18 Uhr. Zentrale Notrufnummer zum Sperren von EC-, Kredit- und Handykarten: 0049/116116.

Post

Briefe und Postkarten von Polen nach Deutschland oder umgekehrt benötigen mehrere Tage. Postkästen für die normale Post sind rot. Briefmarken werden in Postämtern, die in der Regel montags bis freitags von 8 bis 16 Uhr (in größeren Städten bis 20 Uhr) geöffnet haben, aber auch in vielen Kiosken und Hotels verkauft, die Ansichtskarten anbieten.

Radfahren

Wegen der geringen Steigungen eignet sich das Gebiet östlich der Oder gut für Radtouren. Besonders die verkehrsarmen Nebenstrecken, die meist über einen soliden Asphaltbelag verfügen, sind für Radfahrer ideal. Hauptverkehrsstraßen sollte man auf jeden Fall meiden. Richtig als solche ausgebaute Fahrradwege sind noch recht selten. Der Transport des Fahrrades in Bahnen ist möglich. Sogar Überland-Autobusse nehmen Räder mit, wenn das der Publikumsverkehr zulässt, allerdings nicht die Fernlinien.
Fahrradtouristen werden zwar in der Regel überall freundlich aufgenommen, aber als Exoten betrachtet, denn das Fahrrad gilt nicht als ernstzunehmendes Verkehrsmittel. Für den Individualfahrradtouristen bietet sich ein Kontakt mit dem Allgemeinen Deutschen Fahrrad-Club (ADFC) an:
ADFC, Am Wall 128–134, 28195 Bremen, Tel. 0421/34629-0, www.adfc.de, kontakt@adfc.de. Berliner Geschäftsstelle: Friedrichstr. 200, 10117 Berlin, Tel. 030/2091498-0.

Reiten

In der Neumark bieten mehrere Reiterhöfe ›Ferien im Sattel‹ an. Man kann dabei in der Regel zwischen längeren Aufenthalten und eintägigen Reitausflügen wählen. Das Angebot ist sehr breit gefächert. Einige Gestüte verfügen außerdem über Kutschen, so dass selbst dann, wenn nur ein Familienmitglied am Reitsport interessiert ist, ein Gestütaufenthalt der ganzen Familie Freude bereiten kann. Anschriften finden Sie in den Info-Kästen zu den Reisezielen.

Restaurants

Auf kaum einem anderen Gebiet hat sich die Marktwirtschaft für den Touristen so angenehm ausgewirkt wie auf dem der Gastronomie. Die meisten der typisch polnischen Gerichte sind sehr schmackhaft. Vor allem sollte man die bei uns unbekannten Suppen probieren.
Internationalen Standard bieten die Restaurants der großen Hotels, bei denen die Speisekarten mehrsprachig abgefasst sind. Aber auch manche der kleinen privaten Gaststätten lassen keine Wünsche offen.
Die Preise in den von Touristen stark besuchten Lokalen nähern sich westlichem Niveau. In schlichteren Gaststätten kann man aber immer noch für wenig Geld ein schmackhaftes Gericht erhalten. Für den schnellen Hunger halten vielerorts private Imbissbuden Kleinigkeiten bereit.
Manche Speisen, vor allem Fisch und Fleisch, werden sowohl an den Imbissbuden als auch in den Restaurants nach Gewicht verkauft.
Etwa 8 bis 10 Prozent Trinkgeld, Polnisch napiwek, sind auch in Polen üblich.

Schulferien

Die Sommerferien reichen jeweils vom vorletzten Freitag im Juni bis zum letzten Tag im August, Weihnachtsferien sind vom 22. Dezember bis zum 2. Januar. Die Winterferien dauern zwei Wochen zwischen Ende Januar und Anfang Februar. Die Osterferien beginnen am Gründonnerstag und enden am Dienstag nach Ostern.

Tankstellen

In den letzten zehn Jahren erlebte das Land einen regelrechten Tankstellenboom, der wegen der Benzintouristen aus Deutschland auch die Neumark betraf. Alle neueröffneten Stationen bieten auch bleifreien Kraftstoff an, Tankstellen und Zapfsäulen für bleifreies Benzin sind mit einem durchgestrichenen ›pb‹ gekennzeichnet. Viele Tankstellen haben rund um die Uhr geöffnet. Die Benzinpreise, besonders für Diesel, sind bis zu 20 Prozent niedriger als in Deutschland. Kein Wunder also, dass viele Autofahrer vor der Ausreise noch einmal volltanken. Die Einfuhr nach Deutschland ist allerdings zusätzlich zum vollen Tank auf 20 Liter beschränkt.

Taxi

Obwohl für Polen relativ teuer, sind Taxifahrten nach deutschen Maßstäben verhältnismäßig billig. So mancher Taxifahrer ist behilflich, wenn es darum geht, eine private Unterkunft oder ein empfehlenswertes Restaurant zu finden. Sollte man an einen deutschsprechenden Fahrer geraten, so kann man mit ihm eine Stadtrundfahrt unternehmen, deren Preis man vorher aushandelt.

Telefon

Es gibt nur noch relativ wenige öffentliche Telefonzellen. Sie funktionieren mit Telefonkarten, die man bei der Post oder an einigen Kiosken erhält.
Vorwahl nach Deutschland: 0049; in die Schweiz: 0041; nach Österreich: 0043. Die Vorwahl für Polen ist 0048, die regionalen Vorwahlnummern und die örtlichen Postleitzahlen werden in den Kapiteln des Reiseführers angegeben. Aus Deutschland ist die 0048 vorzuwählen und dann die 0 der städtischen Vorwahl wegzulassen. Funklöcher sind recht selten.

Toiletten

Für die deutschen Besucher zeigen sich manchmal die Türen der öffentlichen Bedürfnisanstalten Polens als Buch mit sieben Siegeln: Auf der einen Tür ist ein Kreis abgebildet, auf der anderen ein Dreieck. Niemand weiß, woher diese Symbole stammen. Zur Orientierung: Der Kreis bedeutet ›Damen‹, das Dreieck ›Herren‹. Einfacher haben es Touristen mit solchen Anlagen, die mit ›Damski‹ und ›Menski‹ gekennzeichnet sind. Doch egal, ob geometrische Figuren oder Beschriftung: Bei fast allen öffentlichen Toiletten wird eine geringe Benutzungsgebühr erhoben.

Unterkunftspreise

Bescheidene Quartiere beim Urlaub auf dem Bauernhof oder in Privatzimmern sind schon ab umgerechnet etwa zehn Euro pro Person zu erhalten. In Hotels von mittlerer Qualität sollte man für ein Doppelzimmer mit Frühstück etwa mit 40 bis 50 Euro rechnen, oft liegen die Preise aber darunter. Vier-Sterne-Hotels gibt es in der ehemaligen Neumark kaum. Dann muss man mit 70 bis 100 Euro rechnen. Generell sind die Preise, verglichen mit denen in Deutschland, sehr günstig. In Gorzów liegen sie höher als in den anderen kleinen Orten, aber noch immer deutlich unter deutschem Niveau.

Wildfrüchte

In der Neumark mit seinen vielen Wäldern wachsen zahlreiche Pilze und verschiedene Beeren, in großen Mengen Blaubeeren. An manchen Stellen stößt man auf verwilderte Obstbäume noch aus der Zeit, als dort deutsche Gärten gepflegt wurden. Über die Standorte sollte man sich bei Interesse am Urlaubsort informieren.

Zeit

Auch in Polen gilt wie bei uns die Mitteleuropäische Zeit (MEZ). Anfang und Ende der Sommerzeit erfolgt zu den gleichen Terminen wie in Deutschland.

Zollbestimmungen

Zollbeschränkungen wurden 2004 mit dem EU-Beitritt Polens aufgehoben. Zollkontrollen gibt es nicht mehr am Grenzübergang, sondern nur noch im Umkreis von 30 Kilometern. Für einreisende Bürger über 18 Jahre aus Ländern der EU gelten Begrenzun-

gen etwa bei der Ausfuhr von Tabakwaren: Pro Person dürfen maximal 200 Zigaretten pro Tag ausgeführt werden.
Die Ausfuhr von Kunstwerken, Antiquitäten, Büchern und anderen Gegenständen aus Polen, die vor dem 9. Mai 1945 hergestellt wurden, ist nur mit Genehmigung des zuständigen Denkmalkonservators der Wojewodschaft bzw. der Nationalbibliothek in Warszawa (Warschau) erlaubt.

Literaturhinweise

Autorenkollektiv, Kreis Königsberg/Neumark. Erinnerungen an einen ostbrandenburgischen Landkreis. Berlin/Bonn, Westkreuz-Verlag 1996.
Autorenkollektiv, Zwischen Neumark und Ziemia Lubuska. Berlin, be.bra 2008.
Bader, Karin (Hrsg.), Ostbrandenburg in 144 Bildern. Leer, Verlag Gerhard Rautenberg 1984.
Barran, Fritz R., Städte-Atlas Ostbrandenburg. Leer, Verlag Gerhard Rautenberg 1990.
Beske, Hans und **Handke, Ernst** (Hrsg.), Wege zueinander. Landsberg (Warthe), Gorzów Wielkopolski. 2. Auflage. Berlin/Bonn, Westkreuz Verlag 1994.
Biens, Paul, Heimatklänge. Sagen und Bilder aus der Geschichte der Neumark. Nachdruck. Fürstenwalde, Verlag Bock & Kübler 1994.
Fontane, Theodor, Wanderungen durch die Mark Brandenburg. Zweiter Teil: Das Oderland. Erschienen in verschiedenen Verlagen.
Lüderitz, Jörg, Radtouren östlich der Oder. Berlin, Trescher Verlag 1994.
Ders., Wiederentdeckte Neumark. Unterwegs in einer fast vergessenen Landschaft östlich der Oder. Fürstenwalde, Verlag Bock & Kübler 1994.
Ders., Wandern und Radfahren in der Neumark. Berlin, Trescher Verlag 1999.
Ders., Neumärkische Spaziergänge. Schöneiche, Verlag Bock & Kübler 2000.
Ders., Neumärkisches Panorama. Schöneiche, Verlag Bock & Kübler 2004.
Ders., Neumärkisches Lesebuch. Berlin, Trescher Verlag 2004.
Pankow, Rosemarie, Sagen und Geschichten aus dem Sternberger Land, Husum Druck- und Verlagsgesellschaft mbH, Husum 1992.
Rutkowski, Pawel (Hrsg.), Streifzüge zwischen Oder und Drage, Begegnungen mit der Neumark. Potsdam, Deutsches Kulturforum östliches Europa 2012.
Schultze, Johannes, Die Mark Brandenburg, Verlag Duncker & Humblot. Berlin 1989.
Vollack, Manfred, Ostbrandenburg. Von der Neumark bis zur Niederlausitz. Würzburg, Flechzig-Buchvertrieb in der Stürtz Verlag GmbH 1999.
Nicht mehr im Handel erhältliche Publikationen kann man u.a. im Haus Brandenburg in Fürstenwalde einsehen oder in Bibliotheken ausleihen.

Adressen

Im Folgenden werden die Anschriften von Institutionen und Personen angegeben, die sich um die Tourismus-Förderung in der Neumark und um deutsch-polnische Kontakte in der Region bemühen.
Polnisches Fremdenverkehrsamt, Kurfürstendamm 71, 10709 Berlin, Tel. 030/210920, www.polen.travel.de.
Lubuska Organizacja Turystyczna (LOTUR), ul. Podgórna 7, 65-057 Zielona Góra, Tel./Fax 0048/(0)68/4565553, www.lotur.eu.
ZART, Westpommersche Agentur für Tourismusförderung GmbH, ul. Korzeniowskiego 1, 70-211 Szczecin, Tel. 0048/(0)91/4342187, www.zart.pl.
Euroregion Pro Europa Viadrina, Holzmarkt 7, 15230 Frankfurt (Oder), Tel. 0335/665940, Fax 6669420, info@euroregion-viadrina.org, www.gorzow.pl.
Euroregion Pomerania, Ernst-Thälmann-Straße 4, 17321 Löcknitz, Tel. 039754/20680, Fax 21153. Service- und Beratungsstelle, Berliner Straße 126a, 16303 Schwedt, Tel./Fax 03332/538924.

Euroregion Spree-Neiße-Bober, ul. Piastowska 18, 66-620 Gubin, Tel. 068/3595647, www.euroregion-snb.com.pl, auf deutscher Seite in 03172 Guben, Uferstr. 22–26, Tel. 0356/13133, www.euroregion-snb.de.
Haus Brandenburg der Stiftung Brandenburg, Parkallee 14, 15517 Fürstenwalde, Tel. 03361/310952, www.haus-brandenburg-fuerstenwalde.de. Bibliothek, Archiv, Foto- und Diasammlung zum Thema Neumark. Gleichzeitig Sitz der Landsmannschaft Berlin-Mark Brandenburg e.V.
LZS (Landsportbund), ul. K. St. Wyszyńskiego 38, 66-400 Gorzów Wlkp., Tel./Fax 0048/(0)95/7367844, Partner für Radtouren, Wanderungen.
PTTK (Polnischer Verband für Touristik und Landeskunde), ul. Sikorskiego, 66-400 Gorzów Wlkp., Tel. 0048/(0)95/7297465.
PTTK, Plac Rynek 9, 66-300 Międzyrzecz, Tel./Fax 0048/(0)95/7412447.
PTTK, Oddzial Sulęcin, ul. Moniuszki, 69-200 Sulęcin.
PTTK, Zachodniopomorski, ul. Dworcowa 6, 70-206 Szczecin, Tel. 0048/(0)91/4335721.
Vertretung der Polnischen Staatsbahn PKP, Panoramastraße 1, 10178 Berlin, Tel. 030/2423453, www.pkp.pl (auch auf Deutsch) und www.bahn.de.

Karten

Es gibt im Buchhandel eine große Auswahl an aktuellen Karten, die entweder ganz Polen abbilden oder Teile davon. Besonders empfehlenswert für all diejenigen, die sich auch für die Geschichte der Neumark bis 1945 interessieren, sind die Karten aus dem Höfer Verlag (www.hoeferverlag.de): sie sind durchweg zweisprachig beschriftet und haben ein ausführliches polnisch-deutsches und deutsch-polnisches Register. Das in diesem Reiseführer behandelte Gebiet decken die Höfer-Karten PL 001 ›Westpommern‹ und PL 002 ›Ostbrandenburg-Niederschlesien‹ ab.

Die Neumark im Internet

www.lubuskie.pl Homepage des Marschallamtes der Wojewodschaft Lubuskie.
www.zachodniopomorskie.pl Homepage der Wojewodschaft Westpommern.
www.atrakcjelubuskie.pl Ausflüge und Infos.
www.westpommern.pl Unterkünfte, Informationen zu den Gemeinden.

Die Autoren

Der in Mannheim geborene Reisejournalist und Dozent **Wolfgang Kling** ist Verfasser zahlreicher Reiseführer zu Deutschland und Polen. Zusammen mit seiner aus Gdańsk (Danzig) stammenden Ehefrau Grażyna schrieb er mehrere Bücher über Regionen und Städte im Norden Polens. Im Trescher Verlag ist von ihnen der Reiseführer ›Usedom und Wollin‹ (2015) erschienen. Wolfgang Kling lebt und arbeitet in Berlin und Świnoujście (Swinemünde).

Jörg Lüderitz wurde 1935 in Rostin, Kreis Soldin/Neumark, geboren und stammt aus einer Lehrerfamilie. Sein Großvater war der neumärkische Heimatforscher Paul Biens. Nach der Vertreibung aus der Heimat im Juli 1945 wurde Rüdersdorf bei Berlin der neue Wohnort. Von 1964 bis 2005 lebte er in Grünheide (Mark) und seither im polnischen Łagów (Lagow) und in Frankfurt (Oder). Von 1957 bis 1959 verbüßte Lüderitz wegen pazifistisch orientierter Kontakte nach Westberlin eine 28-monatige Haftstrafe. Der gelernte Buchhändler blieb seinem Beruf bis zum Vorruhestand 1991 treu.

Bekannt wurde Jörg Lüderitz, von 1991 bis 2005 Vorsitzender des Literaturvereins ›Georg Kaiser‹ in Grünheide, durch zahlreiche Presse- und Buchveröffentlichungen. Im Mittelpunkt stehen die brandenburgischen Gebiete östlich von Oder und Neiße sowie Grünheide mit Umgebung. Thematische Schwerpunkte sind Landschaft und Geschichte, Kultur und Gegenwart. Über seine neumärkische Heimat hält er Dia-Vorträge, gibt Lesungen und beteiligt sich an Buchverkäufen. Von Jörg Lüderitz sind im Trescher Verlag neben dem Reiseführer ›Neumark‹ derzeit lieferbar: ›Neumärkisches Lesebuch‹ (2004) und ›Heimat Brandenburg. Stationen meines Lebens‹ (2012).

Dem Autor wurde 1999 für seine langjährigen Bemühungen um ›die Entwicklung freundschaftlicher Beziehungen zwischen polnischen und deutschen Bürgern‹ das Bundesverdienstkreuz verliehen.

Editorische Notiz von Jörg Lüderitz

Die vorliegende Ausgabe des Neumark-Reiseführers präsentiert sich in zweierlei Hinsicht in vollkommen veränderter Art. Erstens sind alle vor 1945 zur Provinz Brandenburg gehörenden Gebiete östlich von Oder und Neiße, bislang in den Bänden ›Neumark‹ und ›Entdeckungen östlich der Oder‹ aufgeteilt, nun in einem Reiseführer zusammengefasst. Dieser Band ist demnach Nachfolger beider Titel. Dabei wurde die bewährte Gliederung der Vorgängerbände beibehalten. Zweitens habe ich aus Altersgründen einen Co-Autor für die Weiterführung des Projektes gesucht und ihn in Wolfgang Kling gewinnen können. Herr Kling hat zusammen mit seiner Frau Grażyna bereits eine langjährige Erfahrung bei der Ausarbeitung von Reiseführern, vorrangig über polnische und brandenburgische Gebiete. Ich bin sehr dankbar darüber, dass sich ein Nachfolger gefunden hat, der bereits vorher einen großen Teil der Region kannte und sich mit der von mir so geliebten Neumark immer mehr anfreundet.

Sprachführer

Beim ersten Besuch in Polen stellt man erstaunt fest, dass viele Polen Deutsch sprechen. Aber nur sehr wenige Deutsche sprechen Polnisch. Dies ist nicht nur auf die schwierige Aussprache und die Betonung des Polnischen zurückzuführen: Da viele Polen ihre westlichen Gäste verstehen, fehlt für diese der Anreiz zum Erlernen. Früher waren es meist die Älteren, die Deutsch noch aus der Zeit vor 1945 beherrschten, heute ist Deutsch in Schulen und Universitäten die beliebteste Fremdsprache. Russisch, das ehemals Pflichtfach war, mögen nur wenige neu erlernen. Mit jungen Leuten kann man sich auch auf Englisch verständigen. Bei einem Gespräch erwarten die Polen nicht, in ihrer Muttersprache angesprochen zu werden: Die meisten möchten ihre Deutschkenntnisse erproben. Dennoch ist es ein Zeichen der Höflichkeit und des Interesses an der fremden Kultur, sich einige Worte und wichtige Redewendungen anzueignen. Wenn auch der praktische Nutzen dieser bruchstückhaften Kenntnisse nicht allzu groß ist, so wird der Gesprächspartner erfreut über diesen Ausdruck des guten Willens sein.

Die polnische Sprache gehört zur slawischen Sprachfamilie. Die Vokale werden kurz gesprochen, dabei sind die Verbindungen ›au‹ und ›eu‹ wie zwei einzelne Vokale auszusprechen. Alle zwei- oder mehrsilbigen Wörter betont man im Polnischen grundsätzlich auf der vorletzten Silbe.

deutsch	polnisch	gesprochen
Allgemeines		
danke	dziękuję	(dschenkuje)
bitte	proszę	(prosche)
Guten Tag	dzień dobry	(dschen dobri)
Auf Wiedersehen	do widzenia	(do widzenia)
Hallo/Tschüss	cześć	(tschescht)
ja/nein	tak/nie	(tak/nje)
Nein Danke	nie dziękuję	
Verzeihung	przepraszam	(pscheprascham)
Wieviel kostet ...?	ile kosztuje ...?	(ile koschtuje)
Herr Ober! (mein Herr ...)	proszę pana	
Frau Ober! (meine Dame ...)	proszę pani	
zahlen!	płacić!	(puatschitsch)
Prost	na zdrowie	(na sdrowje)

deutsch	polnisch	gesprochen
Zahlen		
null	zero	(sero)
eins	jeden, jedna, jedno	(jeden)
zwei	dwa	(dva)
drei	trzy	(tsche)
vier	cztery	(tschtere)
fünf	pięć	(pintsch)
sechs	szesc	(schechtsch)
sieben	siedem	(schjedem)
acht	osiem	(oschjem)
neun	dziewięć	(dschewintsch)
zehn	dziesięć	(dscheschentsch)
hundert	sto	(sto)
tausend	tysiąc	(tischonts)
Unterwegs		
See	jezioro	(jesioro)
Fluß	rzeka	(scheka)
Boot	łódź	(wudch)
Fischerboot	łódź rybacka	(wudch ribatska)
Segeln	żeglarstwo	(scheglarstwo)
Segelboot	żaglówka	(schaglufka)
Segelrouten	szlaki żeglugi	(schlaki scheglugi)
Wandern	wędrowanie	(wendrowanje)
Wanderkarte	mapa turystyczna	(mapa turistitschna)
Wanderweg	szlak turystyczny	(schlak turistitschni)
Naturschutzgebiete	rezerwaty przyrody	(reserwati pschirodi)
Angelschein	zezwolenie wędkarskie	(seswolene wentkarskje)
Angel	wędka	(wentka)
Fahrplan	rozkład jazdy	

polnisch	deutsch
Hinweise	
uwaga	Vorsicht oder Achtung
przejście wzbronione	Durchgang verboten
objazd	Umleitung
koniec	Ende
toalety/ustepy	Toiletten
damski	Damen
męski	Herren
grozi śmiercią	Lebensgefahr
zamknięty	geschlossen
ciepło	warm
zimno	kalt
kantor	Wechselstube
zarezerwowany	reserviert
kawiarnia	Café
piekarnia	Bäckerei
sklep mięsny	Fleischerei
sklep spożywczy	Lebensmittelgeschäft

Die Speisekarte

Ein typisch polnisches Mittagessen beginnt mit einer Suppe.

barszcz czerwony (z pasztecikiem)	Rote-Rüben-Suppe (mit Pastetchen)
żur (ek)	Mehlsuppe
zupa pomidorowa	Tomatensuppe
flaki	Kuttelsuppe

Zu den populärsten Hauptgerichten gehören:

bigos	Eintopf aus Sauerkraut und Weißkohl mit Fleischeinlage
bryzol schabowy	Schweinesteak
befsztyk	Beefsteak
pieczeń wołowa	Rinderbraten
pieczeń z dzika	Wildschweinbraten

polnisch	deutsch
jeleń	Hirsch
kaczka pieczona	Entenbraten
kiełbasa	Wurst (gegrillt oder gekocht)
kurczak	Hähnchen
pierogi	Piroggen (gefüllte Teigtäschchen)
polędwica	Filet
rolada	Roulade
pieczeń z sarny	Rehbraten
zając	Hase
Fisch	
ryba	Fisch
dorsz	Dorsch, Kabeljau
gładzica	Scholle
karp	Karpfen
łosoś	Lachs
pstrąg	Forelle
śledź	Hering
turbot	Steinbutt
sandacz	Zander
ryba wędzona	Räucherfisch
ryba gotowana	Kochfisch
ryba smażona	Bratfisch
ryba pieczona	Backfisch
Beilagen	
dodatki	Beilagen
jarzyny	Gemüse
kluski	Nudeln, Klößchen
knedle	Kartoffelklöße
ryż	Reis
sałatka	Salat
ziemniaki	Kartoffeln

polnisch	deutsch
borowiki	Pilze
kurki	Pfifferlinge
Etwas Gebäck zum Nachtisch:	
napoleonka	mit Puddingkrem gefüllter Blätterteig
szarlotka	Apfelkuchen
babeczka	mit Obst und Krem gefüllte Mürbeteigtörtchen
sernik	Käsekuchen

Getränke

napoje	Getränke
herbata	Tee
kawa	Kaffee
mleko	Milch
sok owocowy	Fruchtsaft
piwo	Bier
szampan	Sekt
wino	Wein
woda mineralna	Mineralwasser

Monatsnamen

Styczeń	Januar
Luty	Februar
Marzec	März
Kwiecień	April
Maj	Mai
Czerwiec	Juni
Lipiec	Juli
Sierpień	August
Wrzesień	September
Październik	Oktober
Listopad	November
Grudzień	Dezember

A

Ackerberg, Knut von 98
Adam von Schöning 48
Albrecht, Erich 172
Altes Haus (Burgstelle) 183
Aunjetitzer Kultur 29

B

Babimost (Bomst) 228
Baczyna (Beyersdorf) 133
Barlinek (Berlinchen) 96
Barnowko (Berneuchen) 53
Batowo (Batow) 94
Bau- und Kunstdenkmäler 32
Benn, Gottfried 56, 58, 127
Bernhard (Prinz der Niederlande) 227
Białęgi (Belgen) 64
Białowice (Billendorf) 250
Biecz (Beitsch) 249
Bielin (Bellin) 64
Bielinek (Bellinchen) 69
Biens, Paul 86, 93
Bierzwnik (Marienwalde) 114
Biskupice (Alt Bischofsee) 153
Bismarck, Otto von 90
Bledzew (Blesen) 195
Bobowicko (Bobelwitz) 200
Bóbr (Bober) 235
Bobrowice (Bobersberg) 236
Bobrówko (Biberteich) 168
Bobrówko (Breitenstein) 122
Bogdaniec (Dühringshof) 137
Boleslaw II. 29
Boleszkowice (Fürstenfelde) 58
Bootsfahrt auf der Warta (Warthe) 142
Borgstede, August Heinrich von 95
Borsig, Conrad von 95
Boryszyn (Burschen) 189, 201
Breń (Bernsee) 114
Brody (Groß Blumberg) 229
Brody (Pförten) 249
Brody (Pförten, Schloss und Park) 248
Brójce (Brätz) 210
Bronków (Bronkow) 236
Bronowice (Braunsfelde) 122
Bruch der Warta (Warthe) 137, 177
Bruch von Zabłocie (Raudenberg) 250
Brühl, Heinrich Graf von 248
Brunsberg, Heinrich 74
Brwice (Blankenfelde) 76
Brzesko (Brietzig) 94
Brzezno (Nesselgrund) 138
Brzózka (Braschen) 236
Buckow (Buckow) 229
Bucze (Wutschdorf) 220
Buczyny (Buchenberge/Buckoka) 243
Budziechów (Baudach) 250
Bukowiec (Bauchwitz) 200
Burganlagen 33
Bürgerhäuser 34

C

Cedynia (Zehden) 66
Chartów (Gartow) 158
Chlastawa (Klastawe) 211
Chlebowo (Lindenhain) 256
Chłopowo (Herrendorf) 87
Chłopowo (Schwachenwalde) 114
Chocicz (Hermswalde) 250
Chociszewo (Kutschkau) 211
Chociule (Kutschlau) 217
Chojna (Königsberg/Neumark) 71
Chomętowo (Hermsdorf) 114
Chopin, Frédéric 225
Choszczno (Arnswalde) 102
Chróscik (Neuendorf) 133
Chwarszczany (Quartschen) 46
Cielmów (Zilmsdorf) 243
Cybinka (Ziebingen) 151
Cychry (Zicher) 54
Czachów (Zachow) 69
Czarników (Zernickow) 88
Czarnów (Schernow/Tschernow) 158
Czechów (Zechow) 132
Czelin (Zellin) 59
Czetowice (Zettitz) 235
Czółnów (Zollen) 88

D

Dąbroszyn (Tamsel) 48
Dąbrowa (Eichwerder) 88
Dąbrówka Wielkopolska (Groß Dammer) 211
Dalsze (Woltersdorf) 88
Dargomyśl (Darrmietzel) 54
Debięc (Eichhorst) 94
Dębinka (Eichenrode) 243
Dębno (Neudamm) 46, 50
Dębrznica (Döbbernitz) 182
Derczewo (Dertzow) 94
Deutsch-polnischer Grenzvertrag 31
Długoszyn (Langenfeld) 172

Register 279

Dłuzek (Dolzig) 249
Dobiegniew (Woldenberg) 111
Dobropole (Dobberpfuhl) 80
Dolsko (Dölzig) 64
Domagk, Gerhard 186
Dörffler, Oscar 162
Dorfkirchen 35
Dormowo 206
Drawa (Drage) 107, 108
Drawno (Neuwedell) 107
Dreißigjähriger Krieg 26
Drezdenko (Driesen) 115
Drzecin (Trettin) 153
Drzeńsko (Drenzig) 168
Drzewce (Leichholz) 182
Drzewice (Alt Drewitz) 46
Dürrenselchow (Żelichów) 64
Dychów (Deichow) 236
Dyszno (Ringenwalde) 54
Dzieduszyce (Alt Diedersdorf) 138
Dziedzice (Deetz) 94
Dzikowo (Dieckow) 99

E
Essen und Trinken 38
Euler, Leonhard 59

F
Fallada, Hans 163
Feste und Festivals 36
Festung Oder-Warthe-Bogen 201
Fontane, Theodor 20, 48, 162
Frankfurt (Oder) 148
Friedrich (Kronprinz) 43
Friedrich Wilhelm (Kurprinz) 43
Fürst-Pückler-Park Bad Muskau 243

G
Gądków Wielki (Groß Gandern) 182

Gądno (Guhden) 64
Gajec (Neuendorf) 168
Garbicz (Görbitsch) 168
Gardzko (Hohenkarzig) 122
Gębice (Amtitz) 257
Geschichte 23
Gęstowice (Tammendorf) 235
Gięty, Szymon 129
Głasów (Glasow) 94
Głaznik (Taubenberg) 172
Głębokie (Glembuch/Tiefsee) 199
Glisno (Schloss) 179
Głusko (Steinbusch) 114
Godków (Jädickendorf) 76
Gogolice (Schmarfendorf 80
Golenice (Schildberg) 88
Golice (Gohlitz) 153
Golice (Grüneberg) 69
Goralice (Görlsdorf) 80
Górki Małe (Unterweinberge) 228
Górki Noteckie (Gurkow) 125
Górzno (Göhren) 114
Gorzów Wlkp. (Landsberg/Warthe) 127, 133
Górzyca (Göritz) 158
Górzykowo (Oberweinberge) 228
Górzyn (Göhren) 250
Gorzyń (Goray) 207
Gościkowo (Paradies) 219
Goszczanowo (Guscht) 125
Goszków (Gossow) 64
Gozdowice (Güstebiese) 59
Grabice (Reichersdorf) 257
Grabin (Krämersborn) 236
Grabno (Buchholz) 163

Grabówek (Grabow) 249
Gralewo (Gralow) 126
Granowo (Granow) 105
Grochowo (Grochow) 178
Gronów (Grunow) 189
Gryżyna (Griesel) 236
Gryżyno (Griesenfelde) 88
Grzybno (Thänsdorf) 81
Gubin (Guben) 251

H
Hans von Küstrin 26, 43
Hedwig von Schlesien 231
Heinrich Toyte 96
Herrenhäuser 34
Humbert, Anna von 72
Humboldt, Alexander von 54

I
Ilanka (Eilang) 151, 180
Ina (Ihna) 105
Internethinweise 271

J
Janczewo (Jahnsfelde) 126
Jarnatów (Arensdorf) 177
Jasień (Gassen) 250
Jastrzebnik (Christophswalde) 125
Jelenin (Gellen) 76
Jenin (Gennin) 132
Jesionowo (Schönow) 94
Jez. Białe (Weißer See) 205
Jez. Borek (Borackssee) 256
Jez. Bukowieckie (Bauchwitzer See) 200
Jez. Busko (Buschsee) 168
Jez. Buszno (Großer Bechensee) 189
Jez. Chłop (Kloppsee) 205

Jez. Chycina (Höllengrundsee) 195
Jez. Czyste Wielki (Großer Zeuschtsee) 162
Jez. Dolne (Nieder Jehser) 249
Jez. Głebokie (Großer See) 168
Jez. Glibiel (Tiefensee) 236
Jez. Glinik (Bestiensee) 132, 193
Jez. Grzybno (Greibensee) 162
Jez. Długie (Langer See) 81
Jez. Ilno (Eilangsee) 182
Jez. Białe (Weißer See) 87
Jez. Chłop (Kloppsee) 94
Jez. Chmielowe (Hopfensee) 98
Jez. Długie (Dolgensee) 138
Jez. Jańsko (Jähnsdorfer See) 250
Jez. Klukom (Klückensee) 104
Jez. Konin (Konninsee) 210
Jez. Łagowskie (Lagower See) 188
Jez. Lubiąż (Lübbenssee) 177
Jez. Lubikowskie (Liebucher See) 206
Jez. Lubinieckie (Merzdorfer See) 217
Jez. Lubniewsko (Ankensee) 177
Jez.Lubniewsko (Ankensee) 172
Jez. Lubiowa (Großer Lubowsee) 117
Jez. Lubowo (Libau-See) 117
Jez. Marwickie (Stegsee) 87
Jez. Miejskie 204
Jez. Miejskie (Küchensee) 206
Jez. Myśliborskie (Soldiner See) 85
Jez. Niesłysz (Nischlitzsee) 215
Jez. Okunie (Wuckensee) 99
Jez. Osiek (Hermsdorfer See) 113
Jez. Ostrów (Wustrowsee) 76
Jez. Radachowskie (Radacher See) 158
Jez. Rak (Raaksee) 138
Jez. Szarcz (Scharziger See) 205
Jez. Trześniowskie (Tschetschsee) 188
Jez. Wadół (Wendelsee) 94
Jez. Wędrzyn (Bürgersee) 172
Jez. Wielgie (Großer See) 113
Jez. Wielkie (Großer See) 138
Jez. Wielkie 210
Jez. Wielickie (Großer See) 182
Jez. Zydawskie (Judensee) 210
Jeziory Wysokie (Hohen Jeser) 249
Johann Georg 26
Johann I. 25
Johann (Markgraf) 25
Johann von Küstrin 50
Jordanowo (Jordan) 220

K

Kaleńsko (Kalenzig) 46
Kalsk (Kalzig) 229
Kalsko (Kalzig) 193, 199
Kamień Wielkie (Groß Cammin) 138
Kamionna (Kähme) 206
Kanał Dychowski (Werkkanal) 236
Kapellen 33
Kargowa (Unruhstadt) 228
Karsch, Anna Luise 209
Karsko (Karzig) 99
Kęszyca (Kainscht) 201
Kierzków (Kerkow) 88
Kije (Kay) 229
Kikoł (Dreiherrscherberg) 199
Kirchen 33
Klabund (Alfred Henschke) 235
Klasztorna (Steineck) 80
Klasztorne (Klosterfelde) 114
Kleist, Ewald von 148
Kleist, Heinrich von 148
Klemperer, Victor 127
Klępicz (Klemzow) 69
Klępsk (Klemzig) 226
Klickstein 88
Kłodawa (Kladow) 133
Kłopot (Kloppitz) 152
Kłopotowo (Schützensorge) 158
Klosów (Klossow) 58
Kloster Paradies (Klasztor Paradyż) 222
Knobelsdorff, Georg Wenzeslaus von 236
Knöffel, Johann Christoph 248
Koch, Christian Friedrich 62
Kołczyn (Költschen) 158, 177
Kolsk (Kölzig) 114
Konrad I. 25
Kopisch, August 61
Koryta (Koritten) 183
Korytowo (Kürtow) 105
Kosarzyn (Kuschern) 256
Kosieczyn (Kuschten) 211
Kosobudz (Kunersdorf) 189
Kostrzyn (Küstrin) 42
Kowalów (Kohlow) 163

Koziczyn (Steinbockwerk) 152
Krajnik Dolny (Nieder Kränig) 72
Krajnik Górny (Hohenkränig) 76
Krasne Dłusko (Lauske) 194
Krasne (Kraazen) 94
Kreuz der Begegnung an Oder und Neiße 256
Krieger, Adam 116
Krobielewko (Klein Krebbel) 193
Krosno Odrzańskie (Crossen) 230
Kruszwin (Simonsdorf) 88
Krzeszyce (Kriescht) 158
Krzymów (Hanseberg) 76
Krzystkowice (Christianstadt) 250
Kukadło (Kuckädel) 236
Kunice (Kunzendorf) 242
Kunowice (Kunersdorf) 152
Kurzyca (Kuritz) 57
Kurzycko (Voigtsdorf) 58
Küstrin-Kietz 44

L

Łagów (Lagow) 184
Landschaftspark von Pszczew (Betsche) 194
Landschaftsschutzpark Pszczew 210
Landschaftsschutzpark Puszcza Gorzowska (Landsberger Urwald) 99
Landschaft und Natur 21
Lasker, Emanuel 100
Łasko (Althütte) 114
Ławy (Brügge) 87
Lebus 151
Lemierzyce (Alt Limmritz) 158
Lenka (Lenze) 158
Lipiany (Lippehne) 90

Lipie Góry (Mansfelde) 122
Lipki Wlkp. (Lipke) 125
Lisia (Hühnerfließ) 153
Lisie Pole (Uchtdorf) 76
Lisów (Leißow) 153
Literaturhinweise 270
Łochowice (Lochwitz) 236
Łomianka (Strieming) 256
Łowyń (Lowin) 206
Lubanice (Laubnitz) 243
Łubianka (Breitebruch) 133
Lubicz (Blumenfelde) 122
Lubiechnia Wielka (Groß Lübbichow) 168
Lubiechów Gorny (Hohen Lübbichow) 69
Lubiewo (Brand) 117
Lubiszyn (Ludwigsruh) 138
Lubniewice (Königswalde) 174
Lubno (Liebenow) 138
Luboszyce (Liebesitz) 257
Lubów (Laubow) 168
Lubrza (Liebenau) 218
Lubsko (Sommerfeld) 245
Lubsza (Lubst) 243, 245
Ługi (Lauchstädt) 114
Łukowice (Altenkirchen) 69
Łupowo (Loppow) 132
Lutol Suchy (Dürrlettel) 210

M

Małyszyn (Merzdorf) 133
Mały Wielki (Klein Gandern) 182
Marwice (Marwitz) 133
Mattanovi, Georg 74
Messel, Alfred 122
Mętno (Mantel) 76
Międzychód (Birnbaum) 206

Międzyrzecz (Meseritz) 196
Mielęcin (Mellentin) 94
Mierzęcin (Mehrenthin) 114
Mieszko I. 23
Mieszkowice (Bärwalde) 55
Miłowice (Mildenau) 242
Mironice (Himmelstädt) 133
Mirowo (Woltersdorf) 64
Moczele (Marzelle) 110
Moczkowo (Tobelhof) 99
Moczydło (Mückeburg) 132
Morgenstern, Christian 239
Moryń (Mohrin) 61
Mościce (Blumberg) 138
Mosina (Massin) 138
Mosina (Massiner Heide) 53
Mostki (Möstchen) 220
Mostkowo (Chursdorf) 94
Mostno (Kerstenbrügge) 53
Murzynowo (Morrn) 125
Myśla (Mietzel) 46, 53
Myślibórz (Soldin) 82
Myszęcin (Muschten) 217

N

Namyślin (Neumühl) 46
Narost (Nordhausen) 64
Nationalpark an der Drawa (Drage) 108
Naturschutzgebiet Buczyny Łagowskie 188
Nawodna (Nahausen) 76
Nawrocko (Liebenfelde) 88
Neumann, Julius 50
Niekarzyn (Nickern) 229
Niemen, Czesław 213
Niemieńsko (Nemischhof, Jagdschloss) 110

Niesulice (Blankensee) 215
Nietkowice (Deutsch Nettkow) 201
Nietoperek (Nipter) 202
Noteć (Netze) 115, 117, 123
Nowa Wieś (Neudorf) 178
Nowa Wioska 220
Nowe Biskupice (Neu Bischofsee) 153
Nowe Objezierze (Groß Wubiser) 64
Nowiny Wlk. (Döllensradung) 137
Nowogródek Pomorski (Neuenburg) 87
Nowy Dworek (Neuhöfchen) 220
Nowy Lubusz (Neu Lebus) 151

O
Oborzany (Nabern) 54
Obra (Obra) 196, 208
Oder (Odra) 259
Ogardy (Wugarten) 114
Ognica (Nipperwiese) 76
Ojerzyce (Oggerschütz) 217
Olbrachtów (Albrechtsdorf) 242
Ołobok (Mühlbock) 215
Orden (christliche) 27
Orzechów (Wrechow) 69
Osiecko (Oscht) 177
Osiecznica (Güntersberg) 235
Osiek (Ossig) 250
Osinów Dolny (Niederwutzen) 68
Ośno Lubuskie (Drossen) 159
Ostrowiec (Wusterwitz) 53
Ostrów (Ostrow) 172
Otanów (Wuthenow) 94
Otto III. 25
Otto von Barmenstede 62
Owczary (Ötscher) 158
Ownice (Ögnitz) 158

P
Paklica (Packlitz) 196, 262
Pałck (Palzig) 229
Pamięcin (Frauendorf) 153
Patecki, Mirosław Kasimierz 216
Paucksch, Hermann 129
Pełczyce (Bernstein) 99
Peter, Johann Gottlieb Gotlon 222
Petrus Waldus 64
Piaseczno (Pätzig) 80
Piasek (Peetzig) 69
Piastenweg 177
Pielice (Pehlitz) 114
Pinecki, Leon 170
Piotrowice (Klein Petersdorf) 243
Pliszka (Pleiske) 189
Pliszka (Pleiskehammer) 182
Płociczna (Plötzenfließ) 108
Płonia (Plöne) 96
Płotno (Blankensee) 105
Pniów (Pinnow) 183
Podmokle Małe (Klein Posenbrück) 228
Polanowice (Niemitzsch) 257
Połęcko (Pollenzig) 163, 256
Policko (Politzig) 205
Pomorsko (Pommerzig) 228
Popowo (Poppe) 193
Poser, Friedrich Wilhelm von 179
Potsdamer Abkommen 30
Pożrzadło (Spiegelberg) 189
Proszów (Drahthammer) 249
Przełazy (Seeläsgen) 215
Przelewice (Prillwitz) 94
Przetocznica (Hammer) 229
Przyjezierze (Butterfelde) 64
Przytoczna (Prittisch) 194
Pszczelnik (Kuhdamm) 88
Pszczew (Betsche) 203
Pückler-Muskau, Hermann Fürst von 243
Puszcza Notecka 125
Puszcza Piaskowa (Peetziger Forst) 69, 76
Pyrzany (Pyrehne) 137
Pyrzyce (Pyritz) 94

R
Racław (Ratzdorf) 133
Radachów (Radach) 163
Radęcin (Regenthin) 114
Radówek (Klein Rade) 163
Radów (Groß Rade) 163
Radtouren (nördlicher Teil) 143
Radtouren (südlicher Teil) 263
Raduń (Raduhn) 76
Raduń (Radun) 105
Raszyn (Räschen) 250
Rauch, Daniel 48
Recz (Reetz) 105
Reczyce (Kutzdorfer Eisenhammer) 46
Reisetipps von A bis Z 265
Renice (Rehnitz) 87
Rezepte 39
Ringwaldt, Bartholomäus 173
Rogi (Sophienwalde, Schloss) 177
Rogoziniec (Rogsen) 211
Rokitno (Rokitten) 194
Rościn (Rostin) 88
Rosnowo (Rohrbeck) 80

Register

Równo (Ruwen) 99
Rów (Rufen) 88
Różanki (Stolzenberg) 126, 132
Różańsko (Rosenthal) 87
Roztoki (Rodstock) 250
Rudnice (Hammer) 177
Rurka (Rörchen) 76
Rzepin (Reppen) 164

S

Sądów (Sandow) 152
Sage vom Klickstein 86
Santocko (Zanzin) 133
Santok (Zantoch) 123
Sarbinowo (Zorndorf) 46, 47
Scheffler, Felix Anton 222
Schinkel, Karl Friedrich 59, 156, 179, 181, 199, 234
Schleiermacher, Friedrich Daniel 127, 130
Schröter, Corona 255
Schutzgebiete 22
Sciechów (Fahlenwerder) 87
Sękowice (Schenkendorf) 257
Serbów (Zerbow) 163
Siebenjähriger Krieg 26
Sieciejów (Schönaich) 243
Siekierki (Zäckerick) 59
Sieniawa (Schönow) 188
Sienno (Seefeld) 163
Sitno (Hohenziethen) 94
Skąpe (Skampe) 229
Skoki (Heidemühle) 200
Skrzynka (Grüneberg) 94
Skwierzyna (Schwerin/Warthe) 191, 201
Sławęcin (Schlagenthin) 105
Słonow (Schlanow) 114
Słońsk (Sonnenburg) 154
Słowin (Lämmersdorf) 114
Słubia (Schlibbe) 60, 64

Słubice (Frankfurt-Dammvorstadt) 146
Smardzewo (Schmarse) 217
Smolnica (Bärfelde) 54
Sokola Dàbrowa (Falkenwalde) 177
Sokólsko (Falkenstein) 122
Sonnenburg, Carl 103
Sosny (Charlottenhof) 138
Sportmöglichkeiten 37
Sprachführer 273
Stadtmauern 33
Stadtzentren 34
Stańsk (Stenzig) 158
Stara Rudnica (Alt Rüdnitz) 68
Stare Objezierze (Klein Wubiser) 64
Stare Polichno (Pollychen) 125
Starosiedle (Starzeddel) 256
Stary Kostrzynek (Altcüstrinchen) 68
Stary Łysogórki (Altlietzegöricke) 59
Staw (Staffelde) 87
Steile Wand von Lossow 151
Steinbart, Siegmund 226
Stobnica (Stübenitz) 104
Stoki (Rehdorf) 76
Stołeczna (Stolzenfelde) 80
Stołuń (Stalun/Schönfelde) 205
Str. Osieczno (Hochzeit) 114
Strużka (Seedorf) 250
Strzeszów (Stresow) 80
Studzionka (Albrechtsbruch) 158
Stüler, Friedrich August 74, 211, 236
Sulechów (Züllichau) 223
Sulęcin (Zielenzig) 169

Sulimierz (Adamsdorf) 94
Świebodzin (Schwiebus) 212
Świecko (Schwetig) 151
Świerkocin (Fichtwerder) 137
Święty Wojciech (Georgsdorf) 199
Świniary (Schweinert) 193
Świniary (Zweinert) 163
Swobnica (Wildenbruch) 81
Szklarka Radnica (Rädnitzer Hüttenwerke) 236
Szumilowo (Schaumburg) 46

T

Tal der Kamionka (Kähmer Mühlenfließ) 206
Tal der Liebe 72
Tal der Lubniewka (Fließ) 177
Tal der Płonia (Plöne) 99
Tarnów (Tornow) 138
Teike, Carl 127, 132
Telemann, Georg Philipp 239
Tieck, Ludwig 152
Tier- und Pflanzenwelt 22
Tietz, Hermann 207
Tietz, Leonhard 207
Tietz, Oscar 207
Toporów (Topper) 189
Torzym (Sternberg) 180
Trinkrecht der Stadt Lippehne 93
Troszyn (Trossin) 59
Trzciel (Tirschtiegel) 208
Trzcińce (Tschenze) 177
Trzcinna (Schöneberg) 87
Trzcińsko Zdrój (Bad Schönfließ) 78
Trzebiechów (Trebschen/Friedrichshuld) 228
Trzebiel (Triebel) 243
Trzemeszno Lubuskie (Schermeisel) 178

Tuchola Zarska (Klein Tauchel) 250
Tuczno (Schönrade) 122

U
Unterwegs mit Kindern 13
Urad (Aurith) 151
Ury, Lesser 207

V
Velde, Henry van der 228
Völkerwanderung 29
Von Waldow (Familie) 174
Von Winning (Familie) 180

W
Wagner, Joachim 74
Wanderweg E 11 206
Wardyń (Wardin) 105
Warnice (Warnitz) 54
Warschauer Vertrag 31
Warta (Warthe) 123, 132
Warthebruch 157
Wasserwanderung auf der Obra 261
Wasserwanderung auf der Paklica 262
Wasserwanderung auf der Oder 259
Wawrów (Lorenzdorf) 132
Węcław (Bornhofen) 53
Węgliny (Oegeln) 249
Wicina (Witzen) 250
Widuchowa (Fiddichow) 76
Wiejce (Waitze) 193
Wiener Kongress 30
Wieprzyce (Wepritz) 132
Wierzbno (Wierzebaum) 207
Wierzchlas (Falkenwalde) 59
Wildwasserfahrt auf der Drawa 140
Wilkowo (Wilkau) 215
Wirtschaft und Gesellschaft 36
Witnica (Vietnitz) 64
Witnica (Vietz) 135
Władysław Jagiełło 192
Wojnowo (Reckenwalde) 227
Wojtyła, Karol (Johannes Paul II.) 107
Wolf, Christa 127
Wołogoszcz (Wolgast) 114
Wysoka (Hohenwalde) 138
Wystok (Klauswalde) 168

Z
Żabice (Säpzig) 158
Zagórze Lubiewskie (Langs Theerofen) 117
Żarki Wielkie (Groß Särchen) 243
Żary (Sorau) 238
Zarzyn (Seeren) 189
Zatom (Zatten) 110
Zatoń Dolna (Nieder Saathen) 72, 76
Zbąszyn (Bentschen) 210
Zbąszynek (Neu Bentschen) 210
Zdroisko (Zanzthal) 132
Zehdener Landschaftsschutzpark (Cedyński Park Krajobrazowy) 68, 69
Żelechów (Selchow) 189
Żelichów (Dürrenselchow) 64
Zielin (Sellin) 58
Zielona Góra (Grünberg) 227
Złotnik (Reinswalde) 243
Zólwino (Hassendorf) 110
Żubrów (Herzogswalde) 172

Deutsch-polnisches Ortsnamenverzeichnis

A
Adamsdorf (Sulimierz) 94
Albrechtsbruch (Studzionka) 158
Albrechtsdorf (Olbrachtów) 242
Alt Bischofsee (Biskupice) 153
Alt Diedersdorf (Dzieduszyce) 138
Alt Drewitz (Drzewice) 46
Alt Limmritz (Lemierzyc) 158
Alt Rüdnitz (Stara Rudnica) 68
Altcüstrinchen (Stary Kostrzynek) 68
Altenkirchen (Łukowice) 69
Altes Haus (Burgstelle) 183
Althütte (Łasko) 114
Altlietzegöricke (Stary Łysogórki) 59
Amtitz (Gębice) 257
Ankensee (Jez. Lubniewsko) 172, 177
Arensdorf (Jarnatów) 177
Arnswalde (Choszczno) 102
Aurith (Urad) 151

B
Bad Schönfließ (Trzcińsko Zdrój) 78
Bärfelde (Smolnica) 54
Bärwalde (Mieszkowice) 55
Batow (Batowo) 94
Bauchwitz (Bukowiec) 200
Bauchwitzer See (Jez. Bukowieckie) 200
Baudach (Budziechów) 250
Beitsch (Biecz) 249
Belgen (Białęgi) 64
Bellin (Bielin) 64
Bellinchen (Bielinek) 69
Bentschen (Zbąszyn) 210
Berlinchen (Barlinek) 96
Berneuchen (Barnowko) 53
Bernsee (Breń) 114
Bernstein (Pełczyce) 99
Bestiensee (Jez. Glinik) 132, 193
Betsche (Pszczew) 203
Beyersdorf (Baczyna) 133
Biberteich (Bobrówko) 168
Billendorf (Białowice) 250
Birnbaum (Międzychód) 206
Blankenfelde (Brwice) 76
Blankensee (Niesulice) 215
Blankensee (Płotno) 105
Blesen (Bledzew) 195
Blumberg (Mościce) 138
Blumenfelde (Lubicz) 122
Bobelwitz (Bobowicko) 200
Bober (Bóbr) 235
Bobersberg (Bobrowice) 236
Bomst (Babimost) 228
Borackssee (Jez. Borek) 256
Bornhofen (Węcław) 53
Brand (Lubiewo) 117
Braschen (Brzózka) 236
Brätz (Brójce) 210
Braunsfelde (Bronowice) 122
Breitebruch (Łubianka) 133
Breitenstein (Bobrówko) 122
Brietzig (Brzesko) 94
Bronkow (Bronków) 236
Brügge (Ławy) 87

Buchenberge (Buczyny) 243
Buchholz (Grabno) 163
Buckow (Buków) 229
Bürgersee (Jez. Wędrzyny) 172
Burschen (Boryszyn) 189, 201
Buschsee (Jez. Busko) 168
Butterfelde (Przyjezierze) 64

C
Charlottenhof (Sosny) 138
Christianstadt (Krzystkowice) 250
Christophswalde (Jastrzebnik) 125
Chursdorf (Mostkowo) 94
Crossen (Krosno Odrzańskie) 230

D
Darrmietzel (Dargomyśl) 54
Deetz (Dziedzice) 94
Deichow (Dychów) 236
Dertzow (Derczewo) 94
Deutsch Nettkow (Nietkowice) 201
Dieckow (Dzikowo) 99
Döbbernitz (Dębrznica) 182
Dobberpfuhl (Dobropole) 80
Dolgensee (Jez. Długie) 138
Döllensradung (Nowiny Wlk.) 137
Dolzig (Dłużek) 249
Dölzig (Dolsko) 64
Drage (Drawa) 107, 108
Drahthammer (Proszów) 249

Dreiherrscherberg (Kikoł) 199
Drenzig (Drzeńsko) 168
Driesen (Drezdenko) 115
Drossen (Ośno Lubuskie) 159
Dühringshof (Bogdaniec) 137
Dürrenselchow (Żelichów) 64
Dürrlettel (Lutol Suchy) 210

E

Eichenrode (Dębinka) 243
Eichhorst (Debięc) 94
Eichwerder (Dąbrowa) 88
Eilang (Ilanka) 151, 180
Eilangsee (Jez. Ilno) 182

F

Fahlenwerder (Sciechów) 87
Falkenstein (Sokólsko) 122
Falkenwalde (Sokola Dàbrowa) 177
Falkenwalde (Wierzchlas) 59
Festung Oder-Warthe-Bogen 201
Fichtwerder (Świerkocin) 137
Fiddichow (Widuchowa) 76
Frankfurt (Oder) 148
Frankfurt-Dammvorstadt (Słubice) 146
Frauendorf (Pamięcin) 153
Fürst-Pückler-Park Bad Muskau 243
Fürstenfelde (Boleszkowice) 58

G

Gartow (Chartów) 158
Gassen (Jasień) 250
Gellen (Jelenin) 76
Gennin (Jenin) 132
Georgsdorf (Święty Wojciech) 199
Glasow (Głasów) 94
Glembuch/Tiefsee (Głębokie) 199
Gohlitz (Golice) 153
Göhren (Górzno) 114
Göhren (Górzyn) 250
Goray (Gorzyń) 207
Görbitsch (Garbicz) 168
Göritz (Górzyca) 158
Görlsdorf (Goralice) 80
Gossow (Goszków) 64
Grabow (Grabówek) 249
Gralow (Gralewo) 126
Granow (Granowo) 105
Greibensee (Jez. Grzybno) 162
Griesel (Gryżyna) 236
Griesenfelde (Gryżyno) 88
Grochow (Grochowo) 178
Groß Blumberg (Brody) 229
Groß Cammin (Kamień Wielkie) 138
Groß Dammer (Dąbrówka Wielkopolska) 211
Groß Gandern (Gądków Wielki) 182
Groß Lübbichow (Lubiechnia Wielka) 168
Groß Rade (Radów) 163
Groß Särchen (Żarki Wielkie) 243
Groß Wubiser (Nowe Objezierze) 64
Großer Bechensee (Jez. Buszn) 189
Großer Lubowsee (Jez. Lubiowa) 117
Großer See (Jez. Głębokie) 168
Großer See (Jez. Wielgie) 113
Großer See (Jez. Wielickie) 182
Großer See (Jez. Wielkie) 138
Großer Zeuschtsee (Jez. Czyste Wielki) 162
Grünberg (Zielona Góra) 227
Grüneberg (Golice) 69
Grüneberg (Skrzynka) 94
Grunow (Gronów) 189
Guben (Gubin) 251
Guhden (Gądno) 64
Güntersberg (Osiecznica) 235
Gurkow (Górki Noteckie) 125
Guscht (Goszczanowo) 125
Güstebiese (Gozdowice) 59

H

Hammer (Przetocznica) 229
Hammer (Rudnice) 177
Hanseberg (Krzymów) 76
Hassendorf (Zólwino) 110
Heidemühle (Skoki) 200
Hermsdorf (Chometowo) 114
Hermsdorfer See (Jez. Osiek) 113
Hermswalde (Chocicz) 250
Herrendorf (Chłopowo) 87
Herzogswalde (Żubrów) 172
Himmelstädt (Mironice) 133
Hochzeit (Str. Osieczno) 114
Hohen Jeser (Jez. Wysokie) 249
Hohen Lübbichow (Lubiechów Gorny) 69
Hohenkarzig (Gardzko) 122
Hohenkränig (Krajnik Górny) 76

Deutsch-polnisches Ortsnamenverzeichnis

Hohenwalde (Wysoka) 138
Hohenziethen (Sitno) 94
Höllengrundsee (Jez. Chycina) 195
Hopfensee (Jez. Chmielowe) 98
Hühnerfließ (Lisia) 153

I
Ihna (Ina) 105

J
Jädickendorf (Godków) 76
Jähnsdorfer See (Jez. Jańsko) 250
Jahnsfelde (Janczewo) 126
Jordan (Jordanowo) 220
Judensee (Jez. Zydawskie) 210

K
Kähme (Kamionna) 206
Kainscht (Kęszyca) 201
Kalenzig (Kaleńsko) 46
Kalzig (Kalsk) 229
Kalzig (Kalsko) 193, 199
Karzig (Karsko) 99
Kay (Kije) 229
Kerkow (Kierzków) 88
Kerstenbrügge (Mostno) 53
Kladow (Kłodawa) 133
Klastawe (Chlastawa) 211
Klasztor Paradyż (Kloster Paradies) 222
Klauswalde (Wystok) 168
Klein Gandern (Mały Wielki) 182
Klein Krebbel (Krobielewko) 193
Klein Petersdorf (Piotrowice) 243
Klein Posenbrück (Podmokle Małe) 228
Klein Rade (Radówek) 163
Klein Tauchel (Tuchola Zarska) 250
Klein Wubiser (Stare Objezierze) 64
Klemzig (Klępsk) 226
Klemzow (Klępicz) 69
Klickstein 88
Kloppitz (Kłopot) 152
Kloppsee (Jez. Chłop) 205
Kloppsee (Jez. Chłop) 94
Klossow (Klosów) 58
Klosterfelde (Klasztorne) 114
Klückensee (Jez. Klukom) 104
Kohlow (Kowalów) 163
Költschen (Kołczyn) 158, 177
Kölzig (Kolsk) 114
Königsberg/Neumark (Chojna) 71
Königswalde (Lubniewice) 174
Konninsee (Jez. Konin) 210
Koritten (Koryta) 183
Kraazen (Krasne) 94
Krämersborn (Grabin) 236
Kreuz der Begegnung an Oder und Neiße 256
Kriescht (Krzeszyce) 158
Küchensee (Jez. Miejskie) 205, 206
Kuckädel (Kukadło) 236
Kuhdamm (Pszczelnik) 88
Kunersdorf (Kosobudz) 189
Kunersdorf (Kunowice) 152
Kunzendorf (Kunice) 242
Kuritz (Kurzyca) 57
Kürtow (Korytowo) 105
Kuschern (Kosarzyn) 256
Kuschten (Kosieczyn) 211
Küstrin (Kostrzyn) 42
Küstrin-Kietz 44
Kutschkau (Chociszewo) 211
Kutschlau (Chociule) 217
Kutzdorfer Eisenhammer (Reczyce) 46

L
Lagow (Łagów) 184
Lagower See (Jez. Łagowskie) 188
Lämmersdorf (Słowin) 114
Landsberg/Warthe (Gorzów Wlkp.) 127, 133
Landschaftspark von Betsche (Pszczew) 194, 210
Landschaftsschutzpark Landsberger Urwald (Puszcza Gorzowska) 99
Langenfeld (Długoszyn) 172
Langer See (Jez. Długie) 81
Langs Theerofen (Zagórze Lubiewskie) 117
Laubnitz (Lubanice) 243
Laubow (Lubów) 168
Lauchstädt (Ługi) 114
Lauske (Krasne Dłusko) 194
Lebus 151
Leichholz (Drzewce) 182
Leißow (Lisów) 153
Lenze (Lenka) 158
Libau-See (Jez. Lubowo) 117
Liebenau (Lubrza) 218
Liebenfelde (Nawrocko) 88
Liebenow (Lubno) 138
Liebesitz (Luboszyce) 257
Liebucher See (Jez. Lubikowskie) 206
Lindenhain (Chlebowo) 256
Lipke (Lipki Wlkp.) 125
Lippehne (Lipiany) 90
Lochwitz (Łochowice) 236

288 Deutsch-polnisches Ortsnamenverzeichnis

Loppow (Łupowo) 132
Lorenzdorf (Wawrów) 132
Lowin (Łowyń) 206
Lübbensee (Jez. Lubiąż) 177
Lubst (Lubsza) 243, 245
Ludwigsruh (Lubiszyn) 138

M

Mansfelde (Lipie Góry) 122
Mantel (Mętno) 76
Marienwalde (Bierzwnik) 114
Marwitz (Marwice) 133
Marzelle (Moczele) 110
Massin (Mosina) 138
Massiner Heide (Mosina) 53
Mehrenthin (Mierzęcin) 114
Mellentin (Mielęcin) 94
Merzdorf (Małyszyn) 133
Merzdorfer See (Jez. Lubinieckie) 217
Meseritz (Międzyrzecz) 196
Mietzel (Myśla) 46, 53
Mildenau (Miłowice) 242
Mohrin (Moryń) 61
Morrn (Murzynowo) 125
Möstchen (Mostki) 220
Mückeburg (Moczydło) 132
Mühlbock (Ołobok) 215
Muschten (Myszęcin) 217

N

Nabern (Oborzany) 54
Nahausen (Nawodna) 76
Nationalpark an der Drage (Drawa) 108
Nemischhof (Niemieńsko) 110
Nesselgrund (Brzezno) 138

Netze (Noteć) 115, 117, 123
Neu Bentschen (Zbąszynek) 210
Neu Bischofsee (Nowe Biskupice) 153
Neu Lebus (Nowy Lubusz) 151
Neudamm (Dębno) 46, 50
Neudorf (Nowa Wieś) 178
Neuenburg (Nowogródek Pomorski) 87
Neuendorf (Chróscik) 133
Neuendorf (Gajec) 168
Neuhöfchen (Nowy Dworek) 220
Neumühl (Namyślin) 46
Neuwedell (Drawno) 107
Nickern (Niekarzyn) 229
Nieder Jehser (Jez. Dolne) 249
Nieder Kränig (Krajnik Dolny) 72
Nieder Saathen (Zatoń Dolna) 72, 76
Niederwutzen (Osinów Dolny) 68
Niemitzsch (Polanowice) 257
Nipperwiese (Ognica) 76
Nipter (Nietoperek) 202
Nischlitzsee (Jez. Niesłysz) 215
Nordhausen (Narost) 64

O

Oberweinberge (Górzykowo) 228
Obra (Obra) 196, 208
Odra (Oder) 259
Oegeln (Węgliny) 249
Oggerschütz (Ojerzyce) 217
Ögnitz (Ownice) 158
Oscht (Osiecko) 177
Ossig (Osiek) 250

Ostrow (Ostrów) 172
Ötscher (Owczary) 158

P

Packlitz (Paklica) 196, 262
Paklica 262
Palzig (Pałck) 229
Paradies (Gościkowo) 219
Pätzig (Piaseczno) 80
Peetzig (Piasek) 69
Peetziger Forst (Puszcza Piaskowa) 69, 76
Pehlitz (Pielice) 114
Pförten (Brody) 248, 249
Piastenweg 177
Pinnow (Pniów) 183
Pleiske (Pliszka) 189
Pleiskehammer (Pliszka) 182
Plöne (Płonia) 96
Plötzenfließ (Płociczna) 108
Politzig (Policko) 205
Pollenzig (Połęcko) 163, 256
Pollychen (Stare Polichno) 125
Pommerzig (Pomorsko) 228
Poppe (Popowo) 193
Prillwitz (Przelewice) 94
Prittisch (Przytoczna) 194
Pyrehne (Pyrzany) 137
Pyritz (Pyrzyce) 94

Q

Quartschen (Chwarszczany) 46

R

Raaksee (Jez. Rak) 138
Radach (Radachów) 163
Radacher See (Jez. Radachowskie) 158
Rädnitzer Hüttenwerke (Szklarka Radnica) 236
Raduhn (Raduń) 76

Deutsch-polnisches Ortsnamenverzeichnis 289

Radun (Raduń) 105
Räschen (Raszyn) 250
Ratzdorf (Racław) 133
Reckenwalde (Wojnowo) 227
Reetz (Recz) 105
Regenthin (Radęcin) 114
Rehdorf (Stoki) 76
Rehnitz (Renice) 87
Reichersdorf (Grabice) 257
Reinswalde (Złotnik) 243
Reppen (Rzepin) 164
Ringenwalde (Dyszno) 54
Rodstock (Roztoki) 250
Rogsen (Rogoziniec) 211
Rohrbeck (Rosnowo) 80
Rokitten (Rokitno) 194
Rörchen (Rurka) 76
Rosenthal (Różańsko) 87
Rostin (Rościn) 88
Rufen (Rów) 88
Ruwen (Równo) 99

S

Sandow (Sądów) 152
Säpzig (Żabice) 158
Scharziger See (Jez. Szarcz) 205
Schaumburg (Szumilowo) 46
Schenkendorf (Sękowice) 257
Schermeisel (Trzemeszno Lubuskie) 178
Schernow/Tschernow (Czarnów) 158
Schildberg (Golenice) 88
Schlagenthin (Sławęcin) 105
Schlanow (Słonów) 114
Schlibbe (Słubia) 60, 64
Schmarfendorf (Gogolice) 80
Schmarse (Smardzewo) 217
Schönaich (Sieciejów) 243
Schöneberg (Trzcinna) 87

Schönow (Jesionowo) 94
Schönow (Sieniawa) 188
Schönrade (Tuczno) 122
Schützensorge (Kłopotowo) 158
Schwachenwalde (Chłopowo) 114
Schweinert (Świniary) 193
Schwerin (Skwierzyna) 201
Schwerin/Warthe (Skwierzyna) 191
Schwetig (Świecko) 151
Schwiebus (Świebodzin) 212
Seedorf (Strużka) 250
Seefeld (Sienno) 163
Seeläsgen (Przełazy) 215
Seeren (Zarzyn) 189
Selchow (Żelechów) 189
Sellin (Zielin) 58
Simonsdorf (Kruszwin) 88
Skampe (Skąpe) 229
Soldin (Myślibórz) 82
Soldiner See (Jez. Myśliborskie) 85
Sommerfeld (Lubsko) 245
Sonnenburg (Słońsk) 154
Sophienwalde (Rogi) 177
Sorau (Żary) 238
Spiegelberg (Pożrzadło) 189
Staffelde (Staw) 87
Stalun/Schönfelde (Stołuń) 205
Starzeddel (Starosiedle) 256
Stegsee (Jez. Marwickie) 87
Steile Wand von Lossow 151
Steinbockwerk (Koziczyn) 152
Steinbusch (Głusko) 114
Steineck (Klasztorna) 80
Stenzig (Stańsk) 158

Sternberg (Torzym) 180
Stolzenberg (Różańki) 126, 132
Stolzenfelde (Stołeczna) 80
Stresow (Strzeszów) 80
Strieming (Łomianka) 256
Stübenitz (Stobnica) 104

T

Tal der Fließ (Lubniewka) 177
Tal der Kamionka (Kähmer Mühlenfließ) 206
Tal der Liebe 72
Tal der Plöne (Płonia) 99
Tammendorf (Gęstowice) 235
Tamsel (Dąbroszyn) 48
Taubenberg (Głaznik) 172
Thänsdorf (Grzybno) 81
Tiefensee (Jez. Glibiel) 236
Tirschtiegel (Trzciel) 208
Tobelhof (Moczkowo) 99
Topper (Toporów) 189
Tornow (Tarnów) 138
Trebschen/Friedrichshuld (Trzebiechów) 228
Trettin (Drzecin) 153
Triebel (Trzebiel) 243
Trossin (Troszyn) 59
Tschenze (Trzcińce) 177
Tschetschsee (Jez. Trześniowskie) 188

U

Uchtdorf (Lisie Pole) 76
Unruhstadt (Kargowa) 228
Unterweinberge (Górki Małe) 228

V

Vietnitz (Witnica) 64
Vietz (Witnica) 135
Voigtsdorf (Kurzycko) 58

W

Waitze (Wiejce) 193
Wardin (Wardyń) 105
Warnitz (Warnice) 54
Warthe (Warta) 123, 132
Warthebruch 132, 157, 177
Weißer See (Jez. Białe) 205
Weißer See (Jez. Białe) 87
Wendelsee (Jez. Wadół) 94
Wepritz Wieprzyce (Wieprzyce) 132
Werkkanal (Kanał Dychowski) 236
Wierzebaum (Wierzbno) 207
Wildenbruch (Swobnica) 81
Wilkau (Wilkowo) 215
Witzen (Wicina) 250
Woldenberg (Dobiegniew) 111
Wolgast (Wołogoszcz) 114
Woltersdorf (Dalsze) 88
Woltersdorf (Mirowo) 64
Wrechow (Orzechów) 69
Wuckensee (Jez. Okunie) 99
Wugarten (Ogardy) 114
Wusterwitz (Ostrowiec) 53
Wustrowsee (Jez. Ostrów) 76
Wuthenow (Otanów) 94
Wutschdorf (Bucze) 220

Z

Zachow (Czachów) 69
Zäckerick (Siekierki) 59
Zantoch (Santok) 123
Zanzin (Santocko) 133
Zanzthal (Zdroisko) 132
Zatten (Zatom) 110
Zechow (Czechów) 132
Zehden (Cedynia) 66
Zehdener Landschaftsschutzpark (Cedyński Park Krajobrazowy) 68, 69
Żelichów (Dürrenselchow) 64
Zellin (Czelin) 59
Zerbow (Serbów) 163
Zernickow (Czarników) 88
Zettitz (Czetowice) 235
Zicher (Cychry) 54
Ziebingen (Cybinka) 151
Zielenzig (Sulęcin) 169
Zilmsdorf (Cielmów) 243
Zollen (Czółnów) 88
Zorndorf (Sarbinowo) 46, 47
Züllichau (Sulechów) 223
Zweinert (Świniary) 163

Bildnachweis

Wolfgang Kling: S. 10, 13, 16 (3x), 17 (3x), 18/19, 22, 37, 40/41, 45, 47, 51, 52, 55, 62 (2x), 63, 67, 68, 73, 76, 80, 84, 85, 92, 93, 95, 98, 108, 123, 130, 131, 132, 136, 137, 139, 140, 142, 144/45, 148, 150, 151, 155, 161, 163, 169, 171, 174, 175, 176, 177, 179, 180, 181, 184, 188, 191, 192, 193, 194, 196, 202, 204, 205, 206, 208, 211, 214, 215, 216, 219, 220 (2x), 224, 226, 232, 233, 234, 235, 239, 241, 245, 246, 249, 254, 257, 259, vordere und hintere Klappe

Jörg Lüderitz: S. 14, 15, 21, 28, 32, 34, 35, 46, 53, 57, 59, 64, 69, 82, 86, 87, 94, 99, 104, 105, 107, 110, 112, 113, 116, 117, 121, 122, 124, 125, 135, 141, 152 (2x), 157, 162, 165, 166, 182, 185, 187, 221, 235, 253, 256, 260,
picture-alliance/dpa: Titel
Polnisches Fremdenverkehrsamt: S. 38

Titel: Łagów, Johanniterschloss
Vordere Umschlagklappe: An der Warthe
Hintere Umschlagklappe: Kloster Paradies

Kartenregister

Übersichtskarten
Neumark/nördlicher Teil
  Vordere Umschlagklappe
Neumark/südlicher Teil
  Hintere Umschlagklappe

Stadtpläne
Barlinek (Berlinchen) 97
Chojna (Königsberg/Neumark) 75
Choszczno (Arnswalde) 103
Frankfurt/Oder und Słubice (Frankfurt-
  Dammvorstadt) 46
Gorzów Wlkp. (Landsberg/Warthe) 128
Guben und Gubin 252
Kostrzyn (Küstrin) 42
Krosno Odrzańskie (Crossen) 231
Lipiany (Lippehne) 91
Międzyyrecz (Meseritz) 197
Moryń (Mohrin) 61
Mysliborz (Soldin) 83
Ośno Lubieskie (Drossen) 160
Strelze Krajeńskie (Friedeberg) 120
Sulechów (Züllichau) 223
Sulęcin (Zielenzig) 170
Świebodzin (Schwiebus) 212
Trzcińsko Zdrój (Bad Schönfließ) 79
Żary (Sorau) 238
Zielona Góra (Grünberg) 227

Historische Karten
Brandenburg vor 1945 31
Die Neumark 1818 24

ANZEIGE

Der Spezialist für Mittel- und Osteuropa
for maps and more

PL 001 WESTPOMMERN
STETTIN - KOLBERG - LANDSBERG

- Straßenkarte 1:200 000
- 2-sprachig bis ins Detail
- Mit separatem Ortsnamenverzeichnis
  polnisch-deutsch und deutsch-polnisch
- Innenstadtplan Szczecin / Stettin
- Mit Lupe
- Übersichtskarte 1:4 Mill.

€ 12,90
ISBN 978-3-931103-10-1

Direkt in den Onlineshop!

Tel.: 06074/2 75 50 • info@hoeferverlag.de • www.höferverlag.de

POLEN ENTDECKEN
mit den Reiseführern aus dem Trescher Verlag

Kartenlegende

- Bahnhof
- Burg/Festung
- Burgruine
- Busbahnhof
- Café
- Campingplatz
- Dorfkirche
- Fähre
- Hafen
- Höhle
- Hotel
- Kirche
- Kloster
- Markt
- Museum
- Naturschutzgebiet
- Parkplatz
- Post
- Restaurant
- Ruine/Ausgrabungsstätte
- Strand
- Synagoge
- Theater
- Tor
- Touristeninformation
- Zoo

- ★ Sehenswürdigkeit
- Burg
- Kirche
- † Friedhof
- Zeltplatz
- Seilbahn
- Turm
- Denkmal

- Autobahn
- Schnellstraße
- Hauptstraße
- sonstige Straßen
- E 65 Europastraße
- A 65 Autobahn
- 243 Bundesstraße
- Eisenbahn
- ⊖ Grenzübergang
- Staatsgrenze
- Hauptstadt
- Stadt/Ortschaft

Zeichenlegende

- Touristeninformation, allgemeine Informationen
- Hinweise für Autofahrer
- Busverbindungen
- Zugverbindungen
- Taxistand, Taxiruf
- Unterkünfte
- Camping- und Zeltplätze
- Lokale
- Cafés
- Bars, Nachtleben
- Museen, Ausstellungen, Sehenswürdigkeiten
- Festivals, Veranstaltungen
- Reiterhöfe

- Kletterwald, Hinweise zu Sportangeboten allgemein
- Strand
- Segelfahrten, Verleih von Segelbooten
- Kanu- und Bootsverleih
- Fähren, Ausflugsdampfer
- Tauchmöglichkeiten
- Hinweise für Wanderer
- Golfplatz
- Hinweise für Angler
- Naturparks, Lehrpfade
- Botanischer Garten, Landschaftspark
- Tankstellen
- Einkaufsmöglichkeiten